甲骨天地

纪念甲骨文发现 120 周年
南京高层论坛论文撷萃

陈爱民 刘兴林 主编

凤凰出版社

图书在版编目（CIP）数据

甲骨天地 : 纪念甲骨文发现120周年南京高层论坛论文撷萃 / 陈爱民，刘兴林主编. -- 南京 : 凤凰出版社，2019.9
ISBN 978-7-5506-3016-1

Ⅰ. ①甲… Ⅱ. ①陈… ②刘… Ⅲ. ①甲骨文－文集 Ⅳ. ①K877.14-53

中国版本图书馆CIP数据核字(2019)第189651号

书　　名	甲骨天地——纪念甲骨文发现120周年南京高层论坛论文撷萃
主　　编	陈爱民　刘兴林
责任编辑	陈晓清
出版发行	凤凰出版社(原江苏古籍出版社) 发行部电话025-83223462
出版社地址	南京市中央路165号，邮编:210009
出版社网址	http://www.fhcbs.com
照　　排	南京凯建图文制作有限公司
印　　刷	扬州皓宇图文印刷有限公司 扬州市食品工业园连心路68号，邮编:225002
开　　本	718×1005毫米　1/16
印　　张	22
字　　数	395千字
版　　次	2019年9月第1版　2019年9月第1次印刷
标准书号	ISBN 978-7-5506-3016-1
定　　价	68.00元

(本书凡印装错误可向承印厂调换，电话:0514-87825262)

编辑委员会

代 序

迎接甲骨学研究的再辉煌

王宇信

一、肯定与鼓励

习近平总书记指示要重视发展具有重要文化价值和传承意义的“绝学”、冷门学科，这是对老一辈无产阶级革命家重视中华文化传统的继承和弘扬，并在新形势下又有创新和发展。

周恩来总理即使在“文革”时期还指示要保护好甲骨实物和珍贵拓片，并将其全部“战备”转移到河南信阳鸡公山深处；甲骨学大师郭沫若在自己处境已相当困难的情况下，还不忘“要大力培养接班人”，以使甲骨文这门濒危学问能传承下去；老一辈马克思主义史学家尹达教授，也要求《甲骨文合集》总编辑胡厚宣教授“要带出一支队伍来”，以适应国家未来文化事业大发展的需要。

“文革”结束后，甲骨学研究队伍青黄不接的危机凸显。不少老一辈甲骨学家为夺回被“损失”的光阴，日夜兼程地努力著书立说。与此同时，他们还大力培养硕士、博士研究生，从而使研究队伍不断注入新的活力，古文字学界人才断层的局面也得到了改善。

学者们认为，甲骨文字的释读，是创造性的科学研究，是在多年知识积累的基础上取得的。科学研究有其灵感瞬间性、方式随意性和路径不确定的特点，因而甲骨文字的释读研究，并不是集中一批学者，花上一段时间，搞“群众运动式研究”所能奏效的。

因此，甲骨学家们还通过设立甲骨学优秀成果奖等多种举措，鼓励更多人才投身到这一充满挑战的研究工作中来。比如，中国殷商文化学会曾设立“商承祚甲骨学研究奖”“王懿荣甲骨学研究奖”（简称“王懿荣奖”）等。

尽管如此，近年甲骨文字的释读与甲骨学其他领域的研究进展相比较，还是显得有些冷清和薄弱。应该说，“优秀成果奖”这一由全国哲学社会科学规划办公室支持的奖项，是多年来各种学术团体奖项的升华和归宿，也对甲骨学的发展和传承更具有导向性、权威性和示范性，它将充分调动海内外学者的积极性和创新精神，推动甲骨文字研究取得新的实质性进展。

二、推动与发展

“优秀成果奖”的设置，将对甲骨学全面发展和传承起到巨大的推动作用。

其一，以甲骨文字释读为抓手的甲骨学研究，将推动甲骨学各研究领域的继续深入发展与前进。

甲骨文字的释读，是进一步读懂和发掘甲骨文中蕴含的古代社会奥秘和中华文化基因的基础。因此，对一些尚未认识或尚未取得共识的甲骨文字进行释读和再释读研究，是推动甲骨学、殷商史研究全面深入和再前进的前提。“优秀成果奖”圈定了设奖目标，即“解决甲骨文释读目前面临的瓶颈问题”，主要奖励甲骨文字研究取得的公认的突破成果。

与此同时，甲骨文字的释读，并不只是从文字到文字孤立地进行的，而是一项系统工程，即在甲骨学各研究领域取得全面发展的基础上，文字释读研究才能不断推向前进。文字的释读，还需要尽可能地全部公布甲骨文拓片和缀合残片的新成果，以期发现更多的甲骨新字和更为完整的辞例、文字点画等新证据。甲骨文字释读新成果的取得，将带动甲骨研究其他领域发展和研究的再深入，诸如甲骨文的分期与分类研究、卜法文例研究、甲骨文与殷商史研究、甲骨文与考古学研究、甲骨学史研究及甲骨目录学等等专题范围的研究，这些领域都将涌现一批创新的优秀成果，全面推动甲骨学的新发展。

其二，“优秀成果奖”助推现代科学技术手段深入甲骨学研究领域。

对已公布材料进行再整理，并利用数码照相等现代科技手段，再现模糊文字之原貌和再现点画之隐痕，从而可能再发现一些新字和矫正一批文字。这一甲骨文字的全面搜索著录和原有甲骨著录的再整理，是多学科联合攻关的重大项目“大数据云平台支持下的甲骨文字研究”建设大型数据库分类综合研究的基础，也是甲骨文字释读研究取得突破性成果的前提。因此，“优秀成果奖”的设置，将使这门古老学科的发展与现代科技发展同步。

其三，“优秀成果奖”极大地提升和鼓舞了甲骨学者的信心。

一项为发展“冷门学科”而专设的国家级大奖花落甲骨学研究领域，充分显示出国家对传承中华文化基因的甲骨文，在中华民族伟大复兴中不可替代作用的高度重视。“公告”犹如在甲骨学界吹响了“集结号”，将动员和吸引更多海内外老、中、青年甲骨学家，在现代科学技术手段的支持下，进行多学科联合攻关，一批突破性成果也将会问世。

三、思考与建议

第一，“优秀成果奖”成果征集设定在“自本公告发布起”（即 2016 年 10 月 28 日），我认为有两个方面被忽略：

一是此前甲骨学史上一段相当长的时间（即 2000 年至今）和这期间的诸多优秀成果被忽略。应该说，这 16 年来甲骨学家完成了许多具有创新意义的重要成果，并得到社会的公认。专家们从这些经过社会实践和时间锤炼的作品中评选出的优秀成果，更具有权威性和社会认同性。因此，关注 2000 年至今这个时间段，不仅是验证获奖作品的需要，也是甲骨学 120 多年学术发展史完整性和传承阶段性的体现。二是文字释读的优秀成果，除了评委会的专家按文字学规律和传统研究方法评定推荐以外，还需要一段时间的考验。被专家学者评定的文字考释新成果，还需要甲骨学商史专家应用到全部有关文例的核校与研究工作中，并能做到文从字顺、毫无龃龉的验证。新成果的验证需要一段时间，而新成果被学术界接受和认可，也需要一段时间。

第二，甲骨学研究 120 年来所取得的辉煌成就，是几代甲骨学家皓首穷经，以延续甲骨学文脉为己任，终生追求和守护的结果。他们的道德文章，已成为和甲骨文一样宝贵的精神财富。而不断成长着的甲骨学新秀，以他们出手不凡的研究成果，为甲骨学的发展注入了青春活力。因此，“优秀成果奖”既要充分肯定老一代学者的优秀成果，也应适当向青年学者倾斜，以发现和鼓励青年甲骨学家成长，从而确保甲骨学生生不息地发扬光大。

习近平总书记关于重视甲骨文等学科“确保有人做，有传承”的论述，立意高远，说出几代甲骨学者的心声，也是对甲骨学者弘扬和传承甲骨学的不改初心和奉献坚守的最大肯定与鼓励。因此可以说，《光明日报》上刊登的奖励“公告”，是甲骨学弘扬和传承进入新世纪再辉煌时期的里程碑。一个甲骨学研究大发展的全新时期就要到来了！

（作者系中国社会科学院荣誉学部委员、北京师范大学历史学院特聘教授）

目 录

甲骨文书契艺术

甲骨文审美探究

“冷门”甲骨学代有传承

王宇信

3000多年前的商代甲骨文，正如习总书记在哲学社会科学工作座谈会上指出的，“看上去同现实距离较远”，但该学科“事关文化传承的问题”。党和国家一直都“重视这些学科，确保有人做、有传承”，因此中华人民共和国成立以来60多年的甲骨文商史研究取得了辉煌成就。

甲骨文是我国商朝晚期使用的占卜记事文字。商纣王失国埋卜，被埋在废墟下的甲骨文也不复为人所知。直到1899年，王懿荣第一个鉴定并重金购藏了“确在篆籀之间”的甲骨文。从此，甲骨文身价倍增，成为每字“价银二两五钱”的天价珍玩。随着1903年第一部甲骨文著作《铁云藏龟》的出版及其后甲骨的不断著录，甲骨文走出了学者的书斋，从“秘不示人”的个人摩挲雅玩变为大众可及的“公器”。自此，甲骨文成为全社会的文化财富，吸引着更多学者投身研究之中。

20世纪20年代，疑古辨伪之风大炽。5000多年的中国历史，经过“古史辨派”学者“把伪史和依据伪书成立的伪史除去”的一番考据，剩下的就“只有千年了”，甚至连战国末期屈原的存在都属疑辨之列。

就是在“中国古代史上科学考古资料上的极端贫乏”的时候，殷墟甲骨文所传承的商代历史信息使史学家摆脱了疑古过头的困境，并走上了“释古”“考古”的史学研究康庄大道。

史学大师王国维在1917年《殷卜辞中所见先公先王考》和《续考》中，不仅纠正了《殷本纪》所列个别世次的错误，还互证《史记》的科学性，指出其所列“有商一代先公先王之名，不见于卜辞者殆鲜”。不宁唯是，王国维还大力抉发甲骨文中传承的古代史踪与古籍中的“不雅驯之言”相勘校，进一步肯定了《山海经》《竹书纪年》等古籍的价值。

到了20世纪30年代，甲骨学一代宗师郭沫若把“新兴科学的观点”引入甲骨文研究领域，从而开辟了中国历史唯物主义史学研究的新天地。他的

《中国古代社会研究》依据"商代已有文字",破天荒地把殷代作为"中国历史之开幕时期"。自此,有甲骨文记载的商王朝在历史上的真实存在不容置疑。

随着甲骨文新材料的不断发现和著录,甲骨文的商史研究也不断深入拓展。2011年,几代学者声声唤的"一部以马克思主义为指导的科学性强的《商代史》专著"终于出版。这是由于历史唯物主义方法论的应用,为发掘和弘扬甲骨文中的历史文化信息提供了"显微镜"和"望远镜",从而使研究既能见微知著又能高屋建瓴;这也是中国社科院老中青三代学者躬逢盛世,得到国家重视与支持的结果。《商代史》既是百年来甲骨学商史研究的继承和总结,也是今后研究不断创新的起点和基石。

甲骨片中历史信息的传承,是以识读构成篇章的文字为前提的。目前,甲骨文破译正面临着瓶颈。在已知的4300多个甲骨文字中,有1100多字的考释已被公认。还有500多字已进行过考释,但尚需进一步研究。剩下所不识的字,多为人名、地名或物名,其义可知,但不可得其音读。这是因为甲骨文的一些元素有的已在中国文字的发展过程中变异、失传,再想释读已非常困难。因此,不少文字学家不断拓展研究途径,如利用数码技术再现骨片和拓片上文字点划的痕踪,开展与金文、简帛等古文字研究领域的联合攻关等,这将会使破译工作有所发现和前进。

让文物"活"起来,使甲骨文中传承的文化基因被普通民众所感知,并成为精神生活的盛筵,这也是甲骨学者的使命和责任。国家典籍博物馆举办的"甲骨文记忆展",把馆藏珍贵甲骨文与甲骨学百年发展成就相结合,使青年学子在"六十甲子柱"中盘桓忘返,在"甲骨姓属林"中寻觅流连。还有墨苑新葩——朴拙、隽永的甲骨文书法,不仅普及了文字考释成果,也丰富了民众精神生活。润物细无声。在潜移默化间,将会使更多人成为甲骨文化的传承者。

百多年来,甲骨文的重要文化价值在传承中弘扬,在弘扬中发展,在发展中创新。因此,甲骨学冷门不冷,代有传承,将会不断地前进和取得更新的成就!

(作者系中国社会科学院荣誉学部委员、北京师范大学历史学院特聘教授)

写在甲骨文入选“世界记忆名录”之际

宋镇豪

2017年10月30日从联合国教科文组织传来消息，2016年中国提交的甲骨文申报“世界记忆亚太地区名录”(Asia/Pacific Memory Of The World Register)与“世界记忆国际名录”(International Memory of the World Register)，入选获得通过。多年来的努力终成现实，令我等中华学子备感欣喜，思绪如涌。

“世界记忆名录”，是联合国教科文组织的旗舰项目之一，创建于1997年，目的是呼应联合国教科文组织对于世界文献遗产的保护和利用情况的长期持续关注，旨在改变国家、政府、社区和个人重视、保护有关文献遗产的方式。“世界记忆名录”设国际名录和地区名录两级，每两年评审一次，大致是双年份提名，单年份通过最终评审结果。入选任一级名录都意味着公开地肯定该文献遗产的世界意义，肯定其对文化和社会历史产生的深远影响。入选后可获得联合国教科文组织的证书，有权利使用世界记忆的标志，以证明得到联合国教科文组织的承认。入选世界记忆名录是一份骄傲和荣誉，具备了与世界其他被列入名录的文献遗产有同等的地位。

一、期盼已久的申报

甲骨文申报“世界记忆名录”，学界期盼已久。早在2006年8月在河南安阳“庆祝殷墟申遗成功及YH127坑发现79周年国际学术研讨会”上，专家学者就吁请国家立项，启动甲骨文申报世界文化遗产。2010年5月21日，全国古籍保护中心办公室应学界呼声，专门召开了甲骨文申报世界记忆遗产名录专家座谈会，正式确定国家档案局为申报归口管理单位，适时启动申报程序。同年8月底，台湾地区史语所主办了“甲骨文与文化记忆论坛”。国家图书馆则组织专家学者多次研讨申报甲骨文列入“国家珍贵古籍名录”以及有关标准制定和实施办法。

经过酝酿筹划，2013年7月国家档案局协同国家文物局郑重委托中国社会科学院学部委员、甲骨学殷商史研究中心主任宋镇豪研究员，负责起草“甲骨文申报世界记忆亚太地区名录”与“甲骨文申报世界记忆国际名录”两个中文/英文申请文本（郅晓娜博士协助承担文本的英文翻译），要求依据联合国教科文组织的《世界记忆名录指南》及《文献遗产保护总方针》，对甲骨文申报世界记忆名录申请表的各项准则作出深入、透彻的分析，形成明确的对应规则，论证甲骨文申报世界记忆名录的必要性和重要性，为确保珍贵的甲骨文遗产和档案资料得到保护和传播，提交明确真实而权威的申报理由，并为国家档案局准备提交申报纸本与数字化文本及所需配套资料。期间国家文物局还组织召集全国11家甲骨文收藏单位负责人一起商谈如何配合申报工作。同年11月26日申报文本完成。随着国家全局性世界记忆名录各项申报项目审核落实与有序提交的安排，2016年我们又增补了申报图文材料。在教育部等相关部委的积极推动下，2017年10月甲骨文申报世界记忆名录在通过联合国教科文组织世界记忆工程国际咨询委员会的咨询、一系列实地考察、初审、终审后，最终被入选。

甲骨文出土于中国河南省安阳殷墟遗址，与敦煌南北朝至唐宋时期纸质写本文书、西域汉晋简牍、清内阁大库明清档案，被誉为中国近代学术史上的四大新发现，影响广泛而深远。

甲骨文属于公元前14至公元前11世纪殷商王都内王室及贵族人群的占卜刻辞与记事刻辞，也是中国最早的成文古文字文献遗产，刻辞载体主要是牛肩胛骨和龟甲，也包括其他动物的骨骼。

甲骨文堪与西亚两河流域发现的距今5500年左右苏美尔人发明及后为巴比伦王国继承的泥版楔形文字、北非尼罗河口发现的距今5000年前古埃及碑铭体圣书文字及后来衍变出的纸草僧侣草体文字、公元前2000年前后的古印度印章文字、美洲民族公元初期发明的玛雅文字等交相辉映，是世界人类社会发展进程中的五大古典文字，共同构成世界古代文明宝库中的瑰宝。甲骨文是寻绎中国思想之渊薮、考察中国传统文化的由来、特质、品格与演绎渊源的最真实的素材。

甲骨文自1899年发现，近120年来先后出土约15万片以上，流散为世界近百处藏家收藏。其中中国大陆约10多万片，台湾地区3万多片。此外日、加、英、美、德、俄、瑞典、瑞士、法、韩等14个国家约2万多片。

甲骨文引起国际国内学术界的极大关注与深入探索，120年间各种语种有关甲骨文的文章总计达16000多种，甲骨文与甲骨学研究早已成为国际性显学。甲骨文申报世界记忆名录，以中国社会科学院历史所、考古所、国家图书馆、故宫博物院、北京大学、清华大学、上海博物馆、南京博物院、山东博物馆、旅顺博物馆、天津博物馆等 11 家珍藏的约 93000 片甲骨文为申报主体，甲骨来源与递藏经过清楚，入藏程序规范，档案登记明确可查，且经专家真伪鉴定，有其级别划分，具备文物、文献遗产及学术史意义的多重标准。

二、真实可贵的史料

甲骨文出自殷商王朝特殊人群之手，包括商王、贵妇、王室成员、卜官、贵族、各方巫师、地方要员等。这些人群以特有的占卜文例形式（通称甲骨卜辞）或记事文例形式（通称记事刻辞），在龟甲兽骨上写刻下贯以他们的思维方式、行为方式、信仰追求的居常生活事象，记下了真实存在的商王室谱系，记下了大量的神名、先王先妣名、贵显人物名、诸侯方国君长名、部落族长名、外交使者名与神话传说人物等等，揭示出王位继承法与婚姻亲属制的特点，王事与臣属活动的政治景观，重大事件中的人物思想情感表现，商王与诸侯方国的关系，官僚机构与职官的职掌，社会生活中权贵与平民、奴仆的阶级结构，经济产业的管理者与手工业劳动者的等级关系，不同族群的宗教意识观念，军事战争中的武官与军队组织，丧葬祭祀中人殉人祭者的身份、社会地位及其与墓主的关系，使商代成为有出土古文字记载可资考察的信史时代，填补了史书的缺载。

甲骨文的内容，涉及三千年前商代的自然生态、天象祲异、气候灾害、王室组成、宗法与宗庙制、王权与神权关系、卜官与占卜制度、土地所有制、社会经济构成、立邑任官、交通出行、外交征伐以及商王都内权贵阶层的日常生活状况，如衣食住行、生老病死、婚姻嫁娶、养老教子、梦幻思维、情感追求、宗教信仰、祀神祭祖、饮食宴飨等等，为研究中国源远流长的灿烂文明史和早期国家与人文社会传承形态，提供了独特而真实可贵的第一手史料。

甲骨文中记下的商王国的政治疆域总体面貌以及相应的内、外服制度，可资了解当时社会的阶级分层、政体架构和国家管理形式，最高统治者是商王，商王之下有一批内服辅政官员，统领着一个较大的官僚集团，为商王提供咨询和负责处理具体事务。其中卜官集团，负责为商王提供宗教祭祀方面的决策参考，利用神灵力量影响政事裁决。地方族落或基层地缘组织总数有 700 多个，由各个宗族的族长负责最基层的管理。在法律刑罚方面，有一套墨、劓、刵、刖、椓的“五刑”系统。商王朝周边方国达 160 多个，方国君长是商王朝外服官员构成的主体，有的方国与商王朝时敌时友，军事征伐及服属交好的记载甚多。商王朝的武装力量构成体制，分为王室军队、诸侯方国军队及“兵农合一”的非常设“族兵”三大类。

甲骨文中有不少风霜雨雪的气象及水旱虫灾的记录，还记下了流星雨以及发生于公元前1200年前后的5次日食，是古气候与古天文学研究的重要资料。还有许多野生动植物及猎获象群的记录，可资研究黄河中下游地区自然生态与历史地理环境的变迁。甲骨文中把一年分为春、秋两季，实行一套适合农业定居生活的以太阴纪月、太阳纪年的阴阳合历，平年十二月，闰年十三月，闰月的安排采用年终或年中置闰，以调节太阳年与朔望月的关系。将一天大致分为16时段，不同时段有不同“时称”，即时间单位词，白天自旦至暮共9个时段，夜间自昏至夙分为6个时段。“食者，民之所本”，甲骨文中的粮食作物种类有禾（粟）、粱（黏性粟）、黍、大麦、来（小麦）、稌（糯稻）、秜（稻）、大豆、高粱等。为求农作物丰收，有祭风宁风、止雨御涝、祈雨焚巫尪御旱灾及宁息蝗灾等农业祭祀行事。当时人群的宗教信仰分野，主要为最上层上帝、中层天地间祖先神和自然神祇、最下层鬼魅世界三大信仰系统。对先王先妣的祖先祭尤为隆重，可分特祭、临时祭、合祭和周祭四类。

甲骨文中还有名类繁多的建筑称名，礼制性宫室建筑合居住、祭祀、行政为一体，宫庭与池苑相辅相成，已开后世宫廷与皇家园林相系的先河。甲骨文记有二十多种乐器名，十多种不同祭歌名，不同形式的武舞与文舞名，乐师“多万”和众多舞臣的专事分工，反映了当时器乐与音乐、舞蹈的发达状态。还有五十余种病患记录，如以现代医学分科则分属之内科、外科、口腔科、齿科、五官科、呼吸道科、消化道科、眼科、骨科、脑科、神经科、肿瘤科、小儿科、妇科、传染病科等，有关疾病的治疗，药物、针灸等数者兼备。

三、汉字汉语的鼻祖

甲骨文是汉字的鼻祖，是研究汉字原初构形与汉语言语法最早形态的重要素材。甲骨文的字体构形和文辞体式，与当今的汉字及现代汉语语法结构一脉相承。

甲骨文的单字量约4400个，可识可读可隶定的约2400个，其中约1400个见于现代汉语字典，其余2000个已经不可释读，都为消逝的人名、地名和某种祭祀名，但其词性词义大都可据文例语境而基本得知。

甲骨文语言是汉语的母语，可知早在3000多年前已经有比较健全成熟的一个自成体系的语言、词汇、句法和语法系统，现代汉语语法中的名词、代词、动词、介词、数词、某些量词、副词、连词、助词、形容词、语气词、疑问词、副词等等，在甲骨文中已经基本具备。

甲骨文内部有一个比较统一的语音系统，它构成中国秦汉以后汉藏语系的重要源头。由于甲骨文的发现，使汉语言学的原初形态和汉语语法的早期特点已经由很难讲清，变得可资精细研讨。

甲骨文书体造型与行文走向具有的高起点、合规度、具变宜的书学要素，先声正源而导流后世书艺，其刀笔、结体、章法三大要素，显出早熟性的特色，直接或间接影响着晚后书学的流变，成为中国书法艺术的滥觞，体现出中华民族的美学原则和共同心理，即平和稳重的审美观，强弱均衡、节奏有序的心理意识，对中国社会和中国文化发展产生了深刻影响。

习近平总书记 2016 年 5 月 17 日在哲学社会科学工作座谈会上的讲话中强调，要重视发展具有重要文化价值和传承意义的“绝学”、冷门学科，如甲骨文等古文字研究等，要重视这些学科，确保有人做、有传承。这是甲骨学科之幸。

甲骨文是中国思想之渊薮、中国精神之基因、中国文化性格之缘起，中国信仰之由来，汉字汉语之鼻祖，弥足珍贵。如今，甲骨文入选“世界记忆名录”不是目的，而是开始，任重道远，更显其保护与传承的重要战略价值，对负责甲骨文物的安全、保管和保护的机构具有正面的促动意义与监督作用。

随着新世纪以来甲骨文材料全面整理研究的相机进行，有关甲骨藏品抢救性保护措施得到国家的高度重视，甲骨文研究呈专题化、系统化和规模化和精准化，甲骨文与甲骨学研究面临的种种新老问题有望在发展中得到解决，中华优秀传统文化传承体系的构建和甲骨学科人才培养有望得到落实，中华典籍整理工程建设有望增添助力。

甲骨文入选世界记忆名录，将使甲骨文研究“低迷”的情势有所改观，甲骨文与甲骨学知识在公众层面的认知度将因之扩大，有助于凝聚国民的自豪感与自信心，有助于弘扬中华古老文明的影响力和国家的文化软实力。

（作者系中国社会科学院学部委员、甲骨学殷商史研究中心主任）

漫谈甲骨文中的几个基本问题

濮茅左

甲骨文入选《世界记忆名录》①后的第一个全国性的甲骨文学术会议就是江苏省甲骨文学会举办的“中国甲骨文研究与传承高层论坛”，与会的每一位学者无不感到荣幸，感谢江苏省甲骨文学会给我们提供了共同学习、互相交流的机会，感谢江苏省甲骨文同行学者用辛勤的劳动、满腔的热情会同大家共庆祖国的根文化——“甲骨文”入选《世界记忆名录》，“甲骨文”是人类的灿烂文化，更是中华民族的骄傲。

我们负有了更大的责任，我们需要深思、完善“甲骨文”学术研究，特别是一些甲骨文中的基本问题。

一、关于甲骨文的定名

从光绪初，农民刨地得有字甲骨，称之为“龙骨”，到“甲骨文”一称的俗成，根据笔者统计②，至少产生过八十二个异名，从这些异名中，我们可以看到甲骨文发现以来，学术界对这一新学科名的认识过程。根据命名的方式，甲骨文的异名大致可分为以下七类：

（一）以文字结合载体命名。称：甲文、龟甲文、龟版文、龟甲文字、龟版文字、骨文、兽骨文字；龟甲兽骨文字、龟版兽骨文字、甲骨文字、骨甲文字、甲骨文。或加冠时代“殷”、“古（或古代）”，称：殷甲骨文、甲古文、甲骨古文字、骨甲古文字。或加冠出土地名，称：殷墟龟甲文字、殷墟甲骨文、殷墟甲骨文字等。总十九名。

（二）以文字结合时代命名。称：原始文字、古文、古文字、古籀、古籀文、商辞、殷文。总七名。

---

① 柴如瑾：《甲骨文入选〈世界记忆名录〉》，《光明日报》，2017 年 11 月 27 日。

② 濮茅左：《殷商甲骨文》，上海中西书局，2014 年。

（三）以文字结合出土地命名。殷虚文字、殷墟文、殷墟遗文。总三名。

（四）以书写文字的方式命名。称：契、契文、书契；刀笔文字。或加冠载体，称：龟刻文、龟刻文字、刻辞甲骨、牛胛骨刻辞、兽头刻辞、甲骨刻文、甲骨刻字。或加冠时代，称：殷契、古代刻文。或加冠出土地名，称：殷墟书契。或加冠时代、载体，称：殷代甲骨刻辞、殷商甲骨刻文。或加冠出土地名、载体，称：殷墟兽骨刻辞、殷墟骨契。总十八名。

（五）以文字内容性质命名。称：卜、卜辞、卜文、贞卜文、贞卜文字。或加冠载体，称：龟卜、卜龟、骨卜、卜骨、甲骨卜辞。或加冠时代，称：商卜文、商卜文字、殷卜辞、殷契卜辞、殷商贞卜文字、商代之卜骨。或加冠出土地名，称：殷墟卜辞、殷墟卜甲。总十八名。

（六）以载体代文字命名。称：龟、龟甲、甲龟、龟版、龟册、龙骨、龟甲牛骨、龟甲兽骨、甲骨。或加冠出土地名，称：安阳龟甲兽骨、殷虚甲骨、殷墟遗物、河南安阳遗宝、安阳遗宝等。总十四名。

（七）以简代文字命名。称：古简、商简、殷代简册。总三名。

目前，被大家所广泛接受的命名是“甲骨文”、“甲骨文字”。《辞海》(2009版)对“甲骨文”词目作下解释①：

甲骨文，“亦称‘契文’、‘龟甲文字’、‘殷虚文字’，商周时代刻在龟甲兽骨上的文字……在可识的汉字中，甲骨文是最古的文字体系”。

这条词目的解释矛盾，不能圆说。它至少产生了三个问题：第一，“甲骨文”既异名为“殷虚文字”，那属于商代的文字，詞释又把时间范围扩大说成是“商周时代”，那么，“殷虚文字”究竟属商代，还是属“商周时代”，两说矛盾。第二，既把甲骨文称为“最古的文字体系”，那么，考古发现的西周、春秋时代的甲骨文，能否属于“最古的文字体系”？第三，现已发现比殷虚甲骨文早的金文，以及与殷虚文字同时期的其他器物上的文字，也应属于这个“最古的文字体系”。“最古”已不属于甲骨文所独有。《辞海》(2009版)“汉字”词目下注：“现存最古可识的是三千多年前殷商的甲骨文和稍后的金文。”此说不妥。

“甲骨文”一称的出现是在1917年，最早提出者是容庚。笔者在上海图书馆文库中找到了相关资料，容庚在1917年规划编纂《殷周秦汉文字》一书，其中有《甲骨文编》一篇。

以上八十二个异称，包括“甲骨文”都不够科学完善。

若以文字载体为命名原则，那么同时代的青铜、陶、石、玉、角、皮等上的

① 辞海编辑委员会：《辞海》，上海辞书出版社，2009年。

文字，也必须有相应的载体文字名称，不然就不完善。商代已使用刀、笔，凭这两件书写工具可以把文字书、契在任何物品上，这样星罗棋布的文字专名也就可想而知了。“文字学”这一学科，在历史文字的命名上，还尚未达到真正的科学，以致文字的专名或概念不完整、或多歧义、或内涵不一、或短暂存在。因此，很有必要建立一个科学的文字命名原则。

1999年，笔者在上海博物馆执办了上海地区第一次甲骨文专题展——《甲骨文发现一百周年特展》①。在期间的学术研讨会上，笔者建议对历史的文字要有一个科学的文字命名原则。文字是记录和传达语言的符号，不同的语种、不同的历史阶段都会产生不同的特点。“甲骨文”横跨了商代、西周、春秋八百多年的时间，“商代甲骨文”、“西周甲骨文”与“春秋甲骨文”除了载体相同外，文字有了很多时代差异。笔者认为就同语种的历史文字来说，断代文字命名法更为科学合理、可持续。也就是用“商代文字”的学称替代商代的任何载体上的文字名称，因为我们研究的重点是历史的文字，而不是载体。这一看法得到《文汇报》的支持，并作了新闻报道，“引申出了‘断代文字’的概念”②。但是，对约定俗成的改变是一项非常艰巨的任务。今天，“甲骨文”作为中国历史上一个特殊文化专名入选《世界记忆名录》，“甲骨文”已成为世界文化史上的一个记忆专名，我们更有责任建立一个科学的中国文字的命名体系，以完善自己的民族文化。在笔者统计的先秦古文字名称中，发现了金文的异称有八十个③，简牍的异称有三百余个④，这种纷乱的异称现象是因为没有一个科学命名原则，而造成世人的自由取说。

二、关于甲骨学的学科归属

“甲骨学”这一学科名是闻宥1928年第一次提出的，并把“甲骨学”列入了考古学范畴。他在1928年《民铎杂志》第九卷第五号《甲骨学之过去与将来》一文中说：“此学之足以研治，又不仅限于文字，故不当以文字两字自囿；如是言之，则当称曰甲骨学。”该文第一节“甲骨学之意义”中指出：“考古学上极重大之事实，而其意味之深长，不能与其他古器物并论也。”什么是“甲骨学”？

① 濮茅左：《甲骨文发现一百周年》，上海出版印刷有限公司，1999年。
②《甲骨文应称商代文字》，《文汇报》，1999年7月18日。
③ 濮茅左：《商周金文》，上海中西书局，2016年。
④ 濮茅左：《新出土战国楚竹书研究》，上海辞书出版社，2017年。

周予同在1930年《关于"甲骨学"》一文中解释："由研究'甲骨文字'"而演进的独立学问，就称为'甲骨学'。"董作宾初称"契学"，解释说："用近世考古学的方法治甲骨文，同时再向各方面作精密观察，这是'契学'惟一的新生命。"(1930年《甲骨文研究之扩大》)但后又改从闻宥"甲骨学"说①。

关于甲骨学的学科归属有五种意见：

（一）归属于考古学。

把甲骨学归属于考古学是以闻宥、周予同、董作宾等为代表。胡厚宣和王宇信在《中国大百科全书·考古学》一书中，把"甲骨学"归属于考古学分支学科。并注释②：

甲骨学：考古学分支学科之一，以出土的刻有文字的龟甲和兽骨为研究对象。甲骨学的内容，包括文字释读、卜法文例以及分期断代研究、文字内容和社会历史考证等。甲骨学的研究对中国古代史、古代科技史以及古文字学、语言学等方面的研究均有重要意义。

（二）归属于历史学和文字学的分支学科。

《辞海》把"甲骨学"列入历史学和文字学的分支学科：

甲骨学中国历史学和古文字学的分支学科。研究对象是商周时代刻在龟甲兽骨上的文字及其内容，包括甲骨历史、甲骨文流传、著录、卜辞内容研究，龟甲兽骨种属、来源、使用部位、占卜过程、时期等。(《辞海》2009年版)

（三）归属于历史学、考古学和古文字学的重要分支学科。

孟世凯把前两说合二为一，在《甲骨学辞典》中将其定义③：

甲骨学，学科名。专门研究我国古代占卜所用的龟甲、兽骨文字的科学，是近代一门新兴学科。清光绪二十五年(1899)，"殷墟"甲骨被发现、认识，20世纪30年代初成为一门专门学科，是历史学、考古学和古文字学的重要分支学科，其内容包括甲骨发现历史，甲骨文流传、著录，卜辞内容研究情况，龟甲和兽骨种属、来源、使用部位，占卜过程、时期等等。

（四）"狭义"与"广义"的两说归类。

这一说以李学勤为代表。李学勤在《甲骨学一百周年的回顾与前瞻》一文中认为："甲骨学的内涵可有狭义与广义，狭义的甲骨学特指甲骨及其文字

① 董作宾：《甲骨学五十年》，《大陆杂志》第1卷3期。

② 中国大百科全书总编辑委员会：《考古学》编辑《中国大百科全书·考古学》，中国大百科全书出版社，1986年。

③ 孟世凯：《甲骨学辞典》，上海人民出版社，2009年。

本身研究，广义的则举凡以甲骨文为材料论述历史文化者皆得纳入。”①

（五）甲骨学是独立的学科。

这一说以周予同为代表（见上）。《汉语大词典》取其说：甲骨文“经清末及近现代学者相继研究，已成为一个独立的学科。”②甲骨学是独立的学科，不隶属于其他学科。

“甲骨学”，究竟属于考古学分支学科？还是属于历史学和文字学的分支学科？或属于历史学、考古学和古文字学三学科的重要分支学科？或是兼“狭义”、“广义”两说？或是一门独立的学科？这五种说法都有一定的道理，怎样圆说？还需要我们共同来探讨，学术界要有一个统一的认识。

三、关于对“序数”的认识

甲骨文字的主体是占卜的记录。一条完整的卜辞由七个部分组成③：

（一）前辞，或称“叙辞”。卜辞前部记有干支、地点、贞人名的部分。如“干支王在某月某地”。

（二）问辞，或称“贞辞”、“命辞”。如“贞：吕不其受年？”既然是“问辞”，那么辞后面的标点一定是问号。

（三）占辞，或称“果辞”，即根据卜兆所作出的判断辞。如“王占日：其雨。”

（四）决辞，郎占卜事项取用与否的专用词。如“兹用”“不用”。

（五）验辞，即记录占卜结果应验与否的刻辞。“之夕允雨”，验辞多带“允”。

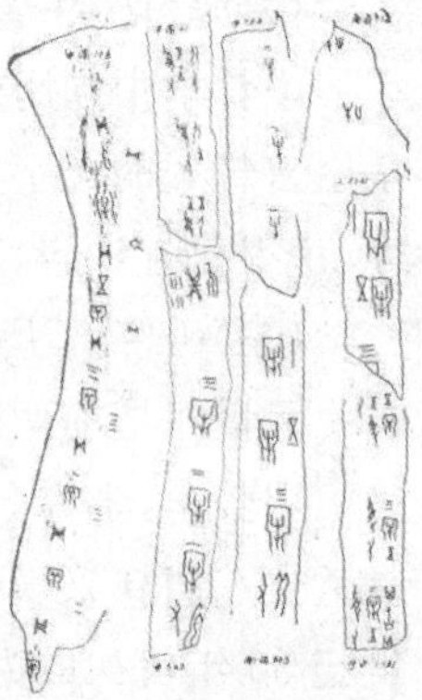

（六）序数，或称“兆序”，为卜辞兆纹旁的数目字，以标明占卜时的顺序。如壬子卜，穷贞：我受年“一、二、三”。

（七）兆辞，一称“兆记”，或称“兆语”，即卜兆的专用语，这些专用术语刻于卜兆旁。如：“二告”“大吉”等。

卜辞中的“序数”很重要。序数是了解殷人占卜模式的依据，它是还原占

① 李学勤：《甲骨学一百周年的回顾与前瞻》，《文物》1998年第1期。

② 汉语大词典编辑委员会汉语大词典编纂处：《汉语大词典》，汉语大词典出版社，1997年。

③ 沈之瑜、濮茅左：《卜辞的辞式与辞序》，《古文字研究》第十八辑，中华书局，1992年。

卜顺序的直接指导者。在有些卜辞中，它以最直接的数字"一"、"二"、"三"等来标明占卜的顺序。如：

《甲》三九一五：甲辰卜犾贞：王其田叀翌日乙亡灾？一

甲辰卜犾贞：叀翌日戊亡灾？二

甲辰卜犾贞：叀壬亡灾？三①

此版记在甲辰日，由贞人犾选卜王畋猎的日期，由序数"一、二、三"可知其贞问顺序是第二天的乙巳日，第五天的戊申日，第九天的壬子日，我们可以看出这次占卜的时日是从近日致远日。如果没有序数示意，这版的卜序很有可能被排乱，我们不能忽视这些序数，要注意序数的归属。

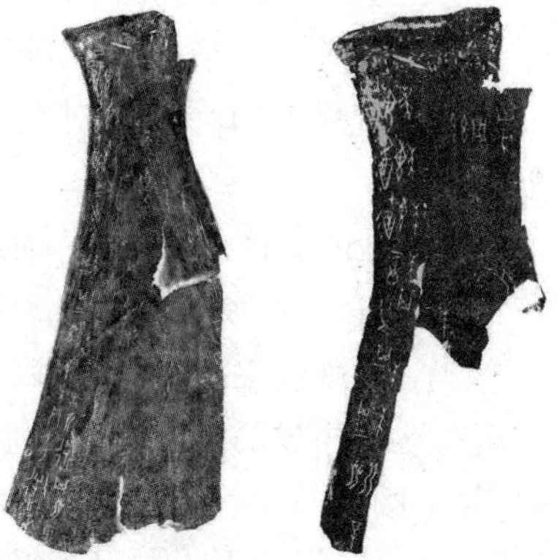

"序数"能帮助我们了解殷人锲刻时的布位习惯，殷人在骨版上由下而上的锲刻习惯，以及占卜用牲数的由小至大，或由大至小，占卜时日从近日致远日，或从远日致近日的有规律习惯就是"序数"告诉我们的。如上摹本图。

"序数"也往往会被误解为事件占卜的次数，事实上在甲骨文中的"序数"代表事件占卜的次数的仅仅是部份，套卜骨版中的"序数"不是表示占卜的次数，而是表示占卜的版序。套卜版中，整版的序数都是相同的，第一版的序数全是一，第二版的序数全是二，第三版的序数全是三等等。如《上海博物馆藏甲骨文字》64006②：

（1）辛未贞，在丂，牧来告：辰过其从史（事），受又（佑）？三。

（2）弜从？三。

（3）求其上？三。

（4）求其下？三。

（5）求其上自祖乙？三。

（6）求其下自小乙？三。

（7）求叀（唯）甲酒

（8）求叀（唯）乙酒？

① 董作宾：《殷虚文字甲编》（河南安阳殷虚遗址之一・小屯），国立中央研究院历史语言研究所中国考古报告集之二，商务印书馆，1948 年。

② 濮茅左：《上海博物馆藏甲骨文字》，上海辞书出版社，2009 年。

(9) 求叀(唯)丁酒?

(10) 求其即宗于囲(上甲)?

(11) 弜即宗?

内容大意:辛未日,王在丂地时,牧来报告,是否要跟从辰去出伐?为了这件事进行了占卜,问这样做先祖会保佑吗?肯定语调卜问后,又以否定语调卜问,如不跟从辰去出伐,祖神不会保佑吗?王对此事非常慎重,接着要向上、下祖神祈求保佑,范围是上自祖乙、下自小乙诸祖神,并且准备以酒祭的仪式进行,究竟在哪一天呢?于是选了甲日,卜后结果得兆不吉,又选了乙日,占卜后还是不吉,最后选了丁日得吉。占卜结果本版虽无见刻辞,但与本版同套的《殷契拾掇》第1.420版中①,明确地告诉我们:"兹用丁亥",即在丁亥日进行酒祭,向上自祖乙、下自小乙的诸祖神祈求保佑,骨版最后一组对贞卜辞是问在宗庙进行酒祭,向祖神祈求保佑,先祖上甲会来就享祀吗?

本版是由下往上的刻序,第一辞位于骨版的最下部,六辞后都有序数"三",这是套卜骨版的第三版。

"序数"可以提示我们寻找同时占卜的其他骨版,作成套骨版的综合研究。在这版序数的启示下,我们找到了郭若愚编纂的《殷契拾掇》第1.420版,与本版是同套骨版,版序为一,属该套骨版的第一版,辞式、内容、契刻部位完全一致,惜骨下半部已残缺,但近臼头骨面处有一重要决辞,为本版所无,上面刻着四个醒目大字"兹用丁亥",这一关键之语,使我们明白了整个占卜的结果,同时又提供了本版有关三个确切的时日是"甲申""乙酉""丁亥"。这是三千多年前同时占卜的骨版在"序数"的提示下,今天又会集在一起了。

通过"序数"聚集的套卜骨版,为我们提供了殷人的契刻多面艺术,拓宽了我们的视野。两版骨版整版书法浑然一体,可谓武乙文丁时卓绝佳品。契者单刀直入,痛快淋漓,下刀生动自然,锋利奇崛,刚劲有力。同套骨版上的重见之字有变,有不变。变者,一字数体、变化多端,匠心独运,各具风采,充分表现了殷人高超的书法与锲刻的艺术造诣。不变者,一字引领一辞,行款划一,辞辞分明,递进卜问。

如七个"求"字虽无变体,但契者行款有意,一"求"系一辞,整版无一辞隔线,卜辞整齐,无相交混。(整版辞的分布处理见上骨版拓本)

① 郭若愚:《殷契拾掇》,上海出版公司,1951年。

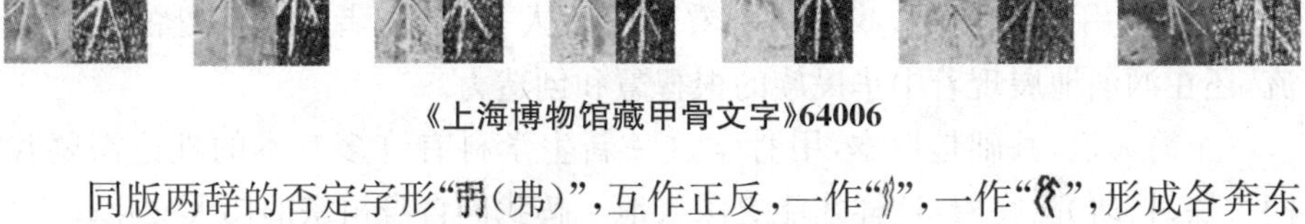

《上海博物馆藏甲骨文字》64006

同版两辞的否定字形“弜(弗)”,互作正反,一作“[illegible]”,一作“[illegible]”,形成各奔东西。套卜的两块骨版孪生同步,形相辉映。

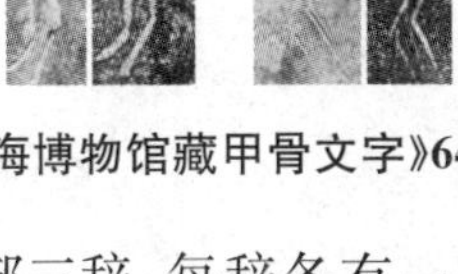

《上海博物馆藏甲骨文字》64006

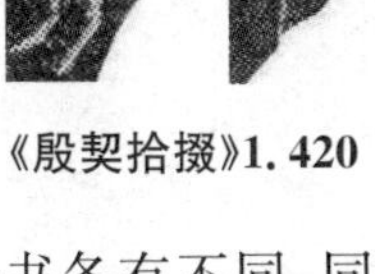

《殷契拾掇》1.420

本版骨上部三辞,每辞各有一“叀”字,所书各有不同,同套卜骨第一版(《殷契拾掇》第1.420版)亦有三个写法不同的“叀”字,六条卜辞,六个“叀”,或首有异,或腹多变,或尾不同,各具个形,字字有姿。

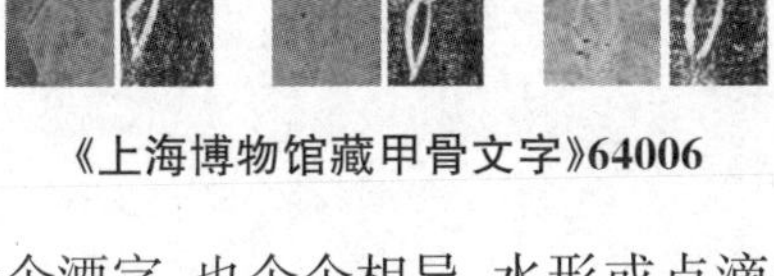

《上海博物馆藏甲骨文字》64006

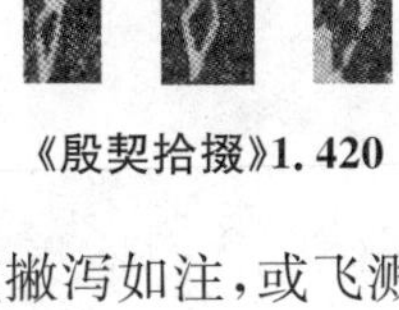

《殷契拾掇》1.420

有六个酒字,也个个相异,水形或点滴垂断,或撇泻如注,或飞溅在左,或聚蓄在右,酉内醇酒,或多或少,琼浆沉浮,生动自然。

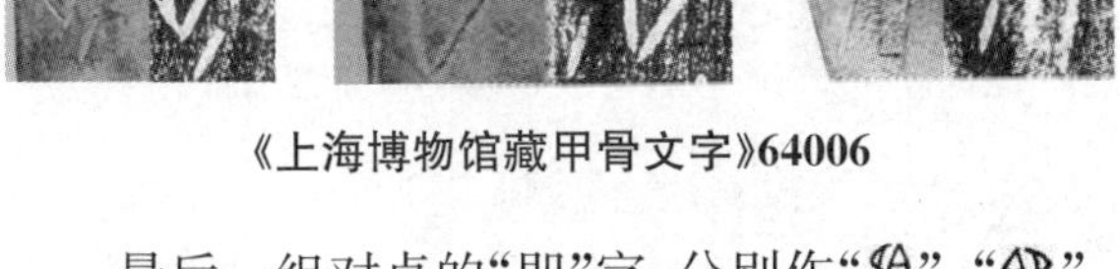

《上海博物馆藏甲骨文字》64006

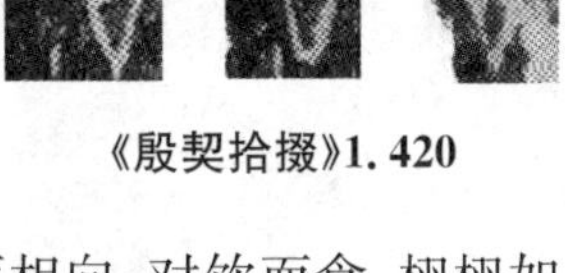

《殷契拾掇》1.420

最后一组对贞的“即”字,分别作“[illegible]”、“[illegible]”,人面相向,对饮而食,栩栩如生,如臨其景。

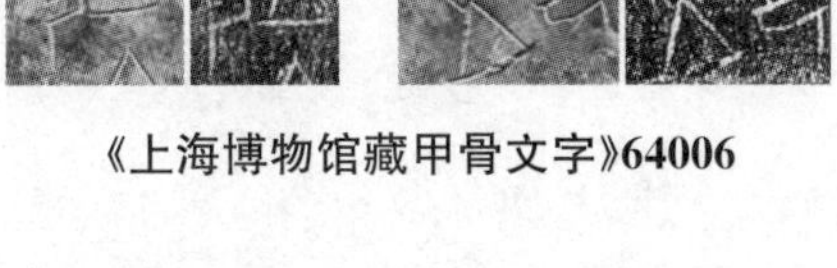

《上海博物馆藏甲骨文字》64006

“序数”的导引，使我们看到了三千多年前书家、契者的精心达思，刀下的千变万化，使甲骨文字在两块骨版的天地中，体现得活灵活现，粲然多姿，在这些精美的甲骨文字中，我们仿佛看到了殷人书家、契者心灵深处的艺术激流，还在汹涌地展现着中华民族的根智慧和创造力。

至简大道，基础是根本，甲骨学这一新生学科有许多基本的理论需要我们去探讨、研究、完善，这样才能更深入地了解我们自身祖宗的伟大文化。

（作者系上海市殷商甲骨文研究院院长、上海博物馆研究员）

关于传承甲骨文的尝试

王道云　孙咏梅

甲骨之父王懿荣1899年发现甲骨文至今已118年了。甲骨文的研究、甲骨文书法的创作令世界都睁大惊异的眼睛。习近平总书记称甲骨文为传统文化的“绝学”，并强调“冷门学科，如甲骨文等古文字研究，确保有人做，有人传承”。如何让甲骨文传承落在实处，我们尝试从娃娃抓起，把学术性的甲骨文通俗化、文学化、生活化。

我们从目前学术界共同认可的1300多字的甲骨文字典中，按《人类篇》、《数字篇》、《方位篇》、《文化篇》、《生活篇》、《植物篇》、《动物篇》、《自然篇》，共八大类选100字，每字一篇文章，共计100篇。每篇文章起首附甲骨文原字放大字形，同一字不同写法不同造型的同音同义例字可取1～3字，以扩展学生眼界，便于广泛识读和后期书法创作。例字均以现代汉语拼音注释读音。释义亦以学术界形成共识的为准。故事以造字的起因、有关成语、或神话故事或作者自己的构思编撰。故事注重知识性、趣味性、可读性，大多是作者在长期的教学中积累而成。每篇文章结尾处，选择与甲骨文字义相关的一首诗、词或一条成语，略作解读，增加文学性。有话则长，无话则短，每篇字数在600～1200字。语言上书面语言和口语并存，尽可能做到可读可听，适合小学、中学阶段的青少年阅读。此次论坛，我们选出六篇小文，供大家批评、指正。故事分别如下：

一、山

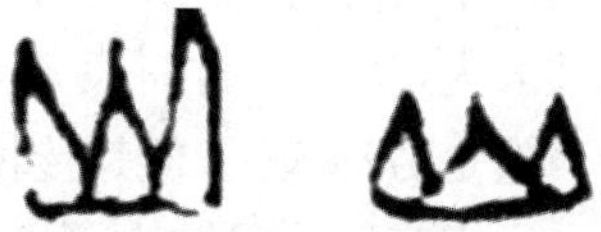

甲骨文“山”是一个高度概括速写的一座山，如用毛笔先蘸墨再蘸水，在宣纸上写甲骨文“山”字，那就是亦书亦画。水墨渲染，浓淡相渗，完全是一副水墨画啊！“山”字有三峰，一般来讲，中间的为主峰，主峰高耸，但甲骨文“山”字却没有这么多固定规律。当时的书法家在龟甲骨或牛肩胛上书写，难度较大，但他们书法功夫深、技法娴熟、艺术天赋又高，所以随意间就将大自然中的山川风物的意象再现了出来，而这些甲骨文字，姿态各异，真是美丽极了。不过“山”字的底座，即底边一定要是直线才好，这才能稳如泰山。如用曲线、弧线或圆形，恐怕一阵风吹来，山就倒了。同时，那样写出的“山”字，就与“火”字分不清了，因为“火”的甲骨文的底边才那样写呢！

唐代诗人王维在他的《终南山》诗中是这样描写山水的：“太乙近天都，连山到海隅。白云回望合，青霭入看无。分野中峰变，阴晴众壑殊。欲投人处宿，隔水问樵夫。”终南山几乎与天都相连，山脉逶迤伸向大海。回首望去，云卷云舒，聚散游走，山林青郁，迷茫隐现。山峰千姿百态，变幻莫测。若在山林留宿，可问河水对岸的砍柴人。诗情画意，跃然而出。好一幅水墨交融的山水图画！

二、火

甲骨文“火”字，象一堆正在燃烧的火，火苗呼呼上串有的字在火苗上方加上数点，如同雨点，可那不是用水来灭火，而是表示烟向上升腾。

最早的原始人，还不知道利用火，东西都是生吃的，生吃植物果实还不算，就是打来的野兽，也是生吞活剥，连毛带血的吃了。后来，才发明了用火。在周口店的北京人遗址上，已发现用火的痕迹，说明那时候的北京猿人已经知道利用火了。

火的现象，自然界早就有了，火山爆发，有火；打雷闪电的时候，树林里也会起火。可是原始人开始看到火，不会利用，反而怕得要命。后来偶尔捡到被火烧死的野兽，拿来一尝，味道挺香。经过多少次的试验，人们渐渐学会用火烧东西吃，并且想法子把火种保存下来，使它常年不灭。

又过了相当长的时期，人们把坚硬而尖锐的木头，在另一块硬木头上使劲地钻，钻出火星来；也有的把燧石敲敲打打，敲出火来。这就懂得了人工能够取火，从考古材料发现，山顶洞人已经懂得人工取火了。是谁发明的呢？当然是劳动人民，但是传说中又说成是一个人，叫做“燧人氏”。

人工取火是一个了不起的发明。从那时候起，人们就可以随时吃到烧熟的东西，而且食物的品种也增加了。据说，燧人氏还教人捕鱼。先前像鱼、鳖、蚌、蛤一类东西，生的有腥臊味不能吃，有了取火办法，就可以烧熟来吃了。

火给人类造了福，古代农耕社会因此得到迅速发展。但火使用不当，也会给人类带来灾难，“火烧圆明园”就是中国近代史上一次让人痛心疾首的灾难。

生活中我们常会见到两个人话不投机，突然会发脾气，通常叫“发火”，如再有人火上浇油、恶意鼓动，那就被叫做“火上加火”。火上加火就是“炎”字。

唐代诗人白居易写过一首诗：“离离原上草，一岁一枯荣。野火烧不尽，春风吹又生。”原野上长满茂盛的青草，为什么青草年年岁岁枯萎了又苍翠呢？诗人告诉你，不必担心青草会烧尽，牛羊会没有草吃，大火烧过以后春风一吹它会更加的生机勃发。

三、上与下

上

合体指事字。甲骨文上为一短横，下为一长横或为两端上翘一长弧。表示上高于下这是指事字，本义是上，表示方位。卜辞用作上帝、上示。“上帝是指天帝"不同于基督教的上帝。

相传很久很久以前，大约离现在有 3500 多年吧，那时是夏商奴隶制社会。一天下着大雨，奴隶主的儿子突然闹着要吃树上的枣子。奴隶主吆喝来几个奴隶，要他们上树摘枣子。雨越下越大，三个奴隶走到树下，望望树上的枣子被雨水淋得光洁油亮。一个擅长攀爬的奴隶带着长竿熟练地上了树，另两个奴隶找来渔网，一人拉一头，在树下接枣子。树上的奴隶不停地用长竿打枣，不一会儿，网中积了一箩筐大枣，地上也掉了很多沾了泥土的“漏网小枣”。三个奴隶拎着两筐一大一小的枣子，来到奴隶主面前，跪地奉上。

奴隶主看见带着泥水的小枣，正想发怒，奴隶立马指指那筐干净鲜亮的大枣。奴隶主怒气冲冲拔刀责问原因，奴隶吓得直哆嗦说不出话来，指了指渔网，然后，用手指在大枣子的地上画了一条弧形长横，随手又在弧形上方画上一条短横。缓了口气，没敢抬头，说到：“这是兜在网上的呀！主人。”奴隶主用刀指了指另一筐沾着泥水的小枣，奴隶立刻又在地上画了条弧形长横，长横下方画上一条短横，说到：“这是漏在网下的呀！主人。”奴隶主一刀挥向沾泥的小枣，滚了一地，拎起大枣拂袖而去。

自此，这个奴隶创造了甲骨文“上”和“下”，那个弧形长横就是拉起来兜枣子的网，也就是现在汉字“上”和“下”的一横，后来又将弧形长横写直，一直延用至今。一位伟人曾说：“卑贱者最聪明，高贵者最愚蠢。”劳动人民创造了文字——这才是真理。

下

合体指事字。我们前面讲到“上”时已经讲到了“下”“上、下”两个字是一个奴隶创造出来的。现在，我们再对“下”字作简单分析，“下”的构形与上字

相反，上为一长横或一上拱之长弧，下为一短横。表示下低于上。这是指事字，本义为下，表示方位“下面”。卜辞用作上天和下地。上指上帝，下指地祇百神。甲骨文上下也有合体形，如(上下)(上帝)。

四、牛

甲骨文“牛”是独体象形字，像动物头部的线描，突出了鼻孔在鼻尖上形成“V”字形状，以及向两侧弧形伸出的一对尖角，这对尖角常常是牛进攻敌人的武器。第三个甲骨文“牛”字是现实生活中牛头的正面速写，有牛角、牛耳、

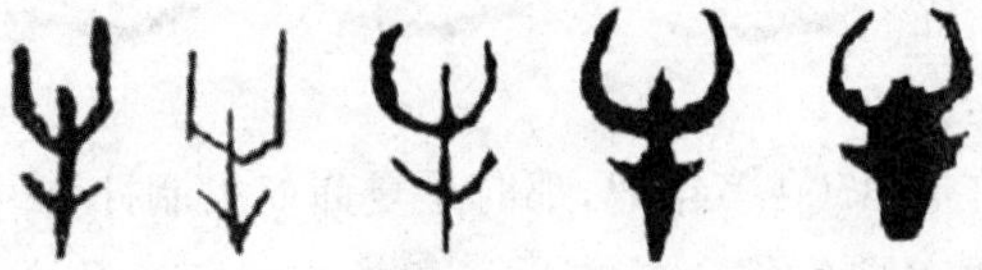

1　2　3　a　b

牛脸，既简洁又鲜明。如果我们将这“牛”字用墨加粗成(a)，象是牛头长了肉，再加粗，填满脸部空白，像筋、血、肉、皮都丰满的牛头了。如(b)形，是不是一下子就认出这是牛了？其实这就是“牛”字的初始文字，而上面的1、2、3甲骨文“牛”字是牛的成熟文字哦！中国古代传说中，地上的一切都是神牛下凡造成的，所以用“牛”指代“物”。

这个“牛”字，本义是牛，表示执拗倔强，但也表示温顺、厚道、任劳任怨。鲁迅先生曾说“横眉冷对千夫指，俯首甘为孺子牛”。孺子牛，就是为人民大众服务的牛啊！牛是古代直到近代社会离不开的生产力，它耕田耙地，拉车拉碾，为农业生产，人们生活，鞠躬尽瘁、死而后已。

牛在古代中国人的心目中也是很神圣的。在我们今天可以看到的甲骨卜辞里，经常会出现“勿牛”二字，例如：“贞勿牛”，又如“岁其勿牛”，前面一句的意思是说，负责问卜祭祀的贞人杀牛以献祭，后一句的意思是说，岁末年终时宰牛祭天。古人在年终岁尾，都要举行比较隆重的祭祀先祖和神灵的活动，重大的祭祀仪式上一般都要选用牛，这样才显得庄重肃穆。古代祭祀所

用的牛，在颜色、体态方面都有严格规定，不是随便拉来一头牛就可以作献祭用的。祭祀所用的牛挑选很严格，毛色要纯一，哪怕一头牛的牛角上有一个小小的创口，都要换掉。传说牛曾经是玉皇大帝殿前的差役，因为人间寸草不生，玉皇大帝让牛去人间撒洒草种，并叮嘱牛王要走三步撒一把草籽。结果牛王带着草籽，在跨出南天门时，不小心跌了一跤，头脑晕乎乎的，记错了玉帝的旨意，到人间后，走一步撒了三把草籽。于是，庄稼地野草丛生，农夫根本无法种庄稼了。牛为了弥补自己的过错，便祖祖辈辈帮助农夫干农活了。

五、鸟

“鸟”的甲骨文是独体象形字，上图的第一只鸟长长的羽毛已经张开脚爪往后，似乎正在飞翔，这只鸟会不会是“两个黄鹂鸣翠柳，一行白鹭上青天”中的一只呢？后面的三只鸟尾巴很短，短尾鸟叫做“隹”像雎、雀，上图的第三只鸟像是正在吃害虫的小麻雀。古人说长尾是鸟，短尾叫做隹，其实不然。甲骨文“隹”象鸟形，其羽、胸、尾长短和甲骨文“鸟”大致一致，主要区别在“隹”和“鸟”的甲骨文象形字的鸟头上。“隹”字的甲骨文鸟头比较简洁单一，而“鸟”字的甲骨文的鸟头笔画较多，注重突出鸟头，有的还显现眼睛。这是上古时造字人的一个秘密。现将秘密揭示出来，也就好分辨甲骨文的“鸟”和“隹”了。

传说古代有一种由鲲变化而成的神鸟，叫做“鹏”，可以飞的极高极远。鹏鸟飞起时，长长的尾巴掀起狂风，气势非常的雄伟壮观。还有一种生活在水边的短尾巴鸟，当一只鸟儿叫了一声“关”，另一只鸟儿会马上应和一声“关”，一呼一应紧密相连而且短促响亮……在每年的求偶季节里，它们会如约聚首，双双出没于江河湖泊中的沙洲嬉戏觅食，并时常发出“关关”的和鸣。在甲骨文时代周朝《诗经》中有篇《关雎》说：“关关雎鸠，在河之洲”。

有一首《布谷鸟》的儿歌唱到：“布谷、布谷，快快布谷，春天不布谷，秋天哪有谷——”鸟是春天的使者。农民一听到鸟叫声，就知道春天来临了，要赶紧播种了，不然，到了秋天就没有谷吃了。

六、鸡

甲骨文“鸡”是独体象形字、合体形声字第一个“鸡”是一只正视的雄鸡的象形字，头顶美丽的鸡冠，两侧摇曳着耀眼华丽的羽毛，引颈昂首挺胸，张口长鸣。后面两个甲骨文“鸡”是合体结构，是鸡的侧视图。在象形字“鸡”旁加上“奚”作声符，成了形声字。左边是声符“奚”，右边是引颈张口长鸣的雄鸡。这是人们在日常生活中常见的景象。造字的先民对生活的感悟、艺术的高度表现力和概括力，说明艺术源于生活的道理。

在锦鸡、野鸡、家鸡中，锦鸡最漂亮，俗称“金鸡”，雄金鸡头部散覆着金黄色的丝状肉冠，后颈部围着金棕色的扇状羽，形如披肩，脸、颏、喉及前颈均为红色。周身羽毛，上背是浓绿色，羽缘带黑，中背和腰部是浓金黄色，至腰侧又转为深红色。尾羽超过体长二倍以上，大部分由黑褐、桂黄相间成斑状，到端部又逐渐地转变成赭石色。如此漂亮的羽衣，是名副其实的“五色备举”。

野鸡没有锦鸡漂亮，但最早的家鸡是从野鸡驯化而来，小鸡（鸡子）在甲骨文中叫雏，字形象隹。家鸡也会张开翅膀扑腾几下，但再也飞不高了。公鸡的肉冠比母鸡大，羽毛的颜色特别漂亮，可以做毽子踢，打鸣的时候雄赳赳气昂昂，颇有“雄鸡一唱天下白”的气度，它非常勤劳地提醒人们早起，催促孩童勤奋。晋代的祖逖每天闻鸡起舞，后来成为文武全才的镇西将军。母鸡也不示弱，当它摇摇摆摆撅着屁股“咯咯叫”的时候，人们就可以到鸡窝里摸鸡蛋了。

明朝开国皇帝朱元璋小时候没读过什么书，但他后天勤学不辍，有一首著名的咏鸡诗。洪武十四年（公元1381年，辛酉鸡年），他亲自到翰林院文华堂与学士们饮酒赋诗，以“金鸡报晓”为题，首先提笔写道：“鸡叫一声撅一撅，鸡叫两声撅两撅。”众人看后，无不窃笑，这叫什么诗啊？接着，朱元璋续出后两句：“三声唤出扶桑日，扫败残星与晓月。”众学士们无不拍案叫绝。诗言志，尤其是最后一句，“扫败残星与晓月”，何等气魄。

（作者王道云系国家一级美术师、江苏省甲骨文学会会长；作者孙咏梅系天舟传媒资深书法教师、江苏省甲骨文学会副秘书长）

从甲骨文"农"字谈商代农具的问题

刘兴林

夏商周是我国历史上的青铜时代，特别是西周，属青铜文化的繁荣期，但考古出土的商周时期的铜农具却十分少见，石、骨、蚌器不但没有被新式农具所代替，而且在各类农具中还占有相当大的比重。石、骨、蚌、铜农具和很难被发现的木农具一起，组成了商代、西周从农田整治到收获加工的完整的农具体系，保证了农业生产在更高层次上顺利进行。有感于以往学界关于商周是否使用（或大量使用）铜农具的争论，本文在此就有关商周（西周）农具的几个问题谈点个人粗浅的看法，不成体系，请批评指正。

一、从甲骨文"农"字说起

农，繁体作農、蕽，《说文·晨部》："耕也。"《公羊传·成公元年》"作丘甲"，何休《解诂》："辟土殖谷曰农。"《汉书·食货志上》："士农工商，四民有业。……辟土殖谷曰农。"典籍又指辟土殖谷之人，如，《尚书·盘庚上》"若农服田力穑"，《论语·子路》"吾不如老农"。

"辟土殖谷"这一活动作用于一定的对象，自然就需要一定的工具。甲骨文农字作（《佚》855）、（《佚 943》）等形，从艸（或从林或森）、从辰。杨树达说："甲文农字从辰、从林，从林者，初民之世，森林遍布，营耕者于播种之先必斩伐其树木也。辰者，蜃也，《淮南》所谓摩蜃而耨也。"①《淮南子·氾论训》："古者剡耜而耕，摩蜃而耨。"郭沫若《甲骨文字研究·释干支》："辰与蜃在古当系一字，蜃字从虫例当后起。""余以为辰实古之耕器，其作贝壳形者，盖蜃

① 于省吾主编：《甲骨文字释林》，中华书局，1996 年，第 1126－1127 页；李孝定：《甲骨文字集释》3·840，"中央研究院"历史语言研究所，1970 年。

器也……附以提手，字盖象形，其更加以手形若足形者，则示操作之意。”“辰本耕器，故農、辱、蓐、耨诸字均从辰。星之名辰者，盖星象于农事大有攸关，古人多以耕器表彰之。”①《韩非子・五蠹》：“上古之世，民食果蓏蚌蛤。”远古时代，民以日常食余蚌蛤之壳制成农器，其数量也应是可观的。

前人对于农字字形的说解是清楚的，所从之茻或林指示农作之环境，代表作物当然也未尝不可。而辰为农器，是用蜃壳加工而成的农作工具，应即考古发现之蚌刀、蚌镰、蚌铚一类，常见背部有二孔，以绳索穿孔后系缚于拇指，用之捻掐禾穗，如后世所用之铁铚（又称掐刀、抓镰、爪镰）。甲骨文辰字之形作，《甲骨文字典》以为“正像缚蚌镰于指之形，像蚌镰，本应为圆弧形，作方折形者乃刀笔契刻之故；像以绳缚于指之形，故辰之本义为蚌镰，其得名乃由蜃，后世遂更因辰作蜃字。又古籍之大辰星（即天蝎座α星）与前后相邻二星所联（连）成之弧线与农具辰之圆弧形刃部相似，故以辰名之”②。按，以辰为蜃、为蚌镰是对的，说字像“缚蚌镰于指之形”则是出于附会。甲文农字有从辰者，亦有从辰从又（手）者，作（《前》4・10・3），若说辰像“缚蚌镰于指之形”，那么农字再从手完全是画蛇添足了。“辰”字确有似从手者作（《甲》424），但在“辰”的四五十种异体中只一见，当属省笔、变体或另有所指。至于说“大辰星与前后相邻二星所联（连）成之弧线与农具辰之圆弧形刃部相似，故以辰名之”，如果只取与辰（蜃）的弧刃相似，更不应以缚于指上的辰（蚌镰）来名星辰之辰了。郭沫若既承认辰为耕具，但又以甲骨文“磬”字中有与辰形相似的三角符号，认为磬为石制，磬字正像以手持锤击石，“故知辰亦必为石器”，“辰既像石器之形，则当时耕具犹用石刀，殊可断论”③。然“辰”字既不像以绳缚手于蚌，其形中与三角相连之画则应为蜃本身所有之特征。甲文“辰”字异体颇多，除“农”字所从之形，还有（《甲》2274）、（《佚》383背）、（《乙》9078）、（《佚》59）、（《甲》2330）等四五十种形体，三角和变形三角符号开口处必拖带笔画，当是辰（蜃）不可分割的连体部分，似为蚌开口外露之肉。辰字形中之三角与“石”形之三角有异，并不是一回事。

辰为蛤蚌之蜃，还可从脣（唇）字中得到说明。脣，《说文・肉部》：“口耑也，从肉辰声。”辰亦兼义。《释名・释形体》：“脣，口之缘也。”又指圆形器之外圈，《考工记・陶人》：“陶人为甗，实三鬴，厚半寸，脣寸。”蛤蚌上、下两片硬

① 郭沫若：《甲骨文字研究》，《郭沫若全集》考古编第一卷，科学出版社，1982年，第204－205页。

② 徐中舒主编：《甲骨文字典》下，四川辞书出版社，2003年，第1590页。

③ 郭沫若：《中国古代社会研究》，人民出版社，1964年，第186页。

壳相合，开合自如，有时蚌肉外吐，像人之唇舌。唇字从辰最初的意象，盖来自古人对自然界中蛤蚌的细致观察。

简单说来，辰即后来之蜃，由于其外壳坚硬，唇弧刃薄，持之方便并且得之较易，自史前时期人们就一直用它作收割或捻掐禾穗的镰刀，有的在背部磨一二穿孔便于系缚手指，有的将其刃口磨成锯齿状。这类蚌镰早在江西万年仙人洞1万多年前的新石器时代早期遗址就已有大量出土，可见传统悠久。辰与农业的密切关系已由农字字形中得见，无论是农字从艸或从林，都离不开辰，可以说无辰不成农。在蚌器广泛使用的上古农业社会中，人们看到辰(蜃)自然会想到农，辰器俨然成了农作的代名词，从而使蚌壳逐渐有了类似农业符号的意义。

以辰为星名，也完全是由于辰(蜃)与农业的密切关系。辰与农与星辰间的联系在史前时期文化中就已有充分的表现。1987年，河南濮阳西水坡仰韶文化墓葬(M45)人骨架左、右两侧发现用蚌壳精心摆塑的龙、虎图案，墓主北侧有蚌塑三角形图案，三角形东侧横置两根胫骨①。冯时分析认为，整个图案组合以及墓葬本身的形制表现的是天圆地方、二陆、北斗等天象，它"将中国二十八宿体系的滥觞期及古老的盖天说的产生年代大大地提前了。这有助于对中国天文学体系的客观认识"②。陆思贤结合M45之南的两组蚌塑考察分析，认为第一组(M45)为二分图，M45之南20米的第二组有蚌塑龙、虎、鹿、蜘蛛和一件石斧的图形，为冬至图，再南25米的第三组蚌塑人骑龙、蚌塑虎、飞禽、圆圈纹等图形，为夏至图。西水坡是一处远古时期的农业天文观测基地③。农业、天文、蚌壳发生了如此亲密的联系，这一切绝不是偶然的。

为什么要用蚌壳来摆塑？蚌壳是农业的符号，农业活动离不开对天象(日月星辰)的观察，以蚌壳(辰)作为表现与农业密切相关的天象观念的道具也就是顺理成章的事了。久之，又以辰为星之总名，谓星辰，日月星为三辰(而不是大辰星之专名)。看来用蚌壳来摆塑与天象有关的图案是上古之世人们的着意选择，而不是随意的或偶然的所为。从蚌器留在农字上的印记、农业与天文的关系、天文与蚌的关联，我们可以体会蚌壳在早期农业发展过程中所起的作用该是多么地重要！

---

① 濮阳市文物管理委员会、濮阳市博物馆、濮阳市文物工作队：《河南濮阳西水坡遗址发掘简报》，《文物》1988年第3期。

② 冯时：《河南濮阳西水坡45号墓的天文学研究》，《文物》1990年第3期。

③ 陆思贤：《濮阳西水坡出土仰韶文化的三组蚌图是四时天象图》，《史前研究》，三秦出版社，2000年；《濮阳西水坡45号墓主人的人格与神格》，《华夏考古》1999年第3期。

在没有先进的计时手段的上古时代，要顺利进行农业生产和日常的生活，观天象以确定季节和农时是每个人都具备的寻常技能，顾炎武《日知录》卷三十说："三代以上，人人皆知天文。'七月流火'，农夫之辞也；'三星在户'，妇人之语也；'月离于毕'，戍卒之作也；'龙尾伏辰'，儿童之谣也。后世文人学士，有问之而茫然不知者矣。"对上古时代的人们来说，天象、天文没有什么深奥可言，它常在身边，就如同他们手中的蚌壳农具一样寻常。

农字以及与农相关的天象图案的表现，留下了上古时代农业生产中大量使用蚌器的痕迹，也可以说是无蚌不成农。下面我们再看几个从辰的农作字。

辱，《说文·辰部》："耻也，从寸在辰下，失耕时，于封疆上戮之也。辰者，农之时也。故房星为辰，田候也。"许慎虽未达其本义，但仍以农事说解之。杨树达《积微居小学述林》："字形中绝不见失时之义也……辱字从辰从寸，寸谓手。盖上古之世，尚无金铁，故手持摩锐之蜃以芸除秽草，所谓耨也。"

蓐，《说文·蓐部》："陈草复生也，从艸辱声。"甲骨文蓐或从林，"像手持辰除草之形。辰为农具，即蚌镰。蓐为薅、农之初文。"①卜辞中用为地名或方国名，未见用其本义者。郭沫若说："[illegible]实农字，与蓐字形全同，蓐、农幽冬对转也。"②李孝定《甲骨文字集释》按语："蓐在卜辞与薅为字一。"③

薅，《说文·蓐部》："薅，披田草也，从蓐，好省声。"李孝定谓："蓐、薅当本一字，蓐训陈草复生，薅训披田草，其义本相因，草复生故须披去之也。就字形言，小篆之别，在于有女无女，古文盖当有作[illegible]者，古文偏旁从人从女无别，人形偏旁又往往与手形脱离另置一侧，又往往省去人形而但存手形，于是有蓐、薅之别矣。辰为农器，手执农器而除草，薅之义也。"④

槈，《说文·木部》："薅器也，从木辱声。鎒，或从金作鎒。"段注："蓐部曰：'薅，披去田草也。'槈者，所以披去之器也。"《国语·齐语》："及耕，深耕而疾耰之，以待时雨。时雨即至，挟其枪刈槈镈，以旦暮从事于田野。"《广韵·候韵》引《纂文》："耨如铲，柄长三尺，刃广二寸，以刺地除草。"槈又作耨，《释名·释用器》："耨，似锄，妪耨禾也。"《吕氏春秋·任地》："其耨六寸，所以间

---

① 徐中舒主编：《甲骨文字典》上，四川辞书出版社，2003年，第60页。

② 郭沫若：《卜辞通纂别录之一考释》，《郭沫若全集》考古编第二卷，科学出版社，1982年，第577页。

③ 李孝定：《甲骨文字集释》1.238，"中央研究院"历史语言研究所，1970年。

④ 李孝定：《甲骨文字集释》1.237，"中央研究院"历史语言研究所，1970年。

禾也。”高诱注：“耨，所以芸苗也。”

从甲骨文“农”字的构形可以看到上古时代农业生产中大量使用蚌器的痕迹，可以说那时是无蚌不成农。蚌和农这种稳固的意义关联，使最初表示蚌的辰和所有从辰的字都有了与农事或远或近的意义关联。以上字皆关乎农事，其义都是由所从之辰来承载的。凡从辰得义或得声之字，其义多与农事或天文现象相关，或由与农事、天文相关联的意义引申而得义。

以上由文字本身的考订，似乎反映商代的农事主要是用蚌类工具来完成的，而根据考古发现的农具类型，商代还较多地使用石或骨质农具，特别是石器。商代石器发现数量众多，如安阳殷墟第二至七次发掘出土石镰 3640 件，其中宫殿区一窖穴(E181)中出土 444 件①，小屯村北大连坑 B14 及其稍北的堆积中一次出土石镰上千件，有些有使用痕迹②。这需要从两个方面来认识。第一，殷墟甲骨文字形所揭示的是造字之初的真实情况，汉字发展至商代晚期的成系统、成篇章的甲骨文，其间经历了成百上千年，有的字形所描绘的事物甚至可以追溯到史前时代，如□(酉)代表的器形不见于商代，而颇类仰韶文化的尖底瓶③。农字的构形可能与商代早中期的实际更相契合。第二，石器的种类繁多，石斧、石锛、石凿等与农事关系都不密切，而蚌器类型主要是刀、镰、铚，都是农事活动的工具，带有很强的专用性，故“农”字构形以蚌不以石。考古发现的石、骨、蚌和铜质农具中，仍以石、蚌器为大宗。以下是商代遗址出土石、蚌、骨农具的情况，每一类农具中都有铲、镰和铚三种，以镰和铚为主(表 1)④。表中涉及的是有石、蚌或骨质农具出土的遗址，以便于比较。表中数据虽带有一定的偶然性，但也反映了多和少的总趋势。

表中所列举的只是报告中数字和器类比较明确的遗址，有的报告对不同质料的工具未加分别，统而述之，本文未加收录，如 1958—1961 年殷墟发掘出土的工具除石斧 17 件，还有石、骨、蚌铲 24 件，石、蚌铚刀 59 件，石、蚌镰刀 250 件⑤。只有石斧数量是明确的。有的遗址出土蚌农具虽多，但报告只给出一个概数，如 1957 年河北邯郸龟台西周遗址“出土生产工具中最具特色的

---

① 石璋如：《第七次殷墟发掘：E 区工作报告》，《安阳发掘报告》第四期，1933 年。

② 李济：《安阳最近发掘报告及六工作总结》，《安阳发掘报告》第四期，1933 年。

③ 王晖：《从甲骨文金文与考古资料的比较看汉字起源时代》，《考古学报》2013 年第 3 期。

④ 白云翔：《殷代西周是否大量使用青铜农具之考古学再观察》附表整理，《农业考古》1989 年第 1 期。

⑤ 中国社会科学院考古研究所：《殷墟发掘报告(1958—1961)》，文物出版社，1987 年，第 332 页。

是数十件蚌镰”①，这就不好做统计使用。无论是石器还是骨蚌器，工具类型都较单一，主要为小型的铲、镰和铚，镰、铚都用于收割，可归为一类。蚌器虽比石器总量要少，但仍然十分可观。铜质农具开始使用，但数量极为有限，尚不至影响到农业生产力和生产效率的问题，更未形成替代旧式农具的趋势。石器、骨器等没有出现新的形式，石、蚌、骨器之间的对比也不会出现大的变化，因此，以石器、蚌器为主（其中石器尤为重要）进行农业生产，是整个商代社会的实际。

表1 商代西周时期石、蚌、骨质农具比较

时代	地点	石器	蚌器	骨器	铜器	出处
商代	郑州南关外	28	22	2		《考古学报》1973:1
	柘城孟庄	36	16	2		《考古学报》1982:1
	辉县琉璃阁	18	1			《辉县发掘报告》
	郑州二里冈	122	31	16		《郑州二里冈》
	黄陂盘龙城	9				《文物》1976:1
	磁县下七垣	179	50	22		《考古学报》1979:2
	藁城台西村	445	77	40	镬2	《藁城台商代遗址》
	安阳高楼庄	7	19			《考古》1963:4
	安阳大司空	5	2		铲1	《考古学报》第九册，1955年
	殷墟西区	5				《考古学报》1979:1
	罗山天湖	2			铲1、锸1	《考古学报》1986:2
	孟县涧溪	42	16			《考古》1961:1
	小计	898	234	84	5	
西周	长安张家坡	93	173	82		《沣西发掘报告》
	长安客省庄	69	21	61		《沣西发掘报告》
	扶风云塘	18	8	7		《文物》1980:4
	磁县下潘汪	44	117	4		《考古学报》1975:1
	小计	224	319	154		

① 北京大学、河北省文化局邯郸考古发掘队：《1957年邯郸发掘简报》，《考古》1959年第10期。

西周的情况也大致如此。在商代遗址中，很少有蚌器数量超过石器的例子，而在西周遗址中，如长安张家坡和磁县下潘汪，蚌器的数量都大大超过了石器。蚌器总量大于石器的情况也可能是由于所统计的遗址数量少造成的。按常理推测，西周铜农具会比商代多见，而四个遗址皆无铜农器出土，这种情况带有很大的偶然性。虽然我们不能据此得出西周没有青铜农具的结论，同样也不能据此认为蚌器是最主要的农具，但它揭示了西周时期青铜农具仍然少见和蚌器在农业生产中发挥着重要作用的基本事实。

认识到石、蚌、骨器的大量存在并不是要否定商周农业的发展，事实上，商周时期的农耕技术如垄作、施肥、灌溉等等都有了长足的进步。

三、关于商周铜农具的讨论

商周是我国的青铜时代，特别是西周属青铜时代的繁荣期，但考古出土的商周时期的铜农具却十分少见。商周时期青铜冶铸技术通过礼乐器和兵器与国家政治发生密切的关联，而与生产类的活动特别是农业生产似乎关系不大。但这不影响我们对青铜时代的认定，因为商周时期的兵器和包括手工工具在内的部分生产工具还是以青铜为主的，考古学对考古时代划分的依据是所有生产工具和兵器的主要质料。这里只讨论与商周时期铜农具相关的问题。

（一）铜农具概念的一点说明

首先需要明确一下农具的概念。中国古代常见的农具有镬、铲、锸、耒、耜、犁、锄、镰、铚等等，有时同一种工具在不同时期或不同情境又有不同的名称，如商周称铲为镈，耒和耜都是锸类工具，而唐代陆龟蒙《耒耜经》中的耒耜说的是犁。考古发现的商周时期不同质料的农具有镬、铲（镈）、锸、犁、镰、铚。

有人认为，商周农具中有些被称为镬的其实应为斧，虽说斧也可用于农作之中，但充其量是农具的一种辅助工具①。斧是用纵向刃砍劈的工具，而镬是用横向刃刨挖的农具，二者在使用方法和用途上有很大不同，这主要取决装柄的方式。先秦至汉代的一些套刃工具在没有发现木柄和完整器的情况下的确很难推测其装柄和使用的方法，也就难以判定其主要用途、使用方法和名称。但是商周时期的一种长条形、一端有刃另一端带长方銎的工具明确

① 高西省：《试论扶风出土的商周青铜生产工具及相关问题》，《农业考古》1992 年第 1 期。

为镬，可称为直銎镬，如湖北黄陂盘龙城、河南郑州南关外商代青铜镬①，长度大都超过15厘米，通过长方銎间接装横向长柄使用。青铜镬在商代已经出现了，这是不容混淆的。

又有学者认为，目前所见的商周时期的青铜农具中，犁、镰等可以看作是专门的农具，但为数较多的镬、铲、锸等基本上是土作工具。这些土作工具用于农业耕作自然是农具，但它们更常用于筑城、建房、挖掘窖穴和墓坑等土建作业，因此不宜把它们一概视为农具②。我以为不应做这样的划分。在古代，单一用途的工具是很少的，而镬、铲、锸等这些工具用于农业生产是普遍的、常态的，它们是一年之中农时必备、平常也用的工具，因为农耕年复一年没有完成和终结之时。虽然镬、铲也用于土作工程，但并不是长期的，而是不定期的和阶段性的。另外，商周乃至整个古代社会除少数专业的技术人员，并没有一个专门从事土作的劳动阶层，城池、房室、窖穴和墓坑等都是由从事农业生产的人来完成的，大型的工程自然要靠征发农业劳动者服徭役。战国时期，《孟子》等提出“使民以时”，所说的“民”都是农业劳动者。他们用镬、铲、锸农作，又带上它土作，或者说有些人用它们农耕，另有些人正用它们施工，这都是极正常的事，终究它们都是在农田中使用和从农田中“走”出去的，我们可以说用农具来挖坑，而不好说是用挖坑的工具来种田。

（二）青铜农具的发现及其意义

小型的青铜农具早在新石器时代晚期就已见使用，主要发现于西北地区齐家文化遗址。1975年甘肃广河齐家坪出土铜镬1件③，1976年甘肃临夏魏家台子出土铜铚1件④，甘肃省博物馆还展出1件出土于广河齐家文化遗址的铜镰。这些发现虽然数量很少，但足以成为夏商周时期青铜农具的先声。已进入夏代纪年的二里头文化和相当于二里头文化时期的青铜农具，目前所知，除二里头遗址出土1件⑤，1976年甘肃玉门火烧沟出土镰1件、锄1件、镬5件⑥。考古发现的商周时期的青铜农具（含传世品），以陈振中《先秦青铜生

---

① 陈文华：《中国农业考古图录》，江西科学技术出版社，1994年，第289页。

② 白云翔：《殷代西周是否大量使用青铜农具的考古学观察》，《农业考古》1985年第1期。

③ 安志敏：《中国早期铜器的几个问题》，《考古学报》1981年第3期。

④ 田毓璋：《甘肃临夏发现齐家文化骨柄铜刃刀》，《文物》1983年第1期。器为铜刃镶嵌在弧形动物肋骨一侧所开的槽中，明显为铚。

⑤ 中国科学院考古研究所二里头工作队：《河南偃师二里头遗址三、八区发掘简报》，《考古》1995年第5期。原报告称铜锛。

⑥ 文物编辑委员会：《文物考古工作三十年》，文物出版社，1981年，第142页；安志敏：《中国早期铜器的几个问题》，《考古学报》1981年第3期。

产工具》①统计为基础，补充其未收录的材料，结果如下表（表 2）：

表 2　考古发现的商周青铜农具

	耒	耜	镰	铚	铲	锄	鎒	镬	锸	犁
商代	1	21	61	1	44	16		150	3	2
西周	5	28	9	1	90	49		295		
东周	24	28	137	16	321	414	53	413	14	4

表中补入的材料有：1979 年河南罗山天湖商代晚期墓出土凹字形锸（M27：14）和长方銎窄身铲（M9：4）各 1 件②；1989 年江西新干大洋洲商代晚期大墓出土铜锸、犁各 2 件，镬、耒、耜、铚各 1 件，铲 12 件，镰 5 件③。

商代、西周青铜农具的数量虽然与考古出土的同时期的石、蚌类农具相比显得微不足道，但从商代到西周再到东周，青铜农具数量不断增长的趋势却是十分明显的。如果把春秋和战国青铜农具的发现情况分开来看，这个增长的趋势应该在战国中期以前发生了变化，变化的原因是铁农具的推广。

从农具类型上看，镬占绝对优势，而镰、铚、铲等小型农具在商代、西周时期的总量并不大，到东周数量大增，这可能是由于商代、西周时期石、蚌质的镰、铚还大量使用，东周时期金属的利刃器开始代替石、蚌质的镰和铚。

商周有青铜农具存在和使用，这是毋庸置疑的，但关于商周时期是否大量使用铜农具的问题，学术界展开过长期的激烈讨论。早在上世纪 50 年代，郭沫若在《奴隶制时代》中即说：“青铜贵美，在古代不用以铸耕具，偶尔有所谓青铜犁錧的发现，有的是出于误会，有的则顶多只能是仪仗品而已。”④容庚、张维持《殷周青铜器通论》“绪论”中说：“当时的农业工具还未普遍地使用青铜铸造，因为当时的生产方式是奴隶占有制的生产方式，奴隶们本身没有从事生产的兴趣，他们常常破坏劳动工具，因此奴隶主不肯给他们较贵重的农具来改善他们的生产条件。同时青铜的农具虽然比石制的较为经久和锐利，但补充起来比石头困难得多，作为青铜合金的铜和锡原料是比较稀少的，铸造也比较

① 陈振中：《先秦青铜生产工具》，厦门大学出版社，2004 年，第 26 页。

② 河南省信阳地区文管会、河南省罗山县文化馆：《罗山天湖商周墓地》，《考古学报》1986 年第 2 期。

③ 江西省博物馆、江西省文物考古研究所、新干县博物馆：《新干商代大墓》，文物出版社，1997 年，第 115－123 页。

④ 郭沫若：《奴隶制时代》，《郭沫若全集》历史编第三卷，科学出版社，1978 年，第 32 页。

困难。至于合用的石头到处皆是，制造石头农具也还方便。"①于省吾也说："因为自由农固无力制作青铜农具，从事耕作的奴隶亦自不允许用贵重的农具。"针对 1953 年在安阳殷墟发现的一件青铜铲，他说："即使是农具，即使再多发现几把，也影响不着商代曾经普遍使用着蚌制的和石制农具这一事实。"②1960 年唐兰发文认为，商周青铜农具曾大量使用，但已被回收再熔铸③。

上世纪 70 年代以前，由于青铜农具极少发现，人们多对商周使用青铜农具及其作用持怀疑态度，并试图对商周很少用铜农具的原因做出解释。80 年代的讨论则集中在商周是否大量使用铜农具的问题上。1977 年，安徽贵池县徽家冲东周窖藏中发现青铜农具鎒、蚌镰等多件，另有兵器和生活用具。窖藏品多已残毁并与铜坯共出。李学勤认为，窖藏中的农具是作为废铜等待回炉而储存的，农具不堪再用即予回炉，加之上古不以农具随葬，正可以解释过去考古发掘中很少发现青铜农具的原因④。关于东周窖藏情况的推论，极易造成商周青铜农具曾普遍存在的模糊认识。徐学书等也用"废旧青铜器回熔改铸新器"来解释商周遗址青铜农具罕见的现象⑤。其实，在铁器广泛使用的汉代，同样存在旧铁回炉的问题。汉代大部分时间实行盐铁官营，在主要产铁地区设铁官，而在不产铁的县设小铁官。小铁官无铁可炼，一般由县令、长兼任，其职责是管理旧铁回收和再铸新器。可以说汉代的盐铁官营真正做到了无孔不入。在汉政府严格管理的回收再铸政策下，仍然给我们现在的考古工作留下了众多包括铁农具在内的铁器，那么铜器时期的回炉再铸又为什么会让我们"很少发现青铜农具"呢？这很难说得过去。使用得多才会有较多的遗存和留给后世较多的发现机会，道理是浅显的，除了 50 年代郑州商城南关外铸铜遗址发现过镬范⑥，迄今很少有关于商周农具铸范的报道，这也可辅助说明这一道理。有人认为，在商周是否使用青铜农具的讨论中，"双方学者所依据的考古发掘的所谓'青铜农具'，绝大多数不是农业工具，而是奴隶主阶级生前带在身边的手工工具、侍弄花草的小型器具以及削制钻刻的文具。有一部分则是奴隶主阶级'藉田'、'开镰收获'等带有礼仪性质的'农业礼器'。大批奴隶在田间劳动的农具依然是木、石、骨、蚌制作的'耒耜'、镰刀等"⑦。

---

① 容庚、张维持：《殷周青铜器通论》"绪论"，文物出版社，1984 年。

② 于省吾：《驳唐兰先生"关于商代社会性质的讨论"》，《历史研究》1958 年第 8 期。

③ 唐兰：《中国古代社会使用青铜农器的初步研究》，《故宫博物院院刊》总第 2 期，1960 年。

④ 李学勤：《从新出青铜器看长江下游文化的发展》，《文物》1980 年第 8 期。

⑤ 徐学书：《商周青铜农具研究》，《农业考古》1987 年第 2 期。

⑥ 河南文化局文化工作队第一队：《郑州商代遗址的发掘》，《考古学报》1957 年第 1 期。

⑦ 欧谭生：《河南信阳地区农业考古启示录》，《农业考古》1990 年第 1 期。

白云翔对商周时期的青铜农具进行了比较客观的评价，认为，“在殷代和西周，确实存在青铜农具，但绝没有大量或普遍使用，更没有取代各种非金属农具在农业生产中的地位”①。陈振中考证文献中上古的“钱”即铲，并由商周青铜铲的考古发现说明它们“在生产中起到了重要作用”，由铜锯和铜铲的数量对比推理出“殷代和西周王朝统治中心区大量使用青铜铲”②，白云翔发表《殷代西周是否大量使用青铜农具之考古学再观察》予以反驳③。1989 年，江西新干大洋洲商代晚期大墓出土青铜工具镬、锸、犁、铲、耒、耜、镰、铚以及斧、斨、锛、凿、刀、锥、砧等 123 件，其中农具就有 25 件④，燃起了人们对于商周青铜农具的热情。但这样的发现并不普遍，对于商周是否大量使用青铜农具的讨论还会继续下去。

白云翔在《我国青铜时代农业生产工具的考古发现及其考察》一文提出了青铜时代农业生产工具发展和演进的三个阶段，即：“商代以前的非金属农具阶段；商代西周以各种非金属农具为主、非金属农具和金属农具并用的阶段；春秋时期非金属农具、青铜农具和铁农具并用的阶段。”指出：“即使到了春秋时期，青铜农具也并未能取代各种非金属农具，只是随着铁农具的产生，才开始了各种非金属农具逐步退出历史舞台的进程。”⑤春秋时期的青铜农具较商代西周稍有增多，如成批出土的有：河南淅川二号楚墓出土镬、锛、镰等 26 件⑥；湖北襄阳山湾四座楚墓出土斧、锛、镰、削、锥等 10 件⑦；1984 年安徽涡阳出土一陶罐青铜器，内有生产工具 93 件，其中农具 81 件，有镰 55 件，铚 1 件，锸 17 件，镬 8 件，其他为兵器剑、矛、镞及手工业工具斧、锛、钻头、削等⑧。但是，铜农具增长的趋势到春秋中期就逐渐被铁器发展的形势掩盖了。

青铜时代在农业生产中使用的铜农具的量是很难把握的，但可以把它们所发挥的作用进行适当的界定。我认为商周“以各种非金属农具为主、非金属农具和金属农具并用”的说法虽然不错，但仍给人以夸大青铜农具地位和作用的印象。通过石、蚌农具和青铜农具的对比，就可以发现青铜农具在商

① 白云翔：《殷代西周是否大量使用青铜农具的考古学观察》，《农业考古》1985 年第 1 期。

② 陈振中：《青铜农具钱》，《农业考古》1987 年第 2 期。

③ 白云翔：《殷代西周是否大量使用青铜农具的考古学再观察》，《农业考古》1989 年第 1 期。

④ 江西省博物馆、江西省文物考古研究所、新干县博物馆：《新干商代大墓》，文物出版社，1997 年，第 115－123 页。

⑤ 白云翔：《我国青铜农业生产工具的考古发现及其考察》，《农业考古》2002 年第 3 期。

⑥ 河南省丹江库文物发掘队：《河南省淅川县下寺春秋楚墓》，《文物》1980 年第 10 期。

⑦ 湖北省博物馆：《襄阳山湾东周墓葬发掘报告》，《江汉考古》1983 年第 2 期。

⑧ 杨玉彬、刘海超：《安徽涡阳县出土的东周青铜器》，《考古》2006 年第 9 期。

周绝对不占优势，这还没有把不易被考古发现的大量的木质农具考虑在内。因此，所谓的青铜农具与非金属农具的“并用”也只能是少量使用，而不能理解为对等的或等量的使用，商周时期的农业生产力和生产效率并未因青铜农具的使用引起大的变化。尽管如此，青铜农具的意义仍需特别指出。

我以为，商周青铜农具的重要意义主要不是体现在经济方面，而是在技术方面。青铜农具最初仿形于石、骨农具，如石、骨铲有与铜铲形似者。江苏溧阳博物馆展出的一件马家浜文化的石铲，后端带一截面呈圆形的实心短柄，极似后来铜铲的长銎。张朝智发现江西新干商代晚期大墓的铜耒（图一，2）与河姆渡遗址的骨耜（耒）（图一，1）形状十分相似，推测与河姆渡文化同处于长江中下游的吴城文化也应有骨耜类农具①。新干的铜耒有椭圆形銎，形制与骨耒基本相同，实际上只将骨耒上端由扁平实心改为椭圆銎。这一点小小的改造在石、骨器上是绝难办到的。石、骨农具在使用中有诸多不便，除了刃厚不利和不耐久等缺点，最大的不便在于装柄困难。新石器时代的石、骨器大都采用绑缚的办法装柄，如河姆渡的骨耜。石犁则可能用木钉钉在木板（犁底）上。这样的安装费时费力，使用中还极易松动、滑脱，要经常停下来绑缚、调整、加固，更不方便用力。而用青铜铸造农具就可以铸出纳柄的銎，有了纳柄的銎，安装方便快捷，柄与器身的结合牢固耐久，方便用力，可以大大提高生产的效率。铜农具的出现带来了农具装柄（安装）方式上的重大变革，这正是商周铜农具最重要的意义所在。虽然这个技术上的革新由于铜农具的有限还没有产生较大的经济意义，但给以后的金属农具的发展开拓了天地，指明了方向。

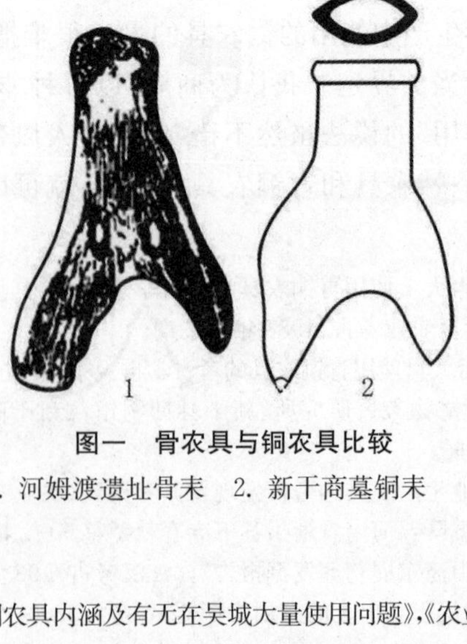

图一　骨农具与铜农具比较

1. 河姆渡遗址骨耒　2. 新干商墓铜耒

---

① 张朝智：《试探新干青铜农具内涵及有无在吴城大量使用问题》，《农业考古》2014年第1期。

在商周铜农具中，镬、铲、耒(耜)、犁、锸都是有銎的。镬、铲、耒(耜)是竖銎，铲、耒(耜)装直柄使用，镬需要先在銎内装木板，再通过榫卯连接横柄。锸为凹字形，内有凹槽，将木叶从三面包住，再连接竖向长柄。犁可以直接套装在木犁底上。铚在使用时缚于手指以割取禾穗，沿用至今，民间又称爪镰，是无需装柄的农具。商代、西周时期的铜镰还未发现有带銎的，目前发现的几例早期有銎铜镰都是春秋时期的，如安徽蚌埠双墩一号春秋墓出土的带銎铜镰(图二)①。方便装柄的有銎铜镰出现的相对迟缓，铸造困难是原因之一。另外，扁平、体小的铜镰装柄本来就较方便，劈开柄的一端夹住铜镰后部，然后沿上下将柄绑紧，即可牢固地将镰与柄结合在一起，而且收割也比掘土省力。有的铜镰后端装柄部位带穿孔，也是方便绑缚和穿钉加固用的。这种方法常见于兵器戈的装柄，颇为方便和牢固。这些都是铜镰的加銎不如其他铜农具那样迫切的原因。

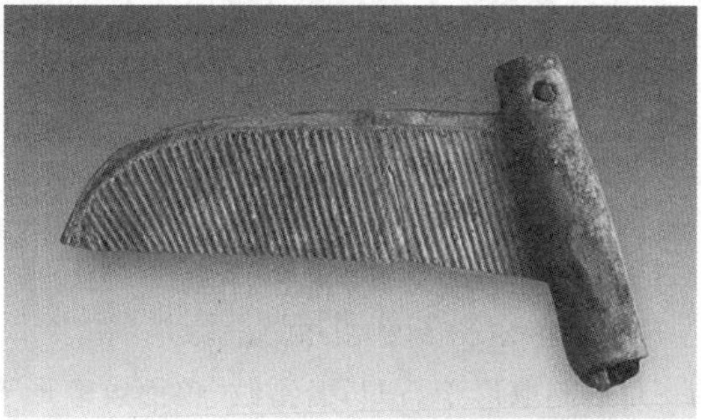

图二　蚌埠春秋墓出土的带銎铜镰

这里还要特别说一下商周时期的铜犁。在商周铜农具中，铜犁发现得最少。目前所见的商代铜犁只有江西新干大洋洲商代晚期墓出土的两件。两件犁皆呈等腰三角形，"两侧薄刃微带弧度，正面中部拱起，背面平齐，形成截面为钝角等腰三角形的銎部。犁的两面均以三角形为框，内饰状若简体式兽面的云雷纹和目纹，正面阳文，背面阴文，线条较粗疏"。一件(XDM：342)长10.7、肩宽13.7、銎高1.9厘米(图三，1)。另一件(XDM：343)长9.7、肩宽12.7、銎高1.6厘米，銎部正中有一穿孔对通(图三，2)②。铜犁体小而轻薄，不像是实用的犁。由于犁面饰有商代青铜器常见的云雷纹，中部三角形内布

① 安徽省文物考古研究所、蚌埠市博物馆：《安徽蚌埠双墩一号春秋墓发掘简报》，《文物》2010年第3期。

② 江西省博物馆、江西省文物考古研究所、新干县博物馆：《新干商代大墓》，文物出版社，1997年，第115－118页。

置兽面纹，有人认为属于祭祀礼仪上用的东西①，这与郭沫若关于商周青铜犁、镈为“仪仗品”的说法相一致。以仪式用具解释新干商墓铜犁的非实用性是目前学界的主流。我看过铜犁的展览后，马上也对其非实用的说法表示认同。新干大墓的墓主属“赣江流域扬越民族奴隶国家的最高统治者或其家属”，铜犁和其共出的其他铜农具有可能是这座大墓主人生前举行类似“藉田”的仪式时使用的道具。藉田做做样子，精致、庄重、美观是第一位的，也就不太讲究是否实用的问题了；而且藉田的仪式也可能是选择在经过人力初步整治过的松软的田地上进行。新干铜犁的仪仗用途和性质还可以再讨论，而我们看到的不仅是以其为仪仗用具的意义（这个并不是最重要的），更有其作为青铜农具的制作技术上的意义。

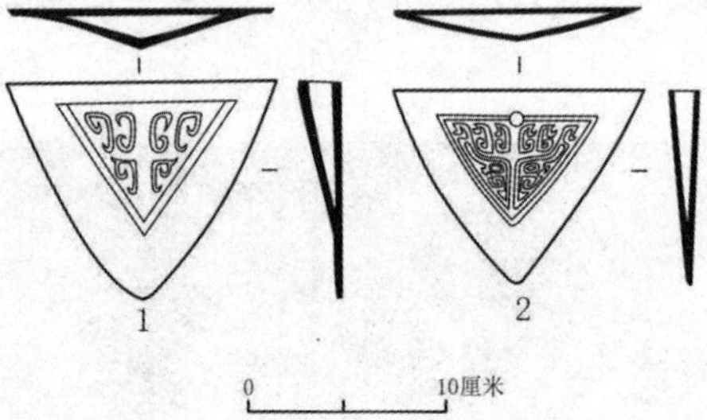

图三　江西新干出土商代铜犁

1. XDM：342　2. XDM：343

新干铜犁的三角形制取形于石犁，云雷纹、兽面纹取形于早期石犁或青铜礼器上图案纹饰，但它的三角形銎是没有样本参考的，这是在铜犁上的发明创造。

在商周青铜农具中，铜犁发挥的实际生产上的作用可以说微不足道，但是带銎铜犁的发明，预示着犁具发展史上一场革命的到来。有了銎，就可以方便地将犁安装到木质犁底上，在犁地过程中，铜犁与犁底的结合会越来越紧，铜犁用坏后也方便更换。由于有了铜犁上的发明创造，经过春秋战国至西汉，金属犁逐渐增大了翻土的功能，并最终在西汉时期出现了全铁犁铧和犁镜，完成了配套齐全的犁具技术的革新。

带銎铜农具是商代的一大发明，青铜农具虽然没有引起经济领域的重大变化，但为春秋战国金属农具的推广和农业经济的大发展提供了技术引导，因此商周青铜农具在技术变革上的意义远远大于经济发展的意义。

青铜工具的使用和发生在青铜农具上的技术革新还可能影响到不易被

① (日)渡部武撰，张力军、王琳译：《中国传统犁及其技术传播》，《古今农业》2010年第3期。

发现的木质农具上，尤其是小型青铜手工工具的广泛应用对于木质农具的制作有重大的影响。

四、从木农具认识青铜手工工具的意义

任何时期，生产领域都缺少不了木质工具，愈是时代久远，木质工具发挥的作用愈大。但是由于古代木质工具不易留存下来，又常常让人们忽略它曾有过的重要意义。

根据考古发现的遗迹判断，史前至夏商周时期至少有木耒、木耜、木锨三类木质农具①。目前没有发现商代的青铜双齿工具，殷墟孝民屯 H116 坑壁上留下的工具挖痕，齿长 6 厘米，宽 5 厘米，两齿间距 5 厘米，这样的挖痕无疑是一种双齿木耒留下的②。耜由史前时期的尖头木棒发展而来，单刃较窄，考古发掘中不易根据遗迹来判断。1984 年发掘的安阳殷墟武官村北地 M260，墓壁未经拍打处可见清晰的挖土工具的痕迹，“一类为双齿工具(耒)，齿痕长 20 厘米～25 厘米、宽 3 厘米～4 厘米、二齿间距 6 厘米～8 厘米；一类为䦆类，刃宽 4 厘米左右。在墓道填土中曾发现一件石䦆，残长 13.4 厘米、宽 4 厘米、厚 2.5 厘米、刃宽 3.5 厘米，可能是被遗弃的挖墓工具”。在墓室西南角的填土中整齐排列着 8 件木锨，锨“皆已朽成白色粉末，背部鼓起似勺，弧刃，是一种铲土工具。头长 20 厘米～30 厘米、宽 17 厘米～19 厘米、柄长 105 厘米～120 厘米、柄宽 3 厘米～5 厘米”③。双齿木耒的痕迹在史前时期的灰坑和夏商时期的窖穴、墓葬中多有发现，而木锨(楯)的遗迹还是第一次发现。这为研究商代木器工具的类型提供了真实可靠的材料(图四)。

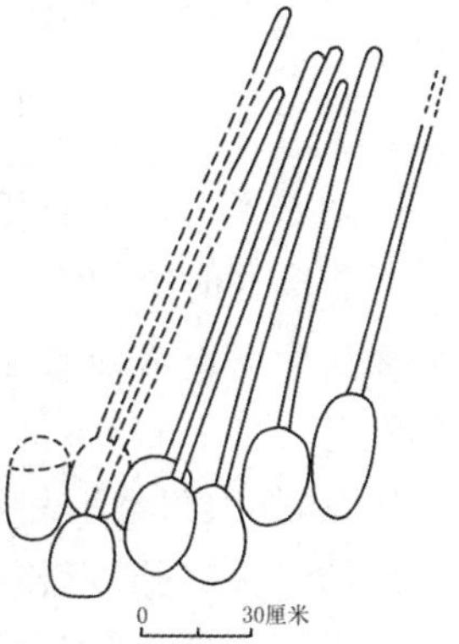

图四　殷墟出土的木锨遗迹

木制工具在商周农业生产中发挥着重要的作用，而青铜时代青铜手工工具的广泛应用，无疑对制作精准、有效而得心应手的轻便木质农具发挥了前

① 杨宝成：《先秦时期的木制农具》，《农业考古》1989 年第 1 期。

② 中国社会科学院考古研究所：《殷墟发掘报告(1958—1961)》，文物出版社，1987 年，第 65 页。

③ 中国社会科学院考古研究所安阳队：《殷墟 259、260 号墓发掘报告》，《考古学报》1987 年第 1 期。报告写作楯，实即今日之锨。

所未有的作用，木质农具制作的效率也会大大提高。考古发现的商周时期青铜生产工具中，无论种类还是数量，手工业工具都数倍于农具。在陈振中《先秦青铜生产工具》一书中收录的青铜工具7441件，绝大多数都是斧、锛、凿、刀、锉、钻、锥、锯、针等手工工具，它们也都是砍挖、削制木锨等木农具的得力工具。另外，斧、锛、凿、锯等虽不能说是农具，但在开垦田土等方面有时也会发挥不可替代的作用。因此，在讨论青铜农具和农业发展的同时，我们也不能忘了青铜手工工具对于农业的意义。

五、结　语

随着考古工作的开展，发现的青铜农业生产工具数量会越来越多，虽然相对于商周时期的农业生产来说，这些铜农具还十分有限，仅靠这些铜农具尚无法应对正常的农业生产需要。但是，青铜农具之外，传统的石、蚌、骨器和经过改良了的木制农具，它们一起构成了商周农业生产各环节的完整的工具体系，如农田整治和开沟种植所需的工具犁、䦆、耒、耜、锸（锨），从事田间管理的工具铲（镈）和锄，收获用具镰和铚，加工工具石磨盘（棒）、石杵臼以等等。有的工具类型中可能木、石、骨、蚌占了很大比重，但是由于有铜器的介入，使得商周农业生产过程中形成了完整的新型农具体系，保障了农业生产在更高一个层次上顺利而持续地向前发展。

从农具本身来说，技术进步的标志是新材料和新式农具的使用，而一个时期在农业生产中发挥重要作用的是普遍存在的农具类型，哪怕是堪称原始落后的农具。应该看到，新技术、新农具代表了生产力发展的方向，但推广需要一个过程，旧的传统农具的广泛存在也有其生产中不可替代的合理性。前者从技术发展史的角度着眼，后者则是从经济发展史的视野立论。两个方面都不可偏废。我们从小的时段看到的可能只是技术迟缓的发展，而放眼大的时段则会感觉到技术的巨大突破。这也是商周铜农具问题揭示出的道理。

（作者系南京大学历史学院教授、江苏省甲骨文学会副会长）

甲骨文中的方神属性及四方、四土关系

郭旭东

在甲骨文中，明确记载有四方之神和四方风名，可见《甲骨文合集》14294片。过去学者们已进行过很多研究，并取得了不少成果。在此，我们讨论两个问题：一是方神的属性；二是卜辞中的四土与四方的关系。

一、方神的属性

对于四方神的属性，陈梦家先生认为它是四方地主之神，“四方之神实际上是四方的土地，《越语》所谓‘四乡地主’”①。丁山先生也认为四方之神“本属地界，不隶天空”②。在他们看来，四方神是与山川社神一样，同属地示。但我们以为，这个论断还需研究和商榷。

常玉芝曾对甲骨文中的“帝五臣”“帝五丰臣”所指，进行了较有说服力的论证。她在认真分析相关卜辞以及其中各神与帝的联系后，认为“在殷人心目中帝廷组织里的‘帝五臣’‘帝五丰臣’‘帝五丰’，即上帝的五个工臣应是：四方神、风神、雨神、云神、日神。其中上帝直接指挥四方神，四方神再指挥风神、雨神、云神、日神。四方神、风神、雨神、云神、日神虽然都是上帝的工臣，但四方神的地位要高于其他四个神灵。上帝通过四方神操纵着风神、雨神、云神、日神，上帝是意志的决定者，上帝的意旨由四方神指挥其他神灵来实现”③。这一结论是建立在认真分析甲骨卜辞材料之上的，真实可信。从“宁风于方”“宁雨于方”等卜辞能够看出，殷人想要息风止雨，却并没有向风神、雨神直接求祭，而是求祭于方神，这说明风神、雨神是受到方神节制的。如果

① 陈梦家：《殷虚卜辞综述》，第585页。

② 丁山：《中国古代宗教与神话考》，上海文艺出版社，1988年，第163页。

③ 常玉芝：《“帝五臣”、“帝五丰臣”、“帝五丰”的所指》，王宇信、宋镇豪、徐义华主编：《纪念王懿荣发现甲骨文110周年国际学术研讨会论文集》，第378页。

常玉芝结论不误的话，那么，既然风神、雨神是属于帝廷组织的“帝五臣”的成员，那他们的上级主管四方神灵理所当然地也应是帝廷里的臣属了，自然也就是属于天神系列。否则，地示怎么能管天神呢。况且，在3000年前的殷人心目中，风雨诸神所在的“上天”在地位上要高于凡人所居的“地”的，就连人间死去的商王也以能够宾于那居住在上天的“帝”而为荣。因此，管束着天神的方神不可能是土地神。

陈梦家先生的观点有一个重要的理由就是文献的记载，即典籍常以“方”“社”并举，他以《诗·小雅·甫田》的“以社以方”、《诗·大雅·云汉》的“方社不莫”以及《左传》《墨子》相关记载等为例，指出“社”“方”性质相同，“社”为地示，方神就是四方的土地神。毫无疑问，陈先生对“社”的性质的判定是正确的。《说文》：“社，地主也。”“社”在甲骨文中也是作地上土堆形，其为地示，明白如画。但他对方神的定性似乎可商。我们以为，典籍中“方”“社”并举，并不能作为两者同属地示的论据。相反，“社”“方”并举所表达的意思正是一地一天的区别。如果“方”“社”同是土地神的话，那么，又何必同神而异名呢？所以，文献中的“方社不莫”“以社以方”等应该就是对天、地之神的祭祀。“方”“社”并举，也正好是一天一地、一上一下。“方”是代表上帝的上天之神，“社”则代表地示类的神灵，天神与地示相配，正符合古代人们的祭祀习惯，同时也反映出了殷商文化对后世人们哲学思想与礼仪制度的深刻影响。

二、四土与四方

关于甲骨文中“四土”与“四方”的关系，目前学术界主要存在着两种不同的意见：一种认为四土就是四方，四土与四方只是名称不同，两者所指是一样的，均为殷中心统治区域王畿之外的广大地区。一种观点则以为四土与四方有区别，四土是实际意义的地域，而四方则是抽象的神灵之乡。① 我们以为，这两种看法均有正确之处，但也都存在着一定的片面性。

从甲骨文本身记载来看，四土显然是指实际的地理和政治地域，这一概念与“商”相对，具体位置是在“商”的周边地区，即王畿的四周。由于在这个广大的区域内，犬牙交错地分布有商王朝自己不少的封国以及与之友好或服从于商的异姓方国部族。因此，在商王朝的最高统治者眼里，这些广袤的地区自然也就成了自己属地的组成部分，成为了商王朝的统治区域。因此，作

---

① (美)艾兰：《早期中国历史、思想与文化》，杨民等译，辽宁教育出版社，1999年，第107页。

为中央王朝，就有义务与责任为之祈祷呼吁，如下面的辞例：

① 己巳卜，王卜，贞：[今]岁商受[年]？
王占曰：吉。
东土受年？
南土受年？吉。
西土受年？吉。
北土受年？吉。（《合集》36975）

这是为“商“以及东、西、南、北四土祈年的占卜。这版卜辞很值得研究，就卜辞来看，这次占卜由商王亲自负责卜问，所卜事情只有一件，即是否能够得到一个好的年成。但是，在卜问程序上，却分为两个层次，首先是卜“[今]岁商受[年]”，是为“商”而卜，而商王占卜得到的结果是吉兆。然后是为东、南、西、北四土卜问“受年”，结果也是吉兆。只不过在卜辞的形式上，对四土的占卜采用了简略的形式，即将前辞以及占辞的“王占曰”省略。如果要还原的话，本版卜辞应该是这样的情况：

② 己巳卜，王卜，贞：[今]岁商受[年]？
王占曰：吉。
己巳卜，王卜，贞：今岁东土受年？
己巳卜，王卜，贞：今岁南土受年？
己巳卜，王卜，贞：今岁西土受年？
己巳卜，王卜，贞：今岁北土受年？（《合集》36975）

对本版卜辞，可以有两种理解，一是把“商”作为商王朝最重要、最核心、最直接的统治区域，即王畿地区来理解，因此它受到了商王的格外重视与关心，表现在占卜上也是优先为其问卜，这显示了该区域在商王心目中的位置。其次才是东、南、西、北四土。商王为其一一占卜，说明这些处于四个方向的广大地域已被纳入了商的统治版图，属于其管辖。起码在心理上，商王是这样认为的。二是把“商”作为一个大的、整体的商王朝国家层面来理解。这样的话，占卜就是先整体后部分，反映出来的就是“商”是由东、南、西、北四土所构成。在得到“商受年”的吉兆后，又分而卜四土受年，以进一步说明“商”的确是“受年”的。但不论我们如何认识与理解这版卜辞，商王为“商”和四土祈求年成丰收，已表明在殷人的眼里，东、南、西、北四土是实实在在的地理和政治地域概念。这一点，我们也可以从《左传·昭公九年》所记得到佐证，文曰："王使詹桓伯辞于晋，曰：'我自夏以后稷，魏、骀、芮、岐、毕，吾西土也；自武王克商，蒲姑、商奄，吾东土也；巴、濮、楚、邓，吾南土也；肃慎、燕、亳，吾北土也。'"在这里，周的东、南、西、北四土都是非常实在的具体地区，而不是虚无抽象的地理概念。

甲骨卜辞所反映的"四方"，我们以为有两层意思：一是与四土相同，是实实在在的地域与政治疆域，此即我们前面所指出的实体性。如《合集》36976和《屯南》2377中的卜辞：

③ 乙未卜，贞：今岁受年？
不受年？
南受年？
东受年？
□受年？（《合集》36976）

④ 南方受年？
西方受年？
[北]方[受]年？（《屯南》2377）

这两版卜辞均是为东、南、西、北四方是否"受年"而卜，其形式与内容和上引的《合集》36975版卜辞除了由"土"改为"方"外，基本相同。商王为其而卜年成，这说明"四方"就相当于"四土"，即四方之土，也是属于商王朝的统治区域，是实体版土而不是抽象空泛的空间概念。

它又与四土不同，"四方"具有宇宙观内涵。实际上，殷人将其所在划分为东、南、西、北四方本身就体现出了他们的这种意识。美国学者艾兰在解析"方"字时就认为，"方"意味着四方空间或立方形，而非线性方向。① 同样，也有研究者指出："'方'与四结合为四方，这一组合使'方'超越了原政治单位的含意，获得宇宙论新意。四方不仅表明政治中心界线，代表着四个基本方向，它同时也是明确祭祀、宇宙论中心的重要概念。"②而有关的甲骨卜辞中，也表现出"四方"的这一特性，如：

① Allan, Sarach, The Shape of the Turtle: Myth, Art, and Cosmos in Early China, Albany: State University of New York Press, 1991, pp75-77.

② 陈梦家：《殷虚卜辞综述》，第585页。

⑤ 癸卯卜，今日雨？
其自东来雨？
其自南来雨？
其自西来雨？
其自北来雨？（《合集》12870 甲乙）

这是向东、南、西、北四方卜雨的记录。我们不能将辞中的四方理解为“四土”这种具体的地理区域，因为雨水来自天空，是从天而降。因此，这里的东、南、西、北只能是代表四个方向的天空宇宙。而我们前面讨论过，掌管雨水的雨神乃帝廷五臣之一，居于上天，并受“方”神节制与指挥，殷人祈雨时自然要向处于天廷的四方神灵求祭，也即艾兰所说的“抽象的神灵之乡”。

综上我们可以看出，东、南、西、北“四土”在殷人心目中是实实在在的地理和政治地域，是商王朝统辖范围。而东、南、西、北“四方”则具有两重属性，它既是具体的地域概念（与“四土”相类），又表示宇宙空间，神灵之乡。“四方”的范畴包括“四土”在内，是地域与空间宇宙结构的统一体。

《合集》14294

（作者系安阳师范学院历史与文博学院、甲骨文研究院院长、教授）

卜辞“帝”观念的转变与商末政治理性的进步

李双芬

王国维在《殷周制度论》中说：“中国政治与文化之变革，莫剧于殷周之际。”从文化精神上看，人神关系之变化，乃是这一时期最深刻且影响深远的变化。人神关系是中国传统哲学的一个重要命题，而关于商代是否如大家所认为的是一个神本时代，中国的人本文化究于何时产生并发展，在商代宗教观念中居于重要地位的“帝”的崇拜及其在晚商的发展演变如何等等，这些关系到中国文明起源以及如何认识中国文化的问题，仍有认真探讨的必要。同时，对于殷商的思想观念，前辈学者的相关研究多瞩目于商人思想观念中的非理性因素，而对于其所包含的政治理性及其发展关注不多。本文从对卜辞中“帝”的时代性梳理出发，就晚商“帝”的观念及人神关系的发展变化等重新加以讨论，以求教于方家。

一、卜辞中的“帝”及晚商“帝”观念的演变

有关卜辞中的“帝”，自孙诒让《契文举例》以来，围绕着“帝”的性质、职能以及人帝关系等问题，过去已有不少学者做过研究。关于“帝”的性质，部分学者认为“帝”是至上神，是全能的上帝。持此看法的学者较多，以陈梦家、胡厚宣、张桂光及詹鄞鑫、王晖等先生为代表，而且颇有影响。而以朱凤瀚、常玉芝和郭静云等先生为首的学者则认为“帝”在商代只是天神，并非至上神。在关于“帝”的权能上，学界看法则大体一致，即“帝”权能极大，其管辖事项包括自然现象、年成、战争、建邑、佐王与否等。但在人帝关系的研究上，学者却关注不多，研究则明显欠缺。学界学人多认为“帝”通过“帝使”下达指令，而人王则通过先祖沟通人帝关系①。

---

① 在人帝关系上，朱凤瀚先生曾指出，商人的上帝虽在商人神灵系统中有崇高地位，但并未与祖先神、自然神形成明确的上下统属关系，按：此上下统属关系正是部分学者（转下页）

从卜辞实际出发，朱凤瀚先生曾细致罗列卜辞中"帝"的权能，并从权能上比较其与祖先神和自然神的差异，由此认为："'帝'不是至上神，而是与自然神、祖先神二者均不相同的一种天神。"笔者同意朱先生的看法。以此为出发点，本文对此问题进一步加以申论，以察知"帝"在晚商的发展演变及人帝关系的新变化。

勘查《甲骨文合集》(简称《合集》)，得有关"帝"之卜辞共 454 条，其中一期卜辞 383 条①，典宾类也即宾组二类卜辞居多。而据黄天树先生研究，宾组二类卜辞主要是武丁时期之物，时代下限可延至祖庚之世。居于一、二期之间的有 34 条，其中二期的 9 条，皆为出组二类卜辞；三、四期 16 条，何组居多，无名组次之；五期黄类卜辞则为 12 条。黄类卜辞也称作黄组卜辞，为乙辛宗庙祭祀所录。由上述可知，"帝"大量出现在卜辞中的时间段为卜辞早期，一期之后锐减。这种情况和目前所得宾类卜辞数量较多有一定的关系，但同时也部分反映了卜辞时代"帝"观念的演变。以往学者在论述"帝"及其相关问题时，对其出现时代关注较少，只笼统视为晚商。依主流学术研究之说，如果"帝"为商代的至上神，则其必然是以超越众神之上的最高形式居于万神之上，余神则处于从属的地位。从时代性上看，五期卜辞也应该都有"帝"卜辞的广泛存在，而不是目前所见的以早期为居多。商末虽也有"帝"类卜辞，但此时的"帝"已是祭祀先王时的尊称，而不是至上神或天神了。此种对祖先神称"帝"的现象，使得祖先神神职扩大，兼具了"帝"的职能，而作为天神的"帝"却走向消亡，由此在宗教观念上出现帝祖崇拜合一的趋势，祖先神也成为晚商社会的最高神。商人宗教生活也完成从多神向一神崇拜的演变。如果"帝"是至上神，则这种信仰神圣而严肃，不应该发生前恭后倨的现象。

与后期"帝"卜辞锐减相反，晚商有关宗庙建筑的"宗"类卜辞却在日渐增加。《合集》中"宗"类卜辞计 226 条，其中一期宾类与典宾类共计 32 例，历类卜辞 70 例，无名组及何组包括小部分出组类卜辞计 84 例(其中大部分为无名组类)，所见黄类卜辞为 37 例。根据杨郁彦先生的《甲骨文合集分组分类总表》并参以目前甲骨分期断代的研究可知，宗庙作为祖先崇拜的物化形式，在

(接上页)持"'帝'为商代至上神"的观点的主要立论依据，所以既非至上神也非商民族的保护神。这一神灵是商人在思索和追溯统一世界的根本力量过程中所创造的神，是此种思索不成熟的产物(朱凤瀚《商周时期的天神崇拜》，《中国社会科学》1993 年第 4 期)。

① 本文有关《合集》中卜辞的分期分类，皆参照《甲骨文合集分组分类总表》(杨郁彦编著，艺文印书馆，2005 年版)。此表为参考李学勤、黄天树和彭裕商等学者对殷墟甲骨之分组分类的研究成果编著而成。

商末呈渐增趋势①。其中五期黄类卜辞看似仅37例,其实不然。因为此37例主要涉及的是武乙、武祖乙及文武丁之宗,商末有祊祭卜辞,根据常玉芝及葛英会等学者的研究,可知此37例的“宗”类卜辞多为祊祭卜辞②。而祊祭卜辞的祭祀对象在此时的庙祭即周祭祭祀中却不受祭,所以当时周祭祭祀的所在宗庙情况因周祭辞例特征而无法统计,不过无论如何,其时的宗庙数量一定远超此数。朱凤瀚先生曾谈及商代晚期先王、先妣宗庙设置的四项原则:直系先王可有自己单独受祭的宗庙;直系先王单独立宗庙可世代保存,未有毁庙之制;为近世直系先王增设祭所;只有部分近亲的先王配偶可以有自己单独的宗庙或其他祭所。我们所见到的黄组37例之“宗”即应是为近世直系先王增设的祭所,即祊祭卜辞类的“特祭”。商末宗法制度已有很大的发展,王贵民先生曾认为“庙制渊源于宗法制度,并与之同步形成、确立和演变。商周之际庙制接近完成,立制可以看作在周初”。这依然有其道理。

而从“宗”类卜辞的时代分布可知,晚商时代祖先祭祀的比重渐增,周祭即可能是在此过程中产生和发展起来的。卜辞中,“帝”曾掌管风雨、年成、城邑、战争及王的福祸等,人们对其祈祷和贞问的事情具体而详尽,或为天象,或为年成,或为战争等,这体现了“帝”的权能具体而明确,但这种因事而举的贞问或祈请在商末则渐渐淡出人们的视野,随着系统而制度化的周祭祭祀的发展和完善,包括“帝”在内的天神和自然神等神灵日渐退居幕后。

---

① 这里我们考虑到了历组卜辞的归属问题,杨郁彦先生的《总表》曾参考李学勤、黄天树及彭裕商等学者的研究,认为历组卜辞其实是武丁晚年到祖庚时期的卜辞,把历组卜辞归为一、二期,这在学界尚有争论。曹定云等先生认为历组卜辞是真正的武乙、文丁卜辞,愚以为此说是(见李学勤、彭裕商《殷墟甲骨分期》、黄天树《殷墟王卜辞的分类和断代》、肖楠《论武乙、文丁卜辞》,《古文字研究》第三辑,中华书局1980年版;肖楠《再论武乙、文丁卜辞》,《古文字研究》第九辑,中华书局1984年版;刘一曼、曹定云《三论武乙、文丁卜辞》(《考古学报》2011年第4期)。

② 根据常玉芝女士的观点,“祊祭”卜辞属于文丁、帝乙、帝辛三王。“祊祭”是对近世直系先祖的一种特祭,其对象限于武丁、祖甲、康丁、武乙、文丁五位近亲直系先王。此处37例“宗”类卜辞中提及先王为武乙、武祖乙、文武丁、文武。而武乙又称武祖乙,还可单称武;文丁又称文武丁,还可单称文武。葛英会先生认为卜辞祊祭以祭祀武乙、文武丁为主;祊祭卜辞可按称谓、字体分成两组,一组为文丁时所卜,一组为帝乙时所卜,只有祊祭武乙、文武丁两位先王时称宗、称宓,其余三位先王则否。宗与宓是秘室神宫,是访祭武乙、文丁的处所。这正和我们所见到的“宗”类卜辞相吻合(常玉芝《祊祭卜辞时代的再辨析》,《甲骨文与殷商史》第二辑,上海古籍出版社1986年版;常玉芝《黄组周祭分属三王的再论证》,《文史哲》2001年第3期;葛英会《附论祊祭卜辞》,《殷都学刊》1999年第3期)。

周祭时代的祭祀对象是单一的，展现在人们面前的是无所不在的祖先神，神灵的殿堂充斥着对祖先的祈祷，匍匐的人们把对祖先的祭祀作为唯一的寄托和希望。祭祀对象的变化最能体现祭祀的本质特征，那么在作为天神“帝”的陨落和祖先神在神坛扩张的此消彼长中，我们哪里还能说“帝”是商人的至上神？

伴随着天神“帝”日渐淡出人们视野的，却是部分先王被冠以“帝”的称谓。在早期卜辞研究中，郭沫若和胡厚宣等学者曾认为，既然天神称“帝”，那么人王也可以称“帝”。在商末，“帝”的称号已由天帝兼摄到人王上来，天上的“帝”称上帝，人间的“帝”称王帝。那么卜辞中是否存在对人王称“帝”的现象？常玉芝女士认为：上帝（或帝）是高高地居于天上的神灵，是天神而不是人帝。商王无论生前或死后都不加称有帝王意义的“帝”，所谓“王帝”的称谓在卜辞和金文中是不存在的。结合卜辞实际，我们同意常玉芝女士的看法。但对于卜辞中人王之前所见“帝”称的性质判定，常玉芝女士认为此时“帝”是庙号一说，愚以为不确，此时的“帝”称应视为对先王的尊称似更为合适。卜辞中人王日干名之前所见“帝”称者共涉四王，依次为祖庚、祖甲时卜辞称其生父武丁叫帝丁；廪辛、康丁时称其生父祖甲为帝甲；武乙时称其生父康丁为帝丁；帝乙时卜辞称其生父文丁为文武帝①。值得注意的是，这些“帝”称均不是生称，而是祭称。那么，“帝”用于对先王的祭称应始于祖庚、祖甲时代，而这也正是周祭出现之时。而伴随着周祭的发展，晚商时期的宗教信仰出现了“帝祖合一”的祖先崇拜特征。此时先王和“帝”发生了关系，无疑扩大并加强了祖先神的权能。张光直先生曾把“帝”视作先祖的统称或祖先观念的抽象，认为“在商人的世界观里，神的世界和祖先的世界之间的差别，几乎微到不足道的程度”。这正符合商末对先王称“帝”后的实际。

“帝祖合一”观念的出现应是晚商祖先崇拜发展的结果。在早期卜辞中，祖先祭祀与上帝崇拜并存，人们认为“帝”与祖先神的职能和威力几乎是相同的，如降福、降灾、左右天象等，敬畏上帝与崇敬祖先的宗教情感交织在一起。而同时，“帝”在卜辞中又是一个特殊的神灵，它没有目标实体，缺乏指向性，只是人们所创造并存在于人们心目中的具有特殊功能的天神。如同中国哲

---

① 相关辞例如：(1) 甲戌卜，王曰贞：勿告于帝丁。不。（《合集》24982）(2) □酉卜，[贞]：帝甲祊，其牢。（《合集》27438）(3) 贞：其先帝甲，其弘。（《合集》41214）(4) 己卯卜，贞：帝甲□其及祖丁……（《合集》27439）(5) 贞：其自帝甲，又延。（《合集》27437）；(6) 如乙卯卜：其又岁于帝丁，一牢。（《合集》27372）等。

学的“道”“理”“阴阳”“五行”等概念一样，都不是实体性概念，而是功能性概念①。对祖先神称“帝”使晚商在宗教观念上出现“帝祖合一”，应是从天神“帝”生育万物的角度找到了与祖先神在职能上的契合点，由此使祖先神神职扩大，兼具了帝的职能(更偏向于佑助)，而“帝”也从象征性的概念指向实体。这样，在晚商宗教祭祀中，先祖祭祀与上帝崇拜合二为一，当政者通过对先祖的盛大祭祀而与历史和神祇取得联系，从而获得并加强了权力来源的合法性。

其实，这种出于现实的需要和习惯而把对“帝”的尊崇和祭拜逐渐迁移到对人主祖先神身上的现象，在宗教生活中并不陌生，更非绝无仅有。我们知道，卜辞中没有祭祀“天”的，商人也没有“天”的观念，“天”的观念是周人的。周人在立国之后，就逐步利用殷人的“上帝”观而传播自己的“天”的观念并扩大其影响，周人宣扬其先祖可以“克配上帝”(《大雅・文王》)，同时又说其祖先后稷“克配彼天”(《周颂・思文》)或“配天”。其实，周人畏惧的不是“上帝”，而是“天威”或“天命”。这一点在古籍和铜器铭文中都写得很明白，如《班簋》中有“(仰)天畏(威)，否(畀)屯陟”，《大盂鼎》铭文中也有“盂，不显玟王受天有大令……享奔走，畏天畏”之句。在当时上帝观念已经深入人心的情况下，周人正是采取偷梁换柱的办法来慢慢过渡，模糊“帝”“天”之间的界限。《召诰》篇中的“呜呼！皇天上帝，改厥元子兹大国殷之命”，更把“皇天上帝”并称，于是在人们的心目中，“帝”“天”之别即日渐消匿于无形，而周人的“天”就这样逐步取代了殷人的“帝”。

殷人的宗教生活是否经过了如此的演变？从卜辞材料和商人的信仰实际来看，相差应该不大。朱凤瀚先生认为，商人的上帝虽在商人神灵系统中有崇高地位，但并未与祖先神、自然神形成明确的上下统属关系，上帝既非至上神也非商民族的保护神。这一神灵是商人在思索与追溯统一世界的根本力量过程中所创造的神，是此种思想不成熟的产物。卜辞中“帝”类卜辞的时代分布也说明了“帝”这一神灵只是商族早期信仰中所创造的功能性天神，伴随着社会经济的发展和商人世界观的变化，这种变化莫测、令人难以捉摸的天神“帝”终为商人所遗弃，在神灵的整合中，先祖被赋予了“帝”的荣耀和厚望。而之后商周之际周人对殷人的宗教改革却剥夺了殷先王称“帝”的传统，直至《诗经》中出现上帝指代人王的现象，而这种新型的“帝”称又为战国神话历史化过程中所出现的“人王称帝”现象埋下了伏笔。

① 所谓功能性，是指事物或方法所发挥的有利作用和效能，或指一事物能够满足某种需要的属性。相关论述还可参考李泽厚:《美的历程》，第80－89页，天津社会科学院出版社2001年版。

二、周祭祭祀背景下的王权发展

“帝”与祖先神在晚商宗教生活中的地位转变这一问题，对于认识商末人神关系的变化有着重要意义。宗教的历史在一定意义上就是造神的历史，人们曾经赋予“帝”以主要的自然权能和战事权能，但人事权能上仅作用于王本身，而从不作用于王以外的其他人。而上甲及其后部分直系先王则在自然、战争与人事上皆具有权能，特别是能作用于王以外的其他贵族，甚至于王室诸妇。可见在原本“帝”的权能上，部分直系先王和“帝”的权能颇有重合的部分，而且在一定程度上祖先神的权能范围还大于“帝”。这给后期神灵整合中的“帝祖合一”提供了可能性。“帝”无疑曾经被向塑造为商人最高神的方向发展过，但作为最高存在，他们在时人的心目中是神秘而模糊飘渺的，而且人们在面对令人恐惧的自然或战争威胁时，“帝”并非人间的保护神，它可能时时致患于人，与人世为敌。这种状况又使得“帝祖合一”成为必要。祭祀的原初宗教意义本在于建立人与神的交接，彼此是一种“献”与“报”的礼尚往来的关系，即祭祀者虔诚地奉之以物，敬之以礼，而神灵则应回报以赐福，或禳解人之祸灾，这是先民所建构的一种人神之间的平衡关系。晚期商王室试图将高高在上的“帝”与自身的谱系连在一起，相对于虚无的天神“帝”，人祖历来被视为商族的保护神，祖先神的可亲近性及祖先崇拜的传统使晚商时期的祖先神被赋予了“帝”的尊称，“帝”作为天神日渐退出神坛，而人祖地位悄然上升，这实际上预示着殷人在对“神”进行层级划分的同时，也相应地对人间的秩序进行整顿。晚商以来，这种人神关系的新变化在祭祀制度上的表现即是周祭的产生。

周祭是商末系统而复杂的祭祀，它产生于武丁时期，初成于祖甲之时并为廪辛所增订，帝乙、帝辛时达于鼎盛，是晚商商王宗庙祭祀的四时常祭。周祭把先公排除在外，出组卜辞表明周祭先王始于上甲、终于祖庚，黄组时周祭先王始于上甲、终于康丁，而康丁以降诸王之祭，是在考庙里举行的。周祭共祭祀 51 位祖先，其中先王 31 位，直系先妣 20 位，无论在出组还是黄组卜辞中，它都表现为这样一种祭祀系统：诸先王依一定资格入于周祭祀典，并按其世次、长幼、继位和死亡顺序，依其所名之日在日、旬、祀季中轮番受祭①。这

---

① 有关晚商周祭卜辞的类型和特征，可参阅常玉芝：《商代周祭制度》，中国社会科学出版社，1987 年版，第 8－24 页。

是一套完整而规范的祭祀制度，祭祀对象为先王和先妣，作为神灵的先祖是祈祷和饗献的对象，先王和先妣被视为商民族的至上神和保护神。周祭制度中的先王无论直、旁系皆可入选，先王的祭祀次序是以其即位世次为准安排的，包括了康丁以上所有的先王。这种制度安排体现了所有王之间地位的平等，区分它们的只是日名，这和商代的王位传承中嫡亲兄弟一律平等相符合，可以说周祭的基础就是嫡亲兄弟之间地位的平等。这种以王位继承为基础的祭祀，在祭祀目的上体现了对于王统的重视，具有较多人为安排的特征，是政治性较强的祭祀，具有较强的政治功能。可以说它体现了“尊尊”的祭祀原则，这当是周祭制度的本质特征。

商周鼎革两年后，武王曾就如何安邦定国向商朝重臣箕子垂询良策，于是箕子向武王献上《洪范》九畴。箕子是商王近臣，曾任商王朝“太师”，《史记·宋微子世家》说他是“纣亲戚也”①。据研究《洪范》为周初作品，其中心内容是商代的，并且箕子是《洪范》的作者。关于《洪范》，后世评价颇高，说它是“统治大法”“行政大法”等。而据晁福林先生研究，《洪范》的核心思想却为“皇极”和“三德”，是为王权张目的，《洪范》全文体现了对王权的崇尚和倡导，并且“他(箕子)是站在殷遗民的角度来回答武王的问题……从思想方面仍拘于殷人的思维框架，特重王权，而与此后周人的观念并不吻合”。果如是，那么《洪范》提倡王权则代表了晚商殷人的普遍观念，体现的是殷王朝统治集团的政治思想。因此，丁四新先生断定：“它(《洪范》)是箕子站在“王道”(或天道)的高度对殷代政治思想做了一次哲学上的大总结。”

那么，晚商的王权是怎样发展起来的？对此，学者研究不多。根据上述，愚以为，早期卜辞中“帝”观念权力的广泛存在，为政治现实中王权的发展进行了思想上的演练；而祖甲以来，以家族血缘为基础的“帝祖合一”观念使祖先神地位上升，伴之而起的周祭祭祀制度则逐渐构建了以商王为中心的新型人神关系。晚商王权发展的基础是由“帝”到“祖”崇拜观念的转变，而现实中王权的发展则借助于周祭的祭祀行为而得以集中和强化。可以说，“尊尊”的周祭祭祀制度促进了王权的集中和“王道”政治秩序的形成，周祭的发展过程即是王权得到步步加强的过程。

现代结构主义哲学认为，在任何既定情境之中，一种因素的本质就其本

① 关于箕子的身份，晚商彝铭《小臣缶方鼎》提供了一些信息。关于小臣缶，卜辞有“(箕)侯缶”(《合集》36525)，箕的位置在山西榆社南箕城镇，文献记载箕子为纣之诸父，或为纣之庶兄。李学勤先生在考察了彝铭和相关卜辞的记载后指出“箕子是帝辛的诸父”(李学勤《小臣缶方鼎与箕子》，《殷都学刊》1985年第2期)。

身而言没有什么意义，它的意义是由它和既定情境中其他因素的关系决定的。作为人神之间的沟通和交接仪式，周祭以宗族血缘团体的存在为基础，它祭祀的对象是本氏族的共同始祖和祖先，祖先作为部族的代表，是部族的精神核心和象征。周祭作为一种与神圣事物有关的、由信仰与仪式组成的统一体系，它可以将所有对之赞同的人融聚团结在一个共同的道德群体中。所以，周祭首先可以加强部族成员的凝聚力，强化家族、部族观念，维系部族团结。“帝”曾是殷人所认识的最高意义的存在，是社会运行的终极准则，但在晚商神灵整合的过程中，殷人逐渐放弃了向外界寻求整合社会秩序的力量，而转向自身所具备的资源，则周祭建立的初始动机即是秩序的建立。在这个过程中，周祭以规范化、制度化的祭典和仪式为基础，使社会活动组织有序，以期实现对宗族和社会秩序的整合。

刘源先生曾以祭祀动机为标准把卜辞中的祭祖仪式分为有具体目的和无具体目的两类，并说“卜辞中所见有具体目的之祭祖仪式主要集中在武丁、祖庚时代；周祭是最典型无具体目的之祭祖仪式”。但从祭祀仪式上看似无具体目的的周祭，其实更多地体现了为公共政治秩序服务的目的。这种祭祀被严格规范化且程序固定，在按照既定的规则来进行系统的祭祀时，仪式便具有了周期性的特征。这在宗教学上被称为积极崇拜，积极崇拜中周而复始循环举行的仪式，能够使神圣事物在岁月的流转间不至于消失，并一次又一次地再生产相同的神圣性，秩序也由此得到了保证。而政治仪式和典礼也是身份的认定，在政治活动中，一定的政治礼仪形式是政治宗教的外在象征，它时刻向人们昭示着政治权力的存在和神圣。宗教是社会的产物，社会越发展，人们对社会的认识程度越高，宗教信仰的理性化因素便越强，宗教便越能由消极崇拜发展为积极崇拜，而仪式化正是其集中的表现。

当仪式化的周祭不再专注于祭品内容而着重于献祭形式时，便使得此祭祀活动从一开始便获得了新的意义。第一，周祭祭典在商末成为与祖先沟通交流的主要形式，它的精致繁复使祭仪专业化，并成为知识化的祀典，这使掌握它的人更为集中，集中即意味着对神和祖先沟通权力的独占，专业化程度的提高可以更好地垄断话语权力，而话语权的集中使由此产生的新的巫师集团成为王国的权力中心。凭借对天命神示的解释，他们获得威严和权力的合法性。第二，仪式化的周祭祭典由于其祭仪的复杂，以及祭祀行为的延续性、系统性而被赋予历史感。仪式是文化观念的物质外壳，祀典作为先王祭祀的谱系，祭祀的进行就是对本氏族历史的记忆和传播，而对世系、族谱的掌握，就是对自身族群历史的感知和认同，而仪式越复杂，说明其历经的时间越悠久，也就更能给予现实以历史传承感。历史感能够产生神圣性和权威的合法性，并赋予现实一种天然的合理性。周祭的持续进行可以不断充实和更新对直系先王的回忆，而周祭的主持者也自然成为政权的继承者，所以周祭的祭祀方式是家族传承和秩序的标志，它反映了商王在宗族及整个政治体系中的地位，并成为商王政治权力的天然来源。

在商代，巫“是能举行仪式请神自上界下降，降下来把信息、指示交与下界”的人，是古代社会中人与神的联络者。在卜辞早期，“巫”多由贞人担任，占卜也多由贞人主持进行。贞人是代时王占卜“相”王者，他们垄断了通向神之路的特权和专门技术，取得了代上帝发言的资格。《尚书·君奭》曰：“我闻在昔成汤既受命，时则有若伊尹，格于皇天。在太甲，时则有若保衡。在太戊，时则有若伊陟、臣扈，格于上帝；巫咸乂王家。在祖乙，时则有若巫贤。在武丁，时则有若甘盘。率惟兹有陈，保乂有殷，故殷礼陟配天，多历年所。”伊尹和保衡等人即为商代早期的“巫”，他们往往拥有宗教背景，并握有知识、沟通人神，拥有对神秘现象的解释权力。随着时间和文献的发展和积累，他们渐渐由天命神意的见证者、阐释者转而拥有了意识形态的话语权力。这时的政权必须听命于神权，王权也是弱小的。殷代后期，周祭发展开来。黄组周祭卜辞表明，周祭先王的三种类型即合祭、卜旬、王宾卜辞的一个共同特征就是商王在其中的核心地位和作用。饶宗颐先生研究后期卜辞中的“卜王曰、卜王贞、王曰贞、王卜贞、贞王曰、贞卜王”等辞式认为是“盖王自行贞卜也”。商王这时既是占卜者（或占或卜），又是祭祀活动的施行者。作为占卜者，他掌握话语权，传达神谕并预言未来；作为主祭者，他沟通祖神，是代表先祖的合法统治者。在周祭制度下，在位的王即为“神子”，仪式中的商王垄断对先王的祭祀权，成为众巫的首领，他占问解兆、沟通人神，扮演着中介的角色，商王由此成为人神关系的中心。于是，商王主导了解释天命神示的话语权。

商王在实现了文化权威的集中后，对周祭的施行也愈加重视，并利用周祭所具有的政治功能和历史意识使现实王权获得了合法性依据。在周祭制度下，商王主持祭祀仪式，国家政令往往在宗庙中以天神或祖神的名义颁行，宗庙是商王举行祭祀的法定场所。如前所述，周祭时代的宗庙数量也在同步递增，这也直接展示了现世统治者的世俗权力。在这一祭祀仪式的施行过程中，现实的王权也从古代先祖威仪中获得了统治灵感和政治自信，并逐渐树立起商王的政治权威。张光直先生说：“中国文明的起源，其关键是政治权威的兴起与发展，而政治权力的取得，主要依靠道德、宗教垄断稀有资源等手段，其中最重要的是对天地人神沟通手段的独占。”周祭仪式中的商王因主导了解释天命神示的话语权而加强了王权的神圣性，王权的神圣性是所有古代王国的共同特征。民族学的材料表明，王多来源于祭司和巫师。关于远古时代祭司、巫师兼任部落酋长或国王。弗雷泽在其名著《金枝》中有很好的论述，认为这是世界各民族远古时期普遍存在的共同现象。王震中先生研究认为，古代社会的王权有三个基本的来源和组成，其中之一便是王权的神圣性和宗教性，即王权有源于宗教祭祀权的一面。王权的神圣性为王权的加强和集中创造了条件，所有这些，正符合周祭制度下商末王权的发展情况。

综上，以维护血缘宗法为基础的周祭，因其本身重视王统和"尊尊"的祭祀原则，具有浓厚的社会历史意识和伦理政治色彩，因而成为新形势下晚商统治集团构建以人（商王）为中心的新型人神关系的有效途径。周祭对自身血缘传承的推崇，符合商民族所具有的浓厚的祖先崇拜传统；祀典对仪式化和谱系传承的强化，加强了商王权力来源的合法性；商王因主持周祭祀典，代替贞人成为沟通人神的中介，由此获得了解释天命神示的话语权。这一切都共同强化了王权的神圣性，促使商王发展了自身的世俗权力并逐步实现了王权的集中。总之，借助于周祭，"王道"政治秩序日渐形成，周祭促进并加强了王权，使得人世生活进一步秩序化，同时它也赋予祭祀以其本身行为之外的意义，成为早期国家政治理性化的开端。

三、商末政治理性的进步

理性主义政治的特点首先在于它是一种功利政治，即运用理性解决现实的需要、问题或危机，是人类控制和设计政治生活的直接反映。商代帝祖宗教观念的转变和周祭的发展正是商人有目的、有意识地去理解和解决集体生活和集体组织的种种难题而做出的尝试。

凯尔逊曾言，最早的社会秩序具有一种完全宗教的性质。这个秩序的核心就是人神关系，宗教真正的根源在于人的依赖感，祭祀的目的也是为了获得精神的依赖和信仰，以期消灾避祸、日用丰足。如果这种信仰模糊而遥远，那么便不被人们所依赖。商代自然灾害种类很多，旱、水、蝗、雹、震等灾害频频发生，人们在神秘恐惧的自然面前需要借助于精神的力量，而"殷商王族应是史上最早南下并占领中原的族群，同时，他们也建立了一个跨民族、跨国、跨文化并以军立权的大国"，周边部族环绕、纷扰不定，战争频发。在严酷的自然和社会环境面前，"帝"神的遥远模糊和时时为祸人间，驱使人们寄希望于祖神的护佑，商民族固有的祖先崇拜传统使信仰发生从"帝"神到祖神的转变，终使"帝祖合一"；而现实宗教生活中的周祭正是其外在的表现形式，同时周祭的发展也使晚商时期的政治理性获得了进步。这种政治理性进步的具体表现如下：

第一，人的主体意识日渐觉醒。

笔者以为，“人间性”是周祭的特色，周祭建立发展的过程，也是人的主体意识日渐觉醒的过程。上文谈到，在晚商神灵整合的过程中，殷人逐渐放弃了向外界寻求整合社会秩序的力量而转向自身所具备的资源，在传统的祖先崇拜基础上建立的周祭即具有较多人为安排的特征。从卜辞来看，周祭祭祀的卜问焦点是商王，所以有学者认为，有序祭祀（周祭）的卜辞反映了卜问焦点的转移，祭祀中的关注重心由神转向了人，由客体转向主体。宗教思维中主体意识的发展，使祭祀由对祖神的被动抵御转向主动驾驭，这是宗教思维主体意识逐步增强的结果。在这种人神关系的新变化中，人作为祭祀行为的主体可以选择祭祀的对象，而这种选择无疑是从人的现实生活需要出发的，具有极强的功利性。所以，从这一时期开始，为谋求某种福利而献祭的观念已然发展开来，宗教的原始朴素状态已渐渐消逝，祭祀的香火散发出浓厚的人为、理性的味道。伊藤道治说：“祖甲时代的卜辞……这跟第一期的不确定性相比，祖灵显得跟人有更为亲密的关系。‘亡尤’可以说进一步让祖灵的作用反映人的好恶欲望。就是说，祖灵变得根据人的行为而得以左右了。”在分析五期祭祀卜辞后，伊藤道治进一步分析：“可以说，到了第五期，祖先已经确定为神，他的子孙即活着的王的力量对于一切都是优越的。”所以，尽管此时卜辞的叙事模式仍是神圣的，而王室的祭祀行为比以往也有过之而无不及，但其内涵已渐趋人性。

第二，理性化发展与政治信仰的初步构建。

“理性化”是现代社会学家马克斯·韦伯的重要思想。根据图宾根大学田布洛克教授（F. Tenbruck）的解释，韦伯思想中的理性化是全人类历史发展中的共同现象。而且在不同的文化模式下，人类的理性有不同的表现形式。中国文化的理性化进程显示，它的价值理性的建立过程，即与对浩瀚莫测、捉摸不定的天神信仰的逐渐淡化和对人间性的文化和价值的关注增长联系在一起。具体到晚商时期来说，随着浓郁的原始宗教氛围的淡薄，信仰崇拜上多神向一神转型，商王对祭祀事务也有了较为完善的管理，卜辞祭祀行为由早期的选祭发展到后期的周祭，选祭遇事即卜，祭祀名目众多且多是出于禳祓、告求等具体目的，有明确的行祭原因，仪式多样且无一定之规。而周祭则规则严整而程序固定，突出了秩序和礼仪，其政治的考量超越了感情的亲疏，从选祭到周祭的发展即突出显示了人为安排的特征，而此种人为加以整饬的结果使周祭这种重视王统的仪轨仪典与政治理性相结合，一变而为宣扬政治信仰的行为手段。祭祀的仪式和规则的意义已不在自身之内，而是体现为一种基本的观念和信仰：祖先是保佑人类福祉的主要神灵，宗族血缘的传承和延续也是政治权力的传承和延续，商王因天命所在而具有神圣性。宗教秩序的构建与王权的加强同步，使人神之沟通、以奉神而治人而非仅以事神。

古代文明这一庞大系统的核心在于人类精神的觉醒。刘家和先生指出：“所谓人类精神的觉醒，乃指人类经过对自身存在的反省而达到的一种精神上的自觉。”商末宗教的发展，正处于从非理性的巫术与迷信向理性宗教演进的时期，周祭的规范化和条理化正是宗教理性化的体现。它调控世界秩序并通过规范化的仪典使晚商社会生活一步步的秩序化。朱狄曾说：“仪式的目的虽然是想控制自然，使自然秩序化，而实际上却是控制人类自己，使自身秩序化。理性只能使人从它那里得到他们能实际加以接收的东西，而不能使人接受无法接受的东西。仪式对原始人作出的约束是最早的理性的约束，它使人开始摆脱感性的混沌状态。”这同样适用于解释晚商周祭仪式的意义，祭礼仪式对商人的社会生活至关重要，从某种意义上可以说，晚商因为周祭祭祀的发展而把部族和政治生活纳入了特定仪典，从而能使人的思想和行为也实现了规范化、社会化。

后世周公“制礼作乐”，其实也是在制定和完善祭祀仪式，使祭祀仪式制度化、明确化。周代虽然宗教气氛较商代要淡薄，但宗教精神依然浓厚；周代所谓的礼制，后人有“经礼三百，威仪三千”的说法，讲的也是周礼的精致和繁复。周公“制礼作乐”无疑是意识形态方面的创造和改革，而其制礼作乐的行为也奠定了中华文明发展的基调和方向。那么，在意识形态的创造和改革上，晚商周祭似乎开风气之先。

综上所述，在殷墟卜辞中，作为天神的“帝”只出现于卜辞时代的早期。及至晚期，天神“帝”消失，先王称“帝”现象出现，这在庚甲时代已初现端倪，这些并非偶然的现象昭示了祖先神地位的上升和“帝祖合一”观念的生成，这种人神关系的新变化促成了祭祀制度上周祭的产生和发展。在此基础上，笔者进一步指出，周祭作为新形势下的祭祀制度因其特有的功能而促进了现实中王权的发展，“人”在人神关系的发展中渐呈主导之势。而伴随着人的主体意识的觉醒，政治理性也由此获得了进步。

参考文献

陈梦家：《殷虚卜辞综述》，中华书局，1988年；胡厚宣：《殷代天神之崇拜》，《甲骨学商史论丛初集》，河北教育出版社，2002年；胡厚宣：《殷卜辞中的上帝和王帝》(上、下)，《历史研究》1959年第9期、第10期；张桂光：《殷周“帝”“天”观念考索》，《华南师范大学学报》(社会科学版)1984年第2期；詹鄞鑫:《上帝观的起源、发展及其影响》,《天津师范大学学报》1988 年第 5 期;王晖:《论商代上帝的主神地位及其有关问题》,《商丘师范专科学校学报》1999 年第 1 期。

朱凤瀚:《商周时期的天神崇拜》,《中国社会科学》1993 年第 4 期;常玉芝:《由商代的“帝”看所谓“黄帝”》,《文史哲》2008 年第 6 期;郭静云:《殷商的上帝信仰与“帝”字字形新解》,《南方文物》2010 年第 2 期。

朱凤瀚:《商周时期的天神崇拜》,《中国社会科学》1993 年第 4 期。

郭沫若:《甲骨文合集》,北京:中华书局,1979—1982 年版。

黄天树:《宾组卜辞的分类与断代》,《考古》1998 年第 9 期。

朱凤瀚:《殷墟卜辞所见商王室宗庙制度》,《历史研究》1996 年第 6 期。

王贵民:《商周庙制新考》,《文史》(第四十五辑),中华书局,1998 年。

郭沫若:《先秦天道观之进展》,《青铜时代》,上海:上海群艺出版社,1941 年;胡厚宣:《殷卜辞中的上帝和王帝》,《历史研究》1959 年第 10 期。

常玉芝:《由商代的“帝”看所谓“黄帝”》,《文史哲》2008 年第 6 期。

张光直:《中国青铜时代》,北京:生活・读书・新知三联书店,2013 年。

刘起釪:《〈洪范〉成书年代考》,《中国社会科学》1980 年第 3 期;刘起釪:《古史续辨》,北京:中国社会科学出版社,1991 年;丁四新:《近九十年〈尚书・洪范〉作者及著作时代考证与新证》,《中原文化研究》2013 年第 5 期。

齐明山:《中国历代王朝的行政大法——简析〈尚书・洪范〉》,《北京行政学院学报》2000 年第 4 期。

晁福林:《说彝伦——殷周之际社会秩序的重构》,《历史研究》2009 年第 4 期。

丁四新:《近九十年〈尚书・洪范〉作者及著作时代考证与新证》,《中原文化研究》2013 年第 5 期。

刘源:《商代后期祭祖仪式类型》,《历史研究》2002 年第 6 期。

(法)爱弥尔・涂尔干著,渠东、汲喆译:《宗教生活的基本形式》,北京:商务印书馆,2013 年。

张光直:《中国青铜时代》二集,北京:生活・读书・新知三联书店,1990 年。

常玉芝:《商代周祭制度》,北京:中国社会科学出版社,1987 年。

饶宗颐:《殷代贞卜人物通考》,《饶宗颐二十世纪学术文集》(卷二),北京:中国人民大学出版社,2009 年。

张光直著,郭净译:《美术、神话与祭祀》(前言),沈阳:辽宁教育出版社,2002 年。

(英)詹姆斯·乔治·弗雷泽(Frazer,J. G.)著,徐育新、汪培基、张泽石译:《金枝》,北京:大众文艺出版社,1998年。

王震中:《祭祀、战争与国家》,《中国史研究》1993年第3期。

(英)迈克尔·欧克肖特著,张汝伦译:《政治中的理性主义》,上海:上海译文出版社,2004年。

(奥)H.凯尔逊著,沈宗灵译:《法与国家的一般理论》,北京:中国大百科全书出版社,1996年。

郭旭东:《殷商时期的自然灾害及其相关问题》,《史学集刊》2002年第4期。

郭静云:《夏商周——从神话到史实》,上海:上海古籍出版社,2013年。

刘小萼:《从殷墟卜辞中的祭祀方式变化看商代祖神观念》,《中原文物》2009年第2期。

(日)伊藤道治著,江蓝生译:《中国古代王朝的形成——以出土资料为主的殷周史研究》,北京:中华书局,2002年。

顾忠华:《韦伯学说新探》,唐山:唐山出版社,1992年。

刘源:《简论早期卜辞中祭祀的性质——兼谈历组卜辞的时代》,《南开学报》(哲学社会科学版)1998年第3期。

刘家和:《古代中国与世界——一个古史研究的思考》,武汉出版社,1995年。

朱狄:《原始文化研究》,北京:生活·读书·新知三联书店,1988年。

(作者系南开大学历史学博士,安阳师范学院历史与文博学院讲师)

甲骨卜辞所见之巫者的求子活动

(韩)赵容俊

一、绪　论

中国古代的巫者以歌舞事神,且职掌交通鬼神(即以祭祀、占卜与预言、祈禳、驱邪避鬼、招魂等活动而祈求福祥与避免灾祸)、医疗巫术、救灾巫术(即包括旱灾、止风雨、蝗灾、战灾巫术等)、生产巫术、求子生育、建筑巫术、丧葬巫术、祝诅放蛊、神明裁判等,则为其通常的职能。

巫者从事的职事,于求子巫术上,特为凸显。人类为自身的存在与保证各种社会生产的正常进行,必须不断繁衍,且延续生产新生命,如此社会生产方能正常进行。若回顾人类远古史,人类有甚为偏重物质生产与婴儿生产的倾向,尤其人种的繁衍①。

正基于此观念,自古以降,人类常祈求子嗣。生儿育女原为生理、自然之事,但古人却相信鬼神之力量足以影响此事,又想象有超自然物在掌握人间的婚姻结缘,以及生儿育女,故加以占卜或者向鬼灵祭祀以祈求生子。

古时巫者曾担任求子活动的职责,则不仅从事占卜婚姻吉凶,并且向神灵祭祀以祈求子孙繁衍,或利用求子禁忌等。因一般求子活动与婚俗密切联系,故笔者此处主要以占卜婚姻吉凶、求子之俗等二项为主,大体论述于下。

二、先秦文献所见之求子活动

(一) 占卜婚姻吉凶

首先,若就先秦文献所见之占卜婚姻吉凶的记载而言,尤其婚嫁时卜姓

---

① 宋兆麟:《巫与巫术》,成都:四川民族出版社,1989 年,第 196 - 197 页。

的记载，则屡见不鲜，如《礼记·曲礼上》便有其内容，其云①：

取(娶)妻不取(娶)同姓，故买妾不知其姓，则卜之。

又《国语·鲁语下》亦云②：

公父文伯之母欲室文伯，飨其宗老，而为赋《绿衣》之三章。老请守龟卜室之族。

其下韦昭注云："守龟，卜人。族，姓也。"③由此可见，古人于婚嫁之时，便举行卜姓之礼。

不宁唯是，于浩如烟海的先秦古籍文献中，有关巫者从事占卜婚姻吉凶的记载，亦屡见不鲜，如《周易·泰卦》便有其记载，其云④：

六五，帝乙归妹，以祉元吉。

其下王弼注云："妇人谓嫁曰归。"⑤据此可知，商王帝乙将本族女子外嫁周族文王⑥，又占问得吉。

又《春秋左传·僖公四年》亦云⑦：

初，晋献公欲以骊姬为夫人，卜之，不吉。筮之，吉。公曰："从筮。"卜人曰："筮短龟长，不如从长。且其繇曰：'专之渝，攘公之羭。一薰一莸，十年尚犹有臭。'必不可！"弗听，立之。

---

①(清)阮元校刻：《十三经注疏(附校勘记)》(上册)《礼记》卷第二《曲礼上》，北京：中华书局，1980年，第1241页。

②③(周)左丘明撰、鲍思陶点校：《国语》卷第五《鲁语下·公父文伯之母欲室文伯》，济南：齐鲁书社，2005年，第102页。

④⑤(清)阮元校刻：《十三经注疏(附校勘记)》(上册)《周易》卷第二《泰》，第28页。

⑥宋镇豪：《夏商社会生活史·婚姻》(增订本、上册)，北京：中国社会科学出版社，2005年，第239页。

⑦(清)阮元校刻：《十三经注疏(附校勘记)》(下册)《春秋左传》卷第十二《僖公四年》，第1793页。

又《春秋左传·僖公十五年》记载，晋献公筮嫁伯姬于秦事，其文曰①：

> 初，晋献公筮嫁伯姬于秦，遇归妹（兑下☱震上☳）之睽（兑下☱离上☲）。史苏占之，曰："不吉。其繇曰：'士刲羊，亦无衁也。女承筐，亦无贶也。西邻责言，不可偿也。归妹之睽，犹无相也。'震之离，亦离之震。"

又《春秋左传·庄公二十二年》亦云②：

> 初，懿氏卜妻敬仲。其妻占之，曰："吉。是谓：'凤皇于飞，和鸣锵锵。有妫之后，将育于姜。五世其昌，并于正卿。八世之后，莫之与京。'"

据此几文不难得知，于先秦时期，古人在婚嫁之时，往往先占问其吉凶。

（二）求子之俗

若论古人的求子之俗，于浩如烟海的先秦古籍文献中，向神灵祭祀以祈求子孙繁衍的文献记录，则不乏其例，如《诗经·生民》便有其记载，其云③：

> 生民如何？克禋克祀，以弗（祓）无子。

其下注云："去无子，求有子，古者必立郊禖焉。玄鸟至之日，以大牢祠于郊禖。"④由此不难得知，古时以举行祭祀而祓除无子之祟，此乃为当时求子仪式之一种礼法⑤。

又《诗经·生民》亦云⑥：

> 履帝武（迹）敏，歆，攸介（大）攸止。载震载夙，载生载育，时维后稷。

---

①（清）阮元校刻：《十三经注疏（附校勘记）》（下册）《春秋左传》，卷第十四《僖公十五年》，第1807页。

② 同上，卷第九《庄公二十二年》，第1775页。

③④（清）阮元校刻：《十三经注疏（附校勘记）》（上册）《诗经·大雅》卷第十七之一《生民之什·生民》，第528页。

⑤ 胡新生：《中国古代巫术》，济南：山东人民出版社，1999年，第499页。

⑥（清）阮元校刻：《十三经注疏（附校勘记）》（上册）《诗经·大雅》卷第十七之一《生民之什·生民》，第528－529页。

此文中的“履帝武(迹)”，乃为践踏上帝的脚印，姜嫄因而生后稷①。无论如何，于举行此仪式时，装扮上帝的巫者在前面舞蹈，求子妇女则尾随其后，践其足迹，以此接受神力，故能祓除无子之祟②。

不宁唯是，于1973年，在长沙马王堆第3号汉墓中发现的帛书，则多反映先秦时期古人的各种思维方式。尤其《胎产书》一篇，专论有关胎产的宜忌，则类似古医书《产经》。其中一部分，乃为后世徐之才的《逐月养胎法》的祖本③。

此《胎产书》篇中，亦记载求子之俗的内容，其云：

> 禹问幼频曰：“我欲埴(殖)人产子，何如而有?”幼频合(答)曰：“月朔已去汁□，三日中从之，有子。其一日南(男)，其二日女殹(也)。故人之产殹(也)，入于冥冥，出于冥冥，乃始为人。”(此文见于马王堆帛书《胎产书》第1行至第2行中间)④
>
> 求子之道曰：“求九宗之草，而夫妻共以为酒，饮之。”(此文见于马王堆帛书《胎产书》第28行)⑤

此文中的“九宗”即九族，因九宗之草已凝聚大家族的意志与力量，故任何妨

---

① 此种姜嫄践踏上帝的脚印而生后稷的记录，如《史记·周本纪》中，亦可见之，其云：“周后稷，名弃。其母有邰氏女，曰：姜原(嫄)。姜原(嫄)为帝喾元妃。姜原(嫄)出野，见巨人迹，心忻然说(悦)，欲践之，践之而身动如孕者。居期而生子，以为不祥，弃之隘巷，马牛过者，皆辟(避)不践。徙置之林中，适会山林多人，迁之。而弃渠中冰上，飞鸟以其翼覆荐之。姜原(嫄)以为神，遂收养长之。初欲弃之，因名曰：弃。”(汉)司马迁撰《史记》(第一册)卷第四《周本纪》，北京：中华书局，1959年，第111－112页。

② 胡新生：《中国古代巫术》，页499。此外，对于此种求子祭祀仪式，闻一多曾提及，其云：“‘克禋克祀，以弗(祓)无子’，弗读为祓，毛、郑皆以为祀郊禖之祭。……上云：禋祀，下云：履迹，是履迹乃祭祀仪式之一部分，疑即一种象征的舞蹈。所谓‘帝’实即代表上帝之神尸。神尸舞于前，姜嫄尾随其后，践神尸之迹而舞，其事可乐，故曰：‘履帝武(迹)敏，歆。’，犹言与尸伴舞而心甚悦喜也。……盖舞毕而相攜止息于幽闲之处，因而有孕也。”闻一多：《闻一多全集》(第一册)《神话与诗·姜嫄履大人迹考》，北京：三联书店，1982年，第73页。

③ 马王堆汉墓帛书整理小组编：《马王堆汉墓帛书·出版说明》(肆)，北京：文物出版社，1985年，第3页。亦可参考卢嘉锡总主编、廖育群等著：《中国科学技术史——医学卷》，北京：科学出版社，1998年，第236页。

④ 马王堆汉墓帛书整理小组编：《马王堆汉墓帛书·胎产书释文注释》(肆)，第136页。

⑤ 马王堆汉墓帛书整理小组编：《马王堆汉墓帛书·胎产书释文注释》(肆)，第139页。

碍生子的邪祟，均摧垮毁灭①。此虽为属于消极性的禁忌巫术，即使如此，古人认为如此能避无子之祟，且子孙繁衍。

综上所陈，古时巫者曾担任求子活动的职责，即举行祭祀以祈求子孙繁衍、婚嫁时卜姓、占卜婚姻吉凶、求子禁忌等，诸如此类。

三、考古发现的求子活动

据考古学的报告，于辽宁省喀左县东山嘴红山文化遗址椭圆形祭坛附近，曾发现两件孕妇裸体陶像。此陶像的腹部特别隆起，肩部弯曲，右手贴于上腹，阴部有三角形的符号。此种陶像，乃为当时的求子女神②。不宁唯是，于辽宁省牛河梁红山文化遗址的"女神庙"中，曾出土女神泥塑造像残块，尤其发现乳房残块多件，均有突起的尖状乳头。此种女神造像，则反映古人向女神祈求子孙繁殖、人丁兴旺的生殖崇拜之巫术观念③。

此外，对男性生殖器官的崇拜，其发现较晚。如属于仰韶文化的诸多遗址中，尤其在甘肃秦安大地湾第九区遗址中，曾发现泥质红陶的陶祖④。不仅如此，于河南汝州洪山庙所发现的仰韶文化遗址一号墓中，曾出土在瓮棺陶缸上彩绘或雕塑的男性生殖器形，其总数至少12件以上⑤。此种男性生殖器崇拜，未尝不具有子孙繁盛的目的⑥，且反映当时男性地位的提高，与此同时，又反映人类对生育现象的认识，已有相当进步⑦。

不宁唯是，随著生育崇拜的更进一步发展，古人将男女同体的形象作为神圣化。如在广西左江流域崖壁画中，多处发现突出描绘男女性器官的场

---

① 胡新生：《中国古代巫术》，第501页。

② 俞伟超、严文明等：《座谈东山嘴遗址》，《文物》1984年第11期，第12－21页。张锡瑛：《红山文化原始宗教探源——原始宗教考古研究之二》，《辽海文物学刊》1993年第1期，第49－57页。亦可参考严文明主编：《中国考古学研究的世纪回顾·新石器时代考古卷》，北京：科学出版社，2008年，第247－249页。

③ 辽宁省文物考古研究所：《辽宁牛河梁红山文化"女神庙"与积石塚群发掘简报》，《文物》1986年第8期，第1－17页。

④ 甘肃省博物馆文物工作队：《甘肃秦安大地湾第九区发掘简报》，《文物》1983年第11期，第1－14页。

⑤ 袁广阔：《洪山庙一号墓男性生殖器图像试析》，《文物》1995年第4期，第12－15页。

⑥ 王吉怀：《宗教遗存的发现和意义》，《考古与文物》1992年第6期，第61页。

⑦ 钟敬文主编、晁福林等著：《中国民俗史（先秦卷）》，北京：人民出版社，2008年，第320－321页。

面，甚至有男女同体交媾图。此类赤身裸体的野合场面的形象，乃为在求灵生子祭祀时所施行的求子巫术之一①。巫者的此类求子巫术，即祈求子嗣、人丁兴旺、繁衍后代，于人类的生活中，一直作为人类延续生命的重要课题而不断受重视，故求子巫术，使人类获得依赖感。

一般求子目的的达成，与婚俗相密切联系，且必须通过生育的过程。因此古人常进行与求子相关的举动，如崇拜男女生殖器，即所谓近似男性生殖器形的石祖、陶祖、木祖等，以及近似女性生殖器形的启母石、女阴石、石妇山、贞女硖等，或者崇拜象征强盛孕育力的大腹便便的妇女形象等。由此可知，古人将孕育生命的器官，便作为生命来源的象征，故加以尊崇且崇拜。

综上所陈，于先秦时期，曾有女阴崇拜、男根崇拜、男女同体等的观念，以及对其进行祭祀的习俗，即与求子相关的诸多活动。此类求子活动，已含有许多巫术的观念，且多借助巫者的巫术活动而进行表现，以满足人类的心理要求。

四、甲骨卜辞所见之求子活动

（一）甲骨卜辞所见之商代婚俗

若论甲骨卜辞所见之商代婚俗，古人在以婚姻制度确定某对男女为夫妻，即认为永久性的伴侣之后，逐渐取代上古群婚制等的不对等的婚制。尤其已进入父权制下的一夫一妻或一夫多妻婚制的殷商时代，有关巫者占卜商王婚姻吉凶的记载，于三千多年前的商代甲骨卜辞中，则屡见不鲜，兹略举数例于下：

⧄，争贞：取（娶）汰妾？（《合》00657）
丙戌卜，争贞：取（娶）效丁人嬉？（《合》03097）
贞：弗作王妻？（《合》05450）
贞：囗（祸）？允其取（娶）女。不悟。（《合》14755 正）
己酉卜，贞：取（娶）妇嫊？（《合》19994）
庚申卜：取（娶）光剌女⧄？（《合》21094）

上引辞例中的“取”，当读如“娶”，则毋庸置疑矣。据此可以得知，于殷商时

① 宋兆麟：《巫与巫术》，第 168－177 页。

期，巫者则从事占卜商王婚姻吉凶的事实。

尤其，由上引卜辞中的“贞：弗作王妻？（《合》05450）”一辞可知，卜问某女能否作为王妻，且涵盖商王婚姻的吉凶与否。一般而言，商王通过如此的婚姻关系，殷商王朝更巩固与异族间的政治隶属关系①。

除此之外，商代族氏方国，因出于政治义务或自愿，或迫于王威，故有时向商王朝嫁送其地女子。此种情形，于商代甲骨卜辞中，即可见之，兹略举数例于下：

> 辛卯卜，争：勿呼取（娶）奠（郑）女子？二告。（《合》00536）
> 庚寅卜，㱿贞：吴以角女？二告。
> 庚寅卜，㱿贞：吴弗其以角女？（以上皆见于《合》00671正）
> 丁巳卜，古贞：周以嫀？（《合》01086正）
> 丁酉⧄，执弗其以娃？（《合》01088正）
> 呼取（娶）女于林？二告。（《合》09741正）

上引辞例中的“呼取（娶）”，乃为商王利用王威而强制婚姻之意。又某方以某女，则商代族氏方国向商王朝嫁送女子之意②。

不宁唯是，殷商王朝娶女，有时王者卜问自娶之事，或代占家族成员或臣下的娶妻吉凶，兹略举数例于下：

> 己卯卜，王贞：雀受娍⧄？（《合》04156）
> 甲戌，余卜：取（娶）后？（《合》21796）
> 甲戌，余：取（娶）后？（《合》21797）

此例中的“余”，应为武丁自谓③。因此，由上引卜辞中的“甲戌，余卜：取（娶）后？（《合》21796）”，以及“甲戌，余：取（娶）后？（《合》21797）”的文例可知，商王武丁亲自卜问娶女为后之事。

此外，若视上引辞例中的“己卯卜，王贞：雀受娍⧄？（《合》04156）”文例，由此不难得知，商王有时代占家族成员或臣下的婚姻吉凶。若此，商王便能

①② 宋镇豪：《夏商社会生活史·婚姻》（增订本、上册），第234－240页。

③ 宋镇豪：《夏商社会生活史·婚姻》（增订本、上册），第238页。即使如此，对于此辞例中的“余”，亦有不同的见解，则认为应属于子组卜辞，乃为“非王卜辞”之例。故此辞例中的“余”，非武丁自谓，应为族长“子”的自谓，今可备一说。

掌握其影响力。

（二）甲骨卜辞所见之求子之俗

商代父权家长制下的族外婚，则受家族本位的支配，故女子外嫁，即成为男方族氏或家族成员。尤其，人丁兴旺有赖于妇女的多产多子，故不仅决不能轻易离弃其妇，又常干预其生育，为之求生受生，且祓除无子之疾。不宁唯是，死后或与夫同穴合葬、异穴并葬，或厝之族墓地。因此，将子孙繁衍之源的妇女，始终视为族氏或家族内的重要财产之一①。

就商代的祈子求生之俗而言，于商代的甲骨卜辞中，即可见之，兹略举数例于下：

> 贞：桒（求）王□（生）于妣庚、于妣丙？（《合》02400）
> □辰卜：⧄桒（求）生妣己⧄，妇⧄？（《合》21060）
> 乙未卜：于妣壬桒（求）生？
> 乙酉，于妣癸？（以上皆见于《合》22050）
> 戊申卜：桒（求）生五妣，于乙、于父己？（《合》22100）
> 癸未，贞：其桒（求）生于高妣丙？（《合》34078）
> 乙巳，贞：丙午彭，桒（求）生于妣丙，牡三、羖一、白⧄？（《合》34080）
> 辛巳，贞：其桒（求）生于妣庚、妣丙，牡、羖、白豕？（《合》34081）
> 戊辰，贞：其桒（求）生于妣庚、妣丙，在祖乙宗卜？（《合》34082）
> □辰，贞：其桒（求）生于祖丁母妣己？（《合》34083）
> ⧄卜，争贞：桒（求）王生于妣庚、于妣丙？二月。（《怀特》71）

上引辞例中的先公示壬配“妣庚”（又称高妣庚）、先王大乙配“妣丙”（又称高妣丙）、“妣壬”、祖丁配“妣己”（又称高妣己）、“妣癸”等已故五位先妣②，于商人的心目中，已成为祈求生育的女神③，故商人崇拜且对其举行祈子祭祀④。

尤其，甲骨文所见的求生之祭，已达30例，主要祭仪为“彭祭”⑤。于举行

---

① 宋镇豪：《夏商社会生活史·婚姻》（增订本、上册），第249页。

② 商王之配为妣壬者，有大庚、大戊，故此妣壬属谁不明。此外，中丁及祖丁之配有妣癸。

③ 即使如此，于武丁之后，祈子求生的对象有所改变，即原有的妣壬、妣癸不见，以后崇拜小乙配“妣庚”（不称高妣庚，以与先公示壬配“妣庚”相区别），故商人祈子求生的生育女神，共为四位。宋镇豪：《夏商社会生活史·婚姻》（增订本、上册），第253页。

④ 此祈子祭祀，即谓拜求有孕生子时举行的祭祀，其意义同如《诗经·生民》载的“生民如何？克禋克祀，以弗（祓）无子”。同上，第257页。

⑤ 宋镇豪：《夏商社会生活史·婚姻》（增订本、上册），第255页。

此类祈子祭祀时，商人亦注重牲畜的雌雄性别，即以雌雄动物而象征男女的性状态，又通过交感作用而求生祈子，故可视为与人类生育的交感巫术有关①。

总而言之，于商代的甲骨文中，便可见巫者曾担任之求子活动的各种职司，如占卜婚姻吉凶、祈子之俗等。由此观之，古人在生活当中，不仅重视祈求子嗣、人丁兴旺、繁衍后代之事，并且以巫术之法盼望其子孙繁衍。

五、结　语

巫者职司交通鬼神，其本身虽不具超乎自然的力量，但古人相信巫者可借鬼神之力以成就诸多事。古代巫者其主要的活动类型，则可分为交通鬼神、医疗巫术、救灾巫术、生产巫术、求子生育、建筑巫术、丧葬巫术、祝诅放蛊、神明裁判等九项。②

人类为自身的存在与保证各种社会生产的正常进行，必须不断繁衍，且延续生产新生命，如此社会生产方能正常进行。若回顾人类远古史，人类有甚为偏重物质生产与婴儿生产的倾向，尤其人种的繁衍。

正基于此观念，自古以降，人类常祈求子嗣。生儿育女原为生理、自然之事，但古人却相信鬼神之力量足以影响此事，又想象有超自然物在掌握人间的婚姻结缘，以及生儿育女，故加以占卜或者向鬼灵祭祀以祈求生子。古时巫者曾担任求子活动的职责，则不仅从事占卜婚姻吉凶，并且向神灵祭祀以祈求子孙繁衍，或利用求子禁忌等。

参考文献

一、古籍文献

(周)左丘明撰、鲍思陶点校:《国语》，济南:齐鲁书社，2005年。

(汉)司马迁撰:《史记》，北京:中华书局，1959年。

(清)阮元校刻:《十三经注疏(附校勘记)》，北京:中华书局，1980年。

---

① 宋镇豪:《夏商社会生活史・婚姻》(增订本、上册)，第255页。

② 赵容俊:《殷商甲骨卜辞所见之巫术・巫者的巫术活动》(增订本)，北京:中华书局，2011年，第77－108页。

二、中文参考资料

王宇信、杨升南主编:《甲骨学一百年》,北京:社会科学文献出版社,1999年。

宋镇豪:《夏商社会生活史(上、下)》(增订本),北京:中国社会科学出版社,2005年。

宋兆麟:《巫与巫术》,成都:四川民族出版社,1989年。

胡新生:《中国古代巫术》,济南:山东人民出版社,1999年。

马王堆汉墓帛书整理小组编:《马王堆汉墓帛书》(肆),北京:文物出版社,1985年。

赵容俊:《殷商甲骨卜辞所见之巫术》(增订本),北京:中华书局,2011年。

闻一多:《闻一多全集》(全四册),北京:三联书店,1982年。

卢嘉锡总主编、廖育群等著:《中国科学技术史——医学卷》,北京:科学出版社,1998年。

钟敬文主编、晁福林等著:《中国民俗史》(先秦卷),北京:人民出版社,2008年。

严文明主编:《中国考古学研究的世纪回顾·新石器时代考古卷》,北京:科学出版社,2008年。

三、论文其他

王吉怀:《宗教遗存的发现和意义》,《考古与文物》1992年第6期。

甘肃省博物馆文物工作队:《甘肃秦安大地湾第九区发掘简报》,《文物》1983年第11期。

俞伟超、严文明等:《座谈东山嘴遗址》,《文物》1984年第11期。

袁广阔:《洪山庙一号墓男性生殖器图像试析》,《文物》1995年第4期。

张锡瑛:《红山文化原始宗教探源——原始宗教考古研究之二》,《辽海文物学刊》1993年第1期。

彭邦炯:《甲骨文中的生育问题探索》,《殷都学刊》2006年第1期。

赵容俊:《先秦巫俗之研究》,台湾大学中文所硕士论文,台北:台湾大学,2002年。

赵容俊:《中国古代社会的巫术活动》,《中州学刊》2004年第4期。

赵容俊:《中国先秦的巫术特征考察》,《东方考古》第6集,山东大学东方考古研究中心,2009年。

辽宁省文物考古研究所:《辽宁牛河梁红山文化"女神庙"与积石冢群发掘简报》,《文物》1986年第8期。

四、引用甲骨文著录简称表(依出版年度排序)

《合》:郭沫若主编:《甲骨文合集》,1977—1983年。

《怀特》:Hsü Chin-hsiung(许进雄)《Oracle bones from the White and other collections:怀特氏等收藏甲骨文集》,1979年。

(作者系中国人民大学历史学院历史系、出土文献与中国古代文明研究协同创新中心讲师)

从殷墟卜辞看梦与疾病的关系

张秋芳

梦是一个十分复杂且非常特殊的生理现象。对于它的研究可以从多个角度进行，医学就不失为一个重要的角度。中国传统中医学在其形成过程中，早已把梦的问题纳入自己的视野范围之内了。后世学者对梦与疾病关系的研究，陆续做了很多工作，成果颇丰。但令人遗憾的是，对商代卜辞中梦与疾病的论述却甚少，且大多一笔带过。甲骨文中记载梦的卜辞有200多条，记载疾病的卜辞更是多达数百条，而同时涉及梦象与疾病者亦有10多条①，内容十分丰富。本文拟从“梦”与“疾”字的字形造意、卜辞梦象有关内容等方面，对梦与疾病之间的关系略作考察，以就教于学林。

一

在甲骨文中，“梦”与“疾”字均已出现，但字形还处于变动不居的状态。通过其典型形态的字形造意分析，可以了解梦与疾病的内在联系。

先说“梦”字的字形造意。

甲骨文中“梦”字有[illegible]、[illegible]、[illegible]、[illegible]等多种字形，其中“[illegible]”是最常见的一种，约占80%以上。“[illegible]”字最初孙诒让释为瘳，其他学者或释为瘣、疣、疥、疕等，意见很不一致。唯丁山释为“梦”，得到学术界的普遍认同。他说：“[illegible]，右之[illegible]，可断其为[illegible]之最初形，其左[illegible]可断其为[illegible]最初形。许君言：‘[illegible]倚也，人有疾病象倚箸之形。’《墨经》言‘梦卧而以为然也’，倚箸而卧，神有所遇，恍兮惚兮，其见有物，则寣从[illegible]从[illegible][illegible]亦声，形谊已著，奚用从宀哉？夢从[illegible]，不明之谊亦足，奚用从夕哉？窃疑[illegible]瞢古今字，[illegible]即寣之初形矣。[illegible]一作[illegible]，此[illegible]之特变。”②叶玉森

---

① 姚孝遂、肖丁：《殷墟甲骨刻辞类纂》，中华书局1989年版，第1177-1188页。

② 丁山：《说[illegible]》附录二《释梦》，《中央研究院历史语言研究所集刊》1930年第1本第2分，第245页。

说，"□"字之"□"，乃古文床字，"□"象一病人新愈就床起立，手足腰膂无力之状。① 杨树达论及甲骨文中"疾"字时，提到与梦字同旁的"□"部，说"□当为疒字之省，疒既象人有疾病倚箸之形，自含疾意，疒疾文虽小异，义实无殊。"②这是推断梦字在字形造意上也含有疾病之意。吴其昌虽不认为"□"为梦字，但他却承认该字形象疾病之人，肢体具有拳挛差牙之态。③ 熊道麟认为，"□"字从"□"从"□"，"□"示床形，"□"象一人卧于床上，好似受到梦中恐怖景象的刺激，以致头部歪曲，四肢乱舞，又象病人两手无力而下垂辗转于卧榻之状。④ 从诸家对"梦"所作字形分析看，梦的字形造意已将疾病蕴含其中。固然不是所有的梦都与疾病有关，但有的梦或者反映身体不适，或者预示疾病潜伏，甚或间接导致疾病产生，都是可能的。文献即有这样的例子。比如《左传》成公十年载，晋景公梦见一个厉鬼，披发及地，搥胸跳跃，谴责他杀死自己的孙子，并捣毁大门，冲进了寝宫。晋景公被吓醒，从此发病并日益严重。这即是恶梦通过作用于人的心理，加重人的精神负担，使人积郁成疾。这种情况在医学上也是常见的。想必先民通过长期体验，已经意识到梦与疾病之间存在某些关联，只是不能给予正确说明而已。

次言"疾"字的字形造意。

甲骨文中"□"或"□"字，丁山先生释为"疾"，认为"□"为床之初形，本象大版，亦象斧依；"□"象侧人；"□"可谓血液流出之形。人体流血倚版寝息，此"□"字之全形，亦疾之初义。⑤ 此外，其他学者对此字也多有隶定。如释为"瘳"、"疥"、"病"、"痛"等。⑥ 如今丁山先生的观点已被大多数学者所接受，其他学者尽管对该字的隶定各有不同，但都释为与疾病相关的字。通过分析疾的字形造意发现，它在字形上与梦有着诸多的相似之处。如：二者均从"□"，为床之初形。这说明无论生病，还是睡觉，都需要一个较平坦的大板（床）以供躺下休养。又如疾字"□"旁和梦字"□"旁均象一人形，略呈病态之状，与"□"旁结合，正像一人卧于床上休养。疾字人形周围的点，未必代表血液流出，却都有指汗水的可能。人在做恶梦时，也可能因为极度恐惧，而四肢挥舞，以致大汗淋

---

① 叶玉森：《殷墟书契前编集释》一卷，上海大东书局1934年影印本，第67页。

② 杨树达：《积微居甲文说》，《杨树达文选》，上海古籍出版社2007年版，第84－85页。

③ 吴其昌：《殷虚书契解诂》，武汉大学出版社2008年版，第177页。

④ 熊道麟：《先秦梦文化探微》，学海出版社2004年版，第31页。

⑤ 丁山：《说□》附录一《释疾》，《中央研究院历史语言研究所集刊》1930年第1本第2分，第243页。

⑥ 于省吾：《甲骨文字诂林》，中华书局1999年版，第3094－3099页。

漓；亦或指由于身体某个部位生病，睡眠中通过梦这个潜意识活动传达给人们，表现出虚汗频出的现象。可见，“疾”与“梦”不仅字形相近，而且造意上也有诸多联系。虽然无法从字形上直接证明疾病可以致梦，但能看出疾病与梦相关，如人受到疾病的折磨，字形表现出梦魇不断、虚汗频频的一面。《黄帝内经》曰：“愿闻淫邪泮衍，奈何？岐伯曰：正邪从外袭内而未有定舍，反淫于藏，不得定处，与营卫俱行，而与魂魄飞扬，使人卧不得安而喜梦。”淫邪，“有虚邪正邪之别也。虚邪者，虚乡不正之淫邪。中人多死。正邪者，风雨寒暑天之正气也。夫虚邪之中人也，洒淅动形。正邪之中人也，微先见于色，不知于身。若有若无，若亡若存，有形无形，莫知其情”①。意思为中虚邪者，人多致死，而中正邪者，人并不会立刻感觉到，但正邪侵入体内后，有时没有固定的部位和处所，流窜于内脏，人在意识上虽无明显感觉，实则已经影响到人的五脏六腑，所致之病虽不要命，但都会对人身体造成不同的影响，进而使人睡卧不宁，梦象不断。根据常识，因疾病所致之梦，通常多为恶梦。文献上亦有类似记载。《左传》襄公十八年说，中行献子（荀偃）梦见与死去的晋厉公争讼，结果败诉，头被厉公用戈击断，掉在地上，他只好拾起来重新安在脖子上，两手抱着头往前走。荀偃之所以会做此恶梦，是因为他“瘅疽，生疡于头”。杨伯峻作注说：“瘅疽，疑即今之为对口疽，亦名玉枕疽、脑后疽。发于枕骨下，与口相对。初起时如米粒，后渐坚硬，既麻且痒，肿痛异常。肿大者可如圆茄，色紫，不易治。”②荀偃从做梦到病发而死，自秋及春，还不到半年时间，可以推测他做梦时痈疽实已初起，睡眠中必有痛感刺激于大脑中枢，才造成掉头的梦象。荀偃所做与厉公争讼的恶梦，即反映了疾病与梦之间的生理性因果关系。

综上可见，梦和疾之间互为因果的关系，在二者的字形造意上已经有所体现。虽然先民还不清楚梦与疾病之间存在着什么样的关系，也不知道中医学里所说的阴阳失调、内外相侵致梦的医学原理，更不了解佛洛伊德的潜意识致梦的理论，但他们看得到了身体最基本的反应以及与之相关事物的变化。而早期文字大多数又是象形、指事、会意字，多是根据所见的事物或现象用象形或指事等造字方式把他们表现出来的。甲骨文中“梦”与“疾”之字形造意亦是如此，它包含了人类最原始最本质的思想文化内涵，体现了梦与疾之间生理性的内在联系。

---

① （清）张隐菴：《黄帝内经灵枢集注》，上海卫生出版社 1957 年版，第 262－263 页。

② 杨伯峻：《春秋左传注》，中华书局 2013 年版，第 1046 页。

二

要深入了解卜辞中的梦与疾病的关系，还需要对有关梦象即梦中情景的卜辞加以研究。通过对甲骨文中梦与疾病相关卜辞的梳理，大致可以分为三种情况：一是正常之梦，即梦中虽有与疾病相关的内容，但实际并未生病。二是预示疾病之梦，即身体确实生病了，但意识上还没有感觉到，而是通过潜意识得以反映。三是间接致病之梦，即身体本无疾病，但由于心理压力或某种刺激形成梦象，进而由该梦象间接引起身体上的疾病。下面即分别予以考察。

其一，正常之梦。如卜辞云：

(1) 王梦子亡疾。(《合集》17384)

(2) 己未卜，㱿贞，王梦蛊，惟祸。/ 己未卜，㱿贞，王梦蛊，不惟。(《合集》1027 正)

这两条卜辞从不同角度说明，商王尽管做了与疾病相关的梦，但实际上有可能并没有生病，只是一个平常的梦而已。如第(1)辞是说，商王梦见王子没有疾病。这条卜辞可能是验词，是指商王本来梦见王子病了，结果王子没有生病。第(2)辞大意是说，王梦见蛊，是否会发生灾祸。蛊，《说文》云："腹中虫也，《春秋传》曰'皿虫为蛊，晦淫之所生也'。"①皿为食器，虫在皿中，人食之而入腹，成为蛊，相当于今天医学上所说的一种肠道寄生虫。卜辞中贞人卜问梦到蛊病是否有灾祸，表明"惟祸"与"不惟祸"两种可能性都是存在的。如果"不惟祸"，就只是一种正常的梦，不表示身体真的出现了肠道疾病。蛊病在古人心目中，包括各种寄生虫类的病。如卜辞云：

(3) 有疾齿，惟蛊。(《合集》13658 正)

(4) 贞，王尳，惟蛊。/贞，王尳，不惟蛊。(《合集》286)

第(3)辞说到牙齿生病，应为蠹虫所致。第(4)辞中的"尳"，原篆作""，钟柏

① (汉)许慎撰，(清)段玉裁注，许惟贤整理：《说文解字注》，凤凰出版社 2007 年版，第 1177 页。

生释为𩩍若㾓①,上面的点表示骨病,即《说文》:"𩩍,𩨨病也"。表示骨病亦为蛊所致。有的学者认为,"蛊,毒病微虫之公名也,血虫象意(古血、皿同字),虫入血而成毒也。"②这些卜辞说明殷人已有寄生虫进入人体之血液而致病的认识,反映病理学概念在商代已经萌芽,因而人们才有可能注意到梦与疾病之间的生理性医学关系。

其二,预示疾病之梦。人在生病时,疾病所造成的伤害,会形成一种自体刺激,而这种刺激在梦中转化为各种梦象,对身体发出预警。《黄帝内经·灵枢·淫邪发梦》云:"阴气盛,则梦涉大水而恐惧;阳气盛,则梦大火而燔焫;阴阳俱盛,则梦相杀。"是说人在受到淫邪之气侵袭后,影响到脏腑,随着脏腑的变化而产生相应的梦象。"厥气客于心,则梦丘山烟火;客于肺,则梦飞扬、见金铁之奇物;客于肝,则梦山林树木"③,等等。这里说疾病与梦象之间呈现出一一对应的关系,当然不可能如此绝对,但疾病可能引发相应梦象则是事实。殷人对此也有所察觉,如卜辞说:

(5) 壬子卜,宾,贞辛亥王入自□(夕),王疾有梦,惟害。④
(6) □王疾有梦,不若。(《前 632.2》)

第(5)辞是说,商王辛亥那天外出,归来后的当天晚上即染疾做梦,第二天举行占卜,贞问是否有灾祸。第(6)辞大意为王因生病而做梦,占问是否有什么不顺。这都是殷人因为生病而做梦的记载。甲骨文中还有关于身体某个具体部位有病导致做梦的例子,如卜辞说:

(7) 贞,王梦疾齿惟……。(《合集》17385 正)
(8) 丁亥卜,争贞,王梦惟齿。《合集》11006 正)
(9) ……梦惟有齿。(《合集》17457 正)

---

① 钟柏生:《说"异"兼释与"异"并见诸词》,《"中央研究院"历史语言研究所集刊》1985 年第 56 本第 3 分。

② 温少峰、袁庭栋:《殷墟卜辞研究——科学技术篇》,四川省社会科学院出版社 1983 年版,第 325 页。

③ 南京中医药大学编著:《黄帝内经灵枢翻译释》,上海科学技术出版社 2006 年版,第 331-332 页。

④ 卢静斋拓本。转引自胡厚宣:《殷人占梦考》,《甲骨学商史论丛初集》(外一种),河北教育出版社 2002 年版,第 339 页。

这三条卜辞都是说商王梦见牙齿有病。第(7)辞大意是说王梦见牙齿有病，是否会发生灾祸。第(7)、(8)辞是说，王做了梦是否由牙病引起的。齿病是殷人的一种高发疾病，据研究，殷人患牙病的比率高达30.43%。① 武丁时期有卜辞云："贞□于妣甲御妇好龋"(《合集》13663)，龋字甲骨文原篆作""，象牙齿中有虫，其上伴有被虫子腐蚀过的牙齿碎屑。有学者认为，这是世界上最早的龋齿病例②。因为牙病较为普遍，所以殷人以为它是致梦的重要原因，并担心别有祸患来临。

(10) 辛亥卜，古贞，王梦有舌，惟之。(《合集》17410 正)

(11) 辛亥卜，[illegible]贞，王梦有言，惟之。(《合集》17410 正)

这两条卜辞分别记载了舌、言两种疾病与做梦的关系。辞中的"惟之"的"之"，即指舌与言，所要贞问的事情是，王做了梦是否由舌病或言病引起的。所谓"舌"当口舌之意讲时，便有可能指由于体内火大，以致舌头上火而生相关梦象。舌病也是殷人常患的一种疾病，如："甲辰卜，[illegible]贞，疾舌，惟有害。""贞，疾舌，[illegible]于妣庚。"(《合集》13634 正、13635)。表现症状为舌上生疮，或是舌下囊肿。中医学通常认为多为身体上火所致。所谓"言"，本意指说话，还可代指咽喉系统的疾病③。胡厚宣先生说："疾言者，发音嘶嗄咽喉之病也。"④于省吾先生认为，"言"应读为"音"，指喉音之临将嘶哑言之。⑤ 中医学认为，突然失音者，多为风寒或寒邪包热所致，属于实症；长时间失音者，多为内伤精元所致，属于虚症。这两种情况都有可能导致相关梦象。

(12)……巳……既梦……作[illegible]耳鸣终……大……(《合集》21384)

此条卜辞所谓耳鸣是一种耳病，其中"耳鸣终……大"，当是指病情加重。《黄帝内经》认为造成耳鸣的原因有虚实两方面，即经气厥逆的实症和精血不

① 毛燮均、颜訚：《安阳辉县殷代人牙的研究报告》(一、续)，《古脊椎动物与古人类》1卷，1959年2、4期。

② 周宗岐：《殷墟甲骨文中所见口腔疾病考》，《中华口腔科杂志》，1956年第3号。

③ 徐锡台：《殷墟出土的一些病类卜辞考释》，《殷都学刊》，1985年第1期。

④ 胡厚宣：《殷人疾病考》，《甲骨学商史论丛初集》(外一种)，河北教育出版社2002年版，第310页。

⑤ 于省吾主编：《甲骨文字诂林》，中华书局1999年版，第695页。

足的虚症①。这两种情况与《黄帝内经·淫邪发梦篇》中提到的做梦理论略相吻合，加上病情的加重，做梦乃情理中事。耳病古人多视为不祥之兆，故需占卜以问吉凶。如卜辞云："庚戌卜，朕耳鸣，有御于祖庚羊百有用五十八，有女三十，今日"（《合集》22099）；"癸卜，子耳鸣，亡害。"（《花园庄》H3：196＋197），均为其例。

(13)己巳卜，贞，有梦王，八月。（《合集》17446）

辞中的字，唐兰先生释为尿，谓象人体遗尿之形②。严一萍先生说："'王'为武丁尿病"③。也有学者释为"参"，读如沴④。《庄子·大宗师》："阴阳之气有沴"，《汉书·五行志》曰："气相伤谓之沴。"总之，无论释为"尿"还是"参"，都是指一种疾病。本辞大意是说，八月己巳这天占卜，贞问王做了梦，是尿病造成的，还是会有别的灾祸。

其三，间接致病之梦。这类梦通常与心理压力、精神负担等因素有关。由于心理愧疚、恐惧或其他原因，往往导致恶梦不断，加上古人对梦的信仰，故久而久之，积郁成疾，甚至可能出现死亡现象。上节说到的晋景公和荀偃二人，即属于这种情况。这类梦在甲骨文中表现为鬼梦。《左传》成公七年子产曰："鬼有所归，乃不为厉。"厉即恶鬼。《说文》："人所归为鬼。"《礼记·祭义》："众生必死，死必归土，此之谓鬼。"东汉王充《论衡·论死》曰："人死，精神升天，骸骨归土，故谓之鬼。鬼者，归也。"卜辞中所言"鬼梦"，即今所谓做恶梦。其症状为睡眠不熟，梦扰多惊，中医学认为多为血虚之症。《金匮要略》："血气少者属于心，心虚者，其人多畏，合目欲眠，梦运行而精神离散，魂魄妄行。"⑤畏，丁山释为鬼，谓"鬼梦"尤言"多畏梦"是《周礼》所占之"惧梦"也。⑥ 意思是说心理疾病造成血气虚弱，心气虚则致人多鬼梦。如卜辞云：

(14)贞，亚多鬼梦亡疾，四月。（《合集》17448）
(15)庚辰卜，贞多鬼梦，惟疾见。/贞多鬼梦，惟言见。（《合集》17450）

① 傅维康、吴鸿洲：《黄帝内经导读》，巴蜀书社 1988 年版，第 175－176 页。
② 转引自杨树达：《积微居甲文说》，《杨树达文选》，上海古籍出版社 2007 年版，第 87 页。
③ 严一萍：《殷契征医》，艺文印书馆 1951 年版，第 50 页。
④ 宋镇豪：《夏商社会生活史》，中国社会科学出版社，1994 年版，第 420 页。
⑤ 李克光，张家礼主编：《金匮要略译释》，上海科学技术出版社 2010 年版，第 262 页。
⑥ 丁山：《说㝱》附录一《释梦》，《中央研究院历史语言研究所集刊》1930 年第 1 本第 2 分，第 246 页。

第(14)辞大意是，亚多次做鬼梦，是不是有疾病。第(15)辞的“言”，闻一多先生谓：“言皆读为愆。言䇂古当同字。《说文》：‘辛，䇂也，读若愆。’《易·需》九二曰：‘需于沙，小有言，终吉’，‘言’与‘吉’对文以见义，犹《蛊》九三：‘小有悔，无大咎’也。《象》曰：‘需于沙，愆在中也’，正以‘衍’释言，衍即愆字。《左传·昭公二十六年》：‘王愆于厥身’，杜预注：‘愆，恶疾也。’”①此辞当是殷王因恶梦频繁，乃卜问是否有恶疾出现。由鬼梦所吓而生病，是精神因素在起作用，是梦间接致病的表现。

综上所论，通过对梦与疾的字形造意以及梦象内容的分析，可知在一定程度上做梦与疾病之间存在着互为因果的生理性医学关系，表明殷人对其病理学关系的认识已初露端倪。殷人的医疗卫生观念虽然受历史条件的限制，为其宗教迷信思想所重重包裹，但亦有一些理性的认识。商代卜辞中所见梦与疾病的关系，即堪称后世中医梦学思想的滥觞。

（作者系安阳师范学院讲师、历史学博士）

① 闻一多：《闻一多全集·周易编》，湖北人民出版社1993年版。

“六书”理论不尽符合甲骨文分析

朱彦民

甲骨卜辞不仅是殷商乃至先秦史研究的重要史料，更是中国汉字发展史上重要的早期阶段，或者说是汉字的源头所在。因此对甲骨文字进行文字学分析，不仅是有可能性，而且也是有其必要性的。

一、“六书”理论及其发展

“六书”，是汉代学者根据对小篆的分析而归纳出来的一种文字理论，即六种造字方法。即“象形”“指事”“会意”“形声”“转注”“假借”。这六种方法不是在造字之前就有的，而是后代的文字学家归纳和概括出来的。

许慎《说文解字》序言中，在前人基础上对“六书”的内涵作了扼要的分析：“周礼八岁入小学，保氏教国子，先以六书。一曰指事，指事者视而可识，察而见意，上下是也。二曰象形，象形者画成其物，随体诘诎，日月是也。三曰形声，形声者以事为名，取譬相成，江河是也。四曰会意，会意者比类合谊，以见指㧑，武信是也。五曰转注，转注者建类一首，同意相受，考老是也。六曰假借，假借者本无其字，依声托事，令长是也。”不仅提出六书的名称，而且对这六种造字方法做了具体阐释，使得“六书”说得以成为一个文字学系统理论。

根据后世学者的研究，汉字的“六书”理论，可以分为“四体二用”，也就是说，“六书”中的“象形”“指事”“会意”“形声”四种指的是文字形体结构，是造字法；而“转注”“假借”指的是文字的使用方式，即用字法。

甲骨文出土后，一些早期甲骨学家如孙诒让、罗振玉等人考释甲骨文字，主要是利用《说文解字》为桥梁工具，辅助以前人的金文研究成果进行释读的。所以很自然地产生了“六书”理论是否适用于甲骨文的问题。

刘鹗在《铁云藏龟·序》里曾十分感慨地说:“以六书之指推求钟鼎多不合,再以钟鼎体势推求龟版之文又多不合,盖去古愈远愈难推求耳。”他是用小篆“推求”金文(即所谓钟鼎),又用金文去“推求”甲骨文,推来推去只觉得“不合”“又多不合”。罗振玉、王国维不是采取“推”(实即套)的办法,而是运用“六书”理论来分析甲骨文,结果认出许多与《说文》形体不同的字。罗、王之后,许多学者也运用“六书”理论分析偏旁结构,考释出不少新字。

一些甲骨文字学家也对“六书”进行了反思,提出了一些颇为新颖的学术观点。这其中最具代表性的是唐兰、陈梦家、裘锡圭、林沄等人的“三书说”,詹鄞鑫、苏培成、葛英会的“新六书说”,王宁的“十一种汉字构形模式”,以及黄天树的甲骨文字“二书说”等。

二、符合“六书”理论的甲骨文分析

从甲骨文字实例来看,“六书”理论对甲骨文基本上还是适用的,对于分析和考释甲骨文还是有用的。这是因为小篆毕竟是由商周文字演变而来的,承先启后,有形体结构上的局部变化,并不牵涉到文字性质和发展阶段的根本问题。从字形结构分析,甲骨文字也大体上不出象形、指事、会意、形声这四种结构方式。因为文字不敷使用,所以甲骨文中也出现了假借字和转注字。

(一) 甲骨文中的象形字分析

甲骨文里确实还保存着许多象形字,有些字还带有图画的性质。“画成其物,随体诘诎”,如光看小篆,似还不太贴切,但一看甲骨文以及古金文便一目了然,十分清楚。这八个字乃是对象形字的很好概括。

如“象”,甲骨文写作、。又如“鹿”,甲骨文写作、、。像这类字不乏其例。如动物之名:“牛”“羊”“豕”“犬”“马”“虎”“兕”“鸟”“鱼”“龟”“贝”字等等;植物之名:“草”“木”“禾”“黍”、“来”(麦)等字;自然界的名物:“山”“川”“水”“日”“月”“雷”“电”“雨”、“星”(晶)等字;工具或器物之名:“弓”“矢”“丹”“车”“皿”、“鼓”(壴)、“角”“爵”“斝”“尊”“壶”“戈”“戌”等字;人体及各部分之名:“人”“女”“大”“天”“首”“面”“目”、“自”(鼻)、“耳”“口”“齿”“足”等字,在甲骨文里也都是象形字。这些字当然不是天然的图画,而是以简单的线条形象地勾勒出客观实物的主要细节特征,或象其全体,或仅以部分代表其全体,加以强调,使之与其它的象形字相区别。如“牛”与“羊”,均象其头角之形,但牛作、,其角向上平伸,羊作、,其角向下卷曲。“豕”与“犬”,均象其侧立之形,但“豕”作,突出其肥腹短足,“犬”作,强调其腹瘦尾拳,如此等等,不胜枚举。甲骨文中这类"画成其物",因而有形可象的字是比较容易辨认的,也是较早地被考释出来的。

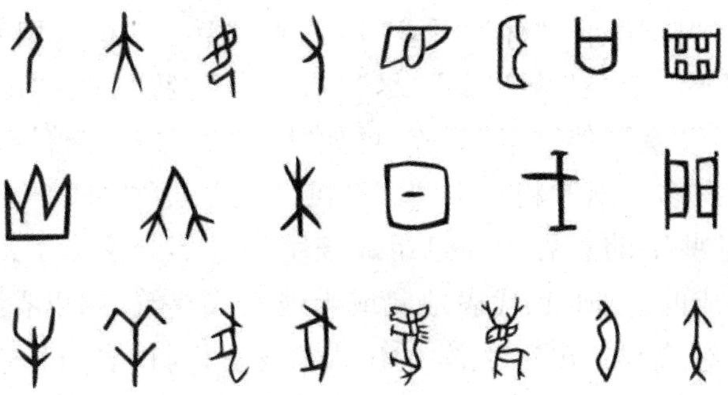

图一　甲骨文象形字举例

从构字特点来说,甲骨文字基本还是一种以象形字为主的文字类型。象形字,是把客观事物的形象抽象或概括成一定图案的文字或由两个以上的象形组合成的一个新的图案文字。单体的象形字叫"文",合体的象形字叫"字"。据统计,甲骨文中的象形字约占甲骨文字总数的47%。当然客观事物是比较复杂的,有限的象形字尚不足以表现所有事物的全部动态、静态状况。于是同音假借的情况也就出现了,形声字也开始出现了。

(二) 甲骨文中的指事字分析

在象形的基础上添加一定的符号以表达比较抽象的概念,反映无形可象的较复杂的事物,这便是"指事"。《说文·叙》谓:"指事者,视而可识,察而见意,上下是也。"甲骨文中这类字也有不少,"视而可识",类似象形,"察而见意",近于会意。如"上"(二)、"下"(二)两字,均以"一"为水平线,再以"一"上下各配一点或短横,即可表示上下之意。"母"作、,在女字中加上两点,指其胸部双乳,示女已长成,可为人配(母有匹配义),亦用以指已生育过的女子。"亦"字作是人正立之形,在其腋下加上两点,示两腋之所在。余如"曰""血""刃""天""本""末""朱"等等,在甲骨文中也都是指事字。

(三) 甲骨文中的会意字分析

甲骨文中会意字非常丰富,也最富于表现力,最耐人寻味。《说文·叙》谓:"会意者,比类合谊,以见指撝,武信是也。"甲骨文有"武"无"信"。"武"作、等,从戈从止会意,持戈而行,意为拿着武器去打仗,本义当为征伐;"戈"示威,"止"示行,是威武有力的象征。而后世所谓"止戈为武",即停止战争是为"武"的解释,是人们在厌战的情绪下对战争的一种态度,实际是对"武"字的别解。与此有关的字如"伐"字作、(以戈杀人),"戍"字作、(以人持戈)

等字，也都是会意字。甲骨文中凡属于两个或两个以上的独体象形字（及指事字）组成的字，大都是会意字，盖合数文以成一字，而义在其中也。

甲骨文中与人的行为动作相关的会意字就不下百余个，如："步""涉""各""出""陟""降""承""休""乘""弄""戒""兵"、"兴"（興）、"及"、"为"（爲）、"取"、"隻"（获）、"史""聿""尽""启""争""牧""既""即""射"、"韦"（围）、"望""见""奚""俘""祭"等等；再如"明""蛊""益""兽""罗""买""昔""集""利""初""多""夙""粗""宝""宗""沉""埋""莫""朝"等等，也都是典型的会意字。这些字的意思是通过组成该字的各部分象形字汇合起来表现的，是约定俗成的。如以代表地穴或半地穴式建筑，则以、即脚趾的进退表示"各"（、）与"出"（、）的出入概念。以代表山阜，乃以两足之上下表示"陟"（）与"降"（）的概念。以代表树木，乃以人对树木的不同位置来表示"休"（）与"乘"（）的概念。据统计，会意字在甲骨文中占的比例最大。

（四）甲骨文中的形声字分析

甲骨文的形声字虽也不少，从所占比例看，则远不如象形和会意。《说文·叙》谓："形声者，以事为名，取譬相成，江河是也。"与会意一样，这也是在象形、指事的基础上创造新字的方法。按许慎下的定义，一个形旁（以事为名），一个声旁（取譬相成），结合在一起就是一个形声字。以原有的形声字作形旁或声旁，再另加声旁或形旁，又可造出新的形声字。而且，同一形旁可组成一系列不同声旁的形声字，同一声旁也可组成一系列不同形旁的形声字。如此"形声相益"，不断孳乳，文字数量便愈益增多，形声字在中国文字总数中占了绝对压倒一切的优势。但在甲骨文阶段，这种优势尚未显示出来，可见甲骨文尚处于一种文字的发展状态之中。

甲骨文中常见的形声字有"佑""春""归""唐""效""湄""雉""鸡""狐""狈""雇""伊""依""般""河""汝""洹""洋""沚""渔""姜""妹""娥""嫔""媚""姘"等几十个。

（五）甲骨文中的假借字分析

尽管"六书"中的假借字和转注字不是造字法而是用字法，但这并不妨碍我们拿它们来对甲骨文中的假借字进行文字学的分析。《说文·叙》谓："假借者，本无其字，依声托事，令长是也。"也就是说，当一些事物难以用象形、指事、会意、形声等造字法进行表达时，为了解决利用的困难，就利用已经有的声音相同或相近的文字（依声托事），或者利用与这个要表达的事物相关的字（引申意义），来代替这个事物。这样的代替字，就是假借字。严格说来，假借字与后世典籍中经常用到的通假字，是有区别的。本无其字，依声托事者是为假借字；而本有其字，因为忘记或者别的什么原因而不用其字，用一个同音字代替之，如"蚤"之于"早"、"倍"之于"背"等等，是为通假字。但是因为都是"依声托事"，通假字也被视为广义上的假借字。

甲骨文中有"令"有"长"，但不是用作假借字例的"令""长"。有""，本意为发布命令，故在后世用"令"字表示发布命令的"县令"等长官，但在甲骨卜辞中仍用其本义，如"王大令众人曰劦田"等，故无所谓假借之说。有""字，本义为一个人长了一头长发，故引申为长久之长，但在甲骨文中"长"字用作地名（如"在长贞"）和人名（如"长角友"）等。到了秦汉时期，地方行政实行郡县制，所以就有了县令、县长的称呼。多于一万户的县，其长官称为县令，不足于一万户的县，其长官称谓县长。因为以前没有这样的称谓，就假借了"令""长"用之。看来，如果追究最早的文字使用情况，"令""长"二字都不是合适的假借字的最佳例证。

甲骨文中有假借字则是不可否认的。其中一些常见字，往往就是假借字，比如"隹"（）与"叀"（）二字，在甲骨文中是一对语气词，表示一种推测性的强调语气，"隹"既可用于肯定语气，也可用于否定语气；而"叀"只用于肯定语气。但在甲骨文中，要为一个表示语气的虚词进行造字，是不容易的。于是"隹"就假借了鸟类的形状，而"叀"就假借了纺线棰的形状。

其他如甲骨文中常用的天干、地支 22 个字，大多数是这样的假借字。至于这些字本义如何，也就是从哪些字借过来的，学术界颇有争议，则另当别论。

再如，甲骨文中的"风（凤）"、"旧"等字，也都是假借字。

（六）甲骨文中的转注字分析

与假借字一样，虽然转注字不是造字法，但仍不妨作为分析甲骨文字现象的一种方法。《说文·叙》谓："转注者，建类一首，同意相受，考老是也。"由《说文》对"考""老"两字的解释，"考者，老也"、"老者，考也"可知，转注法实际上就是一种字义解释的训诂法，并不增加新字的一种释字法。

甲骨文中有"老"（）字，像弯腰老人之形，有的表示出所戴帽子，有的表示出披散的长发。也有"考"（）字，像弯腰老者之形，手中持一拐杖。两者的字形颇为接近，所以意思也可以互相解释。

从上面的简要分析已可说明，"六书"理论仍然基本上适用于甲骨文中大多数字。

三、不符合“六书”的甲骨文字分析

甲骨文字毕竟不同于小篆，毕竟比小篆早了一千多年，所以，如果用对小篆分析总结出来的“六书”理论原封不动地用之于分析甲骨文字，就难免会出现圆凿方枘、抵牾矛盾之处。

（一）甲骨文字与小篆文字不能对应

如果将对小篆的分析用到甲骨文中去找相应的字，就有可能找不到或者找错。从这个角度看，说“六书”理论不全适用于甲骨文，也是可以理解的。

如地支中的“巳”字，《说文》谓：“巳也。四月阳气巳出，阴气巳藏，万物见，成文章，故巳为蛇象形。”“午”字，《说文》谓：“啎也。五月阴气午逆阳，冒地而出，此予（与）矢同意。”孙诒让根据这些说法到甲骨文里去找“巳”“午”两字，就找不到，因而说“巳午两字独未见，未详其故”①。殊不知甲骨文“巳”与子女之“子”同形，作或，“午”象绳索交午之形，作、，虽然都属象形，但与《说文》所云可谓风马牛不相及。

（二）甲骨文有些会意字是后世形声字前身

小篆中的形声字在甲骨文时代往往是会意字，如以“六书”理论去套甲骨文，希冀找到从某、某声的相应的字，也难免徒劳无功。如“沉”“埋”“闻”“耤”“获”、“育”（毓）、“荡”等字便是其例，这些字在小篆中是形声字，而在甲骨文中则是会意字。其中“沉”“埋”“闻”“耤”“获”“育”诸字经前人考释，已有定论。会意字演变为形声字，是文字发展过程中的一个规律，了解并掌握这一规律，有助于正确理解和考释甲骨文字。

（三）甲骨文中一些异体字不符合“六书”

甲骨文中有的字有几种不同的写法，在“六书”中分属于不同的类别。如“天”，即为突出一例。《说文》：“天，颠也。至高无上，从一、大。”是为会意。但甲骨文“天”作、、诸形，既有象形，又有指事。王国维说：“古文天字，本象人形。……卜辞、盂鼎之、二字，所以独坟其首者，正特著其所象之处也。殷虚卜辞及齐侯壶又作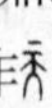，则别以一画记其所象之处。”“故、为象形字，为指事字，篆文之从一大者为会意字。文字因其作法之不同，而所属之六书亦异。知此可与言小学矣。”②

① 孙诒让：《契文举例》，楼学礼校点本，第3页，齐鲁书社1993年版。

② 王国维：《释天》，《观堂集林》卷六，第282、283页，中华书局1991年版。

（四）"六书"不能解释所有甲骨文字

甲骨文中有些是可释的，有的是已释而有争议的，但大量的是目前无法解释的。其所以无法解释，固然是因为孤文残辞，只出现过一二次，缺乏上下文的语言环境，现无从考索；也由于其结构古怪，根本无法用"六书"来分析。其实，即使已考释论定的字，也有"六书"所不能解释的。如于省吾所指出的独体象形字而带有声符这一现象，就不是传统"六书"理论所能圆满解释的了①。

总之，"六书"理论之于甲骨文，有合有不合，我们要运用"六书"来分析、考释甲骨文，但不能用"六书"生搬硬套，削足适履。

（作者系南开大学历史学院教授，历史学博士，博士生导师）

① 于省吾：《释具有部分表音的独体象形字》，《甲骨文字释林》，第 435－443 页，中华书局 1987 年版。

甲骨文“阂”字考

韩江苏

甲骨文有一个与门偏旁相关的字，作“”、“”形（见《合集》26927，是《殷虚文字甲编》第2002版），从门（或双户）从双豕（），《玉篇》有阂字，并解释为“门也”。从字形及它所在的甲骨文句看，字义与后世的阂字字义相关（为方便叙述，下列行文时，用阂字来代替甲骨文字），是门的外闭装置，卜辞中使用的是其本义引申——阻碍、阻隔。《甲骨文合集释文》隶定为“闟”字①，《殷墟甲骨文刻辞摹释总集》采纳其成果；《殷墟甲骨文刻辞类纂》、《甲骨文字诂林》等字书均未收录此字。王蕴智把它隶定成阂字，并且把金文中从门从三豕之字也归入阂字，读音为shi。② 具体字义则没有详细解释。字从门从双豕，本文试图从字形上分析其字义，从卜辞文句验证字义是否准确，从门的外闭实物与文献记载寻求其演变轨迹，不妥之处，恭请方家以正之。

图1 《合集》26927局部

一、甲骨文阂字形分析

甲骨文阂字从门（或双户）从双豕，门、户、豕字形及字义分析，将对解释甲骨文阂字有帮助，故论述于下：

（一）门、户字形分析

甲骨文中不仅有门、户两字，而且门、户还是重要的偏旁。户作“”形（《补编》2410），户，《说文》：“户，護也，半门曰户。象形。凡户之属皆从户。戾，古

① 胡厚宣：《甲骨文合集释文》，北京：中国社会科学出版社，1999年。

② 王蕴智：《字学论集》，郑州：河南美术出版社，2004年，第184页。

文户从木。”段注：“从木而象其形。按此当是籀文加木，唯古文作户，故此部文九皆从户也。”①门作“□”（《合集》261）、“□”（《合集》30289）、“□”（《屯南》3187）、“□”（《合集》13606 反）等形，《说文》：“闻也，从二户，象形。凡门之属皆从门。”《玉篇》：“门，人所出入也。”甲骨文中的门、户即现代汉语中的门，是庭院、屋室通道，门、户析言有别，统言无别。

（二）豕字形分析

甲骨文阕字所从另一偏旁为（双）豕。甲骨文豕作“□”（《合集》28310）、□（《合集》21725）等形，□字下面所从偏旁释读为“豕”应当无误。《玉篇》阕字，从门从豕，谓：“阕，门也。”②《康熙字典》也收录此字。③ 字义仍为门。从甲骨文看，户、门皆象形字；文献中，门、户多加一豕偏旁仍表示门，似有画蛇添足之感，从门从豕之阕字，既解释为门，本义应与门相关。

（三）阕与阂异同

亥是十二地支末一位，豕（猪）是十二属相末一位，两者相配。豕与亥在文献中互训，《左传》襄公三十年：“亥即豕，故曰首曰身也。”《吕氏春秋·察传论》：“子夏之晋，过卫，有读史记者曰：‘晋师三豕涉河。’子夏曰：‘非也，是己亥也。夫己与三相近，豕与亥相似。’至于晋而问之，则曰晋师己亥涉河也。”④《论衡·物势》：“亥，豕也。”⑤亥的甲骨文形体较多，有□（《补编》1260）、□（《合集》21811）等形。甲骨文豕、亥字形虽有相似之处，但两字区别明显；后世文献中“豕”与“亥”存在两字互训现象。既然亥与豕有时相通，从门从双豕的甲骨文□字，字义可理解为阂义——阻碍，引文于下：

……阕绕方，克阕？擒？（《合集》26927）

绕方是康丁时期的敌对方国，商王多次占卜对其讨伐（《合集》26895、27974），克，罗振玉释读。⑥ 李孝定训为“能”。⑦《合集》26927 辞义为，从外围阻隔、限制绕方，能够阻隔、限制住并捉拿、擒获绕方？□释读为阂，字义为阻隔、妨碍、限制，放到甲骨文语句中，文通字顺。因它在甲骨文中仅此一见，作为孤证，无法确证。□是否与后世文献中阂具有字义相承关系，需要从阂字字

① 段玉裁：《说文解字注》，上海：上海古籍出版社，1981 年，第 586 页。

② 顾野王：《大广益会玉篇》（丛书集成本），上海：商务印书馆，1936 年，第 260 页。

③（清）陈玉书等编：《康熙字典》，上海：上海书店出版，1985 年，第 1493 页。

④ 陈奇猷：《吕氏春秋新校释》，上海：上海古籍出版社，2002 年，第 1537 页。

⑤ 黄晖：《论衡校释》，北京：中华书局，1990 年，第 150 页。

⑥ 罗振玉：《增订殷虚书契考释》（中），（日本）东京：东方学会，1927 年，第 69 页。

⑦ 李孝定：《甲骨文字集释》，台北：“中央研究院”历史语言研究所，1965 年，第 2343 页。

形、字义等方面来探讨。

二、文献阂字形、字义辨析

图 2

阂字从门从亥，亥与豕在古文献中可互换，故阂字可从门从豕。犬有守门本能而豕却没有，故不能以会意字来理解其含义。阂本义是门外闭，具体到门实物上，门扉外闭装置是两个圆环（如图 2），用一横穿以起关门闭户的作用（本图横穿乃门链）。这一圆环的命名、命名根据，以及与铺首的混淆，需要逐一分析。

（一）阂义源流

《说文》谓："阂，外闭也，从门亥声。"①《康熙字典》引文与《说文》（陈昌治刻本版本）稍有不同，谓："阂，外闭也，从门，亥，意兼声。"②字义是从门外闭门之外闭装置。《玉篇》谓"阂，止也。"③由此，引申为阻隔、阻碍。《辞海》："阂，阻隔、阻碍。《易·蒙》'山下有险，险而止，蒙'。王弼注'退则困险，进则阂山'。王安石《还家》'伤心百道水，阂目万重山'。"④"晋葛洪的《抱朴子·博喻》谓：'学而不思，则疑阂实繁（疑阂即疑难障碍）。'（阂即藏塞，）《汉书·律历志上》谓：'该臧万物而杂阳阂种。'孟康注：'阂，藏塞也。'"⑤阂的本义应与闭门守御相关，从外关闭门户是停止、阻碍他人进入院落、房屋的方式或手段，无论从字形或其字义引申看，都看不出从门从亥与停止、阻隔、阻碍之间的相互关系。

若从犬与豕（亥）本能看，在没有防盗设施的中国古代，犬是门户安全的守卫者；猪跟人类关系虽然十分密切，但在看家护院方面并不具备守卫门户的潜质。明代《七修类稿·天地类·十二生肖》："戌、亥，阴敛而潜寂，狗司

---

① （东汉）许慎：《说文解字》，北京：中华书局，1963 年，第 249 页。
② （清）张玉书：《康熙字典》，上海：上海书店，1985 年，第 1490 页。
③ 胡吉宣：《玉篇校释》，上海：上海古籍出版社，1989 年，第 2187 页。
④ 夏征农主编：《辞海》语词分册，上海：上海辞书出版社，1987 年，第 795 页。
⑤ （清）张玉书：《康熙字典》，上海：上海书店，1985 年，第 1490 页。

夜,猪镇静,故猪狗配焉。狗猪,持守之物也。"①这是从十二生肖的排列方面谈狗、猪之间的连缀关系。从生物学上看,猪再镇静也起不到看护家园作用。由此,探讨闳字本义,还需要从门实物上去查寻。

（二）门扉实物之外闭

平板户扉,若从外部关门锁闭,最简单的办法是:用铜、铁或其他材质做成一物著于户扉上,以便落锁。其传统形制是:外面一头呈圆环状形(以便门闩或门链穿过),里面一头穿透户扉并固定其上。然后用一横物(也称门闩或门链)贯穿两户扉上的圆环状形物加锁即可。这个穿著在户扉上用铜、铁或其他材质所做的圆环,该怎样命名或称呼,文献中虽有记载,但稍有混乱。

（三）门外闭装置——闳、螺、蠡

《说文》中的闳乃门的外闭装置,这个外闭装置与后世铺首混淆,分别称蠡、螺、椒图。闳字解释见上引《说文》,兹不赘引。蠡、螺、椒图等记载引文如下:

《后汉书志·礼仪》:"殷人水德,以螺首慎其闭塞,使如螺也。"②

《风俗通·佚文篇》"门户铺首。谨案,《百家书》云:'公输般之水上,见蠡,谓之曰:"开汝匣,见汝形。"蠡适出头,般以足画图之,蠡隐闭其户。终不可得开,般遂施之门户,欲使闭藏当如此固密也。'"③

《说文》:"铺,箸门铺首也。从金甫声。"④经韵楼藏版《说文解字注》铺作"捬"。段玉裁注:"捬,各本均作铺。手部曰:捬,扪持也。扪持者,古者箸门为蠃形,谓之椒图。是曰铺首,以金为之,则曰金铺。以青画琐文镂中,则曰青琐。"⑤

《康熙字典》:"蠃,《广韵》'本作螺',《集韵》:'或作蠡、蜗。'"⑥

《康熙字典》:"(蠡)又与螺通,《类篇》:'蚌属。圣人法蠡蚌,而闭户见文子。'"⑦从《康熙字典》所载看,螺即螺蛳,螺蛳又称蠡。

从以上所引文献看,蠡、螺相通,也称铺首。《广雅》谓:"铺,陈也。"铺本义源自"捬",《说文》:"扪持也,从门布声。"捬(音铺)还有布散之义,见《汉

① (明)朗瑛:《七修类编》,上海:上海书店,2001年,第42页。

② (南朝)范晔:《后汉书》,北京:中华书局,1965年,第3122页。

③ (汉)应劭撰,王利器校注:《风俗通义校注》,北京:中华书局,1981年,第577页。

④ (东汉)许慎:《说文解字》,北京:中华书局,1963年,第298页。

⑤ 段玉裁:《说文解字注》,上海:上海古籍出版社,1981年,第713页。

⑥ (清)张玉书:《康熙字典》,上海:上海书店,1985年,第1226页。

⑦ (清)张玉书:《康熙字典》,上海:上海书店,1985年,第1229页。

书·中山靖王传》注①,即把东西展开或摊平。现代成语还有平铺直叙、铺路、铺设管道等词语,用的就是展开或摊平之义。《辞海》谓铺首是"衔门环的底座"②。跟铺字义没有关系。

门上外闭装置称蠡、螺,取水中螺蛳之形,寓意是螺蛳善闭,以示门关闭后不易被随意打开,与铺首之铺有铺展、陈设之义区别较大,与铺首解释为衔门环的底座性能不同,现代复古之门,其上装有象征意义的铺首,竟与闭门没有任何关系,门的外闭与人的日常行为关系密切,外闭实用装置的重要性要远远大于装饰性的铺首,为何铺首目前有深入研究,而作为实用装置的外闭物竟很少提及?前贤怎样把蠡、螺、铺首当作一物,为何又取其善闭之义?需要一一梳理,方可清楚。

三、蠡字偏旁分析

门户设置是为了护卫门户之内的人与财产安全,故取螺蛳善闭之义,因此螺蛳或蠡成为门上构件,其作用是闭门守护。蠡字从彖从虫,本义乃蠹虫啮木,与虫属相关,怎样取蠹虫啮木来表达其善闭,又用来借指为门之关闭?螺蛳为何称蠡,蠡跟螺蛳有何相通处或相同点?这均需从造字本义、动物习性及与门关闭的相似性方面来探讨。

蠡,《说文》谓:"虫啮木中也。从䖵彖声。"段注:"此非虫名。乃谓蝨之食木曰蠡也。朱子注孟子曰蠡者啮木虫,则误矣(段注极为详备,后文做分析)。"③蝨,《康熙字典》:"《唐韵》:'古文蠹字。'"④《辞海》:"蝨同蠹。"⑤

蠹,《说文》谓:"木中虫,从虫橐声。蠹或从木象虫在木中形。"段注:"在木中食木者也。今俗谓之蛀。"⑥

由《说文》《康熙字典》记载看,蝨、蠹两字乃异体字。蠹虫即木中虫,即现代汉语中的木内蛀虫。蠡即(蠹)虫啮噬木中(之形),或借指为动物虫。蠡字从彖从虫,由此,分析蠡字构形及与豕字关系,以便了解从门从豕之阂字义。

---

①(东汉)班固:《汉书》,北京:中华书局,1962年,第2424页。
②夏征农:《辞海》语词分册,上海:上海辞书出版社,1987年,第1516页。
③段玉裁:《说文解字注》,上海:上海古籍出版社,1981年,第675页。
④(清)张玉书:《康熙字典》,上海:上海书店,1985年,第1220页。
⑤夏征农:《辞海》语词分册,上海:上海辞书出版社,1987年,第1179页。
⑥段玉裁:《说文解字注》,上海:上海古籍出版社,1981年,第675页。

（一）彖、豕偏旁说

蠡字从彖从虫。彖，《说文》谓："豕走也。从彑从豕省。"又："彖，豕也。从彑从豕。"又："彑，豕之头，象其锐而上见也。"又："豕，彘也，竭其尾，故谓之豕。象毛足而后有尾。读与豨同。按今世字误以豕为彘，以彘为豕，何以明之，为啄琢从豕；蠡从彖，皆取其身，以是明之。"徐铉等按曰"此语未详，或后人所加。"①段注按："此三十三字未必为许所语，而各本伪舛特甚，今正之。"②中华书局的陈昌治刻本《说文解字》此段引文中略有文字差异，"蠡从彖"为"蟸从彘"文。③

从《说文》记载看，彘即豕也，豕即彘也，豬即豕而三毛丛居者。可见，彘、豕、彖、豬皆谓现代汉语中的猪。

《康熙字典》谓："蟸，《正字通》同蠡。《前汉・匈奴传》谷蠡王亦作谷蟸。按《说文》《玉篇》《唐韵》等书，皆无蟸字。《字汇》《正字通》引《汉书》旧本为据。蟸系讹字，非正字也。"④

依《康熙字典》之解释判断，蟸、蠡当为古今字，颜师古撰的《汉书叙例》谓："《汉书》旧文多有古字，解说之后屡经迁易，后人习读，以意刊改，传写既多，弥更浅俗。"⑤《汉书》旧本蠡字从豕从虫，作"蟸"形，后人改豕为彖，作"蠡"形。从《说文》看，彖、豕本意相同，尽管后世的蟸、蠡字形偏旁有别，但字义相同。

彖或省作彖，《康熙字典》"《六书故》：'彖与彖为一字，《说文》分为二，非。'"⑥从字形上看，彖字比彖字少一横画（或这一横画可以重叠），由此判定《康熙字典》记载比较客观。蠡是上下结构之字，上从偏旁或为彖，或为豕。

（二）蠡与豸、豕偏旁之交错

蠡是蠹虫啮噬木中，借指为虫，它跟豕作为四条腿的动物之间似乎建立不起关系。按照《说文》的解释，蠡是从虫彖声的形声字，后人为何称蠡为门之建筑构件，它是门外闭装置还是铺首？字从门从双豕，阕字从门从亥（豕），他们之间的意旨怎样？均需要从字形、字义内涵方面来探讨。

蠡既与虫相关，即有虫的特性。《说文》对虫有三种解释，"蟲，有足谓之蟲，无足谓之豸。从三虫。凡蟲之属皆从蟲"。"䖵，蟲之总名也。从二虫。

---

①（东汉）许慎：《说文解字》，北京：中华书局，1963 年，第 196 页。

②段玉裁：《说文解字注》，上海：上海古籍出版社，1981 年，第 454 页。

③（东汉）许慎：《说文解字》，北京：中华书局，1963 年，第 196 页。

④（清）张玉书：《康熙字典》，上海：上海书店，1985 年，第 1226 页。

⑤（东汉）班固：《汉书》，北京：中华书局，1962 年，第 2 页。

⑥（清）张玉书：《康熙字典》，上海：上海书店，1985 年，第 1334 页。

凡蚰之属皆从蚰。读若昆”。“虫，一名蝮，博三寸，首大如擘指。象其卧形。物之微细，或行，或毛，或蠃，或介，或鳞，以虫为象。凡虫之属皆从虫。”从《说文》看，虫的种类繁多，其中，按有足无足标准划分，有足者称虫，无足者称豸。《尔雅》“有足谓之蟲，无足谓之豸”，注疏谓：“此对文尔，散文则无足亦曰虫。”①豸，《说文》谓：“兽长脊，行豸豸然，欲有所司杀形。”段注：“总言其义其形，故不更言象形也。凡兽欲有所伺杀，则行步详窣，其脊若加长。豸豸然，长貌。文象其形也。……按凡无足之虫体多长，如蛇、蚓之类。正长脊之义之引申也。”②

从《说文》及段注看，豸本指长脊兽，如虎、豹、猫、豺、貛等动物，无足之虫因体长，也称豸，用的是长脊兽的引申义。

蠢是蠹虫啮噬木中(借指为蠹虫)，是无足且体型较长的虫。从偏旁分析的角度，它应从豸而非从豕偏旁，但文字确实从豕，需要分析其原因。从《说文》发展到现代汉字，豸、豕、犭三个偏旁，存在相互转用的现象，如下表：

偏旁互换	说文解字	现代汉字
豕——犭	豬	猪
豸——犭	貓	猫
豸——犭	貛(野豕也)	獾
豸——犭	貍	狸
	貓(似豕而肥)	
	豻(胡地野狗)	犴

从以上所举例子看，由豕而转写成犭旁者，仅有猪字一例；豸转写成犭旁者三例。出现这种现象的原因是：犬、豕两种动物及所属物种，从肢体上看，本身区别不大，故表示其身体偏旁的豸、豕、犭，有时可以互换。豻本属犬类，偏旁从豸。貛、貓本属豕类，所从偏旁均为豸。另有动物，如貆，亦作狟，《山海经·北山经》郭璞注：“狟，豪猪也。”狪或作貗，《广韵·一东》“貗，似豕，出泰山”③。本为豕类，却从豸旁者，可见豸、豕、犭偏旁所代表的动物种属，字形上有时难以区别。

甲骨文中的豕，作“”(《合集》12980)、“”(《合集》28310)、“”(《合集》

① 李学勤：《尔雅注疏》，北京：北京大学出版社，1999年，第293页。
② 段玉裁：《说文解字注》，上海：上海古籍出版社，1981年，第457页。
③ 夏征农：《辞海》语词分册，上海：上海辞书出版社，1987年，第1780页。

37468)等形,豕的本义即现代汉语中的猪,与豸形体有相关之处,因后世文字转写、讹变等因素,犬、豕、豸表示动物种属的偏旁,有时会互换使用,但所表示的动物属性并不因此而改变。

由此推论,蠡作为虫豸,用文字记录的初期,本作[glyph]形,与四足之豕形体相同或相近,随着人类认知能力的提高和语言的丰富,文字也越来越多,作为四足之动物与无足之虫这一生物,用文字([glyph]、[glyph]《合集》28310)交流时,容易引起混乱,故添加虫旁以示区别,作为虫属者成蠡字,作为四足动物之属者,仍用豕来表示。

（三）蠡本义与引申义论

蠡本义乃蠹虫食木,段注蠡言劈,通假为蠃,有分、解等引申义,它们和本义之间的关系怎样,段玉裁注《说文》讲的很清楚,但蠡本义与通假、引申义如何相关,则无深入交待,为便于叙述,特引段注原文于下:

图3

"虫啮木中也。此非虫名。乃谓蟲之食木曰蠡也。朱子注孟子曰:'蠡者,啮木虫。'则误矣。蠡之言劈也。如刀之劈物。蠡假借之用极多。或借为蠃蚌字,或借为瓢瓥字,楚辞:'览芷圃之蠡蠡。'又借为禾黍离离字。孟子曰:'以追蠡。'赵注曰:'追,钟钮也。'钮擘啮处深矣。蠡蠡,欲绝之貌。此又以蠡同离,同劙。方言曰:'劙,解也。'又曰:'蠡,分也。'皆其义也。不知假借之指,乃云钟钮如虫啮而欲绝,是株守许书之辞,而未能通许书之意矣。"①

段注蠡字可分四层含义来理解:第一,蠡本义并非虫名,而是蠹虫食木。根据作用力与反作用力之间的关系,蠹虫啮噬木时,嘴用力啃噬,身体向后用劲,才能保证软体动物从坚硬的主干木上剥离出一块块小木(屑)。由此引申为劈。第二,蠡之言劈也,如刀之劈物,蠹虫用嘴把木块啮开,正象刀把某物划分成两块一样,这是蠡的引申义。蠡有剥离、解、离、分等义,乃蠹虫把木啮噬成两部分含义的引申。第三,蠡与螺通,蠡借为蠃蚌字。蠃这一生物是:外部是旋体形坚硬外壳,内部是无足的软体动物,其中的软体动物跟蠹虫形体相似,故世人用蠡称蠃蚌等。第四,欲绝之貌,段引《孟子·尽心下》:"以追蠡。"赵岐注:"追,钟钮也,钮擘啮处深矣。蠡,欲绝之貌也。"此乃蠹虫用力啮噬木材、身体向后用劲的引申义。

① 段玉裁:《说文解字注》,上海:上海古籍出版社,1981年,第675页。

(四) 门蠡乃借蠹虫食木义引申

门户外闭装置——蠡(便于理解,门上这一装置本文专称门蠡),取蠹虫用力啮噬木材、身体向后用劲之引申义。只有门蠡(铁或铜构件)深深地扎根于门扉之内,外加横闩及落锁之后,才能最大限度地保证门户安全。人类正是客观观察到蠹虫啮噬木之形与门的外闭装置之间的高度相似性,故用蠡以称门的外闭装置。螺蛳分两部分(见图4),一部分是旋形体外壳,一部分是藏在旋形体外壳内的软体动物,软体动物藏于旋体形外壳跟蠹虫钻于木中有相似性,故蠡可称螺蛳。因螺蛳善闭以自保,后人又附会能工巧匠——公输般见螺蛳善闭,才把蠡装置在门上以作外闭构件。

图4

自父系氏族社会起,私有财物出现,人们外闭门户以自保财产安全也即随之出现。公输般是春秋时人,春秋时期,门户上的外闭装置已经很普遍,因此,公输般不应当是门户外闭装置——门蠡的发明者。但后人把公输般发明门户外闭装置的附会记录下来,为我们深入研究蠡这一门户重要装置,提供了不可替代的文献资料。

甲骨文字,从门从双豖,双豖作形,单豖作形,根据以上的论述,蠡、蠡字从豖从虫,从虫者表明其种类为虫属,从豖表明豖乃其本义。

从蠡作为动物属性、蠡字的偏旁部首及蠡的本义和引申义等论证中看出,门蠡乃门的重要构件——外闭装置,正是用门户具有代表性的部分豖(蠡、蠡)来代表门户的本体部分,故解释阂字为门,即门户上具有代表性部分——豖(蠡、蠡)来代替门户本体部分之义。从门从双豖的字,可隶定为闞形,正像两扇户扉上最关键的构件(门)蠡(蠡),这应是用借代的修辞手法而出现的文字,但仅用豖(蠡、蠡)借指门户时,必然与动物蠡(蠡)概念发生混淆,故特加门偏旁以示其专指门扉之构件。随着语言进一步丰富与发展,闞字发生简化与分化,阂既指门蠡,又特指门,字义容易混淆,文献中阂指门,阂指门之外闭,由此推测,商代语言中的闞,本义乃门之外闭,因门从外关闭后可阻挡、阻碍随意进入院落、房屋的外来者,故引申为阻挡、阻碍;豖、亥分别是十二生肖与十二地支之相同位次,两字在文献中混用现象比较常见,故豖、亥可置换使用,由此,阂成为门之外闭的专用字,引申义为阻挡、阻碍。

人们由蠹虫啮噬木联想到门蠡深深地钻于户扉之形,从两者的高度相似性上命名门的外闭装置为(门)蠡。(门)蠡在文献中,常与门扉的另一构件——铺首相混淆,究其原因有三:第一,蠡指蠹虫噬木,表明其种类为虫属,属于无足之虫一类——豸。豸本义指长脊兽如狮、虎、豹等四条腿的大型动物,又是无足之虫的引申义,两者互有交叉;第二,犬、豕、豸是表示动物种属的偏旁,文字中存在互换使用的现象;第三,铺首多作兽头状,为虎、狮、螭龙、饕餮等凶猛兽类之形象,故门蠡与铺首,常被混成一物,从功能上看,两者完全不同,论证于下。

图 5

四、铺首论

因铺首设置跟门蠡关系密切,再加上铺首图案复杂化,文化象征意义明显化,后人误认为蠡(或螺)与铺首为同一构件。《辞海》解释铺首为"门上衔门环的底座"。《汉书》:"孝元庙殿门铜龟蛇铺首鸣。"如淳注:"门铺首作龟、蛇之形而鸣呼。"颜师古:"门之铺首,所以衔环者也。"①从注疏文看,《汉书》所记铺首材质为铜,龟、蛇乃铺首之形。铺首衔环即动物形的铺首(如龟、蛇),口中有一圆环。铺首鸣即铺首底座与门环碰撞发声。铺首作为门扉上的装置或构件,包括两个部分,一是底座,一是衔圆环之口。门扉外部,正像人面,又称门脸,最初的任何一种装置都应具有实用功能,门既有了外闭装置——阂(或称蠡),为何还需要装置铺首这一构件?它们之间为何会出现铺首即是蠡的混淆?汉代的仓琅根是铺首还是门蠡等问题,需要根据门上装置构件之间的相互关系来分析说明。

(一) 铺首命名溯源

铺有陈设、铺展之义,首即头,铺首是固定词组,据《说文》记载,它是门上构件。② 铺、首、铺首三者又有怎样的联系,需要从门户构件实物寻找线索。

---

① (东汉)班固:《汉书·哀帝纪》,北京:中华书局,1962年,第344页。

② 据颜师古注《汉书》"门之铺首,所以衔环者也",铺首造型给人的印象好象是兽面纹饰,或口或鼻衔环。商周以来的青铜器及汉代陶器、铜器的腹部也有类似构件,有学者也把这类构件称之为铺首衔环。

图 6

门鑑作为门的外闭装置，其形状是：用铜或铁做一个长卡子穿于门扉上，它分三部分，（露在门扉）外头是长卡子的圆圈状部分，它便于门闩穿过，中间是卡子穿透门扉，门扉里头是长卡子之尾，尾分两部，向上、下或左、右两侧翻起牢牢地固定在门扉之上（如图5）。若把这个长卡子比作鑑身，露在门扉外部的圆圈正像鑑的头部，穿在门扉之内的部分，正像鑑的身子，穿透门扉即在门扉内侧向上、下或左、右翘起的部分，正像鑑的尾巴。门鑑头部裸露在外，若尾部翘起的部分长度稍短或强度不够，用强度较大的钳子会把门鑑连根拔出，由此，若不加固门鑑裸露在外的头部之根，门鑑的牢固程度将大大减弱。若在门鑑头部下铺设、覆盖一块材质比较坚硬的平板物品（多是铜质、铁质），门鑑卡在门扉上的强度将大大提高。这块铺设物因陈铺在门鑑头部，顾名思义称铺首，铺首的得名因缘于此。这样思考的理由是：门及门上各种构件，本质乃实用物件，文献记载中门鑑与铺首又相混淆，怎样理清它们之间的关系，很有必要。《汉书·艺文志》中孔子有句话："礼失而求诸野"，豫北地区农村老宅子（见图6），门鑑头部下，铺陈一块铁板，这块铁板的位置铺设在门鑑头部下面，这是从门扉实物上看到的实景。

门扉、铁圆环（门鑑头部）、铺首（铺设物）三者一起，牢牢地结合在一起，加固了门鑑牢固性。铺首本为铜、铁环下面的铺设物，即门扉的门鑑头部下铺设铁、铜质平板，加强了门户的守御功能。因门的守御功能及上面论述的家、豕文字及字义的相通特征，这一构件多以兽面为之，威严庄重，具有震慑作用。有关铺首形制、纹饰、铺首衔环的图像解析，赵赟①、苗霞②、孙长初③、张文静④等均有详细论证，兹不赘述。铺首因和门鑑头部关系密切，后世文献把铺首与（门）鑑相混淆，称铺首为鑑、蠃、螺獅、椒图，其实，鑑、蠃、螺獅等指称的是门的外闭装置，即《说文》之阂字；铺首为门鑑的辅助装置，后逐渐与门

---

① 赵赟：《铺首浅谈》，《徐州教育学院学报》，2008年第1期。
② 苗霞：《中国古代铺首衔环浅析》，《殷都学刊》，2006年第3期。
③ 孙长初：《汉画像石"铺首衔环"图像解析》，《南京艺术学院学报》，2006年第3期。
④ 张文静：《春秋战国时期至魏晋南北朝时期实用铺首形制研究》，吉林大学硕士学位论文，2013年。

鏊分离，由原来的铜、铁平板，变成兽面纹饰，取豸豸然长脊兽威武、凶猛如虎、豹、狮等兽面形，寓意其圣神不可侵犯之义；后与门的另一实用构件——门环结合在一起，呈铺首衔环状，即铺首有两个组成部分：底座与门环。底座与铺陈相关，门环与闭门（相当于现在的门把手功能）相关。

后世完整的铺首，包括两部分构件，一部分是底座，一部分是兽面形铺首口中所衔之环。此环也是门的必要、实用构件之一（见图 7），说明于下：门扉要关、闭，才能实现其通行与守御之目的，当两扇门扉行将关闭时，需要一个象现在的门把手一样的物件，把门缝对齐关闭严实，若没有这一构件，仅靠拉拽门鏊关闭门扉，吃力且很不顺手。随着社会发展，（门）环装饰更加精美，不仅是实用物，而且还是装饰品。因铺首底座与门环都为金属制品，两者碰撞声音或清脆，或洪亮，汉代司马相如的《长门赋》“挤玉户以撼金铺兮，声噌吰而似钟音”，描述的是门环碰撞铺首底座而发出似钟一样的响声之情形。其中，李善注金铺曰：“以金为铺首也。”吕延济注：“金铺，扉上有金花，花中作钮环以贯锁。”①据门鏊及铺首、门环三者本质，吕延济所注的金铺，是门鏊、铺首、门环三者集中在一起的装置，状如图 8。

图 7

图 8

随着时代的发展，门的外闭装置呈复杂化、多样性发展，铺首文化象征意义更加明显，门鏊即外闭装置与铺首发生分离，铺首仍威严庄重地立于门扉之上，外闭装置或隐藏或立门户上。铺首由门构件的实用装置逐渐演变成装饰、象征部分，故清代《字诂》谓：“门户铺首，以铜为兽面御环著于门上，所以辟不祥，亦守御之义。”②

（二）从修辞手法看“仓琅根”乃门鏊而非铺首论

《汉书》记载汉成帝时的童谣，谓“木门仓琅根，燕飞来，啄皇孙……”颜师

---

①（梁）萧统：《六臣注文选》，北京：中华书局，1987 年，第 294 页。

② 转引自吴裕成：《中国门文化》，天津：天津人民出版社，2004 年，第 33 页。

古注:“门之铺首及铜鍰也。铜色青,故曰仓琅。铺首衔环,故谓之根。鍰读与环同。”①“仓琅根,宫门铜鍰也”②。从唐代颜师古注解看,门铺首乃铜质,铺首所衔之环谓根。根,本义乃草木之根,是植物生于土中或水中吸收营养的部分,引申为物体的下部或底部。铺首是衔门环的底座,(门)环即铺首嘴中所衔之环,此环在门扉外裸露却称根,与根的本义或引申义迥然有别。另外,仔细考虑铺首之形及谚语所用的赋、比、兴的表现手法,这种解释于理不顺。因颜师古是唐初名儒、经学家、语言文字学家、历史学家,故其注疏未曾被怀疑。在上文论证的基础上,下面用修辞手法来分析童谣中“燕飞来,啄皇孙”确指内容。

童谣中的燕比喻赵飞燕,她是汉成帝皇后。“燕”者,以燕比喻汉成帝皇后赵飞燕,以“燕飞来”比喻赵飞燕进宫为后。啄,《广雅》:“啮也。”燕子用嘴取食称啄即啮噬也,既把赵飞燕比喻成燕,那么,“啄皇孙”义即燕子啮噬食物来比喻赵飞燕皇后将吃掉(戕害)汉家皇孙。童谣中“燕飞来,啄皇孙”使用的修辞手法称借代,虽没有直接说出皇后赵飞燕戕害汉家皇孙之事,但借燕啄即啮咬行为来比喻赵飞燕皇后戕害汉家皇孙,明语“燕”“啄”,暗指赵飞燕皇后戕害汉家皇孙。这种修辞手法,突出了事物的本质特征,增加了语言的形象性,收到形象突出、特点鲜明、具体生动的效果。

明了“燕”“啄”的修辞手法及表现的真实内涵后,用古代诗歌赋、比、兴表现手法,来分析“木门仓琅根,燕飞来,啄皇孙”比喻、象征及借物咏物的表现手法。

“木门仓琅根”与“燕飞来,啄皇孙”是赋的表现手法,平铺直叙两个有关连的事物。比是“以彼物比此物”方法。“木门仓琅根”是“以彼物比此物”中的“彼”物。“燕飞来,啄皇孙”是类比中“以彼物比此物”所比的“此”物。兴又称“起兴”,朱熹谓:“先言他物以引起所咏之辞。”即借助其他事物为所咏之内容作铺垫。“木门仓琅根”即所借事物,与所咏事物(赵飞燕啄皇孙)之间有比喻、象征关系。

根据“燕”“啄”推测,“木门仓琅根”隐含着鸟、啄关系。门蠹即门的外闭装置,据《说文》记载,蠹虫啮噬木称蠹,蠹虫的天敌是啄木鸟。木质门上装置的门蠹构件,正像木板中盛有蠹虫一样,啄木鸟飞来是啮噬木中蠹虫的,蠹虫啮噬正像拔掉门的外闭装置——门蠹一样,外闭装置被拔掉,外来者可以顺畅进入到房屋或宅院之内。啄木鸟啮噬木中蠹虫与燕子啮噬事类相同,燕子

①(东汉)班固:《汉书·五行志》,北京:中华书局,1962年,第1396页。
②(东汉)班固:《汉书·外戚传下·孝成赵皇后传》,北京:中华书局,1962年,第3999页。

啮噬与皇后赵飞燕戕害汉家皇孙相同。此谚语采用赋、比、兴手法，生动具体、鲜明浅近地突出了赵飞燕戕害汉家皇孙的事情，故其在汉代能广泛流传并被《汉书》等正史记载下来。门蠡以铜为质，色如仓琅，首部突出在外，身体部分深藏在门扉之中，就像木中蠹虫啮噬在木中之形，正像根部扎于土层或水中之形，从门蠡实物及性能看，仓琅根乃门蠡而非铺首。

五、小　结

孔子曰："谁能出不由户？"可见，门、户跟人类的密切程度。离家外出，关门落锁是人的日常行为，门扉的外闭装置因司空见惯乃至人们忽视其存在。《说文》中的阂字，本义乃门之外闭，文献中几乎不见使用，相反其引申义——阻碍、阻隔，不仅出现在正史等典籍中，而且诗词律句使用的也很频繁。甲骨文字，从门从双豕，从会意字的角度看，正象两户扇上各有一豕（蠡）之形。据《说文》载，蠡本义乃蠹虫食木，蠹虫乃软体动物，它要剥离坚硬的木块，需浑身用力，根据作用力与反作用力之间的关系，蠹虫嘴用力越大，身体向后挪动的力量越大，那么，深入木洞就会越深。人们正是看到门蠡与动物蠡之间的这种相似性，故名门的外闭装置为（门）蠡。因蠡（蠡）与辅助装置——铺首关系密切，反而被误认为是铺首的异称。铺首本是铺设在门蠡头部之下铜、铁之类的平板，是加固门蠡的辅助装置，因铺设在门蠡头部之下而得名。蠡既为虫属，豸豸然如长脊兽，为加强门守固功能，故取虎、豹、狮等长脊兽面为之，强调其威严、凶猛、神圣不可侵犯之义，由此看，铺首融合的是凶猛长脊兽及蠹虫两种物种特性，故其形制到底是哪种动物，不易辨别；又因等级社会的发展及外闭技术的提高，铺首由门扉的实用装置逐渐转变成门饰，成为中国门文化元素中一道亮丽的风景。

（作者系安阳师范学院历史与社会学系、甲骨学与殷商文化研究中心教授，历史学博士）

甲骨文字、汉字造字原理之隐藏义解读举隅

（韩）辛侑承

一、目前甲骨文解读方式的局限性

甲骨文是人类创造的最伟大、最优秀的文字。甲骨文作为铭刻于中国和东方诸多文化遗产与遗物上的神秘文字，里面隐藏着重要的历史事实乃至历史秘密，是了解这些事实和秘密的唯一文字。

全世界有3800多名学者在研究甲骨文，但这些人只是拿着通过图像得以确认或由图像连接起来的1000字左右的甲骨文和金文进行解读，这样的解读是极为片面的、有限的，在不同字的解读之间也丝毫没有连贯性。

实际上，甲骨文有其自身独特的"造字原理"。如果能知道这个"造字原理"，就会明白甲骨文拥有多么科学的、一贯的原则。如果不知道这一"造字原理"，将很难超越现有的理解水平。

二、甲骨文的解读为何这么困难？

甲骨文是根据天地万物的"形状、声音和意义"造出来的，后世又以甲骨文为中心衍生出了数量庞大的汉字。万物之形状，构成"象形"；所有的声音包括人的说话声和拟声词，如果没有声音的话，就"假借"；所有的含义则是从最初的、最简单的意义中"引申"出来的。因此，汉字是根据象形、假借和引申这三种要素创造出来的，同时还包含了宇宙的法则——天地人三才原理。

依据这种原理创造出来的甲骨文字，对它的解读之所以困难重重，是因为它里面隐藏着一个谜语，即可以同时破解甲骨文和汉字秘密的"造字原理"。因此，在找到这个谜语的谜底之前，是不可能对甲骨文进行解读的。

原因在于，在远古的"祭祀—政治"一体时代，王或者既是祭司又是事件

记录者的“贞人”被人们尊奉为“神”一样的存在，他们为了维持和巩固自身的权威和权力，有意使记载手段变得只有自己能够知晓，用外人无法理解的“隐藏的含义”来造字。正因如此，甲骨文直到今天都无法彻底破解。

除此之外，甲骨文和汉字之所以难以解读，还有另一个原因。那就是有些情况下，虽然模样相似，但却是不同的字；再或者，虽然模样不同，但却是从同一个字中衍生出的多个字。这些现象也导致了解读上的困难。

比如，“巫、癸、無、舞”这几个字，虽然除癸以外发音相似，但模样却完全不同。如果我们考察“巫”和“癸”的甲骨文的话，会发现它们都是用来缠线的“绕线板”的模样。而这正是巫祝为了降神，而像绕线板一样转圈跳舞的样子。因此，前述这四个字都是以“绕线板”为起源的，但彼此却有完全不同的形状和意义。

又如，“田、男、思、鰓”四个字，都包含“田”的形状，但“田”和“男”二者的“田”都是指农地，而“思”和“鰓”这二者的“田”却是为了使“囟”看起来更好看一些而对“囟”进行简化的结果。因此，这四个字，虽然模样相似，但意思却全然不同。

再如，“人、大、夫、天、巴、夭、走、奔”等，虽然都是指人，却有不同的形状以表示人所做出的不同行动。

虽然很多学者都尝试对甲骨文进行解读，并试图把它们与汉字联系起来以寻找答案，但由于未能准确破解甲骨文的奥秘，因此无法用一贯的逻辑和科学的方法来对其进行证明。

三、“白”字解读实例

我们可以举个解读的实例。对于“白”的甲骨文，学者们提出了许多不同的见解。郭沫若和唐汉认为是大拇指，李乐毅认为是烛火，网站“百度”认为是双舌，日本人藤堂明保认为是橡实，同为日本人的白川静则认为是成为白骨的头盖骨。

但是，含有“白”字的汉字很多，比如“百、伯、泊、拍、迫、怕”等，对于这些汉字，前述各种解释中没有一个能够给予连贯一致的说明。利用学者们提出的大拇指、烛火、双舌、橡子、头盖骨等说法，也许能够勉强解释含有“白”的其中一两个汉字，但却无法一一说明含有“白”的众多汉字。在理解“白”所具有的隐藏含义前，必然无法对这些含有“白”的汉字进行连贯的解释。

“白”的甲骨文是指饭碗里盛满白米饭、高高耸起的样子。因此，“白”的隐藏含义是白“米饭”或者为了吃到米饭而进行的“舂米”这一动作。根据“白”所具有的这两个隐藏的含义,含有“白”的所有汉字都将迎刃而解。

我们首先看一下含有“米饭”之“白”的汉字。

“食”的甲骨文是指热气从盖着盖子的“米饭”碗里蒸腾而上的样子。

“即”的甲骨文像是饭桌前人可以马上(即时)吃到“米饭”的样子。

“既”的甲骨文是指已经吃了足够多的“米饭”而转头向外的样子。

“百”是指,用吃饭的勺子舀上(一)勺米饭时,其中包含的“米饭”(白)大概有100粒。

“伯”是指,相较于杂粮饭,古人(亻)第一更喜食“米饭”(白)。

“泊”是指,行使于水(氵)上的船为了吃“米饭”(白)而停泊下来。

接着,我们再看一下含有“舂米”之“白”的汉字。

“拍”是指,像“舂米”(白)一样用手(扌)击打。

“迫”是指,像“舂米”(白)一样往复(辶)不停地对人施以打击和逼迫。

“怕”是指,担心(忄)而害怕像“舂米”(白)一样突然对人进行击打。

如前所示,无论有多少含有“白”的汉字,都可以利用“米饭”和“舂米”这两个隐藏意义来对其进行解读,找到其背后的确切含义。

四、在实事求是的基础上学习汉字的必要性

1899年甲骨文首次被发现之后,4500个甲骨文字一直笼罩在神秘的面纱里。如果能按照“造字原理”对其进行解读的话,必将成为一个划时代的事件,使得世界各地的人们能够更有兴趣、更容易地掌握汉字和中文。以难学而著称的汉字,如果明白其中的造字原理的话,反而会更容易学习。

而且,甲骨文的“造字原理”不但会成为掌握汉字的钥匙,还会进一步成为在短期内让人饶有兴味地掌握汉语、韩国语、日语、越南语、英语等世界所有语言的大本大源。换言之,甲骨文是世界各种语言的根源和始祖。

中国大陆和台湾两边都不懂汉字的根本性“造字原理”,而只在简体和繁体之间进行无任何裨益的“繁简之争”,这场旷日持久的消耗战目前仍在进行中。

英语和日语两种文字，虽然形态千变万化，但在学习起来完全没有任何不便之处，反而很容易很简单。

中国如果能简繁并用的话，将使人能够更容易地学习和生活。

比如，“龍”的简体字是“龙”，“龙”表示龙在云上飞腾的样子，不但记忆起来很简便，在现实生活中使用起来也更便利。

但是，当后来不断出现含有“龍”字的“聾、礱、壟、寵、籠、龐、朧、曨”等诸多汉字时，如果不知道“龍”字隐藏的意义的话，将很难对这些汉字一一进行理解和记忆。这并不是因为笔画太多，而是因为不知道其中的“造字原理”。

如果知道“龙”的隐含意义，像“笼、聋、砻、垅、宠、胧、昽“这样含有”龙“的汉字，无论有多少，都可以易如反掌地理解它们的意思。故此，无论是繁体字，还是简体字，在最初学习时，最重要的就是了解作为其基础的汉字——比如“龍”或“龙”——的隐藏意义。

在我们必须记忆、掌握的 214 个汉字部首中，不论其笔画为多少，那些独立成义的汉字，比如像“力、人、口、木、文”等这样十分简单的汉字，也都全部有其隐藏的意义。了解并充分利用这一“隐藏的意义”是非常重要的“造字原理”，也是解开谜语的锁钥。

如果我们知道韩中日共用的 808 个汉字的“隐藏的意义”的话，即使数以千计的汉字，比如 6000 个汉字，我们也能易如反掌地做到长期记忆。由此，汉字学习不再是痛苦不堪的难事，而是不费吹灰之力的乐事。

如果理解了甲骨文背后的这些“造字原理”，不论是小学生还是大学生，无论是谁，都能在短期内轻而易举地、充满乐趣地掌握一万个以上的汉字。人们由此可以告别连其中的原理和道理是什么都不知道的情况下却不得不下苦功夫死记硬背的填鸭式学习方法，而通过对其中造字原理的理解，使全世界的人们可以易如拾芥地、饶有兴趣地掌握汉字和学习中文。我热切期待，灵活利用甲骨文“造字原理”的实事求是精神在汉字学习中也能够得到充分有效的实践。

世界所有学者的终极目标都是研磨学问并将其成果流传后世，我同样期望人类能够共同发展，共享大利。

过去，全世界的甲骨文学者都只是对着甲骨文的图片，简单地说这是“房屋”、这是“人、这是“禽兽”等等，却从来没有给出过客观的根据、系统的证明和连贯一致的解释，而只是停留于建立在主观推测基础上的一家之言。我期望能够以既往的甲骨文研究成果为基础，在迎来甲骨文发现 120 周年之际，人们能够就此展开有所进步的、崭新的相关探讨。

(一) 甲骨文字的解读示例——且

1. 关于"且"的谜语

(1) 狙[jū]－犬(＝犭)和且为什么成为"猴子"和"窥伺"呢?

(2) 诅[zǔ]－言和且为什么成为"诅咒"和"发誓"呢?

(3) 蛆[qū]－虫和且为什么成为"蛆虫"和"蜈蚣"呢?

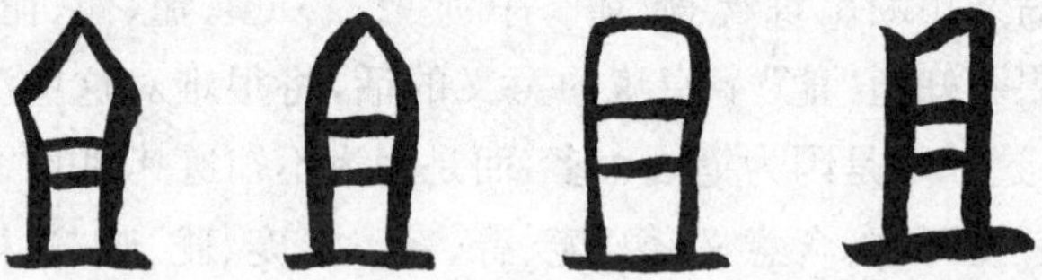

甲文　金文　篆书　楷书

且的甲骨文字是祭祖时放上肉"一会儿",然后"再""更"堆得很高的,更"多"地放上菜板,是祖和俎的原文。

因此,且的隐藏的意思是"多"的,含有"且"的汉字即使再膨胀得多,也全部用隐藏的意思"多"来容易解开了。

且的甲骨文字是,只有单独写的时候有"一会儿,再,更"的意思。但如果和其他字结合起来,就必定用隐藏的意思"多"的意味来全部被解开了。

2. 谜语"且"的解读方法

(1) 狙[jū]. 动物(犭),把与人很多(且)相似的"猴子"躲起来"窥伺"食物。

(2) 诅[zǔ]. 用恶(言)"诅咒"得很多(且)又"发誓"。

(3) 蛆[qū]. 马桶里有很多(且)(虫)子的"蛆虫",腿多(且)(虫)子的"蜈蚣"。

(二) 甲骨文字的解读示例——我

1. 关于"我"的谜语

(1) 娥[é]－女和我为什么"美丽"呢?

(2) 饿[è]－食和我为什么"肚子空"而"挨饿"呢?

(3) 俄[é]－人和我为什么"突然"呢?

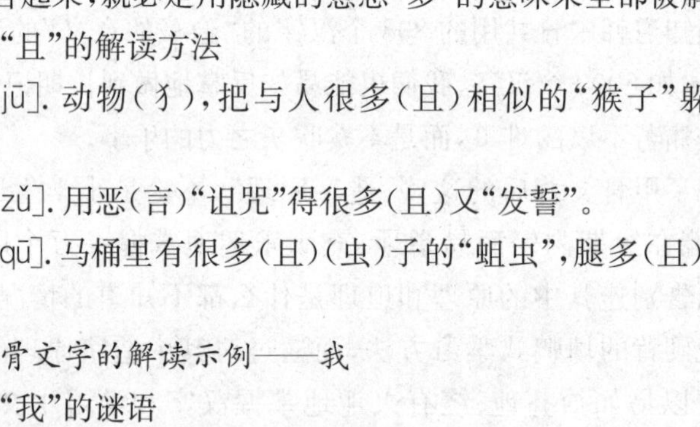

甲文　金文　篆书　楷书

我的甲骨文字是能守护"我"的武器——三叉戟,被刺后"痛"了。因此,我的隐藏的意思是“痛”的，含有“我”的汉字即使再膨胀得多，也全部用隐藏的意思“痛”来容易解开了。

我的甲骨文字是，只有单独写的时候是“我”的意思。但如果和其他字结合起来，就必定用隐藏的意思“痛”的意味来全部被解开了。

2. 谜语“我”的解读方法

(1) 娥[é]. 让男人稍微疼(我)点也受喜爱的“美丽”(女)人。

(2) 饿[è]. 饭(食)没吃上，“肚子空”的，肚子疼(我)而“挨饿”得要命。

(3) 俄[é]. 人(亻)“突然”一阵疼痛(我)。

(三) 甲骨文字的解读示例——九

1. 关于“九”的谜语

(1) 仇[chóu]一人和九为什么“结仇”又“憎恨”呢?

(2) 旭[xù]一九和日为什么成为“早晨的太阳”呢?

(3) 鸠[jiū]一九和鸟为什么成为“鸽子”又“会聚”呢?

九的甲骨文字从一到十，用数字表示着古代狩猎时代的生活状态，九是九次用手夹肉吃的样子，九是单数中最“大”的。

因此，九的隐藏的意思是“大”的，含有“九”的汉字即使再膨胀得多，也全部用隐藏的意思“大”来容易解开了。

九的甲骨文字是，只有单独写的时候是“九”的意思。但如果和其他字结合起来，就必定用隐藏的意思“大”的意味来全部被解开了。

2. 谜语“九”的解读方法

(1) 仇[chóu]. 人(亻)大(九)损害了就“结仇”又“憎恶”了。

(2) 旭[xù]. 一天中看起来最大(九)的阳光(日)就是“早晨的太阳”。

(3) 鸠[jiū]. 比千里马更快的又很大(九)帮助的(鸟)就像“鸽子”们一样“会聚”在一起。

(四) 甲骨文字的解读示例——各

1. 关于“各”的谜语

(1) 咯[kǎ]一口和各为什么“呕吐”呢?

(2) 烙[luò]一火和各为什么把身体部位“烫”呢?

(3) 骆[luò]一马和各为什么成为“骆驼”呢?

甲文　金文　篆书　楷书

各的甲骨文字是远古穴居时代晚上从活动场所回到各自洞穴，早上一起“走出去”的人脚和洞口的样子。

因此，各的隐藏的意思是“走出去”的，含有“各”的汉字即使再膨胀得多，也全部用隐藏的意思“走出去”来容易解开了。

各的甲骨文字是，只有单独写的时候是“各各”的意思。但如果和其他字结合起来，就必定用隐藏的意思“走出去”的意味来全部被解开了。

2. 谜语“各”的解读方法

(1) 咯[kǎ]. 从(口)食物或物质走出去(各)“呕吐”。

(2) 烙[luò]. 为了太痛苦意识就走出去(各)，用(火)烧热的刑具来把身体部位“烫”。

(3) 骆[luò]. 像(马)一样骑着的动物，背上一个瘤子或两个鼓胀地走出去(各)的“骆驼”。

(五) 甲骨文字的解读示例——夭

1. 关于“夭”的谜语

(1) 吞[tūn]—夭和口为什么“吞食”而“侵犯”呢?

(2) 笑[xiào]—竹和夭为什么“笑”呢?

(3) 饫[yù]—食和夭为什么“吃得饱”又“肚子饱”呢?

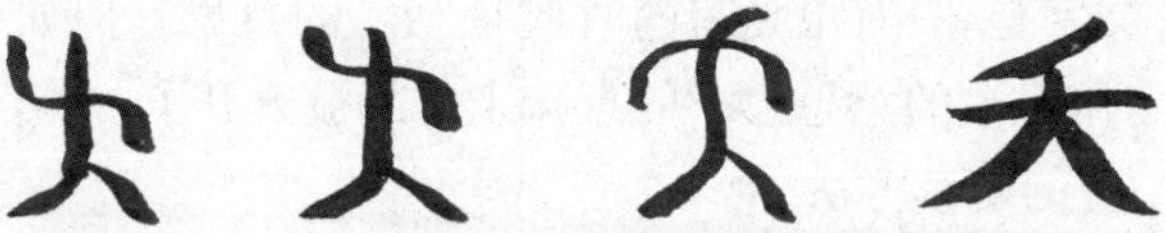

甲文　金文　篆书　楷书

夭的甲骨文字是体格“好”而健康的年轻人传令奔跑的样子的，又是走和奔的原文。年轻人传令在跑去时，要么掉进陷阱，要么在事故中死亡，要么被敌人杀害就“早死”。

因此，夭的隐藏的意思是“好”的，含有“夭”的汉字即使再膨胀得多，也全部用隐藏的意思“好”来容易解开了。

夭的甲骨文字是，只有单独写的时候是“早死”的意思。但如果和其他字结合起来，就必定用隐藏的意思“好”的意味来全部被解开了。

2. 谜语“夭”的解读方法

(1) 吞[tūn]. 味道太好(夭)了，嘴巴(口)“吞食”下去，就像吞食其他国家的领土一样“侵犯”。

(2) 笑[xiào]. 讨厌的人像(竹)子一样摔倒后一直伸展，会心情很好(夭)再感到痛快而“笑”。

(3) 饫[yù]. 把好(夭)吃的飲(食)“吃得饱”以后“肚子饱”了。

(作者系韩国世界文字研究所所长)

甲骨文字“酒、酎”辨释

王本兴

甲骨文“酒”字，有多种写法，如图一所示，皆从水从酉。早先孙海波先生疑为“潭”字，不确。郭沫若先生曾疑是“酬”字，亦不确，于省吾先生在《甲骨文诂林》中则明确辨释为“酒”。著名学者赵诚先生在分析了酒字字义，及在甲骨文中的卜辞后，认为：“甲骨文作为动词，为饮酒之义。从卜辞内容来看，这个酒不像是指一般的饮酒，而是指醉于酒，即饮酒而醉之义，近似于现在所说的酗酒。至少相当于现在所说的醉。”（《甲骨文简明词典》369 页）现在看来，对这个甲骨文酒字，要达成共识是不会有什么异议的。然而，如图二所示，此字亦一直被当作“酒”用。在一些甲骨文书法作品中也常常出现这类情况。如图三系《首届海峡两岸甲骨文书法联展作品集》，江苏作品“小有林泉集众宾，大好风月对尊酒”联语书法。其“酒”即是“彡”。台湾徐树礼先生的甲骨文书法：“门无客至唯风月，百年长与酒为徒。”（参见图四）其“酒”亦为“彡”。只是三斜撇改作二斜撇，并放置到参左下方。故而，这正是我这篇短文想说明与辨析的问题。

《甲骨文编》把此字亦用作“酒”，第 570 页有云：“其用与酒同。”尚有不少学者认为此字是一个“酒”字。如孙诒让先生在《契文举例》中云：“龟文此字甚多，寻文究义，似即用为酒字，彡非彡，实即水之省变。”罗振玉先生在《殷释》25 页云：“从酉从彡，像酒由尊中挹出之状，即许书之酒字也。”王襄在《古文流变臆说》73 页云：“契文酒字像尊形，旁有点滴，为溢出之酒，古文酒字从酉为文。”酉从尊形，尊旁有酒滴溢出，似乎足以证明此字为酒字，因而，至今有诸多书家、篆刻家在创作作品时，依然以此字当“酒”用。

然而，社会在发展，人们的认识也在提高，对甲骨文字最初的释读不断在改变与进步。人们发现在卜辞中，凡水者、水旁从未用过三撇或直行三点，再者卜辞中有酒字，故此字定有它指。叶玉森先生在《殷虚书契前编集释》417 页云：“按孙、罗二氏并释‘彡’为酒，罗氏且采阮氏说，谓即酎之本字，考卜辞唯祭字像手持尊酒，与篆文酎形近，‘彡’字从彡似非酎之本字。先哲如造酒字，挹出之酒点，尽可作小直点状之，何必故与彡彤字相混。且酒祭与尝酎酒亦不能合为一谈，罗氏之说似仍未确。予谓酉即古文酒字，从彡疑即卜辞肜日之彡，酒盖肜日酒祭之专名，有时与肜祭并举。”考古研究所则隶定彭为祭名。陈佩芬在《上海博物馆集刊》总第 2 期 15 页刊文云：“彭是甲骨文中常见的祭名，甲骨文中对先世的特祭、合祭和团祭都可用彭，对自然神的祭祀也可用彭，彭各家大都释为酒，但是金文中的酒都写作酉。由此可知，酒是酉的孳乳字，金文中的酒字从未有作彭的，所以彭必定不是酒字，也不是酒祭之酒的专用字。古代祭名中也不见有称为酒的，因此，不能把彭解释为酒或酒祭。”

再看陈汉平先生的说解：“甲骨文字有彭字，在卜辞用为祭名，旧多释为酒，甚误。按酒字从水作，彭字从彡，非水旁，故彭非酒字，显而易见”（《考古与文物》1985 年第 1 期 106 页）。

至此，我们对图一与图二所示的两个甲骨文字可谓认识清楚了，图一系酒字，从酉从水；而图二所示非为酒字，乃系从酉从彡的祭名，此二字不能互代，也不能混用。“彭”字《说文》无收，当今的《辞海》、彭《汉语大字典》等工具书也无收入此字。实际上应通为“酎”字，读 zhou，叶玉森先生、罗振玉先生谓

图一　酒

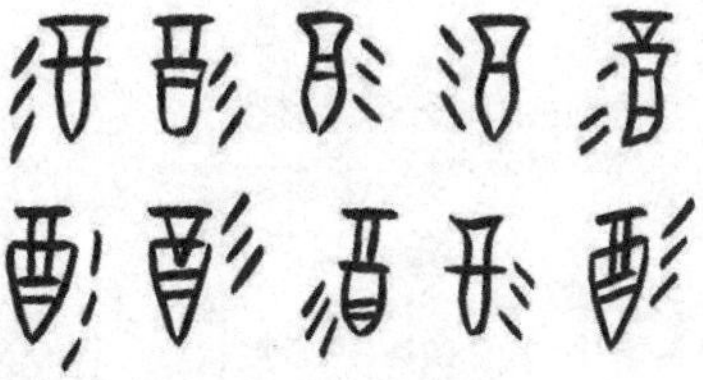

图二　酎(彭)

图三
甲骨文书法中“酒”误为“酎”字

图四
甲骨文书法中“酒”误为“酎”字

彡乃为酎之本字，予以为这是正确的。酎指反复重酿之酒，《说文》云："酎，三重酿酒也。"经二次以至多次复酿的醇酒方可称"酎"，《礼记》云："天子饮酎，用礼乐。"《汉书·景帝纪》："高庙酎。"颜师古注："酎，三重酿醇酒也。"酎即谓醇酒，但不能把酎字当酒字用，"酒"字不能替代"酎"字。酒是酒，酎是酎，酎复酿三次的可写作三撇"彡"、复酿二次的可写作二撇"刂"，金文《戊寅鼎》"酎"字有写作四撇的，说明有可能反复酿了四次，此酒可谓醇之又醇了。

（作者系国家一级美术师、江苏省甲骨文学会副会长）

甲骨文“一字多形”初探

姬长明

写、刻在龟甲和兽骨上比较成熟而系统的文字。这里加“比较”二字，是相对于现代汉字而言，说明甲骨文不完全成熟。现代汉字音、形、义包括笔顺都有其严格的规定性，从书写汉字的实用性来说，字形已经规范到了唯一性，而甲骨文则不同。甲骨文的“一字多形”是非常普遍的。

“一字多形”对于甲骨文书法来说，丰富和拓展了多样表现，但也正因为“一字多形”，使得我们在书写甲骨文字时，往往出现随意变化，出现书写不规范甚至写错字。

探究甲骨文“一字多形”的成因，掌握“一字多形”的构字原则，对于我们学习甲骨文和准确书写甲骨文具有非常重要的意义。

下面我谈一些在学习骨文、书写甲骨文过程中对甲骨文“一字多形”的理解，请在座的各位师友予以指教。

一　“镜像构字”、“正反无别”

“镜像构字”、“正反无别”是甲骨文构字通例，无论是独体字还是合体字，只要是两边不对称的字，均可正写反写，唯有“左、右”二字作为独体字是特例的，除此，它无例外。因为甲骨文的“镜像构字”没有改变它的造字方法，也没有改变它的结构层次，所以它的字义指向没有改变。

（一）以虚拟竖中线为轴，两边对称的字形无所谓“镜像正反”，如“一、十”、“自、心”、“大、小”、“上、下”、“南、北”、“示、豊”、“王、玉”、“公、余”、“牛、羊”、“言、告”、“吉、牢”、“学、鼎”、“皿、矢”等等。

一　十　自　心　大　小

王　玉　牛　羊　言　告

吉　牢　皿　矢　学　鼎

拙作《甲骨文书法字典》收录1403字中，有310余个字形是两边对称的，大多是独体字，也有少部分是合体字。这类字形主要把握其构件要素，理解其构字特征，一般比较容易掌握。

（二）以虚拟竖中线为轴，两边不对称的字形，"镜像构字"正反无别，如"人、卩、女、耳"、"印、卩"、"元、欠"、"妥、印""福、祭"、"若、好"、"牡、令"、"取、友"、"马、鹿"、"伐、戍"、"弓、發"、"弗、己"等等。

人　女　印

þ　　　　　　　　元　　　　　　　　妥

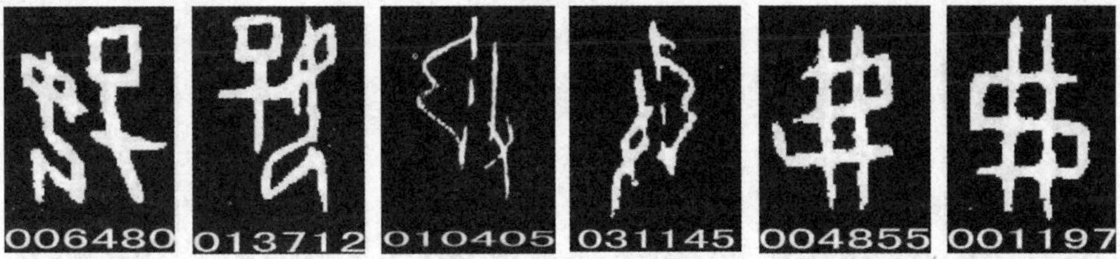

好　　　　　　　　發　　　　　　　　弗

这类字形在甲骨文中占绝大多数，既有独体字也有合体字。它们在构形上最大特征是两边不对称，镜像构字，正反无别。作为独体字相对容易把握，但有方位指向的字，需要严格区分，如“女”字，常见与“奴”字相混。合体字有些难度，作为会意字，字素之间与字义是紧密关联的，方位指向非常明确，比如上面例字的“印、þ”，“又（手）”在“卩”前后是不同的字；“好”是“女”面向“子”，“如”是“女”面向“口”，背向意思完全失去本义，更不能把“女”写作“奴”，“口”在“奴”背是“讯”，而非“如”。甲骨文中少数单纯的形声字，因表音的字素与字义关联性不大，不受镜像构字的影响，也就是说字素之间不受方位指向字素的限制。

二　“同类混用”

“同类混用”现象习见，甲骨文合体字中，字素属性相同，可以互换。

（一）“人、大、女、卩、尸”都是指人的不同姿态，在甲骨文某些字的字素中，可以互换。

甲骨文“天”，上部从“二（上）”或从“口（丁，顶字初文）”，下部有从“大”或从“夫”，上下两部分都属“同类混用”。

甲骨文“疾”，从“矢”，有从“大”或从“子”，“大”和“子”属“同类混用”。

甲骨文“弔”，从带表示绳索的方向，有从“人”或从“女”，“人”和“女”属“同类混用”。

甲骨文“光”，从上部“火”，下部有从“卩”，表示跪着的人，也有从“每”或从“女”，“卩”、“每”和“女”属“同类混用”。

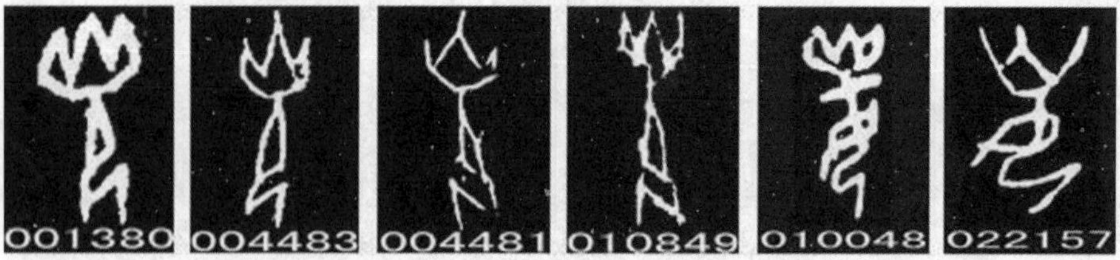

甲骨文“毓”，臀下从倒“子”，有从“女”、“每”，也有从“人”，“女”、“每”和“人”属“同类混用”。

甲骨文“奚”，上部从“爫”从“幺”，下部有从“大”、“页”，也有从“奴”，“大”、“页”和“奴”属“同类混用”。

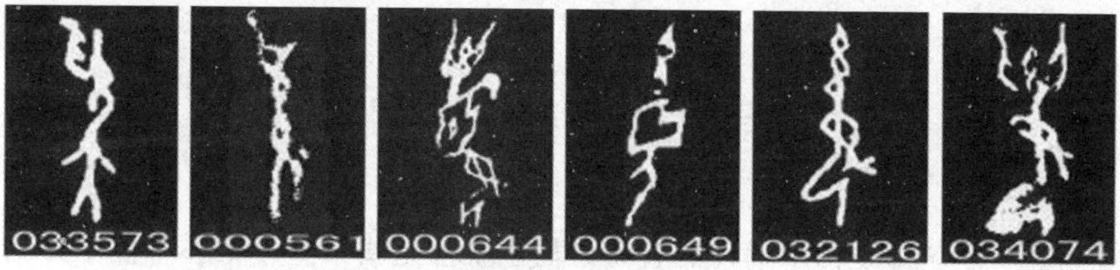

（二）“豕、犬、鹿、兕、马”皆指各类四肢行走的动物，在甲骨文字的字素中，可以互换。

甲骨文“逐”，下部从“辶（彳止）”，上部有从“豕”、“犬”、“鹿”、“廌”或从“马”，“豕”、“犬”、“鹿”、“廌”和“马”属“同类混用”。

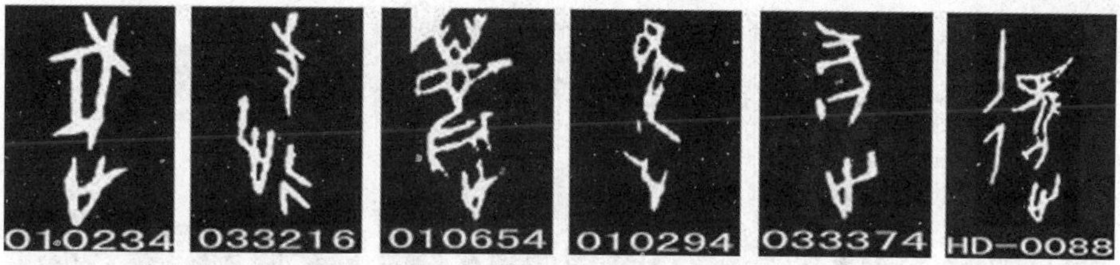

（三）“艸、木”皆指植物，在甲骨文字的字素中，可以互换。

甲骨文“春”，异体字为“萅、旾、芚”，从“屯”，或“日”，也有从“艸”或从“木”，“艸”和“木”属同类混用。

甲骨文“莫”，本字为“暮”，中间从“日”，上下从“艸”或从“木”，“艸”和“木”属同类混用。

三　“构字辅件省变”

第一种情形是构字辅件的省略。构字主件是指某些字素在整体字形结构中起核心作用，不可省变，反之，构字辅件是指某些字素在整体字形结构中具有辅助功能，帮助进一步理解字义，省略后不影响字义的指向。这类例字在甲骨文字比较多见。比如上例“毓”字，其中第五个字形，倒子处有三个点画，表示生产是孩子身上的羊水，是为构字辅件；“逐”字，其中作为道路的“彳”是构字辅件；“春”字，其主件是“屯”字，“艸”或“日”是构字辅件。

甲骨文中构字辅件省变，还有一种情形就是构字辅件的变化。比如表示水滴的点画，通常以三来表示多数，也有二、四五，甚至更多。最典型字例如“水”和“雨”。详见下图。

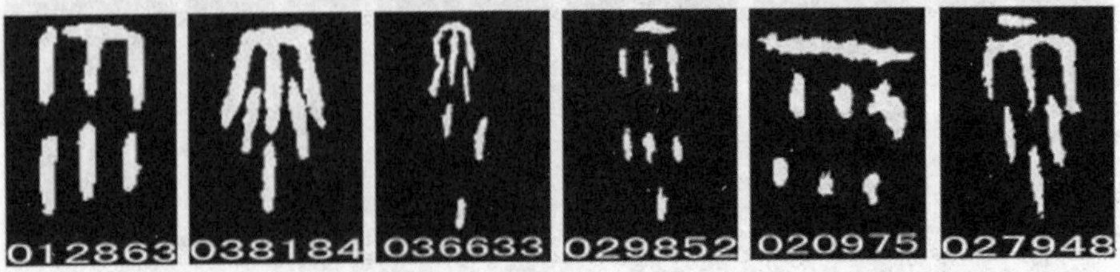

还有一部分与字素“水”构成的字形，既可以省略也可变化其多寡。

以上简单梳理出来的有关甲骨文"一字多形"三种情形，掌握"镜像构字"、"同类混用"和"构字辅件省变"，使我在学习甲骨文、书写甲骨文时，能够做到准确用字有很大帮助，希冀对于热爱甲骨文，喜欢甲骨文书法的同道也能有所裨益，更希望得到各位老师指点赐教。

（作者系江苏省甲骨文学会书画院副院长、苏州甲骨文学会会长）

甲骨先贤摭谈

由罗振玉的《说文》学说论及其甲骨文书法

杨 帆

一、引 言

罗振玉，祖籍浙江上虞县永丰乡，1866年生于江苏淮安府山阳县，晚寓辽宁大连，1940年卒，春秋七十有五。初名振钰，字叔宝，改名振玉，子叔言、叔蕴，别署甚多，以雪堂、贞松老人最常见。罗氏是衔接清代朴学传统和近现代人文社会科学之桥梁，是保存整理并传播中国传统文化极有贡献的人物，是既开风气又为宗师的学术大师。其毕生致力学术，学该四部，著述甚丰。以"今日修学宜用分类法"①为治学要领，大要以四部为门类，进而缕析为若干小类与分支，其成绩主要在殷虚甲骨文字、金石铭文、古器物、熹平石经残字、汉晋木简、敦煌遗书、高昌文物、内阁大库档案的整理与研究上。罗氏之于甲骨学，率以敏锐之眼光，扎实之功底，对殷商甲骨作了开先路的考证与研究，成为甲骨学史料的搜讨者、甲骨文字考证的专门家、甲骨文书法的实践者与传播者，堪称甲骨学与甲骨文书法的第一人。笔者之于罗氏学术，实难望其项背，今不揣谫陋，仅以罗氏之于《说文》的相关研究，讨论其端严谨肆的甲骨文书法。

二、以考古证《说文》

避开其他学问研究不论，罗振玉的从事甲骨学与甲骨文书法的实践，是

① 罗振玉：《集蓼编》，《雪堂自述》，江苏人民出版社，1999年，第43页。

以传统小学，尤其是《说文》学为基础的。其自谓"年十有六，始治金石文字之学"①，"弱冠志学，不贤识小，囿于训诂名物者，垂三十年"②，此可见其弱冠之年事小学，乃与受经研史、金石考古、书法实践同步，亦乃贯穿一生的学问基础。生当晚清的罗氏，对《说文》的推崇与研读，对《说文》的运用与修正，自是受到乾嘉诸儒研究小学风气的影响，也是对诸儒既精《说文》又兼擅篆书之优良传统的继承。

《说文》，即东汉学者许慎所著《说文解字》之简称。西汉以来，以当时通行隶书书写的典籍来表示政治学术主张的今文经学派一直占统治地位，及至末流则巧说邪辞，变乱典籍故训，许慎正是为了反驳这些俗儒末流而创制《说文解字》这部愤世嫉俗之作。所谓"说文解字"，即说解文字，对文字之字义、字形、字音等进行详细说解，以究万源，乃是许慎写作此书之目的。《说文》学，指围绕《说文解字》本身进行解释、校勘等方面研究的一门学问。《说文》问世后，对其展开研究者可谓历世不断，然只有到了《说文》几于家置一编的清代，学者群中多数人都来研究它，才称得上专门的《说文》之学③。特别是乾嘉时期，朴学中坚都来研究《说文》，那个时候谁要是没读过《说文》，会被视作学无根底，他们甚至以为，能通《说文》亦非俗士。

《说文》的研究，到乾嘉以后方称最盛，风向所致，《说文》学遂成为当时之显学。乾嘉时期的读书人，多习为小学，讽诵《说文》自是童蒙必备之课业，识字则较明人为胜。学者对于《说文》的研究亦是全方位的，此方面的著述更是举不胜数。据《清史稿·艺文志》所载，小学类字书之属两百余部著述中，纯《说文》学著述多达百余数，半数以强出于乾嘉诸儒。丁福保《说文解字诂林》所附《引用著书姓氏录》统计，自清初至清末，研究《说文》并有著述传世者就有203人之多。此外，乾嘉以降，篆书兴盛，小学家多工于篆籀，工篆者亦多兼擅《说文》，知悉《说文》乃共同特点，如段玉裁、桂馥、江声、孙星衍、洪亮吉、钱坫等皆是。

罗氏治经，与乾嘉诸儒一样，亦以"治经贵精熟六书"④为方法。他极重视

---

① 罗振玉：《蒿里遗文目录》序，《雪堂类稿乙·图籍序跋》，辽宁教育出版社，2003年，第204页。

② 罗振玉：《辽居杂著乙编》序目，《雪堂类稿乙·图籍序跋》，辽宁教育出版社，2003年，第18页。

③ 张其昀认为："清代以前的围绕《说文》的种种学术活动事实上为清代'说文学'之形成准备了基础。这初启《说文》学术的一千多年可称为'说文学'的准备期，这种种学术活动可说是'前说文学'。"（张其昀：《说文学源流考略》，贵州人民出版社，1998年，第3页。）

④ 罗振玉：《增订碑别字》序，《雪堂类稿乙·图籍序跋》，辽宁教育出版社，2003年，第115页。

小学诸书的搜集与研究，亦常表露出对《说文》之推崇，其云：

> 小学盛于汉，晦于六朝，渐明于唐。汉唐间诸字书，《说文解字》外，晋有吕忱《字林》，梁有顾野王《玉篇》，其书详矣备矣，然多存后世俗作，意在补《说文》所未备。其实所收之字，大抵皆增其所不必增，于六书殊无裨益。惟唐人《干禄字书》、《五经文字》，实能祖述许书，折衷至当。①

以上这些看法都是极精审的，其对《说文》以后诸书如《字林》、《玉篇》、《干禄字书》当作过深入考究，而所参照的标准，仍然是这本被誉为千古字书之祖的《说文》。不仅如此，罗氏对清代《说文》学四大家之首的段玉裁亦极重视，其47岁时，即欲撰段玉裁年谱，以嘉其学行②。不过，从其56岁时的论说，亦可见出他自研究小学起即对《说文》及段注的未为笃守的态度：

> 予冠岁，受小学，笃好金坛段氏注。顾疑当时，吉金文字之学，已昌盛，而段君于许书所载古籀文，未常援据吉金款识，为之考订，以为美犹有憾。稍长，得吴愙斋中丞《说文古籀补》，窃喜足补段君之阙遗，意谓许书得此二家，为之羽翼，殆尽美且善矣。③

段氏注《说文》的经验，在"以经注许，以郑注许，以许注许"④。所谓"以经注许，以郑注许"，即以《十三经》为本，并参以郑玄注，与《说文》相印证，"以许注许"，当属《说文》内部研究，即根据《说文》本身来作校注。乾嘉时期对《说文》作校勘者多属此，对《说文》大小徐本及诸本之对校，校勘本之校，亦与此相类。实际上，段氏家藏金石铭文不在少数，不能以之注《说文》之憾，罗氏以为吴大澂《说文古籀补》足能补其阙。

20世纪初，古文字学伴随考古新发现得到了迅猛发展，传统文字学观念受到极大冲击，它宣告旧文字学的《说文》时代、经学附庸时代已经结束。一些研究吉金文字的学者跳出《说文》的限制，开始用新的方法考证古文字，对待《说文》的态度也由乾嘉时期的笃守转变为批判地继承。《说文》研究之于罗氏，前有二徐、段、桂之学，后有吴大澂《说文古籀补》之引钟鼎铭文补其阙，

① 罗振玉：《干禄字书笺证》序，《雪堂类稿乙·图籍序跋》，辽宁教育出版社，2003年，第222页。
② 罗振玉：《五十日梦痕录》，《雪堂自述》，江苏人民出版社，1999年，第95页。
③ 罗振玉：《说文古籀补》跋，《雪堂类稿乙·图籍序跋》，辽宁教育出版社，2003年，第488页。
④ 段玉裁：《经韵楼集补编》卷下，上海古籍出版社，2008年，第409页。

加之其时古器出土日丰，沉睡三千年的殷虚甲骨面世，使其亦最终走向以新的方法去研究和运用《说文》，成为文字学新时代的中坚人物，亦成为考释甲骨文字开风气之大家。

罗氏一生述作涉及四部之各方面，惜无《说文》研究之专书，其原因是"读段氏注，叹为观止，自知于许书，不能更有发明，故不欲有所造述"①。不过，稍检罗氏之考证、序跋等著述，随处可见引用《说文》作考古学研究或以考古学的成果考订《说文》的实例，说明他虽不欲在《说文》上造述，但其《说文》学说早已寓于其实学的各个方面。罗氏利用考古之功去论证《说文》，既是考古学研究的附带成果，亦是以批判继承的态度研究《说文》之典范，主要体现在如下两个方面。

其一，以金石铭文、古器物、古文献等材料考订《说文》之疏漏，并修正之。

罗氏深通三代吉金文字，更上溯到殷虚甲骨文字，考释成果斐然，他也经常利用金石铭文去考订《说文》。《说文》卷三"攴"部下"攸"字注："行水也。从攴、从人，水省"，重文"攸"注："秦刻石绎山文攸字如此"。《绎山刻石》："登于绎山，群臣从者，咸思攸长"，其字形作"攸"。李阳冰《栖先茔记》作"攸"。罗氏在《读碑小笺》之第一条即对"攸"的重文字形产生怀疑，以《绎山刻石》"攸"并不从水，并考之《娄寿背碑》、《周伯晨鼎》、《许惠鼎》、《毛公鼎》及《石鼓文》"鋚"之上半部，皆与《绎山刻石》同，概不从"水"，得出《说文》重文字形乃传写之讹误，是为确论②。按，许慎把"攸"解释为"行水也"，戴侗《六书故》称"唐写本作行水攸攸也。其中从水"，由此可见，唐写本字头篆文当是从支从人从水的，《说文》重文字形引用《绎山刻石》，实际上可能受到唐写本这一类写法的影响，其字形当为《绎山刻石》"攸"的讹误。

又，《说文》日部"晖，光也，从日、军声"，段氏注曰："篆体晖当作暈，日在上，或移之在旁，盖浅者为之，致铉以暈为新附篆矣。"罗氏以魏《高湛碑》"六合重暈"为证，字正作日在军上，此可为段注之佐证③。又，《说文》"今"注"从古文及"，《说文》"及"古文字形作"乁"。罗氏以为，古文"乁"之首左注，而"今"字篆则右注，且引古金文及秦刻石皆右注其首，故不当从"乁"左注④。如此之类，罗氏所引证之金石铭文范围很广，如商周铭文、《石鼓文》、石经文字、古玺

① 罗振玉：《说文二徐笺异》序，《雪堂类稿乙·图籍序跋》，辽宁教育出版社，2003年，第490页。

②③ 罗振玉：《读碑小笺》（增订本），《雪堂类稿甲·图笔记汇刊》，辽宁教育出版社，2003年，第6页。

④ 罗振玉：《眼学偶得》，《雪堂类稿甲·图笔记汇刊》，辽宁教育出版社，2003年，第99页。

汉印文字、汉魏隋唐碑刻墓志文字等皆有涉及。在他看来，这些古器物、碑刻墓志上的刻铭，一可考订《说文》，一可补《说文》佚字①。

罗氏也以出土古器物去考订《说文》或《说文》学者之误。《说文》玉部“玤，石之次玉者，以为系璧”，段注：“系璧，盖为小璧系带间，悬左右，佩物也”，桂氏注：“系璧，当为璧系，即璧带”。罗氏曾购得一小璧，以珧为之，与礼器之璧大小悬殊，吴大澂《古玉图考》亦有与此大小相若而以玉为之者，题曰系璧，与段注同。其以此璧与吴大澂所图证之，认为段说是而桂说非，系璧，礼家无言之者，其名仅见于《说文》，惟注言“石之次玉者”，似后人阑入此五字②。又，《说文》竹部“簠，黍稷圆器也；簋，黍稷方器也。”《周礼·舍人》注“方曰簠，圆曰簋”，《孝经》郑注同，皆与《说文》不合。罗氏以古器考之，簠之角方，而簋之角圆，以为郑注是而许慎之说非，所谓“古语简质，故后世为礼图者，但凭前记，不考实物，鲜有不误者也”③。如此之例，还有不少。

罗氏亦效仿段氏“以许注许”的方法，用古本《说文》或其他文献去考订今本《说文》之误。《说文》木部“桶，木方，受六升，从木、甬声”，唐写本《说文解字木部残卷》“桶”字注：“木方器也，受十六升”。罗氏考曰：“《玉烛宝典》引《月令》‘角斗甬’章句‘十六斗曰甬’（斗疑升之误）。古斗字别作什，与升相似，与唐本同，今本夺‘十’字”④，此证与段注异，亦备一说。此类考订，其所征引材料，还有《文选》李善注引《说文》、《干禄字书》等，要皆以推证今本《说文》之误为宗旨。

此外，罗氏还以耳闻目见去考订《说文》。《说文》犬部“臭，禽走臭而知其迹者，犬也”，段注：“走臭犹言逐气。犬能行路，踪迹前犬之所至，于其气知之。”罗氏闻乡人说，并证曰“兽之多智计者莫犬若，虽行数十里，亦能自归，盖其行数百步，辄遗溺于路侧，归途以此自识。臭其迹而行验之，良信。可为许书左证”⑤，遂得出段注说解“走臭”尚未明确的看法。

其二，以金石铭文、古器物、古文献等材料印证《说文》及二徐之是，并驳前代学者之否定《说文》为不可据。

---

① 罗振玉：《玺印姓氏徵》跋，《雪堂类稿乙·图籍序跋》，辽宁教育出版社，2003年，第102页。

② 罗振玉：《殷虚古器物图录附说》，《雪堂类稿甲·图笔记汇刊》，辽宁教育出版社，2003年，第438页。

③ 罗振玉：《古器物识小录》，《雪堂类稿甲·图笔记汇刊》，辽宁教育出版社，2003年，第477页。

④ 罗振玉：《眼学偶得》，《雪堂类稿甲·图笔记汇刊》，辽宁教育出版社，2003年，第99页。

⑤ 罗振玉：《眼学偶得》，《雪堂类稿甲·图笔记汇刊》，辽宁教育出版社，2003年，第98页。

《说文》廴部“建”字形作“”，攴部“数”字形作“”，彳部“德”字形作“”，虫部“强”字形作“”，衣部“袭”字形作“”，寸部“专”字形作“”，白部“者”字形作“”。此七字，《绎山刻石》分别作“”、“”“”、“”、“”、“”、“”，与《说文》多有不合，故毕沅《关中金石记》以《绎山刻石》有古本磨泐为证，认定字形之不合《说文》，乃徐铉临写时以己意增改。罗氏以铭文考之，得出《绎山刻石》前六字与古金文、《石鼓》、秦汉刻铭多相合的看法，并断定毕氏为臆说，惟“者”字实脱右划，盖古本漫没，许氏重摹，不欲以意增补，一仍其旧，此说信为不诬①。这正反映了毕沅等辈乾嘉学者笃守《说文》和罗氏这一辈学者考文说字逐渐突破《说文》的时代特点。《说文》所收篆文并非小篆的全部，它不仅漏收了一些字头篆文，也未得全部收罗小篆异体，除上述几字，秦刻还有“复”、“乱”、“立”、“皇”、“宜”、“高”、“箸”、“金”、“并”、“宣”、“斯”等三十余字，亦为未收之异体，在《说文》成书的时代，应是许慎可以见到的，今日看来，故不得以《说文》而律秦刻者也。

亦有辨析字形、训解较为细致精审的例子。《说文》“非”字注：“违也，从飞下翅，取其相背”，字形作“”，《泰山刻石》、《会稽刻石》“靡”所从“非”字形与之同。惟李阳冰《拪先茔记》作“”，与金文《毛公鼎》同。罗氏以《毛公鼎》字形证得许慎训解与金文正吻合，可见《说文》篆文本当不误，但作“”者，乃辗转传写遂失原形，甚是②。《说文》并非完美无瑕，因为许慎不能见到更多更早的古文字，据以说解的字形是离他时代较近的秦篆，缺点当然也不少。《说文》成书后，屡经传抄刊刻，书手、刻工以及不高明的校勘者，又造成了一些错误”③。仅就《说文》字头篆文而言，裘锡圭先生在《文字学概要》中就曾举过《说文》中“非”、“戎”、“早”、“走”、“欠”、“畀”等篆文讹误的例子。又有“斗”、“升”、“朝”、“髟”、“卑”、“妻”、“喬”、“矛”、“猒”、“賣”、“弘”、“赞”、“世”、“牟”、“皆”、“魯”、“市”、“柳”等《说文》篆文，以及它们被作为偏旁的其他字，字形也都是有问题的④。

---

① 罗振玉：《读碑小笺》(增订本)，《雪堂类稿甲·图笔记汇刊》，辽宁教育出版社，2003 年，第 7 页。

② 罗振玉：《毛公鼎跋》，《雪堂类稿丙·金石跋尾》，辽宁教育出版社，2003 年，第 9 页。

③ 裘锡圭：《文字学概要》，商务印书馆，1988 年，第 62 页。

④ 赵平安：《说文小篆研究》，广西教育出版社，1999 年，第 9 - 26 页。

三、以《说文》考古

《说文》自问世以后，便被读书人作为识字之工具，受经之基石。乾嘉诸儒的研究经史，亦无一不是以识得《说文》六书为津梁，到了考古学逐渐发达和古文字学渐成规模的晚清，事于经史、金石、考古、古文字的多能型学者，又不仅以《说文》证经史，还以《说文》证古器物以及古器物上的铭文。罗氏言："儒者之道，备乎六经，明经之要，存乎文字。舍穷经而言明道，舍识字而言穷经，此必无之理也。"①他便是这一时期以《说文》服务于考古的成功实践者，其大要体现在如下三个方面。

其一，以《说文》考订古碑刻中文字。

跳山汉建初买地券"进此冢地"之"进"，《曶鼎》亦有此字，钱坫释为"造"。罗氏亦以地券中字当即"造"，其考订云："《说文》之造从告声，此作进从告省声。汉人分隶多鄙别，然间有可考证古籀原出于《说文》之外如此碑者。"②

又，汉开母石阙题字"相庯我君"，王念孙释为"宥"字，称"宥"即"祐"字。翁方纲则释为"肩"字。罗氏以为王释是而翁释非，以古从"宀"之字或从"广"，如《说文》"宅"字，重文作"庑"，并订"庯"即"宥"之或体，非碑泐之故也③。罗氏引《说文》证刻铭文字的范围亦广，自汉魏而三代，其方法多端，或是字形对照，或是综合训诂、史乘，不一而足。当然，其借之考释甲骨文，自是在古文字学研究上最伟大的成绩了，留此后述。

其二，以《说文》考订古器物形制，并为之正名。

罗氏以《说文》训解去印证古器物的实例很多，如考矛、镦、鐎斗、栝、鉴、胄、车辖等，皆以之印证古器之尺寸、形制、功用等。《说文》"砮石可以为矢镞"，《禹贡》"荆州贡砮丹"，《鲁语》"肃慎氏贡楛矢石砮"，韦昭注："砮，镞也，以石为之。"罗氏以浙杭嘉间近年多出石镞，以青色为之，状略如殷虚之骲，两相证之，正合④。又，《说文》"鍪，鍑属也"，《急就篇》颜注："鍪，似釜而反唇；一曰，鍪，小釜类，即今所谓锅也。"罗氏联系《说文》，考其所藏十六年鍪，"圆底硕腹，而细颈反唇，一旁有环，一旁有方銎，可安木柄，高建初尺五寸四分，其

① 罗振玉：《小学钩沈续编》叙，《雪堂类稿乙·图籍序跋》，辽宁教育出版社，2003年，第492页。

②③ 罗振玉：《眼学偶得》，《雪堂类稿甲·笔记汇刊》，辽宁教育出版社，2003年，第101页。

④ 罗振玉：《眼古器物识小录》，《雪堂类稿甲·笔记汇刊》，辽宁教育出版社，2003年，第488页。

颈围尺一寸，其腹围八寸八分，其上口直径三寸八分”①，亦相合。

亦有联系《说文》为古器物定名者。罗氏藏一古器，状如浮沤，内有阳文二字。潍县陈氏藏古器二，诸城王氏亦藏一器，形制与罗氏藏同，但并不能定名。其以《说文》“铺，箸门铺首也”，并定其名曰门扉上的“金铺”②。

其三，以《说文》考订古文献中文字。

罗氏所考订的，都涉及三家诗、《仪礼》、《礼记》、《尔雅》、《一切经音义》等经史文献，范围亦较广。罗氏联系《说文》，又以俗别字偏旁常别作的特点，定其为“施”字的别字，考证可谓精严③。又，《晋书音义》中“斛与斛同”，罗氏以《说文》等材料，证其非“斛”，当作“斛”。其考订云：“《北齐书·祖珽传》‘百升飞上天’，百升，斛也。《仪礼·聘礼》、《说文》、《汉书·律历志》并云‘十斗为斛’，知作斛，误也。”④

罗氏有关《说文》的学说，或是以之考史证经，或是引以考证古器铭文，亦以考古学、古文字学的视野去考订《说文》，要皆利用新的方法，在乾嘉时期《说文》研究的基础上有所突破，亦且成为他考订甲骨，并从事甲骨文书法之学术根底。

四、以《说文》为根底的甲骨文书法

1901年，36岁的罗氏初见殷虚龟甲兽骨于丹徒刘鹗处，其时距甲骨出土才两年。既见之，就以考古学家的敏感发现这些卜辞上的文字“虽简略，然可证史家之违失，考小学之源流，求古代之卜法”⑤。自此以后，即倾力于甲骨文字的搜讨与研究，又心摹手追，一意模拟，晚年鬻书，悉以书写甲骨文为之，遂成为甲骨出土以来研究甲骨文字与书写甲骨文字的第一人。

性情谨饬的罗氏，正统观念根深蒂固。其云：“古者道与艺并重，据德依仁，即继之以游艺。游艺者，固贤者之所不废也。于古为诗书六艺，后世范围

---

① 罗振玉：《眼古器物识小录》，《雪堂类稿甲·笔记汇刊》，辽宁教育出版社，2003年，第493页。

② 罗振玉：《眼古器物识小录》，《雪堂类稿甲·笔记汇刊》，辽宁教育出版社，2003年，第492页。

③ 罗振玉：《眼学偶得》，《雪堂类稿甲·笔记汇刊》，辽宁教育出版社，2003年，第94页。

④ 罗振玉：《眼学偶得》，《雪堂类稿甲·笔记汇刊》，辽宁教育出版社，2003年，第104页。

⑤ 罗振玉：《殷商贞卜文字考》序，《雪堂类稿乙·图籍序跋》，辽宁教育出版社，2003年，第52页。

益广，故书画鉴赏之事，遂亦游艺之一。”①故其甲骨文书法亦是以儒家规范和游于艺的精神贯穿始终的。研究罗氏甲骨文书法，若仅就甲骨文内部或书写形式去审读，尚不能得其要领，因为仅观其外，则不能明白之所以成就罗氏甲骨文书法的深层内涵。今天看来，其甲骨文书法当是学术与艺术相交织的产物，具体而言，则有释读、编次专书、临摹、集字等若干方面，而此几端又相互关联，又都与其研究《说文》有密切联系，并促进着罗氏甲骨文书写风格的最终确立。

第一，罗氏的释读甲骨文并编次专书，以《说文》学为基，是其甲骨文书法最直接之学术基础。

罗氏平生之修学行己，皆不敢违道以求合，其于书画，亦根据学术，不欲苟同于当世，诚然。据《殷商贞卜文字考》跋语，其考释甲骨文字，自1910年2月始。何以晚至得见甲骨之九年后方始事考释工作呢？虽然于刘鹗处见甲骨文，即以古文字学家的敏感叹其文字与古文或异，又以古文字学家之职责欲“谋流传而攸远之”，但其时仅怂恿刘氏拓墨影印成《铁云藏龟》，亦仅就《周礼》、《史记》略加考证而止。未及文字之考释，盖其自以为所学未邃，且三千年之奇迹，当与海内硕学共论定之，治学之谨严如此。他还在摩挲甲骨之中，提出从事甲骨考证之三难：

> 史公最录商事，本诸《诗》、《书》，旁览《系本》，顾考父所校，仅存五篇，《书序》所录，亡者逾半，《系本》一书，今又久佚，欲稽前古，津逮莫由，其难一也。卜辞文至简质，篇恒十余言，短者半之，又字多假借，谊益难知，其难二也。古文因物赋形，繁简任意，一字异文，每至数十，书写之法，时有凌猎，或数语之中，倒写者一二，两字之名，合书者七八。体例未明，易生炫惑，其难三也。②

这诸种主客观原因，使其考释工作并不自得见甲骨始。而考文索字，便是祛此三难之起点，亦即欲谋甲骨流传而攸远的开端。

甲骨文字之难识，确如罗氏所言，乃卜辞中大量存在繁简任意、异文倒写、书写凌猎等阻碍释读的现象。作为古文字学家，欲释读这些沉睡地下三千年之卜辞文字，必须以先进之方法为指导。罗氏自谓，其释读的门径是“由

---

① 罗振玉：《雪堂书画跋尾》，《雪堂类稿乙·图籍序跋》，辽宁教育出版社，2003年，第7页。

② 罗振玉：《增订殷虚书契考释》序，《雪堂类稿乙·图籍序跋》，辽宁教育出版社，2003年，第53、54页。

许书以溯金文，由金文以溯书契，穷其蕃变”。许书，即许慎《说文解字》，其问世以后不仅被读书人作为识字之工具，还广被学者们所征引，更受到后世文字学家所珍重，被誉为千古字书之祖，不虚也。罗氏的释读甲骨，随处可见对《说文》字形、说解等方面的征引，要皆自《说文》而上溯金文，进而贞卜文字，自是以许慎的说解文字为起点的，这个方法放之今日亦不为过时。今天从事文字学或书法创作的人，欲搞懂古文字与隶楷在字形上的联系，同样须在于《说文》用功，凡考释出土之任何时地的古文字，仍将以《说文》为基础，为立足点。

罗氏考释甲骨，以《殷商贞卜文字考》（1910 年）为开端，并自视为略得门径之作。厥后又有《殷虚书契考释》（1914 年）、《增订殷虚书契考释》（1927 年）之作。特别是《殷虚书契考释》，罗氏颇为自信，自诩“平生著书百余种，总二百数十卷，要以此书最有裨于考古”，于是斯学乃日昌明于世。甲骨学家董作宾评其甲骨文字考订与传播之成绩，称其为“甲骨学之开山祖师，厥功甚伟”①，若无甲骨文字考释之成果，何能坐实祖师之交椅呢？

既考释，则又编次甲骨为专书，以谋流传，这是罗氏甲骨文字考释之外的另一成绩，若《殷虚书契》（1911 年）、《殷虚书契菁华》（1914 年）、《殷虚书契后编》（1916 年）、《铁云藏龟之余》（1916 年）、《殷虚书契续编》（1933 年）皆是。罗氏编这些书，大抵都经历了选别考证到拓墨编次的程序，而这一程序，对其甲骨文书法同样是产生了作用的。

罗氏在编《殷虚书契前编》时，尝先后于安阳得见甲骨二万余枚，复以其考古家之眼光，汰其赝作，才得尤异者二千余枚入编。这个选别的过程，需要考古家开阔之视野和深厚的经史小学功底，其选别的水平可见考古家之水平。又，据罗氏称，其编《殷虚贞卜文字考》时即曾手拓甲骨遗文。甲骨古脆，得者珍惜而不忍施墨，拓之精者，墨本尤可宝而不殊实物。罗氏的墨拓甲骨虽不是摹写，但在传拓过程中，自然会加深对甲骨文字的感性认识，并进而产生对结字、刀笔特征的理性审美认识和书写之欲望。这有如同精于甲骨文书法的董作宾一样，董氏经常出于工作之需摹写甲骨文字，其先用玻璃纸蒙在拓片上勾出轮廓，再对照原版甲骨摹写刻辞。董氏认为对原版摹写，才会有更深层次的认识，同理，罗氏的墨拓程序，亦有类似的对甲骨文书法的潜移之功。此外，据《殷虚书契前编》之编次，罗氏的体例一般是先人名，次地名、岁名、数名，又次则文之可可识者，而以不可释及书体之特殊者居后，这都是参酌《说文》的由人及物，及《说文古籀补》这一类字书的灵活运用。

---

① 董作宾：《罗雪堂先生传略》，《雪堂自述》，江苏人民出版社，1999 年，第 215 页。

第二，罗氏以笔代刀，对甲骨文的临摹与集字创作，是成就其甲骨文书法的重要技术支撑，舍此，其甲骨文书法则不能立。

甲骨学之“四堂”，成就各各不同，观堂王国维重于考史，彦堂董作宾则分代，鼎堂郭沫若发其词例，而雪堂罗氏则导其先路，不仅考史释文，还肆意临摹，集字垂范，将甲骨文研究从学术层面延伸到书法艺术，有裨艺林之功甚大。其书甲骨文字，主要有两种形式：临书原刻辞和集字为联，皆以正统为守则，寓学者之严谨于笔墨之中。

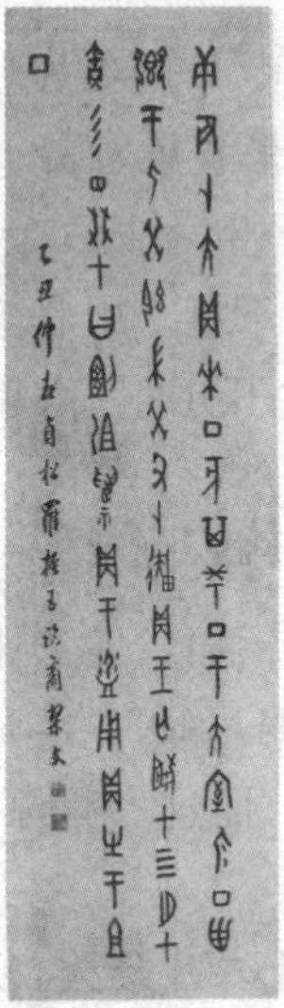

图1　《临商契文轴》1925年 132 cm×32 cm 天津历史博物馆藏

罗氏临书，不论何体，均以冲和恬静为境，不肆意于形式而以中庸之道化之，写《张迁》则汰其朴拙，写《石门》则弃其恣肆，写《朝侯小子》则削其开张，写《石鼓》则不欲张扬，写《诏版》则去其谫陋，其合处在意与古会而独写我心。其于篆书，并不是直接从临摹甲骨文开始，乃“初习金文及小篆，后见殷契遗文，遂一意模拟，得其点画之妙，他人不莫能及”①。罗氏十六岁在杭州得见阮元摹天一阁《石鼓文》，遂手拓一本，以备研究与临摹之需，此后又临摹过金文、秦篆若干，皆以严整规范一路为首选。所谓临殷契遗文“得其点画之妙”，亦并非去刻意夸大刻辞中某些变化较大的文字，也更不刻意去步趋刀笔之形，故其妙就不在点画之形，而在点画之风神。所临刻辞（图1），多加入自己理解，总是以既有的书写金文、石鼓、秦篆的方法去临写，通常采用有行无列之章法，行间舒朗，若《韭花帖》、董其昌卷札之淡雅，结字谨严，常以第一期卜辞为宗，中锋运实，化刀为笔，挺拔精严。

罗氏的时代，甲骨文字虽新，但专肆临摹则不足敷文人学者间之书画酬应。乾嘉时期考索钟鼎古文的文字学家，偶有集字为联，书以自遣或赠答者。罗氏亦选择集联，作为以甲骨文书法见诸世人的重要方式。1921年2月，其以三日之功集甲骨文字之可识者，成联语百首，署名《集殷虚文字楹帖》，并由贻安堂石印其手书墨本。据其自称，这本楹帖是他存之巾笥，并用佐临池的重要资料。1927年冬，罗氏又以五日之功，手书章钰、王季烈、高德馨三家集联，并合自己先前集联成四百余联，署名《集殷虚文字楹帖汇编》印行，以广契

① 罗继祖：《永丰乡人逸事》，《雪堂类稿附·永丰乡人行年录》，辽宁教育出版社，2003年，第125页。

文之用。由是观之，罗氏之出版楹帖，不仅有推扬甲骨文字书写之用意，其取名“楹帖”，对他自己而言，就还发挥着书写范本之作用，这正弥补了对照刻辞临摹不方便酬应的缺憾，故它的意义就不只是用佐临池，还用佐于创作了。从1921年以后所书甲骨文酬应之作看，固多以楹帖中联语为内容者，便是明证（图2）。因此，这个楹帖本身亦可以创作视之，因为它不是对刻辞的照搬，联语中字，必有罗氏所言繁简任意、一字异形者，在选择字形时就要求作者具有广阔而深湛的学术视野，以及《说文》等文字学上的功底。罗氏在手书联语时，就像他编次《殷虚书契前编》等书那样，选别而汰其不合内容与书法审美者，加之以墨书手写，故视为甲骨文字书写的创作，是不为过的。

图2　《集商契文字联》1923年 尺寸不详 原刊《民国时期书法·下》

第三，罗氏甲骨文书法结构规整，用笔停匀，不事夸张，风格严谨，与其受到《说文》小篆及秦篆笔法影响有密切联系。

罗氏有一段书论极精彩自信，亦颇能自况其书，其云：

> 古人作书，无论何体，皆谨而不肆，法度端严。后人每以放逸自饰，此中不足也。三十年前，亦自蹈此弊，今阅古渐多，乃窥知此旨，并知中不足而饰其外，终身无艺成之日。①

此语乃发自1924年，时罗氏59岁。所谓“谨而不肆，法度端严”的书法风格追求，乃是以三十年前的“放逸自饰”为前车之鉴的，也是以“阅古渐多”为基础的。“中不足而饰其外”的浅薄书写，最终被罗氏所抛弃，而端严之风格，则贯穿于罗氏晚年书法的各体之中，即书写甲骨文，亦一以贯之。有人认为，罗氏以学术研究为主，视书法为末事，压抑了艺术创作的欲望及情感的召唤与抒发，未能殚精竭虑、全力以赴，亦未能成为一代大师②。联系罗氏的书法及此段论述，这样的看法似乎就不太准确了。

尽管罗氏不欲在甲骨文书法中饰其外形式，但仍可就其形式技巧去探析

---

① 罗振玉：《跋自临孔宙碑》，《雪堂类稿丁 · 书画跋尾》，辽宁教育出版社，2003年，第65页。

② 丛文俊：《雪堂书法叙论》，《中国书法全集》第78卷，荣宝斋出版社，1993年，第19页。

图3　赠孔怀仁兄联
1927年　166.5 cm×39.5 cm 南京博物馆藏

其整饬端严之风格所以形成的若干因素。其所书甲骨文(图3),用笔取其厚重圆浑,结构则方整内敛,章法亦整而不乱,既非宽绰舒朗,亦非尖利奔放。尤其是笔法之圆匀,一意中锋,不事破碎而劲直峻爽,笔画婉转多而刀意少,含蓄多而外露少,实以《石鼓》、秦刻一类秦篆意味为多,故以“秦篆体势甲骨文书法”概之,似亦稍合。又有人说,罗氏的甲骨文“所写较佳,却是小篆用笔而不是甲骨文用笔”①,话露贬意,却倒也抓住了其甲骨文书法之根本特征。

罗氏篆书从二李入,是其形成“秦篆体势甲骨文书法”的形式技巧上的基础。其篆书由李阳冰而上溯李斯,由李斯而上溯古籀,由古籀再上溯商契,这与他考释甲骨文字的“由许书以溯金文,由金文以溯书契”,在内理上都是相通的。不仅如此,他在品评二李以外的篆书时,无论三代吉金,或是秦汉以下的小篆,仍固执地以二李篆法为参照,就像他考证古器物、古文字,亦以《说文》篆文为参照一样。此外,他对二李篆迹亦极重视,尝得何绍基藏《泰山残刻》善本,亟以玻璃版精印百本,其谋存相斯书法,与谋甲骨之流传而攸远,竟如出一辙。从其小篆作品(图4)可看出,意趣在《石鼓》、《泰山刻石》等一路秦系篆书之间,又有清人邓石如、吴大澂之笔意,要皆以秦系篆书体势为涵泳,除去篆文六书结构的差异,与他书写甲骨文在笔法上则竟又如出一辙。

《说文》篆文,是罗氏形成“秦篆体势甲骨文书法”在视野上的支持。《说文》字头篆文为秦篆,在篆书兴盛的清乾嘉时期,书家学者们不仅临摹二李石刻,还在研究《说文》的过程中受到《说文》篆文的潜在影响,故《说文》字头篆文自然也就成为篆书创作在文字与篆法上的补充。据王国维编《大云书库藏书目》,罗氏藏《说文》类书都有六十余种,既有古本《唐写本说文解字木部笺异》,也有清刻《说文》宋、明本,这些字书上的篆文皆为秦篆风格,特别是清初毛晋刻《说文》汲古阁仿宋大字本(图5),其篆文风格与《泰山刻石》、《绎山刻石》都颇为一致。二李篆迹,去掉重出字才七百余,故《说文》篆文似亦在罗氏考证研究的频繁使用中,在视野上成为其习篆之资鉴,并进而影响到甲骨文字的书写方式。

① 董玉京:《我的父亲与甲骨文书法》,《甲骨文研究》,江苏科学技术出版社,2012年,第189页。

图 4　赠作民篆书联 年代不详
133. 2 cm×32. 6 cm 罗继祖藏

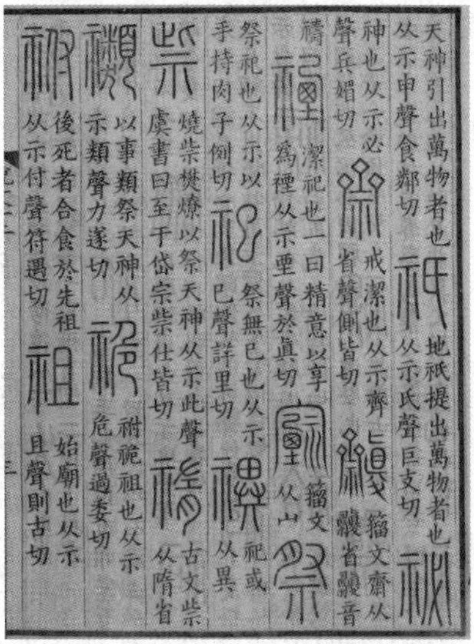

图 5 《仿北宋刻改大字本说文解字》清初汲古阁本 早稻田大学图书馆藏

在书写上对甲骨原刻辞的改造，是罗氏形成“秦篆体势甲骨文书法”在创作方法论上的支撑。甲骨原字皆很小，因刀刻原因，笔画多呈尖锐状，这样的点画出现在甲骨片上尚古拙，但传移到宣纸上用毛笔放大书写，则难免单薄。由于罗氏早年于《石鼓》、《泰山刻石》等秦篆下过扎实功夫，自然便会以原字形较大的秦篆去改造甲骨文。这与他用《说文》篆法去考证甲、金文，在内理上亦相通。

要言之，罗氏书写甲骨文，从不臆造字形，总是以集字的态度进行严肃的创作，故其“秦篆体势甲骨文书法”之确立，乃因为他是博古观今之学者，因为他以《说文》小学为根底，以二李篆法为门径，以考释文字为支撑，是继承篆书固有传统形式美规律下对新出土甲骨文的创造性书写与融合。自甲骨出土以来的二十世纪上半叶，引甲骨文入书法的创作队伍，主要是甲骨学研究者如罗振玉、叶玉森、王襄、董作宾、胡小石、郭沫若、商承祚等，书画家如潘天寿、陆维钊等仅偶一为之。受当代学科门类细分之影响，建国以来从事甲骨研究的古文字学者多已不作甲骨文书法，故又出现创作上的一度衰落。近年受展览比赛之刺激，一些青年书家又复以甲骨文操觚作书，惜其漠视文字学，于是乎大都又犯下罗氏所谴责的“中不足而饰其外”之病，其正面的书学价值就无从可谈了。虽然，甲骨学家董作宾曾说过，书法是美术品之一，不能全用学术的立场加以限制，但甲骨文书法以书写古文字为基础，必要的学术常识和文字学知识还是应当具备的。书家杨鲁安指出，“擅写甲骨文的书法家，理应懂得一点文字学，了解甲骨文来历，明乎造字法则，窥其刀法，不能胡拼乱凑写错字”①，这是颇值得当代甲骨文书写者警醒的，反观当代，罗振玉的甲骨文书法就像一面镜子，是犹可鉴也。

五、结　语

罗振玉书写甲骨文之价值，就不仅限于他是第一个书写的人。作为学人，《说文》成为他受经之基础，也成为他从事经史诸文献考证和金石文字考古的重要支撑，同时，又利用文物、古器去印证或修正《说文》，这是其继承乾嘉诸儒而又发展传统学术的方面。作为甲骨文书法的专门家和先驱，他以《说文》小学入手，由《说文》小篆而及二李篆碑，由秦篆而及商周金文，进而甲骨文字，方彻明以笔代刀之笔法。罗氏的经验证明，以新出古器物文字为书体的书法创作，必要的旧学如小学、金石学仍是不可漠视之根底学问，博观金石与广涉诸体，仍是重要的创作支撑，如能将学术与艺术结合得更好，则既能汰其前人之不足，亦能继其优良传统以出新，今后无论出土古代任何何时地的古文字，其引入书法，才能得到健康的发展。

（作者系四川大学艺术学院副教授，美术学（书法）博士，四川大学文物学与艺术史博士后，中国书法家协会会员）

---

①杨鲁安：《甲骨文书体识别与摹写》，《甲骨文研究》，江苏科学技术出版社，2012年，第273页。

新论刘鹗罗振玉对甲骨学和中华文明的贡献

（美）任光宇（Gary G. Jen）

一、绪言：悬案及科学发现的预设前提

甲骨文的横空出世，已被列为中国二十世纪重大考古发现之首，甲骨学的兴起也已成为中国文化史上的一座里程碑。而这一重大发现和其研究起步，恰巧发生于中国传统学术向现代科学转型的历史节点上。故在这个脱胎换骨的过程中，难免混杂着传统观念习俗和一些非科学论断。尤其是关于甲骨文发现及早期研究的历史，不少关键环节上的争论由来已久，至今仍处于悬案状态。在不断发展的中国和世界考古学界面前，在甲骨先驱尽瘁而逝一个世纪之后，在中国“新时代”领导人给予特殊重视、急需重建民族文化自信的背景下，这笔胡涂账的延续越发显得与时代脱节，也与今日中国在经济和科技领域的快速崛起相失谐。

梁启超在《清代学术概论》中，将清代学术发展喻为“中国之文艺复兴时代”，把“清之考证学”列为自秦以后第四个学术思潮，并明智指出：“自经清代考证学派二百余年之训练……我国学子之头脑，渐趋于冷静缜密，此种性质，实为科学成立之根本要素”；“金石学之在清代又彪然成一科学也”①。于是可以说，现代中国日趋昌明之科学，亦肇基于晚清。故笔者以为，很有必要运用更加严谨的现代科学原则、方法，尽快对这段重要历史进行重新审视、清理、修正。本文即针对其中一些重要问题直抒己见，就教于专家学者和方家。

大凡科学，都需要切实证据来支持其判断和结论。根据现代科学“证据学”中的“一般证据学”的原则与定义，结合人文历史领域中考据学、考古学的

---

① 梁启超：《清代学术概论》，中国人民大学出版社 2004 年，第 133 页、226 页、182 页。

特点①，笔者归纳出如下三项对确立任何考古学术发现不可或缺的必要条件，并将之作为本文相关论证的预设前提：

[1] 有发现文物的原始物证；

[2] 有对发现文物的性质、年代、意义、含义正确的（或基本正确的）鉴定和诠释；

[3] 有关于发现和鉴定的及时、直接相关、公开或可查证的原始书证记录，即原始直接证据（本文仅涉及清末的前科学考查阶段，故这里可以不包括科学考古的原始发掘记录、自然科学的实验检测结果、及新型音像电子等记录）。而非原始、非及时的、非当事人的（尤其当事主人去世后）、或涉及利益相关（如来自本人或亲友）的言论及文字记录，即间接证据，只能作为次级辅证参考，当做某种假说的根据。常识性科学原则尚有书证重于言证、早证重于晚证等。

这里[1]、[2]两项都是科学发现的必要条件，二者相加实际上已构成发现的充分条件；但第[3]项是使[1]、[2]得以成立所必须之确证实凭，常被轻视或忽略，故为了明确地阐述、有效地考证判断，将其分开列为同等重要且必要的第[3]项条件。

对于一个历史性重大发现来说，在此三项条件元素基本成立的基础之上，常常还要有一个从专家到大众的，对其真实性、完整性及逻辑合理性的反复争论、修正、逐步取得公认的历史过程。中国甲骨文的发现，即是、将是具代表性的一例。

二、对甲骨文发现百年之争应归于二说可议

甲骨文发现至今已近120年，海内外学术界基本认同1899年为学术意义上的甲骨文发现年。然而论及具体发现过程和发现人，至今仍无法达成共识，只能将两三种或更多说法如数列出。具代表性的看法，如李学勤教授在1998年回顾甲骨学百年历史时说："甲骨确切地说是在哪一年发现的，学术界颇有争议，今后还可能讨论下去。"②如范毓周教授在1999年一文中指出："甲骨文的最初发现年代和最早的鉴定与购藏，本来是并无疑义的，但在最近，学者间产生过一些不同意见。甲骨文的最早发现者，应当说是清末河南安阳西北郊小屯村的村民。……最早对甲骨文作出鉴定和购藏的，仍应依照刘鹗、

---

① 乔治忠：《考据学通论》（教学视频）。

② 李学勤：《甲骨学一百年的回顾与前瞻》，《文物》1998年第1期。

罗振玉等人的说法，是山东福山人王懿荣。不过，还应补充的是，根据胡厚宣先生的研究，在王懿荣对甲骨文进行鉴定和购藏的同时，开始接触并注意搜求甲骨文的学者还有天津的孟定生和王襄。”①。早期大家董作宾于 30 年代最早列出各种发现说，倾向王懿荣为发现人；其后胡厚宣 40 年代开始主张加列王襄为发现人之一，并在他辞世两年后(1997)发表的长文《再论甲骨文发现问题》(“早已写好但搁置有年”-其子胡振宇后记)中，明确否定了“王襄先于王懿荣发现说”，仍保留其“王懿荣、王-孟同时辨别搜集说”②。王宇信赞同其师胡厚宣结论，在其《甲骨学通论》(1989)中经反复论证，认为“王襄、孟定生基本上可与王懿荣一起作为甲骨文的最早发现者，但不是第一个发现者”③。南开大学朱彦民教授则在 2008 年长文《近代学术史上的一大公案》中，将各说综合得较为全面具体：“到目前为止，有关于甲骨文发现这样一个极为初始又极为重要的课题，并没有完全研究清楚和彻底解决，而是长期存在着不同的甚至是激烈的争论意见。……综括甲骨文发现以来上百年的研究历史，对于甲骨文发现的研究，大致可以概括为以下几个方面：对于甲骨文的最早发现者，这是最为分歧的一个方面，迄今有：王懿荣、王襄、孟定生、刘鹗、端方、罗振玉、胡石查、陈介祺、潘祖荫、古董商、小屯村民等十多种不同的说法。现在学术界一般倾向于前三者即王懿荣、王襄、孟定生是甲骨文发现的最早人物，而后几说则多是在不大了解全面情况下作出的结论。……对于甲骨文发现的时间，也因为发现者不同而有不同的认识，计有……七个不同的说法……现在可以讨论的发现时间就剩下了 1897 年、1898 年和 1899 年三个年份了。”④

个人以为，这些看法或结论似是而非，都含有某种程度的非科学观念。

首先，根据本文前述的现代科学发现的第[2]项原则，即“正确鉴定诠释”是考古学术发现的必要条件之一，则“古代/村民/估人发现说”之类的主张不必再提、再议。笔者所见论文中，中山大学历史系徐坚的《发现甲骨：考古学史的视角和写法》⑤在此议题上有较多科学内涵的讨论(虽然该文在结论上不够清晰)。该文将“行为意义上的发现”与“认知意义上的发现”明确分开，指出有“中国现代考古学之父”之称的李济对此早有过明确的说明：“十九世纪末甲骨文的发现与其说是偶然，不如说是学者们不断努力的结果。在 1899 年

---

① 范毓周：《甲骨文研究的历史、现状与未来展望》，《史学月刊》1999 年第 1 期。

② 胡厚宣：《再论甲骨文发现问题》，《中国文化》1997 年第 15—16 期。

③ 王宇信：《甲骨学通论(增订本)》，中国社会科学出版社，1993 年，第 40 页。

④ 朱彦民：《近代学术史上的一大公案——关于甲骨文发现研究诸说的概括与评议》，《邯郸学院学报》2008 年第 6 期。

⑤ 徐坚：《发现甲骨：考古学史的视角和写法》，《华夏考古》2014 年第 4 期。

所发生的事件之前存在着长期的学术史准备”①;李济并征引小屯一带的隋代墓葬情况,指出考古已发现这些墓葬曾频频打破晚商文化层,带字甲骨碎片早已出露地表、并搀入隋墓回填土中,但当然不能说隋代人发现了甲骨文。笔者对此完全赞同,而且认为还必须进行进一步的逻辑推理:初期参与甲骨买卖的估人(文物古董商贩)无疑没有鉴定诠释甲骨文的学识和能力,他们收购甲骨的唯一动机是倒卖营利;而早年拿甲骨当刀伤药卖的小屯村民,更由于蒙昧无知毁掉过无数甲骨,遑论发现。他们毋庸置疑都不能成为学术发现的发现者,自然无需再当做一类“发现说”去讨论。一些学者之所以提出或赞同“村民发现说”,不过是对“行为-学术发现”的不同定义有所混淆,或是明显带有非正常时期“人民创造历史”、“卑贱者最聪明”之类的政治干扰所致。连近年的徐坚上述论文,也还有着诸如“即往的学术史追溯过度局限在少数精英学者群体”、“在‘龙骨’和‘刀尖药’转变为‘龟版’的过程中,古董掮客起到关键的引导作用”等观点,造成自身逻辑混乱,因“行为意义上的发现”根本不适用于甲骨文这样典型的学术性发现。

其次,对于学术界争议最大的“王襄、孟定生发现说”,笔者认为因其缺失上述现代考古发现必需的第[3]项条件,即没有关于该项发现的及时、确凿、公开、或可查证的原始书证记录,从而导致[1]、[2]两项都无法成立。具体理由至少有四:

1.“王-孟发现说”的最早、公开可查的文字书证,仅来自于王襄自己在三十年代撰写出版的两篇题跋:1933年的《题所录贞卜文册》,和1935年的《题穞易园殷契拓册》②,故不能作为在该文发表30多年前的、有利于自己的原始确证。朱彦民在前述文章中也指出了这个关键缺陷,即该说“有一个极易为人抓为把柄的漏洞。即在王襄于二十年代所出的两部甲骨学著作中,并未提及此事。到了三十年代,才在一些题跋之中说到此事。这很容易让人觉得是夫子自道”。自说最多仅可作为一项假说的参考辅证,何况此辅证又存在严重瑕疵:据王宇信在《甲骨学通论(增订本)》的详细论证和其他学者的相关分析,王襄中晚年的几次自说在关键的初见年上就有1899—1898—1899的反复变化③,前后说法混乱不一,可见王氏自身没有确切根据造成的随意性。

2. 王襄提出自说之时,其他两位发现当事人王、刘已分别在1900和1909

① 李济:《安阳——殷商古都发现、发掘、复原记》(译自1977英文版),中国社会科学出版社,1990年,第6页。

② 李鹤年:《最早知道、鉴定和收购甲骨的是谁》,《历史教学》1988年第10期。

③ 王宇信:《甲骨学通论(增订本)》,中国社会科学出版社,1993年,第41页。

年辞世，已不可能回应、反驳；而唯一可以做证的当事人——范姓古董商的说法，有罗振常 1911 年最早实地调查记录中的“村人得骨，均以售范，范亦仅售与王文敏公，他人无知者”①；还有加拿大牧师明义士 1914 年的实地调查记录是“按范氏一九一四年所言：一八九九年，有学者名王懿荣，到北京某药店买龙骨，得了一块有字的龟板……当年秋，潍县范氏又卖与王氏甲骨十二块”②。即范估当年、生前多次谈及最初的买甲人，都明白只提到王懿荣一人，没提王-孟。

3. 直接证据不成立，逻辑常识推断也明显不利于“王-孟发现说”。王襄(1876.12—1965.1)在 1899 年只是一位不到 23 岁(周岁，下同)的科举备考生，其学识明显不足以鉴定和诠释甲骨文这一高难度发现；孟比王大 9 岁(也许这是王襄曾说“吾乡藏殷契者，固以定老为创始人”的重要原因)，但他终身只是一位书法家。相对于当时 55 岁的国子监祭酒王懿荣、42 岁的文物收藏大家刘鹗，他们之间的学识与经验差距巨大。且在这一点上，王襄自己在上述早期题跋中也明确承认不讳：“其文多残阙，字尤简古，不易属读。尔时究不知为何物。予方肆力于贴括业(应科举试—笔者注)，遂亦置之，不复校理”、“予藏有数骨……知为三古占卜之物。至于殷世，犹未能知。”③故王-孟当初自认“不知为何物”、仅猜测是一种古文字或“古简”的能力，与范姓估人等并无明显差别，更无本质不同。当然王襄先生后来确实下功夫钻研发表了最早的甲骨文字编《簠室殷契类纂》等，成为了真正的早期甲骨学者之一，但那已是 20 年之后的 1920 至 1925 年的事情，“罗王之学”成果早已公开发表了十来年。近来笔者还注意到，胡厚宣在《再论甲骨文发现问题》中不但也指出了王、孟年龄职业难以鉴定甲骨文，并指出王襄于“1910 年秋识罗振玉”、“‘罗叔老贻所著《殷商贞卜文字考》’”、“1923 年与叶玉森通信”(出处同前注，P. 78)，可见王襄 20 年代的甲骨文研究成就也并非独立获得。

4. 再一个重要反证也已被胡厚宣等不少学者提出：既然王、孟当时即无学名、又财力“寒素”(王自述)，按常识估人不会优先向他们出售甲骨。王襄

① 罗振常：《洹洛访古遊记》(新版)，河南人民出版社，1987 年，第 21 页。

② 明义士：《甲骨研究》(1933)，转引自胡厚宣《再论甲骨文发现问题》，及水土《从两个“百年”纪念会谈甲骨文的发现》。相关文字为：“余既找到正处，又屡向范氏和小屯人打听，又得以下的小史……按范氏一九一四年所言：一八九九年，有学者名王懿荣，到北京某药店买龙骨，得了一块有字的龟板，见字和金文相似，就问来源，并许再得了有字的龙骨，他要，价每字银一两……当年秋，潍县范氏又卖与王氏甲骨十二块，每块银二两，盖范氏在北京听说王氏之事，便到彰德得了十二块，回北京，卖与王氏。”

③ 李鹤年：《最早知道、鉴定和收购甲骨的是谁》，《历史教学》1988 年第 10 期。

两跋都回忆当时范氏要价甚高:“巨大之骨,计字之价,字偿一金。一骨之值,动即十数金”、“骨之大者,字酬一金。孟氏与余皆困于力,未能博收”、“闻售诸福山王文敏公。”(出处同前李鹤年文)据笔者查证,当时口语“一金”即为一两白银,而当年的三两银子就可让一个平民生活一年,故这明显是经过识货者(王懿荣)判断认购后的提高要价。据罗振常的《洹洛访古游记》和明义士的《甲骨研究》,当地之前作为中药“龙骨”的价格为“每斤制钱六文”,按时价一两银可买龙骨约500斤。

故可能性较大的真相应该是:山东潍县某范姓古董商确曾去过天津、见过王和孟(关于范估人名,刘鹗和明义士都只提及范姓,王襄记录的是范寿轩、罗振常记录的是范兆庆、罗振玉记录为范维卿。据邓华调查①,范维卿应为范维清,是范寿轩的同乡、同行的小辈族亲;维清售文敏在先,寿轩售王襄在后。此三人的真实情况尚待厘清,但对本文讨论影响不大),但第一次见面是1899年在与王懿荣首次甲骨交易后的空手探询;1900庚子年春在天津有了很少量成交,但也是在与王懿荣第二次交易了数百片的前后;再后较多的购藏,就已是京城失陷、王懿荣自尽后的事情了(陈梦家曾见过孟氏1900. 11. 12的疑似收藏记录②)。那时京津地区已一片狼藉,官绅元气大伤,甲骨及各类古董身价随之一落千丈。在此期间(1901—1911),刘鹗、方药雨、王孝禹、库寿龄、方法敛、罗振玉、端方、沈增植、明义士等也都已开始成批购藏,刘鹗更是在几年内一跃成为甲骨和大量其它珍贵文物的收藏大家(遂有《铁云藏龟/藏匋/藏货/藏印》等系列的大规模出版规划)。

综上所述,一则王-孟没有早于王懿荣购藏甲骨的确切证据,只有反证;二则就算王-孟在1900或更早收购了少量甲骨,也无任何原始证据证明他们在1903年《铁云藏龟》出版之前及时、正确鉴定出了甲骨文的年代和意义,只有反证。而要确立甲骨文的学术发现,前述三项现代科学发现必要条件不可或缺。相对来说关键在于,他们没能及时地留下原始文字(直接证据)、也没有足够学术能力(逻辑推断),以及时在初见甲骨文时作出正确鉴定诠释。故无论他们收购甲骨是否在先,当年的王-孟二人与范姓古董商并无本质的不同,不足以成为此一科学学术发现的发现人。

因此笔者的看法是,关于甲骨文的发现人,只有二说可议:一为“王懿荣发现说”,一为“刘鹗发现说”。而且从严格的现代学术规范上来讲,发现人更应该是刘鹗(理由见下节)。

---

① 邓华:《甲骨文发现史上的另一桩公案》,《寻根》2002年第5期。

② 陈梦家:《殷虚卜辞综述》,中华书局,1958年,第648页。

三、合"王懿荣发现说"、"刘鹗发现说"为"王刘联合发现说"

"王懿荣发现说"的根据、理由，已经被很多学者和文章充分讨论，不再细说。此说的重大缺陷依旧，这就是迄今仍没能发现王氏确凿文字、或其它任何直接证据，来证明王文敏公在1898—1900年间发现购得甲骨、并做出过正确的鉴定诠释。次级旁证、辅证当然比较充分，笔者简明综合为四：其首要、最早的原始公开辅证，就来自刘鹗接手的甲骨、和《铁云藏龟·自序》的记叙："庚子岁有范姓客挟百余片走京师，福山王文敏公懿荣见之狂喜，以厚值留之。"其次在身后的有力书证，来自罗振常、明义士记录的范姓古董商口述（见前注。另一参证《潍县志稿》的记载，据邓华前述论文系编纂于1931至1936年，且错讹较多难以为凭）；再次来自史料记载中王懿荣自身的学识、专著、职位头衔、和嗜古如命事迹与收藏实物的流传；最后还有他在庚子事变中高风亮节、以身殉国的人格感召力。

但这些间接证据最多只支持王懿荣最早收藏甲骨文，而不涉及鉴定甲骨文。其子王崇焕（汉章）在《古董录》中"细为考订"等说法，一则属"利益相关"，二则是在刘孙罗王对甲骨文鉴定研究公布多年后的1933年才写出，不足以为确凭。故严格说来，王懿荣对甲骨文的鉴定诠释依然尚属推断，只能确立为"收藏发现人"。对此，徐坚在前述论文中认为："以王懿荣作为甲骨研究的首倡者却并不妥当，甚至王懿荣是否辨识出甲骨都值得置疑。……如果《铁云藏龟》刘、吴、罗三家说法应当采信的话，则王懿荣即使有甲骨，亦无未来的金石考古之学和史学对甲骨的意识，《遗集序》称王懿荣为'吾国研究殷墟甲骨文字开创之始'实缺乏任何直接证据。"

而"刘鹗发现说"一说，主要因为政治因素（刘鹗的超前眼光及言行，导致在他生前死后、直到80年代改革开放之前，都长期被误判为"汉奸"和"反动派"），加上刘鹗资料的缺乏及其它诸如师承门户等原因，以致被中国主流学术界忽视、遗忘。笔者所知的提及者，早期只有董作宾、胡厚宣1937年的《甲骨年表》"铁云见龟板有契刻篆文，以示正儒，相与惊讶……铁云遍历诸肆，择其文字较明者购以归"①，但究其来源只是1931年报载"汐翁"短文孤

① 董作宾、胡厚宣：《甲骨年表》，《中央研究院历史语言研究所集刊》乙种之四，1937年，转引自李济《安阳——殷商古都发现、发掘、复原记》。

说，不足为确凭（参见李学勤专文①）；中期有王宇信在1984年“商史学术讨论会”论文中简短提及②，根据仍与董胡上述来源相同，随即基本否定；近期仅见前述徐坚在2014年《发现甲骨：考古学史的视角和写法》一文中指出：“除刘鹗说之外，其他诸家假说均无确凿证据，而且都是以行为意义上的发现取代认知意义上的发现……‘刘鹗发现甲骨说’是唯一有确凿的同时期文献证据的假说，但是却很快被其他假说取代。”可惜徐氏并没有做出进一步追究论证。

而事实上，“刘鹗发现说”之确凭实据，完全无需牵扯那篇内容道听途说的汐翁“龟甲文”，只凭刘鹗遗留下来的相关原始日记、和在1903年公开出版包括自序的《铁云藏龟》，再加上1904年登载于《时报》的广告（详情见下节）等，就可构成一联串确凿完整的证据链，充分满足前述现代学术发现的全部三项条件：

[1] 发现实物：五千余片具来龙去脉的有字甲骨实物收藏；和1903年初版6册、共1058片有字甲骨1∶1比例的原甲骨拓印；加发现之初的相关描述，诸如：“传闻土人见地坟起，掘之，得骨片与泥相粘结成团……同时所出，并有牛胫骨，颇坚緻。龟板，一种色黄者稍坚，色白者略用力即碎。”③。

[2] 正确鉴定诠释：1903年11月4日（农历九月十六日）《铁云藏龟·自序》：“盖汉人犹得见古漆书，若刀笔无有见者矣。是以许叔重于古籀文，必资山川所出之彝鼎。不意二千年后，转得目睹殷人刀笔文字，非大幸欤！……象形之字既多，可知其为史籀以前文字。何以别其非周初？观其曰‘问之于祖乙’（三·三）……祖乙、祖辛、母庚，以天干为名，实为殷人之确据也”（出处同前注）；加近年发现、尚未引起学术界重视的1904年夏刘鹗所撰《时报》公告：“士生三千年后而欲上窥三代文字难矣！……故出敝藏古文，拓付石印。兹先成二种：一曰《藏龟》……皆殷、商纪卜之文，以刀笔□于龟骨，即殷人亲笔书也”④（详情及讨论见下节）；再加作为原始旁证的1903年月吴昌绶作“铁云藏龟序”：“文敏导其前馬，先生备其大

① 李学勤：《汐翁〈龟甲文〉与甲骨文的发现》，《殷都学刊》2007年第3期。

② 王宇信：《关于殷墟甲骨文的发现》，中国社科院历史研究所1984年。

③ 刘鹗：《铁云藏龟·自序》，《刘鹗集》下，吉林文史出版社，2007年，第20页。

④《刘鹗〈铁云藏龟〉〈铁云藏陶〉出版广告》，《时报》1904年8月26日。载《刘鹗集》上，吉林文史出版社，2007年，第669页。

观。……寀为殷人之遗，证諭显然，致足矜异”；及 1904 年 12 月孙诒让《契文举例·序》：“丹徒刘君铁云集得五千版，甄其略明晰者千版，依西法拓印，始传于世。刘君定为殷人刀笔书。……知必出于商周之闲。刘君所定为不诬。”①

［3］原始、公开或可查证的书证记录：上述 1903 年末出版的石印《铁云藏龟》及落款于同年 9 至 12 月间（农历八至十月）的三篇序言（刘、吴、罗）；1904 年孙诒让据《铁云藏龟》所著《契文举例》并序的相关文字；加其它确切原始书证：前有刘鹗 1902 年《抱残守缺斋·壬寅日记》手稿中关于“龟文”的数条原始记录，后有上述 1904 年报载“抱残守缺斋刘铁云启”《铁云藏龟》、《铁云藏陶》大型出版公告；再加最早见到甲骨文的外国人内藤湖南（虎次郎）的相关回忆：“明治三十五年（1902）……其时在北京会见了刘铁云氏，当时他编纂的著作放在桌子上，正在制作拓本，听他说这是新近从河南发掘的龟甲，上面刻有文字。”②（刘鹗日记中也有该年与内藤的交往记录。）

上述多项原始证据各自独立，相互印证、互洽，形成了一条完整、坚实的证据链。因此全面严格来讲，第一个发现甲骨文、并正确将其鉴定诠释为中华文明三千多年前殷商时代古文字，且及时借现代出版媒体多次向世人宣示这一重大发现的人，是刘鹗。

关于“刘鹗发现说”的发现时间，最迟应是在 1902 年 11 月 5 日（农历十月初六日），确凭是刘鹗《壬寅日记》中当天的日记。该日日记全文为：“晴。午后，涂伯厚来，看宋拓帖。申刻，偕宝廷往晤詹美生商谈一切事。晚间，刷龟文，释得数字，甚喜。”一天后（十月初七日）又记：“昨日翰甫之四百金取去。夜，作《说龟》数则。”③根据刘德隆《试论刘鹗对甲骨学的贡献》一文中对刘鹗日记原件所作的对比考证，陈梦家依据的 1936 年《考古社刊》所载刘鹗日记年份有误，故刘鹗在 1901 年购藏王氏甲骨一说不能成立，1902.11.5 的这条日记就是迄今所见我国甲骨文史上，明确记录甲骨文字（刘鹗时称“龟文”）的第

① 孙诒让：《契文举例·叙》（1904），《续修四库全书》，上海古籍出版社，第 139 页。

② 内藤湖南：《中国上古的社会形态》（1917），转引自严绍璗：《日本中国学史稿》，学苑出版社，2009 年，第 174 页。

③ 刘鹗：《抱残守缺斋·壬寅日记》，刘德隆等编：《刘鹗集》上，吉林文史出版社，2007 年，第 712 页。

一次文字记录①。现存原始记录所载的最早的发现日，比之前的“1899年”晚了三年、却跨了一个世纪，看上去颇为“吃亏”。然科学结论之所以能够成为经得起时间考验的真理，就在于其严谨的原则如胡适所说：“有一分证据，说一分话”。

虽然刘鹗自己在一开始就明白告诉世人，王懿荣是最早发现和收藏甲骨文的学者（暂不论其中包含了多少借重权威名头的成分），但据如罗琨研究员为代表的学者们推断②，由于王氏的中国传统意识积习导致的“命秘其事”（王国维语）行为，加庚子之变时慈禧荒唐的文官顶武职之举，王氏很可能没有及时写下研究文字记录，更没能像引领西学风气之先的刘鹗那样，尽快记录研究、筹备出版、广泛传播。这些不幸和遗憾使得王懿荣难以成为严格完整学术意义上的甲骨文发现人。但考虑到甲骨文发现时段恰巧处于中国传统学术向现代科学转型的背景、逝者为大为尊的传统伦理，加前面提及的那些理由充足的旁证和推断，将历史、国情、情感因素综合迭加起来，“王懿荣发现说”至今能被的学术界广泛接受传播，其来有自，情有可原。

联系到本文开头所述、即有确凿实物加正确诠释鉴定，才能获得完整的发现人资格，可见最好的两全其美之法，是把王懿荣的“先行收藏发现人”与刘铁云的“鉴定传播发现人”合二为一，将二人一起定为“甲骨文联合发现人(Co-discoverer)”，将中国甲骨文发现确定为“王懿荣-刘鹗联合发现”。如此裁决，应是既有足够现代学术规范支撑、又符合中国特殊历史国情的万全之策。

“王刘联合发现说”至少有四大好处：一在国际科学规范上更加严谨完备，华夏文化源头甲骨文之百年公案可得到稳妥的、至少是阶段性解决；二可使甲骨文发现时间不致推迟，仍然维持1899年不变；三是王懿荣的历史贡献不被埋没；四则肯定褒扬了中国学术转型期学人间相惜-相继-相成的佳话。

其实，此“王刘联合发现说”之说，也正与前“中央研究院”院长、中国近代第一个人类学博士李济（据岱峻《李济传》）在其生前最后一本专著《安阳》中，对王懿荣和刘鹗的评价看法不谋而合、异曲同工：“如果王懿荣是中国古文字学新学派的查理·达尔文，刘铁云就像托马斯·赫胥黎一样与他并列，这已是被一致公认的事实。”（《安阳》P.11，出处同前注）遗憾的是这个评价已被学术界遗忘久矣。而“殷墟甲骨文的发现，是中国学术史上的大事，在世界学术史上

① 刘德隆：《试论刘鹗对甲骨学的贡献》，《刘鹗散论》，云南人民出版社，1998年，第7－14页。

② 罗琨：《甲骨文解谜》，长江文艺出版社，2002年，第8页。

也值得大书特书”(李学勤语①)。衷心期待在一百多年的争论之后，我们无需再向世界同行费力解释，人类文明重要源头之一甲骨文的发现人自身并没留下一字证据。

笔者认为还有必要建议、并期待学者专家们认同，今后能在相关学术著作中做出如下的澄清和更正：长久以来广泛宣传的“王懿荣生病吃药发现甲骨文说”，其源头实际上只是报刊短文和民初流传于北京琉璃厂的坊间传闻②，王家后人也没有认同，不宜用作信史写入甲骨学正史中，进而在各类媒体中传播。此说最多只可作为一种假说，包括刘鹗是王懿荣门生、先于王氏或在王宅同时发现甲骨文，也仅来自传闻和后辈的口耳相传(自刘蕙孙等)，尚未见原始记录确证。而相比之下，最早实地查访甲骨出土和买卖情况(1911 春)的罗振常所记《洹洛访古游记》，远为更加切实可靠，“应视作第一手的数据”(胡厚宣语)。综合罗振常和明义士的早期原始记录、加刘鹗自序(1903)，参考王汉章(崇焕)在《古董录》(1933)及《清王文敏公懿荣年谱》(1924)中的相关说法，可得出更严谨可靠的甲骨文发现过程新表述如下：

曾向王懿荣出售古董的山东古董商范维卿(清)，因王氏曾强调有字的古董都要，于是在河南“四处巡回村落”，“跑乡至小屯，索土中发掘物……曰有字者皆可”，“土人……因以骨示之，范虽不知其名，然观其刻画颇类古金文，遂悉购之”③。范估于 1899 秋、1900 年春携带这些甲骨径回京师以示王氏，遂有刘鹗所述王文敏的“见之狂喜，厚值留之”。(而王襄和孟定生初见甲骨时间在两范售于文敏之后，且无及时、正确鉴定甲骨文的能力证明。)甲骨文发现遂自 1899 年始，并于 1902 年转售至刘鹗收藏、记录、拓印，并同时开始研究鉴定、破译释读；于一年后的 1903 年末公开出版了六册《铁云藏龟》、加首篇甲骨文研究论文(自序)；转年的 1904 刘鹗再用《时报》公告多次将甲骨文的发现昭告天下(详情见下节)，彻底完成了此一重大学术发现。

四、刘鹗应被确立为甲骨学的揭幕人

《铁云藏龟》自 1903 年问世以来，其意义和贡献正日益得到学术界的肯定和重视。然而几乎所有学术著作和一般性读物在谈及甲骨文的“发现”和“研

① 李学勤：《汐翁〈龟甲文〉与甲骨文的发现》，《殷都学刊》2007 年第 3 期。

② 曹定云：《从“龙骨”到甲骨的飞跃》，《殷都学刊》2009 年第 3 期。

③ 罗振常：《洹洛访古游记》(新版)，河南人民出版社，1987 年，第 21 页。

究”这两大领域时，都仅把刘鹗和其《铁云藏龟》归入前者，即仅是发现与“著录”的范围。安阳“殷墟博物馆”、烟台福山“甲骨学发展史馆”等权威性展览的固定解说词，也只标明刘鹗为第一部“著录”甲骨文的出版人。王宇信著《甲骨学通论》(1989)在专门讨论甲骨文的初期考释研究章节中没有提及刘鹗，《甲骨学一百年》(1999)在第四章“甲骨文的考释极其理论化”中，第一节亦从《契文举例》开讲。李学勤在其甲骨百年总结文章中也说：“甲骨文字的考释，是古文字学最明显的一项成果。自1904年孙诒让著《契文举例》发端……”(出处同前注)，继续给出刘鹗和《铁云藏龟》与考释无缘的印象。再如徐坚的近年前述论文(2014)，依然在说“《铁云藏龟》是中国历史上最早的甲骨图录……每片甲骨上文字多寡不一，均未作任何释读”。

相关出版史应是主因之一。包括上海古籍出版社2002年出版的《续修四库全书》所收《铁云藏龟》等版本，只采用了无序版本，也造成了《藏龟》仅为“著录”的误导。而1903年末的初版石印《铁云藏龟》无疑至少刊有刘鹗自序，确据是1904年写就的孙诒让《契文举例》，已有多处提及了刘鹗在《铁云藏龟·自序》中对甲骨文的鉴定和考释。据陈梦家说：“《铁云藏龟》印行之初，卷首本有罗振玉、吴昌绶和刘鹗三篇序文。但附有序文的流行本很少。通常所见者，或删去罗序，或删去罗、吴两序，或无序。”①刘德隆在《刘鹗年谱长编》中说：《铁云藏龟》实际印刷过多次，故近代所能见到的《铁云藏龟》不尽相同，所见的《铁云藏龟》除拓印品质不一外，所收序文亦不尽相同，或有吴昌绶、刘鹗、罗振玉三序本，或有吴昌绶、刘鹗二序本；上海博物馆甲骨学专家曾说，以最早的印本为最好②。

然而只要翻开刘鹗的《铁云藏龟·自序》，就明明可见大量的考释文字——估计有很大比例的学者从未曾见过该序全文，或从未仔细通读。自序中诸如“龟板虽皆残破，幸其卜之繇词文本甚简，往往可得其概”、“龟板可识者，干支而已。如甲、申(四三·四，此识别言四十三页第四片也，下仿—刘鹗原注)”、“□，雨字象形；□，角字象形……‘乙亥卜祖丁十五牢’(三三·一)、‘辛丑卜厌问兄于母庚’(一二七·一)”等等③，再明确不过地表述了，刘鹗已将所附内册中某页、某片龟甲拓印上的甲骨文字，断识为当代的某字、某句。纵观刘鹗自序全文，凡1467字(跟据电脑计数，空格转行不计，下同)，此类探讨具体辨识的考释文字至少有777字，占全文的53%、即一半还多。如此还

① 陈梦家：《殷虚卜辞综述》，中华书局，1958年，第650页。

② 刘德隆等：《刘鹗年谱长编》，上海交通大学出版社，2019年，第518页。

③ 刘鹗：《铁云藏龟·自序》，《刘鹗集》，吉林文史出版社，2007年，第20页。

不算释读，难道只有那种把释文列在拓片旁边的式样才算释读？在发现之初所得甲骨十分零碎、破译有限的状况下，明显没有必要将很小部分的考释结果与原文并列。据类似上述从序文所引的多处相关考释原文，还可看出刘鹗不仅为6册整书设置了页码，也为每页拓片原图指定了顺序，使其可与序中的考释文字内容前后对应、相互参照，可见这篇序文已初步具备了学术论文的严谨性。孙诒让在《契文举例》的考释中多次探讨“刘说”、“刘云”，或肯定或否定，也无疑都是在进行相同性质的甲骨文考释研究。（关于刘鹗、孙诒让、罗振玉的考释成果，请参看笔者在另文《新探罗振玉等人的早期甲骨文研究》中的对比探讨。）

赵诚《二十世纪甲骨文研究述要（上）》一书的第二章中，对刘鹗的具体考释方法、内容、和结果较详细的叙述和分析。其中说到：“刘鹗考释甲骨文字的方法，其可推知者，大体有上述的三种（根据词例释字、根据象形释字、根据《说文》及其他古文字材料如《大盂鼎》等金文考释。—笔者注）。此外，他还有一些考释，但不太明白用的是什么方法。”①此书还专门提到“这里有一个相当有典型意义的事实，可以作为例证。甲骨文有一个◇（手写，下同—笔者注）字（《铁云藏龟》122.3），刘氏当时看到的古金文也有一个◇字，被隶定作帚……很自然的，刘氏就将这个甲骨文字释为归，把‘帚好’读成‘归好’（见《铁云藏龟·自序》）……但是，释甲骨文的帚为归，今天看来实在是错误的。值得注意的是，这一误释，一直延续了30年……孙诒让《契文举例》将此字隶定作帚，谓当‘假为归字’。罗振玉《殷墟书契考释》亦认为‘凡卜辞中帚字，皆假为归’。罗氏的《殷墟书契考释》是王国维手写付印的，在王氏手写的过程中曾提出过一些自己的看法，但于释帚为归未见有任何表示，可见王氏也并不反对。到了20世纪30年代的吴其昌，在他的《殷墟书契解诂》里肯定释帚为归‘是也’。……董作宾《帚方说》在肯定释帚为归的基础上又申论当读馈赠之馈。上述孙、罗等皆可以说是甲骨文字研究的佼佼者，均认为释帚为归是正确的，可证刘氏之释并非妄说，所以延续了那么多年。直到1933年，郭沫若在《卜辞通纂考释》中才第一次指出：‘帚字……实当读为妇’……1934年，唐兰进一步加以申论……释帚为妇才成为定论。”但该书在本节后面，却又说道：“刘鹗的《铁云藏龟*自序》只能表明他是甲骨文字释读的第一人，而不是第一个考释者，这其中有一定的贡献……”（出处同前注），这种前后矛盾的表述，其逻辑不知何在？刘、孙、罗、王、董在研究方法上一脉相承，研究结果同为“释帚为归”，不论以方法、还是对错来裁判，试问为何后者几位都是“考释”，唯独刘鹗不是“考

① 赵诚：《二十世纪甲骨文研究述要》（上），书海出版社，2006年，第12页。

释”？他的研究论文公开出版在先，后人都有借鉴，他为何不能是“第一个考释者”？这个界定根据什么、如何度量、是否合理，其中堂奥还期待专家解释、明断。

刘鹗破天荒的探索，认出、认对的字不很多，正是此事不易的左证。一百一十多年过去至今，殷墟总共出甲骨土了约10至16万片，发现了单字约4000个，但已被公认辨识的仅有不到三分之一（据李学勤，出处同前注）；就算以1300个计，这相当于所有学者的努力成果加在一起，平均每年才辨识不到13个字。然刘鹗以一己多重身份的活动家之身，在一年时间内偷闲潜心研究（参见刘鹗《抱残守缺斋日记》所记当年活动之繁忙），正确得识34字，实在可算是不小的成就。创始者当然会先识那些最容易认的字——但设身处地，刘鹗作为最早领先的孤行者，茫然面对的是支离破碎的天书神符，单骑闯入的是前无古人的洪荒之境。

看待和研究历史，最常见的错误应属“以今视古”、“以后度前”和“政治挂帅”。台湾的学者或可较多排除政治干扰，曾任台湾中研院史语所所长的屈万里教授曾在1970年为李孝定编《甲骨文字集释》所作序言中说：“就识字一端言之：刘鹗之印《铁云藏龟》也，自谓能识四十余字。然今日观之，彼所释而不误者，实仅三十四字……皆最易认者也。……孙罗两家所释，今已证知其误者颇多。然启之辟之，以导先路，其功实不可没也。”①董作宾看重的台湾甲骨学大家严一萍更有明确论断，在其力作《甲骨学》(1978)中，不但在“传拓与著录”一章中明言“甲骨的传拓可说是由刘铁云才开始的”，而且还在“释字与识字”一章中明确指出：“研究甲骨，首重文字。……识甲骨文字，当以刘铁云为第一人。……刘氏不以甲骨文为业，只是举例而已”②。大陆学者方面，也有陈梦家在其名著《殷虚卜辞综述》的第二章“文字”的第一节“甲骨文字的初期审释”中，开篇明言“1903年刘铁云在《铁云藏龟》自序上，曾尝试读了几条卜辞。他所认的40多字中，有34字是对的……”（同前注，P.55）。中国社科院历史所的甲骨文专家罗琨研究员在2002年《甲骨文解谜》一书中，也以专业眼光公平指出：“他（刘鹗）释读了几条卜辞，释文涉及40个甲骨文字中，34个是正确的……实际上，他认出的字还不仅此…刘铁云根据文献记载和当时金文研究成果，判定甲骨文是‘殷人刀笔’，有理有据，可见他不仅仅是收藏者，还是最早研究、考释甲骨文的学者之一”。③

---

① 屈万里：《甲骨文字集释·序》，《“中央研究院”历史语言研究所专刊》之五十。

② 严一萍：《甲骨学》，艺文印书馆，1978年，第767页。

③ 罗琨：《甲骨文解谜》，长江文艺出版社，2002年，第13页。

甲骨文之所以成为重大学术发现，其关键核心价值无疑在于古文字的解读。刘鹗率先的考释文字，历历在目印在112年前出版的原始书页上，而且他还是1903年初见甲骨的三个学人（刘鹗、罗振玉、吴昌绶）中，唯一一位在《铁云藏龟》序文中留下文字考释成果的人；其"卜之繇辞"、"殷人刀笔文字"的鉴定也是最早的创见，比罗振玉同时"夏殷之龟"的断代更加准确。故笔者认为，谈甲骨文考释研究，言罗不能弃孙，说孙不可忘刘。刘鹗的《铁云藏龟·自序》应被确立为迄今世界上最早考释并成功破译断识甲骨文的论文，并凭借此一开创性工作，刘鹗领衔罗振玉和吴昌绶，一同率先拉开了甲骨学史中"考释研究甲骨文"的序幕。

另据《刘鹗集》主编刘德隆先生于本世纪初在上海图书馆的发现，1904年8月26日（农历七月十六日）的上海《时报》第五版刊载了"抱残守缺斋刘铁云启"的《铁云藏龟》、《铁云藏陶》大型"告白"（当时报界对告示和广告的合称），而且相同公告在该段时期间隔一至二周即重复刊登，延续约半年时间①。《时报》为1904年6月12日创办于上海的著名大报，由日本人宗方小太郎担任名义上发行人，实际总理为狄楚青，梁启超撰发刊词。《时报》总共发行了三十五年之久，经销商遍布全国及海外华侨大城市，重点布局于上海、江苏、浙江一带的大小城镇，在独立时评、文学副刊等方面有诸多创举，堪称与《申报》、《新闻报》两大报同列为近代上海最有影响的报纸。②

此篇广告经刘德隆先生抄录（当时未能拍照复印），全文收入于由其主编、2007出版的《刘鹗集》，但未能及时引起学界学者的关注。直至2016年8月19—20日，在烟台福山区王懿荣纪念馆举行的"甲骨文字识读进展与研究展望研讨会/暨'甲骨学发展史馆'开馆仪式"上，笔者才了解到参会的多位甲骨学权威学者尚未听闻刘鹗有此公告，但都认为此一事件颇具历史重要性。后在会议预先安排的20日研讨会发言中，笔者向包括王宇信、宋镇豪、王震中、李民、扬升南、王仲孚、蔡哲茂、吴振武、黄天树、朱凤瀚、蔡运章、沈建华、朱彦民、王蕴智、刘一曼、曹定云、胡振宇等全体与会专家，就这一重要发现加作了特别介绍。

刘鹗这个450余字的告白，不仅预告了其两部新书出版的时间、价格，更简介了书的内容，以抢眼、明确、加富文学感染力的自撰词语，借助这份当时颇具影响的新锐媒体，向世人连续多次宣告了甲骨文出土这一重大历史事件，阐明了《铁云藏龟》出世的缘由和意义，并向公众发出了学术探讨邀请。

---

① 刘德隆：《刘鹗集》上，吉林文史出版社，2007年，第669页。

② 李楠：《清末上海报纸"城市化"趋向的研究》，2013复旦大学硕士论文。

现代“广告”(Advertise/Commercial)一词多强调商业促销功能，故笔者认为将其称为“公告”或“告白”(Announcement)应更加准确。刘鹗公告的全文如下：

《铁云藏龟》、《铁云藏陶》出版广告

士生三千年后而欲上窥三代文字难矣！虽山川往往出鼎彝，十之八九归诸内府，散在人间十之一二而已。而收藏家又每以保护古器物为辞，不肯轻易示人。人之所得见者，仅摹刻木版耳。摹刻之精者如“积古斋”、“两罍轩”之类，又复行世甚希，好古者憾焉。

近来新学日明，旧学将坠，愿与二、三同志抱残守缺，以待将来。故出敝藏古文，拓付石印。兹先成二种：一曰《藏龟》，乃己亥年河南汤阴县出土。皆殷、商纪卜之文，以刀笔□于龟骨，即殷人亲笔书也。凡一千余品，装订六本，售价六元。二曰《藏陶》，系十年前山东临淄等处出土亦属商、周文字。计五百余品，附以汉代泥封。泥封者，苞苴之泥也，官名多史册所遗。共装四本，售价四元。又印明拓《石鼓文》，每份一元。三曰《藏货》，四曰《藏玺》，明年续出。此皆本斋所藏之器物也。

至海内各家收藏钟鼎彝器，敝处搜辑拓本已得二千余品，拟参合诸家之说，彝撰释文，次第付印，以公同好。四方君子，或有秘藏古器以拓本寄示，或有心得释文，以说稿惠教，皆祷祀以求，不胜感激者也。

寄售处：北京、上海有正书局及本馆账房

抱残守缺斋刘铁云启①

这篇刘鹗撰写刊登的大型综合公告加广告，足以成为一篇极为珍贵的历史文献。其可贵之处在于：1. 在《铁云藏龟 * 自序》之后，再次以明确文字持续六个月向天下宣告“发现殷商甲骨文”这一重大历史性事件；2. 特意写明了该出版图书的历史背景、意图、意义和目的：“虽山川往往出鼎彝，十之八九归诸内府，散在人间十之一二而已。而收藏家又每以保护古器物为辞，不肯轻易示人……好古者憾焉。近来新学日明，旧学将坠，愿与二、三同志抱残守缺，以待将来。故出敝藏古文，拓付石印”；3. 进一步倡导、实践了学术公器化，在结尾昭告天下“四方君子，或有秘藏古器以拓本寄示，或有心得释文，以说稿惠教，皆祷祀以求，不胜感激者也”。

①《刘鹗〈铁云藏龟〉〈铁云藏陶〉出版广告》，《时报》1904年8月26日，载《刘鹗集》上，吉林文史出版社，2007年，第669页。

这三点要素使得这篇文字，将新闻公告、意义宣示、研讨邀请等多种内容与商业促销功能融于一体，一举数得；同时将此一新发现的考古学术活动，从个人和少数同好的私下玩味切磋，扩展为公开平等邀约天下学人、乃至所有社会大众。这不仅是量的升级，而且是质的飞跃，其意义之深远非一篇普通近代广告可以同日而语。它应可能成为中国早期（如果不是最早的话）倡导和实践将传统学术化为现代公器的典范，在“旧学将坠”、“新学日明”的中国近代学术转型历史上，写下了有代表性的、具里程碑意义的一页。

综合二节所述，在此有必要向学术界总结提出，对于刘鹗《铁云藏龟》加《时报》公告的意义和贡献，有如下三个方面需要进一步明确和调整：

1. 李济曾言：“《铁云藏龟》的出版成功地唤醒了古典人文学者，这对中国学术界，特别是对中国的古文字学，都应说是一件幸事。”[①]在西风东渐的大变局背景下，刘鹗的《铁云藏龟》及时引领一代风气之先，在获得甲骨后仅用半年时间研究、半年墨拓出版，并运用当年最先进传媒广而告之，迅速将私藏化为公器，扭转了中国历代文人千百年来密藏自娱的陋习。此书的出版及随后多功能公告的反复刊登，在包括甲骨学在内的人文科学领域、乃至中国近代学术转型史上，都具有里程碑级意义。

2.《铁云藏龟》和《时报》公告的及时出版发布，使甲骨学有别于“北京人”、新石器文化发掘、敦煌学等发现研究学术领域，成为中国近代唯一一项在早期发现、后续研究、直至领先都没有依赖外国人的重大学术发现，形成了前有先驱王懿荣、刘鹗、孙诒让，中有甲骨四堂，后有现当代科学考古学者为代表的中国甲骨文发现和研究学术传承大军，在中国学术进入当代世界学术之林的进程中，独领风骚。

3. 刘鹗以其通识才能和超前眼光，在东西留洋学生学成回国效力之前出版了《铁云藏龟》和自序，使他成为本土传统学人自觉向西方现代学术取长补短的开路先锋。他不但及时向世界宣告了甲骨文发现，还以开创性研究，在晚清危亡环境里亲手推开了甲骨文考释的学术大门，同时在发现和研究两个领域，为将中华民族信史向前推进一千多年做出了贡献。

---

① 李济：《安阳——殷商古都发现、发掘、复原记》（译自1977英文版），中国社会科学出版社，1990年，第12页。

五、林泰辅的早期挑战与罗王之“两剑封喉”

今年迎来了甲骨文发现正两个甲子、120周年纪念，距甲骨学的揭幕奠基也已过去了约110年。时至今日，有必要回过头去再探寻一下罗振玉开始研究甲骨文的缘起。

颇为流行的说法是当年有日本人写信向罗氏请教甲骨文，罗作答时着手研究，于是一发不可遏止。究此“请教说”源头，笔者发现它仅发源于罗氏的自述。但笔者又注意到，罗氏20年前后相关自述的情节有所不同。加上后来日本人提供的另一说，使得此一事过程出现了至少三种版本。早先罗氏在1910年的《殷商贞卜文字考》自序中，不免要交代这部著作的写作缘起。罗氏当时谈到的起因，是上一年(1909)日本学士林泰辅在日本《史学杂志》率先发表了一篇甲骨文研究论文后，寄送通报于罗：“去岁东友林学士泰辅始为详考，揭之《史学杂志》，且远道邮示，援据赅博，足补正予曩序之疏略。”且在1912年的《殷墟书契前编》自序中，罗氏又重复了相似说法：“宣统改元之二年，东友林君泰辅寄其所为考至……投书质疑。”(出处同前注)此两次说法相隔两年，内容大致相同，可称为“邮示交流说”。

近二十年后，罗振玉在晚年自传《集蓼编》(1931)中的相关说法是：“宣统初元(1909年—笔者注)，予至海东调查农学，东友林博士(泰辅)方考甲骨，作一文揭之杂志，以所怀疑不能决者质之予。予归，草《殷商贞卜文字考》答之，于此学乃略得门径。”(出处同前注)相隔二十来年，此描述与旧说相比差别颇大，变为“面呈咨询/请教说”。

当年甲骨宗师出言，今日学界则善而信，遂使“邮示＋请教说”流行。但在此事上，说者和听者都很可能有意无意地又一次落入“以后度前”的陷阱：具体在这里是“以同一人多年后之成就和地位，度其之前的言行”。历史研究常识和通则，是同一人多次描述同一历史事件的情况下，一般以事件发生较近的描述可信度更高。顾颉刚“古史辨”总结出的核心“卓识”(胡适语)，即是时间越晚，演绎成分越多。故笔者推断，罗振玉早年描述的“邮示交流说”应该更接近历史真实。

但笔者后来又见到了一个新说法。此说来自东瀛学者成家彻郎为1999年安阳“纪念殷墟甲骨文发现一百周年国际学术研讨会”提交的论文，名为《日本人研究甲骨的先驱——林泰辅》。文中一处提到：林泰辅的“《关于清国河南省汤阴县发现的龟甲兽骨》在甲骨学的发展史上，占有重要的学术地位。

他把该文发表于《史学杂志》，请当时居住在北京的田中庆太郎介绍给罗振玉。这对日本人来说，恐怕谁也难以理解。罗振玉见其著文而为之震惊，并受刺激而写成《殷商贞卜文字考》。”①此“田中介绍说”既别于邮示更非自呈，虽未提出自何据，但人物和地点言之凿凿。

最后看到北大教授严绍璗所著《日本中国学史稿》一书及其更早的论文《甲骨文字与敦煌文献东传纪事》②，于是这一串谜团才得以完全解开。严教授提供了一封非常重要的罗振玉致林泰辅原始信件，作于并附加于1910年罗氏完成的新作之后，其中写道：“去岁在东京，得聆大教，欢慰平生。别后之思，与时具积……前田中君转到赐书并大著，拜读一通，深佩赡核。觉往者率尔操极，见嗤都雅，愧赧无似”③，后面介绍并附上了自己的新作《殷商贞卜文字考》。此信足以说明罗振玉确曾于1909年在日本与林氏有过面谈，而且林泰辅的新作确是经田中转交而非邮寄。只是罗振玉在其后所写的相关序文中，觉得没必要将这些交往细节都交代给局外的读者，故“田中君转交”不妨化简为“邮示”，“率尔操极，见嗤都雅，愧赧无似”的貌似谦词也就更不必提及了。而《集蓼编》中“作一文揭之杂志，以所怀疑不能决者质之予”的说法，应是罗振玉在多年后回忆时，一方面将早年林氏面呈的写作与后一年林氏的“杂志论文”混为一谈，另一方面因罗氏晚年已功成名就，当初的“交流”也就成为“咨询”。

综上所述可基本判定，林泰辅在其甲骨论文发表后，才请内行的田中庆太郎（1880—1951，日本学者型中国古籍书商④）转送，与其说是报告、请教学问，不如说是通知加炫耀其领先成果——以日本当年人文科技学术无不领先的地位，甲午战胜国的自豪，这种意味顺理成章。论新学、西学，中国当时的全面落后自不待言，但在祖宗文字源头研究上也让日本人领先，这在即使是亲日派罗振玉看来，也几近胯下之辱，颇受刺激。无奈那时罗氏学问并无大

---

① 成家彻郎：《日本人研究甲骨的先驱——林泰铺》，《夏商周文明研究4：纪念殷墟甲骨文发现一百周年国际学术研讨会论文集》，社会科学文献出版社，2003年。

② 严绍璗：《甲骨文字与敦煌文献东传纪事》，《中国文化》1990年第3期。

③《罗振玉致林泰铺信》，转引自严绍璗《日本中国学史稿》，学苑出版社，2009年，第176页。

④ 据钱婉约：《学者型书店老板：田中庆太郎》：“1908年至1911年这三四年间，田中在北京购置了房产，住守北京，一面向当时的中国学者、版本学家请教汉文化知识，研修汉籍版本知识，一面全力发掘、购进善本珍籍。在这一阶段中，通过公开的和不公开的方式，田中购买了包括甲骨片、敦煌经卷、《四库全书》散本在内的众多珍贵古籍。……高罗佩则称赞说‘（他在版本学上的）博识卓见，足够得上大学教授的资格。’”《中华读书报》2011年6月1日。

的优势，还不得不承认对方“援据赅博，足补正予囊序之疏略”。但紧随其后，就有了“予乃以退食余晷，尽发所藏拓墨，又从估人之来自中州者，博观龟甲、兽骨数千枚，选其尤殊者七百，并询知发见之地乃在安阳县西五里之小屯……正史家之违失，考小学之源流，求古代之卜法。爰本是三者，以三阅月之力为考一卷，凡林君之所未达，至是一一剖析明白，乃亟写寄林君，且以诒当世考古之士”。(《殷商贞卜文字考·自序》)罗氏以此力作，不但一举超越日本先驱学者，外加最早出版英文甲骨学著作的美国赴山东传教士方法敛(其《中国原始文字考》于1906年出版，但大小谬误甚多)，并且一发不可遏止，其后更上层楼的系列著作随之井喷而出。

说林泰辅刺激了罗振玉是否夸张？林氏的汉学是何等水平？南京大学童岭副教授在“那珂通世、林泰辅与清末民初的中国学界”①一文中，对林氏给出了生动的介绍：

> 林泰辅(HAYASHI Taisuke，1854—1922)，东京大学古典讲习科毕业(据笔者所查资料，还应加上：字浩卿，博士)。清末民初，当时中国一流学者对林泰辅大都赞赏有加。对于林泰辅获得“帝国学士院恩赐赏”的名著《周公と其时代》，不轻许人的王国维说道：“《周公及其时代》一书，深佩研钻之博与论断之精。”钱穆在感佩之馀，取其中第一部分《周公事迹》译为《周公》，并在译序中说此书：“排比明备，尤为学人所需。”亡命日本的郭沫若，亦根据林泰辅所编《龟甲兽骨文字》等书而陆续写成《甲骨文字研究》、《卜辞通纂》，从而奠定了他“甲骨四堂”的地位。……痛恨日本人的章太炎先生，在给罗振玉的一封信中一路横扫，历数痛骂近代日本学者，唯独对于林泰辅笔下稍微留情，且以为罗振玉学问远不及林泰辅：“足下学术虽未周挟，自视过于林泰辅辈，固当绝远。”那珂通世的高足白鸟库吉提出“尧舜禹抹杀论”一说，惊世骇俗，一时日本学界皆从其风。然而，林泰辅这位向来与世无争的老儒生忽然于此时拍案而起，与白鸟展开了连续四次大论战，翼护儒家学说。日本传统汉学界对于这件事情评价极高：“(林泰辅)以专门考证之学，一举摧破白鸟氏学说。以经学家而言，其气概凛然，不容侵犯。”

然童文没有说到的是，这位令人起敬的汉学家研究甲骨文既早，且精。

① 童岭：《那珂通世、林泰辅与清末民初的中国学界》，《文史知识》2009年第5期。

根据前述成家彻郎《日本人研究甲骨的先驱——林泰辅》一文,“1900 年前后……林泰辅自然也研究了金文、说文解字。恰好在这一时期,以往全然不可知的甲骨文字被发现了。当时,对这一新资料持怀疑态度的学者,在中国和日本都存在。然而,林氏一见其实物,立即给予了公证的评价……1909 年,《史学杂志》登载了《关于清国河南省汤阴县发现的龟甲兽骨》。此乃日本人有关甲骨方面的最早著述,甚为有名”。(另根据该文日本文献索引,“兽骨”似应为“牛骨”。中国学术界有将其译为《清国河南汤阴发现了龟甲兽骨》①,三字之差使之听起来像是一篇报道介绍性文章,应属误译。笔者近日又见北大博导严绍璗教授将其译为《论清国河南省汤阴县发现之龟甲牛骨》,当最为准确。—笔者注)更重要的是,成家氏在此文中接着说道:“但该文其中一节里有如下的表述:‘余于二三年前看到此书(《铁云藏龟》—成家原注),知有关支那古代文字考究方面,获有极为贵重的材料,想试作一些考证,然而尚未见到其实物,因之今权且不敢发表……’几年前,我有机会发现了林氏于 1907 年写的《关于支那古代史上文字的源流》。此稿是用毛笔所书,外表绢装,计全 5 册的巨作……该著作尚几乎无人所知……才知道他所说‘试作一些考证’指得就是这一篇。……第 4 册中有《第六古文的变迁》一节,在该节中,他对《铁云藏龟》所见有关甲骨文试作了考证。”

据此可知,林氏居然很早看到了《铁云藏龟》,并与孙诒让不约而同做了类似的研究,时间上仅比孙氏晚了两三年,却比罗振玉早了两三年。所以,罗振玉在 1909 年 6 月赴日考察农学与林泰辅会面时,他给罗氏看的很可能就是自己的早期著作《源流》的一部分。此手稿后来“无人所知”、没有发表,成家在文中给了一个线索,说林氏当年经济窘迫,为了能到中国安阳进行实地考察,厚着脸傍了一回名叫诸桥辙次的同僚,成行之后,此稿就“归于诸桥辙次”。但笔者推断这应该只是部分原因,如果没有罗振玉及时、凌厉、几近“一剑封喉”的回马枪,这部书晚一些也应会由诸桥或林氏发表。

笔者尚查到,《史学杂志》确为日本政府资助、日本史学会编辑出版的一本权威杂志,1889 年创刊,基本每月出一号,每年合为一编,至今已出 113 编(至 2004 年)②。根据成家彻郎此文的文献资料注释,林氏论文的发表信息为“《史学杂志》20—8、9、10,1909”,于是含义应该就是“总第 20 编,1909 年第 8、9、10 月号连载”。成家此文还转引了神田喜一郎的话,指出由于早期日本学界对中国发现甲骨文普遍质疑,林氏该文其实是发表在该杂志的“杂录栏”而非正式论说栏目,这样被截断三连载也就顺理成章。

---

① 罗琨:《甲骨文解谜》,长江文艺出版社,2002 年,第 22 页。

② 梁景和:《介绍日本几种重要的史学杂志》,《首都师范大学学报》2004 年增刊。

如此就可断定，当林泰辅的论文刚开始连载之时，根据罗振玉年谱他已经在日本考察完毕，于当年六月二十六日（公历1909年8月11日）回到了上海①；故罗氏在日本会见林氏之时，看到的只能是"5册巨作"《关于支那古代史上文字的源流》的部分手稿，或论文《论清国河南省汤阴县发现之龟甲牛骨》的草稿，而不可能是连载后的该论文全文。而且，由于罗振玉在初次会见时对林氏有所轻视，或者是林泰辅有所戒备、保留，没有尽述其正在发表的论文精华，这样才能合理解释这个曲折过程：前有罗氏会面时"率尔操觚，见嗤都雅"的低看林氏，后有林氏以"转交发表的论文"回敬，再有罗氏看到正式论文后"深佩赡核"、"援据赅博"的震惊，最后才他的全力以赴，"一剑封喉"。

不论林泰辅在面见罗振玉时是否成心保留，罗氏在看到林氏论文后的震憾、和以发奋力作一雪前耻之后的得意，都应是真实的感觉。于是才有上述信中后部"近日沉溺于此考将匝月"的重视，和"凡尊考之疑窦，一一得以瞭然判决……兹约略敬陈，先生闻之当为称快也"的释怀，言外之意是也让对方也尝尝被震惊之囧，被超越之痛。而林氏和日本学术界也因为看到《殷商贞卜文字考》和附信，才真正对罗振玉刮目相看，不但将此信郑重迅速发表于学术刊物，还在标题上错报了罗氏的头衔，称该信为《北京大学校长罗振玉关于殷代遗物新发掘的通信》。而罗振玉当时的职衔，仅是北京大学前身——京师大学堂的农科监督、兼学部参事，日后也未能获得提拔。

另一个不很相关的意外，是这封信还惹恼了避难日本的章太炎，并给他提供了一个指桑骂槐、扫荡中日学林的扬名机会，即前面提及的《与罗振玉书》公开信（同年发表于章氏自办的《学林》第一期）。"革命学术大师"章炳麟以此檄文不但痛贬保皇派罗振玉的学术水平"固当绝远"、"延缘远人以为声誉"，捎带表示了对"孙仲容大儒"的不满，更将日本汉学界的新老学者几乎逐个点名训斥、嘲弄②，可谓睥睨群雄，气势如虹。

然而，真正能使中外学人心服口服、肃然起敬的，不是死研古籍颐指气使，而是学术发现和独到创见。未见遭此莫名一击的罗振玉有何回应，但他宠辱不惊，择善笃行，用实际行动显示了亮剑之后的自信。他步步为营地在《殷商贞卜文字考》基础上不断补充、扩展、改进，扎实的学术成果源源而出：《殷墟书契前编》（1911—1912），《殷墟书契考释》和《殷墟书契精华》（1914），《铁云藏龟之余》和《五十日梦痕录》（1915），《殷墟书契后编/待问编》和《殷墟古器物图录》（1916），《释钥》、《殷文存》、《与林浩卿博士论卜辞王宾书》

① 甘孺（罗继祖）：《永丰乡人行年录》，江苏人民出版社，1980年，第364页。
② 严绍璗：《日本中国学史稿》，学苑出版社，2009年，第177页。

(1917)等等。其中《殷墟书契考释》系列等著作，很快就被公认为中国甲骨学的经典奠基之作。

罗振玉的另一历史功绩，是还以持续称许和殷切重托，将王国维(1877—1927)引入了甲骨学阵营，并促成王氏的更上层楼。今日学界对罗氏相关作为、和在《王忠悫公遗书序》、《海宁王忠悫公传》中的一些文字不能全以为然，但至少没有理由否认罗王遗存书信这样的原始资料。罗氏在1916年初的信中明白写道："国朝三百年之学术不绝如线，环顾海内外，能继往哲开来学者，舍公而谁？此不但弟以次望先生，亦先生所当以次自认者。若能如前此海外四年余，则再十年后，公之成就必逾于亭林、戴、段，此固非弟之私言也。"①

尤其当日本学者、罗王好友内藤湖南(1866—1934)借鉴罗振玉新出版的甲骨著作，参考王国维《三代地理小记》、及关于商王卜辞的讨论见解②，写出并发表了甲骨文考证论文《王亥》(1916)之后，敏锐的罗振玉看到后马上寄交已回国的王国维，再次激发王氏百尺竿头，以精湛的考证写出名篇《殷卜辞中所见先公先王考》。随即回寄罗振玉，罗氏接到书稿大喜过望，立即回信："灯下读一过，忻快无似"，"固知继我有作者，必在先生，不谓捷悟遂至此也"；并及时给予学术肯定、探讨意见、及出版打算："上甲之释，无可疑者……"，"异日当以大著别写印，与拙著同帙。"③王国维在出版论文有后记云："丁巳二月，参事闻余考卜辞中殷先公先王，索稿甚亟。既写定，即以草稿寄之。复书两通，为余证成'上甲'二字之释。……余适以展墓返浙，至沪读此二书，开缄狂喜。"④

在《殷卜辞中所见先公先王考》和《续考》中，王国维首开以人脑记忆"缀合"两片关键甲骨、并导出重大研究成果之先河："……疑本一骨折为二者。乃以二拓本合之，其断痕若合符节，文辞亦连续可诵，凡殷先公先王自上甲至

① 王庆祥、萧立文校注，罗继祖审定：《罗振玉王国维往来书信》，东方出版社，2000年，第33页。

② 见王国维在《殷卜辞中所见先公先王考》所说："余读《山海经》、《竹书纪年》，乃知王亥为殷之先公，并与……之琡，实系一人。尝以此语言参事及日本内藤博士。……博士亦采余说，旁加考证，做《王亥》一篇。"载《观堂集林》卷第九/史林一，河北教育出版社，2003年，第209页。

③ 王庆祥、萧立文校注，罗继祖审定：《罗振玉王国维往来书信》，东方出版社，2000年，第254页。

④ 王国维《殷卜辞中所见先公先王考·后记》，载《观堂集林》卷第九/史林一，河北教育出版社，2003年，第224页。

于大甲,其名皆在焉"①。王国维在此一研究中,凭借深厚的国学功底、天才的想象力、加逻辑缜密的考据功夫,展现了难得的多方面综合能力。"卜辞之学至此文出,如漆室忽见明灯"(赵万里语),此篇论文经过学界和历史岁月检验,遂成为中国新史学"二重证据法"的里程碑之作。继林泰辅再次形成挑战的内藤湖南,在读过之后也只能"感叹至极"(严绍璗语,同《日本中国学史稿》注,P.184)②,随即就将此一重大成果公布于日本学界。其后的其他外国学者,在这个领域更只能望洋兴叹,再无赶超机会。至此,罗王以先后出手的"两剑封喉",稳固确立了二人在甲骨学界"二骑绝尘"的领先格局,同时也为自身奠定了"罗王之学"独领风骚于一时的学术地位和国际声誉。

然今日学人应认识到,中国现代考古学建立前夕的考据学、古文字学已是穷途末路,加之清朝覆灭后的兵荒马乱,更成为一条近乎绝望的艰辛之路。王国维自身也是在异国漂泊、前途渺茫之时,才决然踏入。这从王氏在日后为其子辈择业安排的取向上,也可见一斑:长子潜明及三、四子从业海关,次子高明从业邮政。

这篇《先王考》的内容,在后世研究者面前并非无懈可击,但从当年的历史环境和学术意义上来看,其分量和功绩仍然不容小觑。如乔治忠教授在其著作《中国史学史》(2011)中所指出,后世甲骨学家丁山、陈梦家、周鸿翔等先后都曾指出了王国维《先王考》中的错误部分,这也是现代学术递进发展的事实。本人也基本赞同乔教授作出的如下结论:"王国维之'而由殷周世系之确实,因之推想夏后氏世系之确实'(引自《古史新证》—笔者注),已属于错误的逻辑……正确的学术态度,应当是以客观的求真、求是态度对待新发现的史料,能够印证原有史料和结论者,固当印证之,而若可以否定原有材料和结论,亦当予以否定之。"(来源同乔治忠《再审视》文前注)其实,这也正是胡适之名言所强调的、科学考证的基本原则:"有八九分证据,不要说十分话"。

---

① 王国维:《殷卜辞中所见先公先王续考》,《观堂集林》河北教育出版社,2003年,第224页。该论文第二段写道:"前考据《书契后编》上第八叶一条,证□、□即报丙、报丁。又据此知卜辞以报丙、报丁为次,与《史记·殷本纪》及《三代世表》不同。比观哈氏拓本中有一片,有□、□、示癸等字,而彼片有□、□等字,疑本一骨折为二者。乃以二拓本合之,其断痕若合符节,文辞亦连续可诵,凡殷先公先王自上甲至于大甲,其名皆在焉。"

② 此事另见钱婉约在《罗振玉与内藤湖南的交谊》文中所说:"1916、1917年,内藤湖南先后发表《王亥》、《续王亥》等论文,即是在罗王考释甲骨文的基础上,作出的利用甲骨文研究殷商历史的杰作。王国维又在内藤湖南这二文的基础上,进而写出更为精湛的古史论文《殷卜辞中所见先公先王考》,这是甲骨文研究史上中日学者交流的一段佳话。"载《中华读书报》2012年6月6日。

六、刘鹗罗振玉等人的五大历史功绩

迄今学界对甲骨学发展史的阶段划分，多根据性质和时间，将王懿荣、刘鹗划为发现阶段，将孙诒让和罗、王划为科学发掘之前的考释研究阶段，将1928年后划为史语所科学发掘研究阶段，将1949后划为建国后的新阶段。而在笔者看来，不同于诸如埃及古文字因为失传已久、导致拿破仑学者大军的发现与商博良的成功破译相隔二十年，故可明确分为两个截然不同的阶段；甲骨文发现情况的独特性在于，其发现、公布与鉴定、释读等重要节点之间，都如前数节所述那样，在时间、内容、和当事人上密不可分。在《铁云藏龟》出版的一刻，发现物拓片和作为该书之序的研究论文也同时面世，对此一重大发现的年代、性质和意义都做出了基本正确的鉴定诠释。

故笔者认为，应把刘鹗、吴昌绶一同确认为甲骨文研究先驱，与孙诒让、罗振玉、王国维同等看待，一起列入“甲骨文研究/暨甲骨学的开创者”行列（关于《契文举例》的出版周折、刘-孙-罗考释成果对比、孙-罗-王的微妙关系及日本林泰辅的早期贡献等，笔者将在另文“新探罗振玉等人的早期甲骨文研究”中探讨）；同时与此相应地将1899至1928年共30年期合并起来，称为“中国甲骨文发现、鉴定和研究的开创奠基期”。此阶段的主要代表性人物，按参与时间先后为王懿荣、刘鹗、罗振玉、吴昌绶、孙诒让、王国维；次要或较晚参与搜集和研究的奠基期中国学者，尚有王襄、端方、罗振常、唐兰、马衡、叶玉森、胡小石、商承祚、容庚、吴其昌等人。

早期先贤们面对既无地层、也无坑口位置等科学发掘记录的一堆碎骨，全凭一身扎实的国学功夫，同时汲取中西两种文明的精华，为中华传统文化的转型进步、为甲骨学步入世界现代学术之林，完成了开创性奠基。因此，将甲骨学史中的甲骨文发现与早期研究阶段合并为一体，不但更加接近历史真相、更加符合科学发现原则，也是对诸位甲骨学先驱的历史性业绩，给出一个更为公正合理的评价和总结。

传统金石学起源于宋，到清代与朴学中的考据训诂结合后异军渐起，逐步发展成为中国现代考古学的前身。不幸的是，在晚清中国濒临亡国灭种、民不聊生的大背景下，真正有功底、有心力、又具国际眼界的学人菁英，实际上已寥若晨星。而幸运的是，承载着三千年前古文明信息的甲骨文得以重见天日，发现、传布的大任降落在了王懿荣和刘鹗的头上；而继续揭示其秘密、创建甲骨学的使命，也在徘徊多年后有幸回到了罗振玉的肩头。

今日看来，罗振玉、刘鹗等甲骨先驱历史贡献的重要性和关键性，至少可归纳为5点：

1. 无论当年是“炫耀”还是“请教”，林泰辅那篇“援据赅博”的论文形成的挑战，毕竟在1910年及时放到了罗振玉面前。这个事实本身，就是中国甲骨学界、乃至整体学术界的一大幸：因为当时的国学大师中，如孙诒让的已逝，章太炎等又热衷革命且在学术上故步自封，故如果罗氏晚几年看到林文，中国甲骨学的突破和起飞就很可能推迟几年；更糟糕的如果，是假如当年灾难深重的中国没有罗振玉这样一个关键人物站出来，能够面对、赢得林泰辅的挑战，后果应会更加不堪设想——《铁云藏龟》、《契文举例》都只能长久陷入尘封，其他“甲骨三堂”的研究、加1928年的殷墟科学发掘都将无从谈起，甲骨学将会被具汉学训练的日本学者长期把持领先，结果将可能比诸如敦煌学、“北京人”研究的境遇还惨，与埃及和玛雅象形文字的遭遇相当。还好历史不能假设重来，甲骨学已真正成为中国近代唯一的、从发现创立到发展壮大都由中国人主导并持续领先的、有世界影响的综合性现代学术领域。

2. 如很多学人已指出，“罗王之学”中甲骨学的首战告捷，激励开启了罗王在其它三个“显学”领域中的一系列异军突起和后来居上：敦煌遗书、流沙坠简的及时介入研究、明清档案的挽救和研究，及对殷周史、古器物、明器、西北地理、和民族史学等多项学科的开创深入研究。一系列的相关成就以其“内容之丰富、甄别之谨严、成绩之浩瀚、方法之崭新”，使得子孙后代“欲论中国古学，欲清算中国的古代社会，我们是不能不以罗、王二家之业绩为其出发点了。”（郭沫若语，《中国古代社会研究·自序》）

3. 梁启超把“清之考证学”列为中国文化后秦“四大思潮”之一，并总结说“其治学根本方法，在‘实事求是’、‘无征不信’”；“清考证学”以“朴学”为特色，“其学问之中坚，则经学也，经学之附庸则小学”①；王国维并指出：“我朝学术所以超绝前代者，小学而已。……窃谓我朝三百年之小学，开之者顾（炎武）先生，而成之者（罗振玉）先生也”②。“小学”的突破升华了中国古文字学，加固了中华文明基石，打造了甲骨学的核心，使之成为人类早期文明研究领域中的重要成就之一。

4. 王国维更有言评价罗振玉的难能可贵：“先生独以学术为性命……国

① 梁启超：《清代学术概论》，中国人民大学出版社，2004年，第131页、135页、174页。

② 王国维：《殷虚书契考释》后序（1914），《王国维文集》第四卷，中国文史出版社，1997年，第376页。

家与群力之所不能为者，竟以一流人之力成之”①。回眸1900以降的几十年间，全球发生了两次规模空前的世界大战，中国进行着愈演愈烈的内外残酷战争。在各国、各届、各级政府都很难集中人力财力来抢救、建设本民族文化之际，在中华民族遭受列强入侵和瓜分危机的年代，更凸显出罗振玉以“一人之力成之”的难能可贵。当年风雨飘摇中的踽踽独行、卓绝苦撑，今日看来几近力挽狂澜、砥柱中流。

5. 更应看到的，应如梁启超所深刻指出：“凡袭有遗产之国民，必先将其遗产整理一番，再图向上，此乃一定步骤；欧洲文艺复兴之价值，即在此。故当其时，科学亦并未发达也，不过引其机以待将来……故清儒所尊之途径，实为科学发达之先驱”(同《清代学术概论》注，P. 224)。中国今日的科技、经济、文化的再次崛起和复兴于现代文明，印证了任公所言“遗产整理”(亦即胡适所言的“整理国故，再造文明”)作为“中国之文艺复兴”的启蒙奠基作用的重要性；而刘鹗、孙诒让、罗振玉、王国维的学术接力，在此一百多年以来的民族复兴大业中所起的关键历史作用，不言而喻。

故在笔者看来，相对于刘鹗、罗振玉为中华文化继绝学立下的巨大功绩来说，诸如曾泄露过晚清当局谈判机密、“借外资”做“洋买办”时谋过私利、当遗老为伪满洲国过站台、在“灶几不黔”的状态下倒卖过真假古董给外国人之类的非议，都显得无关宏旨了。人类历史证明，文明世界明白：真正能让一个民族屹立不倒的，不是王侯，不是军队，不是口号；而是文明，是文化，是学术。

遥想当年，甲骨学的先行者们在晚清家国飘摇的险恶环境里，在许多大学者都视甲骨文为伪造、研究者为“非贞信之人”(章太炎语)的质疑声中，艰苦卓绝，踽踽独行。王翰甫在1902年被迫大量出售包括甲骨的乃父所遗长物，是为了“清公夙责”，父债子还。然贵为二品祭酒的王懿荣生前因何举债？无它，唯古董收藏耳(王有自况诗云“典衣还惹群书债，折券时蒙小贾羞”)。以此推之，王懿荣率先购藏甲骨的最终买单者，可以说实为刘铁云。然刘鹗的购藏是否属于钱多附庸风雅或逐利？前述各节已明确给出否定回答。但在重要大发现和研究之余，刘鹗接盘甲骨的勉力为之也鲜为人知(刘亦有自况句云“债主纷纭渐相逼，心虽未餍力已穷”等)：就在刘氏收购甲骨前一个月(1902.10)前后的日记中，已出现“连日债务丛集”，更有“翰甫之债本日期，乃由子谷暂挪千金付之”，就是说刘鹗也在向朋友借债来购买王翰甫的文物甲骨，以帮他还清乃父当年购藏文物甲骨的借债！罗振玉长年苦心经营，经济上稳健一些(罗仍

① 王国维：《雪堂校勘群书叙录》序(1918)，《王国维文集》第四卷，中国文史出版社，1997年，第372页。

有忆旧文字云“因印书故，灶几不黔”、“无所仰给，此古器者稍稍出以易米，寻复悔之”），寿命上长一些（74岁），但政治上却背负了铁杆保皇和汉奸的骂名。

而大发现、大学问、大文明的造就，恰恰需有若干杰出学者相继发力，相辅相成。没有宋元明清千百年“金石学”和“考证学”的积累，就不可能有王懿荣的慧眼识珠；没有王懿荣“厚值留之”，就没有刘铁云的“予数得之”；没有刘鹗“拓付石印、祷祀以求”，就没有孙诒让的“衰年睹兹奇迹”；则没有孙氏的“略通其文字”及林泰辅的“始为详考、援据赅博”，也难有罗振玉的“询知发见之地、以三阅月之力为考一卷”，和“发愤为之考释、尝念言学术传布之责……今乃幸得之”①；而没有罗振玉长年的关照引导，更难有王国维再上层楼的《先公先王考》、《古史新证》、“二重证据法”，及“独立之精神，自由之思想，历千万祀，与天壤而同久，共三光而永光”的身后荣耀（陈寅恪语）。

七、余论：“为往圣继绝学”功勋不朽

凡涉及学术和寻求历史真相，就应扫除一切政治因素、师承门派、人情避讳等等的干扰，以一码归一码的科学原则，将国故整理清楚。天下没有完人，微瑕决不掩瑜，先驱们的历史功绩和学术地位不会因存在任何错误、瑕疵而稍减。在民族复兴必需文化自信和软实力支撑的今日，学术界对于刘鹗、孙诒让、罗振玉等人的历史评价虽在恢复之中，但还没有达到他们实际应得的高度。

自北宋以降，中国传统知识分子菁英就将自身的最高使命归结为“为天地立心，为生民立命，为往圣继绝学，为万世开太平”（张载语）。在笔者看来，王懿荣、刘鹗、孙诒让、罗振玉、王国维无疑都为“往圣继绝学”建立了不朽的历史功勋，不论过去、现在和将来，他们都是中华民族面对西方和世界文明拿得出手的佼佼者。在当年战火硝烟之外的文化学术疆场，他们一方面成为中华文化继往开来的中流砥柱，为百年后的民族复兴奠定了基础；另一方面自身也成为大变局时代碾压个人命运的牺牲品。遥望此一群体，与辉煌学术成就形成惊人反差的，是个人生涯的悲惨结局：刘鹗于酷爱金石文物、发现研究甲骨文、和文学创作之外，以其太谷学派“养民”思想为信仰，揽“为生民立命”为己任（治河、开矿路、借外资、办赈济等），结果屡战屡败，最终被流放身死边

① 罗振玉：《殷墟书契后编》自序，黄爱梅编《雪堂自述》，江苏人民出版社，1999年，第127页。

陲；罗振玉则在“继绝学”有大成之余，更雄心勃勃试图“开万世太平”（君主立宪），不料落得更大“汉奸”骂名，郁郁而终。而王懿荣、王国维、陈梦家则在不同的时代、迥异的动乱中决绝自裁，且都横死于五十多岁壮年的学术巅峰期，可谓前仆后继，一脉相承，真如同中了考古魔咒一般，可叹可悲。

好在人类发展史已经证明，科学发现和学术成就有如灯塔，引领着人类文明不断进步，“为万世开太平”也随之潜默移化，孕含其内；而相比之下，种种一时之是非、进退、成败，却常常是“古今多少事，都付笑谈中”。

（作者系美籍华人，现定居成都，经济学硕士，独立研究人）

论先贤孙诒让先生为甲骨文字学开山鼻祖①

方增瑞

2013 年 4 月中旬，中国社会科学院荣誉学部委员、中国社会科学院历史研究所研究员、中国殷商文化学会名誉会长王宇信先生在杭州参加“中国甲骨文书法高峰论坛”时对笔者说：“孙诒让先生是甲骨文字学的祖师爷。我们这批搞甲骨文的一定要到你们瑞安‘玉海楼’朝拜。”会后王先生启程来到了瑞安，参观了孙氏故居和藏书楼。在跟瑞安甲骨文学会有关人员进行学术交流时说：“孙诒让先生在研究甲骨文方面做出了巨大贡献，他的《契文举例》是甲骨文字研究的开山之作。正因为有他的披荊斩棘，才使得‘甲骨文字学’成为现在世界上的一门显学。其功绩不仅仅是你们瑞安的，也是咱们中国的，更是全世界人民共同的财富！”他欣然命笔，题写“朝圣玉海楼，弘扬甲骨文字学”。笔者全程陪同，感受到其对孙诒让先生的深深敬意。趁瑞安市政协和宣传部等单位筹备举行 2014 年《契文举例》问世百十周年学术交流会之机，笔者决心把自己 2011 年夏天草就的《论先贤孙诒让先生为甲骨文字学开山鼻祖》一文重作认真修改补充，祈望专家、学者指正。

一、家学渊源和深厚的彝器金文功底

本邑先贤孙诒让先生，出生于清道光二十八年八月十九日(1848 年 9 月 16 日)巳时，长辈赐名“效洙”，后又名“德涵”，正名为“诒让”。因是家中次子，所以字“仲颂”，又作“仲容”“中容”。成年后，他曾先后为自己起笔名“籀庼居士”，别名“荀羕”“荀茂”“德征”等。有时也用书斋的名字“述旧斋”“掸艺宧”“经微宝”“一孟庵”“五凤砖研斋”“百晋精庐”“百晋陶斋”等自称。

---

① 本文引用的《契文举例》为浙江大学图书馆古籍特藏部珍藏的朱批本《孙仲容先生契文举例稿本》；史料大部分采用中共瑞安市委宣传部、瑞安市文学艺术界联合会编纂的《瑞安文化丛书》中的《孙诒让与玉海楼》一书，浙江大学出版社，2011 年版。

孙家的祖先是从福建长溪赤岩迁居到浙江瑞安盘谷山麓的，算来已有千余年历史，几乎与瑞安建制时间相同，故又被称为“盘谷孙氏”。祖上以殷实好义闻名乡里，所建大屋连楹绵延，村中人为避雨在其簷下绕村一周行走而不会淋湿衣服，故其村得名“簷下村”(今瑞安市潘岱社区砚下村)。到孙诒让祖父持家时，大屋连绵的盛况已不再，但孙家二进十一间大屋仍在。近年，孙家的后代在瑞安市人民政府有关部门的支持下，对孙诒让的故居进行了修葺，已重现当年的气派。

孙家祖先耕读济世，崇尚读书。到了孙诒让的父辈，仕途顺畅。孙诒让的叔父孙锵鸣中进士后，多次任会试考官，选拔了不少人才。民间曾传，孙锵鸣七十大寿时，俞樾赠联云：“天下翰林皆后辈，一朝将相两门生。”

孙诒让的父亲孙衣言中进士后，先后担任翰林院编修、国史馆纂修、上书房行走、翰林院侍讲等职，其身份类似于文学侍臣。他十分推崇永嘉学派的思想观点，注重“实事实理”，强调“学以致用，求功务实”，反对空谈义理。

孙家兄弟曾担任过清末的高官，但最终都因生性耿直而离开官场：孙衣言因得罪两广总督沈葆桢而弃官；孙锵鸣则因弹劾左宗棠门下而丢官。他们告老还乡，赋闲在家，始终手不释卷。孙衣言深知要治学先要有藏书，在光绪十四年(1888年)建成了藏书楼，并以“玉海楼”命名，即意为“如玉之珍贵，如海之浩瀚”。孙衣言自己曾回忆说：“同治戊辰年(1868年)，复为监司金陵。东南寇乱之余，故家遗书，往往散出。而海东舶来，且有中土所未见者。次儿诒让亦颇知好书，乃令恣意购求。十余年间，致书约八九万卷。”“玉海楼”是孙家的藏书楼，也是孙诒让读书著书之所。瑞安的“玉海楼”、湖州的“嘉业堂”、杭州的“文澜阁”和宁波的“天一阁”并称浙江四大藏书楼。

“穷则独善其身，达则兼济天下”，这些都深深地影响了孙家后人。孙诒让的一生，从潜心治学到热心教育，兴办实业，同情革命，都是跟父辈们的“经世致用”学术理念遥相呼应。正因为有了孙家的曾祖父孙祖释、祖父孙希曾、父亲孙衣言和叔父孙锵鸣三代人的培养薰陶，孙家才会出现近代学术界一颗耀目的明星——晚清朴学大师孙诒让。

据孙延钊(孙诒让次子)的《孙衣言孙诒让父子年谱》载，孙诒让4岁随父进京，8岁跟父亲学《四书》和《周礼》；10岁左右即旁涉群籍，以浏览明刻《汉魏丛书》为乐；13岁时(咸丰十年)孙诒让即开始治校雠之学，草创《广韵姓氏刊误》一卷。该书七月动笔，十月成书。14岁时，作《温州杂事诗》数十首。

16岁读江藩《汉学师承记》及《皇清经解》，使孙诒让对清朝儒家各派治经、史、子、小学家法有了更深入的认识，为以后治朴学打下了坚实的基础。

17岁，随父一起住寿州官斋，得元代管军上百户铜印和元太康三年砖一块，秋在淮颍得东汉卫鼎，大喜过望，并作下了考跋文，并在这年又得到了阮元校刊本宋代薛尚功著《历代钟鼎彝器款识法帖》，爱不释手。他还将《考古》《博古》两图及王复斋《款识》、王俅《集古录》对薛氏的《历代钟鼎彝器款识法帖》加以校对。自此，孙诒让对金石学的爱好一发而不可收。

18岁，在仔细阅读了元大德本《白虎通德论》之后，成《白虎通校补》草稿一卷，并将《广韵姓氏刊误》由一卷增订为两卷。

19岁，因读经史子集有感，成笔记《讽籀全录》。

20岁，校勘钞本宋王致远《开禧德安守城录》一卷。

从以上的年谱可以看出，孙诒让13岁就草创《广韵姓氏刊误》，是他从事校雠学的开始。在此后近50年的学术生涯中，他校读了大量的古籍、碑铭、造像记，积累了丰富的校勘经验，所以有《墨子间诂》《周礼正义》《大戴礼记校补》《札移》等诸多著作创获。孙诒让自同治三年(1864年)仅十六七岁时即开始了他对彝铭学的研究，其代表著作主要有《古籀拾遗》《古籀余论》《名原》等。著名学者顾颉刚曾这样评价："近百年内，金文的研究，在文字与历史考证上收获最大的，是吴大澂与孙诒让二人。从此以后，金文的研究，方慢慢地走上科学的途经，尤其是在文字研究上的收获。《说文古籀补》和《名原》两本书，真可算划时代的作品。""《古籀拾遗》《古籀余论》二书，在金文本身研究上或古史研究上，都有很高的价值。"

孙诒让在金文学成就上，在以下几个方面特别突出：

他十分注意运用不为人所看重的地域性新材料，如孙诒让校补戴咸弼著《东瓯金石志》时，将大量晋宋六朝砖文补入，终成书12卷。戴氏对此称赞孙氏："其古甓文字八十余种，搜采不遗余力，考核尤极精详，俱唐以前物。亟录入第一卷，依《两浙金石志》例也。"

许慎在《说文解字》中就已利用偏旁考释古文字，但将其提高成一种具有科学意义上的研究手段，应该是始于孙诒让。

孙诒让在《籀廎述林》卷三《释由申〈玉篇〉义》、《籀庼余论》"虢文公鼎"、《古籀余论》"小子射鼎"及《籀廎述林》卷七"古鼎释文"等著作中均写明其考释金文时往往要对照多种钟鼎彝器文字然后推知其义，找到金文用字的通例。如"用之为文，从卜从中，增其上之横画，以属于左(彝器文用，周诸字多如此)"；"金文通例，作器字皆借乍为之"；"十当为才字之古文，金文通例(《古籀余论》"小子射鼎")。高明先生在《中国古文字学通论》中概括孙诒让的做法是："先把已经认识的古文字，按照偏旁分析一个个单体，然后把各个单位偏旁的不同形式收集起来，研究它们的发展变化；在认识偏旁的基础上，最后再来认识每个文字。"孙氏研究甲骨文时也很习惯地加以应用。著名文学家唐兰就认为;“古文字的研究,到孙诒让才纳入正轨。他的精于分析偏旁,和科学方法已很接近了。”陈梦家也评价道:“孙氏将不同时代的铭文加以偏旁分析,借此种手段,用来追寻文字在演变发展之中的沿革大例,书契之初轨,省变之原或流变之迹。他对予古文字的最大贡献在于此。”

甲骨文自1899年在河南安阳出土被王懿荣以重金收藏1500多片,1903年刘铁云(刘鹗)从其收购的甲骨中精选1058片,墨拓成书《铁云藏龟》。当时的古文字学界一直是疑信参半的,如著名的国学大师章太炎先生就直指其伪。但是,正因为孙诒让先生已积累了40多年研究金文和《说文解字》的精湛学术知识,所以他一见《铁云藏龟》拓印本后便从中看到了这些甲骨文字中所蕴涵的巨大学术价值和史料的真实性,欣喜万分,着手校释。他在《契文举例·叙》中写道:“蒙治古文大篆之学四十年,所见彝器款识逾二千种,大抵皆出周以后赏鉴家所櫽榾为商器者,率臆不能塙信。每憾未获见真商时文字。顷始得此册,不意衰年睹兹奇迹,爱玩不已。辄穷两月力校读之,以前后复重者参互审绎,乃略通其文字。”1904年孙诒让57岁,世界第一部研究甲骨文的专著《契文举例》正式定稿,为甲骨文的研究开辟了道路,成为此学的开山鼻祖。

二、创偏旁分析法考释古文字,开甲骨文字学研究之首

《契文举例》是世界上第一部考释殷墟甲骨文的名著,具有披荆斩棘、开山之功。

据文献载,1903年刘鹗《铁云藏龟》拓印出版。孙诒让见到后万分欣喜,庆幸“衰年睹兹奇迹,爱玩不已”(《契文举例·叙》)。刘鹗断定这些刻在龟甲和兽骨上的是“殷人刀笔”,孙诒让则进一步断定为“商代文字,契刻而成”。这一点非常重要。为后来的研究者指引了方向,是“文字”,不是“图案”,他由此升创了甲骨文字学研究,指引了后来的学者从“文字学”方向研究前行。更加值得强调的是,孙先生在《契文举例·叙》中已知道“甲文多纪卜事”,使研究的方向、内容跟“占卜”“贞问”联在一起。基于这两点认识,他就把后来的研究者引上了正道。

正因为如此,邵子风先生在《甲骨文书录解题》写道:“《契文举例》首具披荆斩棘之功,后贤有作,皆此书所致也。”“凡所谕列,虽不无纠缪,然草创之功,则殊伟大。自殷契出土以来,此中国近代学术史上别创领域之作,其有埤于殷墟文字之学,尤未可估量也。”现代文坛泰斗、原全国人大副委员长郭沫

若先生于1962年春称孙诒让先生“甲骨文字研究亦为开山”。1964年郭老视察瑞安玉海楼时，题辞云：“甲骨文字之学，始创于孙仲容，继之者为王观堂。饮水思源，二君殊可纪念。”

孙诒让先生在《契文举例·叙》中写道，由于“刘本无释文，苦不能畅读”，因而“穷两月力校读之，以前后复重者参互翻译，乃略通其文字”。本地民间流传孙诒让得到刘鹗的《铁云藏龟》拓印本后，即闭门谢客，把自己关在楼阁上日夜研读，饭菜都是用篮子吊上去的。这样苦苦参研了两个月，终于写成了《契文举例》一书，确实不容易。孙先生靠的是严谨的治学态度和深厚的古文字研究功底！

《契文举例》成书后由李店堂抄写了几册副本。正本自留，副本分寄给罗振玉、刘铁云、端方等人。罗振玉于宣统二年(1910年)所写的《殷商贞卜文字考》中说：“亡友孙仲容征君诒让，亦考究其文字，以手稿见寄。”后在1916年12月14日王国维写给罗振玉的信中说：“傍晚出蟫隐庐，见孙仲容此部《契文举例》手稿，乃刘彝仲(书商)携来者，以五元从蟫隐得之。”不久即寄给了罗氏。后来罗氏将王国维寄的稿本印于《吉石庵丛书》中。以前学术界所见大多为此书及1927年蟫隐庐的翻印本。实际上孙诒让在《契文举例·校点记》中说曾在自留的底本上做过“大幅度的修订”。我们这次有幸从浙江大学图书馆古籍特藏部借到该珍贵的“朱批本”(即用红朱笔书写甲骨文字和修改手稿)。

目前学术界一般都介绍《契文举例》全书分上下两卷，共10章。上卷“月日第一”“贞卜第二”“卜事第三”“鬼神第四”“卜人第五”“官氏第六”“方国第七”“典礼第八”。下卷“文字第九”“杂例第十”。朱批本(即孙诒让用朱砂笔修改的自留稿本)则改为：上卷“释日月第一”“释贞卜第二”“释卜事第三”“释鬼神第四”“释人第五”“释官氏第六”“释地第七”“释礼节第八”。下卷“释字第九”“杂例第十”。这样的改动使得章节更为清晰。据后世学者按点校本统计，全书113页，“释文字第九”一章有51页。几乎为全书一半，足见“释文字第九”为全书之重点。

许多学者认为，孙先生考释的思路和实际操作是，先考文字，然后按文字所表示的内容分类论述，于是有了书中的十节划分。而孙先生考文字的方法是偏旁分析法。如“释文字第九”(下二至下六页)释从“”的一组字：“龟文以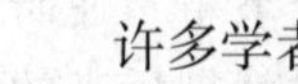诸形最多，而用各不同，今综合著之。”

首先释“”“象足迹形，此则为‘止字’”。

释出“”为从“”(戈)从“”(止)，“即武字，为止戈会意”。

释“□”为征伐之征，其下也从“□”(止)。

释“□”为步字，“止反正重累则为步”。

释“□”为陟字，“说文”□部陟，从□从步，此正同”。

释“□”为出字。指出：“出字亦皆从□……与金石鼓文符合，足征商周古文字皆同从止。”并批评《说文》“许说恐非仓史之本旨也”。

释“□”为逐字。因此字在《铁云龟藏》的石拓中拓片不清。故孙先生说：“此残字，上□以象形豕”，“下从止，疑。逐之省。”

释“□”为追字。“□”“疑当为追之省”，并举全文伯钟字为印证。

以上孙先生归为脚向上的“□”的字。

脚向下，孙先生认为凡从“□”之字则为“□”。

释“□”为复字。

释“□”为各字。“意金文格伯敦格相同”。

释“□”为韦字。认为“□”即韦之变体。从韦之字则如卫省作“□”。(此字百年后的今天仍在争论中)

释“□”为降字。“从两□亦文之变，金文聃敦降作□，虢叔钟作□，并于此略同”。

释“□”为先字。“□即先字”。

以上例举的所释从□和□的一些字，是目前学者认为是释正确的字。还有孙先生认为“戈、我、戠、伐皆从戈”；“亩、啬、啚皆从亩”；“壴、僖、嬉、喜皆从壴”等等。这种从偏旁分析法考释甲骨文，是孙诒让先生首次试行的，是对甲骨文字研究的贡献。

孙诒让先生还通过《说文》并比较金文和其他材料释出了一些字。如下八页：“□当是省字，《说文·眉部》省，视也，从眉。省从□，此从□、从目、与从眉省同。金文盂鼎省作□，且子鼎作□。”分析得非常精辟独到。孙先生释“省”后，罗振玉、郭沫若等一些学者仍误认为“相”。直至闻一多先生著文列了58个用例加以论证，才在学术界形成共识。

再如孙诒让先生在“释地第七”上三十九页写道：“羌字皆作□，《说文·羊部》云：羌，西戎羊种也。从羊、人，羊亦声。此从□从人，即从羊省也。金文郑羌伯鬲作□，无鼎作□，此与被略同，《诗·商颂·殷武》自彼氐羌，莫敢不来享，莫敢不来王。《郑笺》云：氐、羌、夷、狄，皆在西方。则商时西羌种族甚盛，故亦见于龟文。”释羌非常正确。但据《甲骨文字诂林》第一册第112－125页介绍，此字罗振玉、王国维释羊，郭沫若、杨树达释芍。1940年于省吾在《释羌甲》一文中指出：释羊释芍均误，而应从孙说释羌。1963年于省吾又撰《释羌苟敬美》进一步加以阐述，释羌之说才成学术界共识。

孙诒让先生在本章文字考释中释对的不少，贡献很大。但由于孙先生所看到的材料仅《铁云藏龟》石印本不很清楚的1000多片拓片，字形清晰者仅371个，所以错误也很多。以目前学术界较一致的看法，如把“(之)”字释为“正”，把“(征)”字释成“征”，把“(涉)”字释做“岁”，把“(往)”释成“台”，把“(尞)”字释为“禾”，把“()”字释成“遣”，把“(岁)”字释为“戊”，把“(石)”释做“司”，把“(讯)”字释为“如”，把“(𡚬)”字释为“奴”，把“(齿)”字释为“囧”，把“(取)”字释成“氏”，把“(吉)”字释为“高”，把“(幸)”字释为“食”，把“(狩)”字释为“获”等等。

但孙先生的这种考释甲骨文字的方法，一直受到学术界的推崇和仿效。如唐兰先生在距《契文举例》写成后的30年——1934年秋写的文章《殷墟文字记·序》中明确表示考释甲骨文必须采用孙诒让(仲容)先生的方法：“始民国八年，最服膺孙君仲容之术。凡释一字，必析其偏旁，稽其历史，务得其真，不敢恣为新奇谬悠之说。”

三、称孙诒让为“甲骨文字学开山鼻祖”当之无愧

孙诒让先生曾“治古文大篆之学四十年，所见器款识逾二千种”，在经学礼制、文献校刊、典籍训诂、古文字学等领域都有非常显著的建树。章太炎称他为“三百年绝等双”。所以他所考释的甲骨文字，不论其正误、对错，都给后来的研究者提供了可靠的信息。

甲骨文中“”字较多，刘鹗释为问。孙诒让先生在“释贞卜第二”上六页中写道：“此形殊不类。考金文《师遽敦》贝字作‘’，与此形相近，此当即贝之古文，‘以义求之当为贞之省’。《说文·卜部》：贞，卜问也。”将“”考释为贞。长期以来学术界均认为这是孙先生的重大贡献。就连王国维在1916年12月给罗振玉的信中也特别指出：“释为贞，始于仲老。”

孙氏在“释字第九”中云“豕字大抵皆为象形字”，作。后在《名原》中则进一步指出，甲骨文中的犬“”字，“尾多翘然上曲”，可见他最初就抓住了尾巴这一关键。

先贤孙诒让先生在“释鬼神第四”上廿一页中已发现：“祖乙、祖辛、祖丁等见《史记·殷本纪》，皆商先王之号。”又有大甲、大丁、大戊、羌甲、南庚等，“亦多与殷先王同号”，已经触及到了商王世系。这指引着以后的研究者对商

纣王世系的考定，有着很大的贡献。

更加值得一提的是，孙诒让先生在“释日月第一”上四页中已写到“彡D”，是“易日”，“而旧释为肜日，形义并未合”，应该又是一个贡献。罗振玉释易为锡，王国维疑易亦祭名，直到29年之后的1933年，郭沫若在《古代铭刻汇考·殷契余论》中指出“易日犹言阴日”，才大体明白。又过了26年，饶宗颐在《殷代贞卜人物通考》中指出“易日”“谓天雨求赐日也”，才全部明白。可见孙先生的发现是非常了不起的。

如目前学术界公认为“ᚿ”是释为“才”假借“在”。孙先生在“释文字第九”中云：“《说文·才部》：‘才，草木之物也。从丨贯一，将生枝叶也。一，地也。金文《叡彝》作中，与此正同。此亦假“才”为“在”。’”从文字学字形角度看是“才”字，从文字应用而言“才”是用作“在”的。而罗振玉等学者直接将它释成“在”，显然没有孙先生考释得科学，可见孙氏的考释水平超过了罗氏。

在本章上五至上六页中有关月数的记载，曰：“其十一月则作‘𠄞D’，十二月作‘𠄞D’，又作‘𠄠D’者，益闰月也。”商代有一段时间确实是置闰月于年终的，释十三月。

经遇学术界百年来的努力，学者们对孙诒让考释甲骨文的研究逐步深入，孙氏考释甲骨文字的影响正在逐渐扩大。正像唐兰指出的那样：“今人治卜辞，唯以罗说为宗，鲜有读孙书者矣。”裘锡圭先生认为：“大部分孙氏正确释出的字，罗振玉在《殷墟书契考释》中也都释出来了……既然孙氏之书早于罗氏之书，与其像很多人那样把认出这些字的功劳归于罗氏，还不如把这些功劳归于孙氏合理。”

2000年11月在瑞安召开的“孙诒让研究国际研讨会”上，专家张静、黄德宽合作的《〈契文举例〉的再评价》和学者詹鄞鑫撰写《孙诒让甲骨文研究的贡献》对《契文举例》所释的文字作了全面校读梳理。张、黄二先生把《契文举例》释字的情况分七类：(1) 正确类：有127个，占已释单字34.6%；正多误少类：有10个，占3%；(2) 正误兼半类：有37个；(3) 误多正少类：有15个，占44.1%；(4) 错误类：有150个，占44.1%(5) 阙疑类：指孙氏把有疑问的字留着，不作判断的有33个(包括已被后人考释出来的25个和至今尚无定论的8个)；(6) 无法判断类：指《铁云藏龟》拓片上字形残缺等失去判断依据的，有9个，占2.7%。全书释字共371个，除去阙疑类33个外，已考释的字总共338个，字形前后重复的只计一次。詹君的文章，也作类似的考察和统计，基本正确的137字，占释字总数的41%；基本错误的156字，占47%；失得参半的24字，占7%；考释未定的14字，占4%。释字总数331字。

以上两文，对《契文举例》考释正误文字统计得很具体、细微，统计数字差距不大。结论是《契文举例》释字正确和基本正确的字占40%以上。根本不是罗振玉和王国维所说的那样："唯其书实无可取"，"得者十一，而失者十九。"但由于罗、王两人所说流传很广，以至一些近年出版的甲骨文书籍甚至字典，没有提及孙诒让先生的开山之功，一些甲骨文学会的网站也不见孙诒让的肖像。

笔者认为，孙诒让先生为甲骨文字学开山鼻祖，当之无愧。因此，笔者以甲骨文字撰一联，刻在牛胛骨上（见附图）以作铭记。

赞曰：孙氏甲骨称鼻祖，玉海实藏洒甘霖。

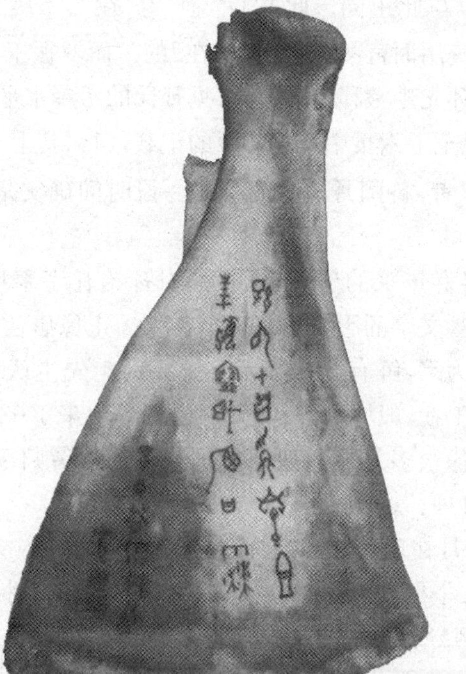

牛胛骨最宽25厘米 长40厘米

参考文献

孙衣言：《玉海楼藏书记》，转引自朱茂圃《孙诒让年谱》之1868年，（台北）商务印书馆，1980年。

孙延钊：《孙衣言孙诒让父子年谱》，上海社会科学出版社，2003年。

顾颉刚：《当代中国史学》。

戴咸弼:《东欧金石志》凡例。
高明:《中国古文字学通论》。
唐兰:《古字学导论》,齐鲁书社,1981 年,第 178 页。
陈梦家:《殷虚卜辞综述》第二章"文字",中华书局,1956 年。
孙诒让:《孙氏契文举例二卷》朱批本,浙江大学图书馆古籍特藏部珍藏。
邵子风:《甲骨书录解题》,商务印书馆,1935 年石印本,第 113 - 114 页。
浙江大学图书馆古籍特藏部珍藏《契文举例》朱批本。
浙江大学图书馆古籍特藏部珍藏《契文举例》朱批本"释文字第九"。
唐兰:《殷墟文字论记·序》,中华书局,1981 年。
唐兰:《天壤阁甲骨文存考释》第 84 片。

(作者系瑞安市甲骨文学会副会长)

甲骨先贤杨仲子先生及其《漂泊西南印集》

胡舜庆

殷契周金秦权汉瓦，怀古幽情凝于一石。
碧化苌弘赫其有赤，听之无声中有霹雳。

仲子先生治印古勃，题此赞之。
庚辰春日　郭沫若

中国文学、音乐及书画治印，皆以表现抒发内心情感为主旨，故文学、音乐、书画与篆刻艺术息息相通，而这其中人品、学识内蕴而外发，学养深厚，笔下作品自是不凡。

杨祖锡(1885—1962)，字仲子，号石冥山人、一粟翁、梦春楼主。江苏南京人，祖父是颇负声名的诗人。父是饱读诗书的塾师，一介寒士。父早逝，赖母做家庭手工度日。先生是我国现代著名音乐家、文博界前辈、现代音乐教育先驱。先生博学多才，又是擅长以大篆入印的篆刻家。先生早年就读江南格致书院。十六岁得助于"庚款"，为江苏省首批公费留学生，赴法国土鲁士大学学化学工程，获工程师学位后继而转学于瑞士日内瓦音乐学院，学习钢琴、音乐理论、作曲及西洋文学。1920 年归国后，长期在高校教授音乐及法语。① 仲子先生在瑞士不顾父母之命、媒妁之言毅然与珍妮·安娜相恋而结连理。这在当时是惊世骇俗之举。这段经历被黄仲苏写入小说《音乐之泪》中。② 仲子是最早的"海归派"，他自刻一方白文纪年印："壬申长艺院、壬午长

① 杨仲子先生音乐方面的成就详见《南京社科志》下册第 10、12 页。方志出版社 2002 年版。杨小京：《杨仲子先生音乐成就概述》，载《江苏文史研究》2002 年第 3 期。

② 据朱憘：《卢冀野传》(江苏古籍出版社)记载，卢前(冀野)写过《仇宛娘碧海恨深》，谱仇宛玉未婚夫负笈异国，停妻别娶而引起婚姻悲剧，也是影射杨仲子异国恋情。杨先生后娶夫人毛镜泉女士，四川籍人，现仍健在，已年逾九旬。

乐院、癸未主乐教”。这方纪年印简略记载了他返国后经历。① 壬申年(1933)他任北平艺术学院院长,时齐白石、徐悲鸿均为其所聘在美术系执教。仲子与郭沫若、叶恭绰、高剑父等同被列为中华全国美术会荣誉理事。壬午年(1942)任国立音乐院教务长。癸未年(1943)任国立音乐院院长。在北平时与齐白石 、徐悲鸿、乔大壮、陈师曾、姚茫父、寿石工、赵元任、刘天华、吕凤子、老舍等人相交游。当时仲子篆刻与齐白石并负盛誉,有“南杨北齐”之称。解放后杨仲子任南京市文物保管委员会主任委员、省政协委员等职。

杨仲子先生早岁受到中国传统文化的严格训练,他与著名学者胡小石(光炜)“少小同读里塾,壮同教授旧京”。仲子妹杨秀英为胡小石夫人。抗战时期杨仲子、胡小石避寇巴渝,仲子在音乐院,胡小石在沙坪坝中央大学中文系任教。两人诗文往返,胜利后又同返故乡南京。胡小石在文学、书法金石上于仲子影响甚大。②

书法篆刻虽为仲子先生音乐及法文教学外之余事,但因情之所钟,下过苦功。先生好治篆籀之学又精通音律,多法古玺或甲骨文,落落大方,不为古法所缚。故其铁笔纵横中富音乐之韵律感,苍劲简朴,古拙而秀蕴。上世纪三十年代治印多囿于皖浙诸家牢笼,有识之士私为不满,如傅抱石谓:“近时刻印喜言秦汉,窃以为多在清之嘉道间而已。汉将军印之前途已可见余波,扐叔、穆甫辈之朴拙亦浸成木偶,此谁之过? 抑势有不得不然欤!”杨先生亦有同感,他在序石学鸿《云孙印稿》中抒发自己见解:“吾人若仅取法明清,似难脱前人窠臼,抗礼当代名流,拔赵立汉,应求之殷契周金,秦权汉甓,匋简,泉镜之间……”仲子先生在实践中欲矫时弊,期图在秦汉玺印之外,另辟新径。故仲子先生治印直取鼎彝玺匋,上涉甲骨文,旁及封泥碑碣。其印作以浑穆雄阔,典雅端庄之风格卓立于印坛。他是近代以甲骨文入印的开拓者之一。徐悲鸿曾云:“朋辈中才艺最广博者莫过仲子,仲子以化学工程师而专攻音乐及西洋文学、中国辞章,至于绘事金石及其最晚出之绪,而精诣亦历史上之第一流”。又云:“不佞平生幸事乃藏得仲子精品近五十万,俱黄钟大吕之音,雄强高古之作。”

对于他的篆刻,名家学者题跋甚多。胡小石、沈尹默、商衍鎏、冯若飞,苏洗斋、佘雪曼、潘伯鹰、常任侠、曾昭燏、卢前、游寿均为其《漂泊西南

① 清代梁茝有一方印,印文:“二十举乡,三十登第,四十出守,五十还朝,六十开府,七十归田。”是一生经历自序,杨仲子先生还刻有一方“大司乐玺”,也是夫子自道。

② 由于仲子先生对妹倩胡小石书艺倾心钦佩,《漂泊西南印集》中不乏由胡小石墨书,杨仲子奏刀之作。“阿洗”即由小石书,仲予刻为南京词人苏洗斋(昌辽)。“漂泊西南”印顶款及四面边款文字均由小石书,仲子刻。

印集》题记。①《印集》中他为文艺界人士治印甚多，胡小石、徐悲鸿常用印多出其手。②

抗战期间仲子先生与广大师生一样，连年颠沛流离，遂生忧国忧民之心，他写过《庭中见蔷薇花口占》："流火七月乃成劫，瓦砾干衢尽破家。偏是蔷薇惊不死，残丛犹放两三花。"此诗似脱胎于唐代岑参《山房即事》："果园日暮乱飞鸦，极目萧条三两家。庭树不知人去尽，春来还发旧时花。"更多的感慨他刻在石头上。"漫将顽石写深悲"，他"循迹巴山忽忽七年"，"自戊寅迄甲申刻石近千方，其中自用者十之一……"(《杨仲子自题印拓长卷》)。入蜀后他观危峰险滩，得一揽巴东三峡之胜境及山川瑰丽壮美之姿，岩壑蛟螭迴天之妙；铁笔得"如画江山"之助(双引号内为仲子《漂泊西南印集》印文内容，下同)，更增添他由于国土沦丧、家国之痛而引起的山川之恋。他对屈原、李白、杜甫、陆游、辛弃疾等人的爱国主义作品产生强烈的共鸣。千载之下，心神相交，把屈平子哀郢行吟之意，杜子美郁勃深沉之心，尽寓诸磊落斑斓印石之中。这期间他自辑手钤印谱为《漂泊西南印集》，内另题为《伤春集》、《怀沙集》、《哀哀集》，集中所刻多为古典诗词撷萃。《哀哀集》中尽集古诗文中有"哀"字的词句刻为印章，内有"哀故都之日远"(《楚辞》句)、"哀时命"(《楚辞》篇名)、"哀郢"(《楚辞》目)、"哀莫大于心死"(《史记》)、"哀江南"(庾信赋名)、"哀王孙"(杜甫诗题)、"哀吾生之须臾"(苏东坡句)等。这些作品寄托了"家愁国恨逐年浓"的悲愤情感。胡小石(光炜)为其印谱题诗："丈夫矢志凿山骨，火鸢跕跕风运斤。弥天四海说雕篆，丁邓尽是畸零人。(其一)杨子落难穷卖琴，朅来石上吐心音。千城飞火嶕峣在，摩刃宁论上堵吟。(其二)驰道车徒鱼贯过，达官上将纷岩阿。柴门瞰江一长叹，印兮印兮奈汝何。"(其三)在抗战期间艰难岁月中，不少印人以铁笔为武器，以传统诗词名句入印借以抒发心中块垒，这比标语口号来得含蓄有力。仲子虽留学国外多年，但中国古典文学修养深厚，平日想必是"清词丽句必为邻"(杜甫句)。所以印集中古文名句触目皆是，如"不图为乐之至于斯也"《鲁论》，此印边款亦用钟鼎文："三月不知肉味良有以也。"这是引《论语》句，"子在齐闻韶，三月而不知肉

① 详见杨仲子:《漂泊西南印集》原钤印本，粟子编:《扬仲子金石遗稿》，人民美术出版社，1991年版。此编收录徐悲鸿、余雪曼、郭沫若、常任侠、吕凤子、朱濬、杨寄平、曾昭燏、商衍鎏、赵元成、潘伯鹰、龙榆生、冯若飞、苏洗斋的题词墨迹。但却删去了傅抱石题跋，是一缺憾。叶宗镐先生编《傅抱石文集》广收傅公文章蔚为大观，但也有遗殊之憾，笔者所见此文及傅公为《黄养辉印存》题记，均未及收入。

② 仲子先生为常任侠、方令孺、曾昭燏、胡小石、徐悲鸿、蒋风白、徐平羽、汪东、徐伯璞、程万孚、叶亩梅、汪东、黄若舟、苏昌辽、胡经欧等文艺界人士治过印。

味。”孔子还曾赞叹：“不图为乐之至于斯也！”可见音乐的魅力。抗战期间仲子先生印作思想深沉，作品已趋成熟。傅抱石为其印谱题记：“惟拜读数回，恍若瞻时用秦旧谱，真不知有汉也。印灯微熠系之斯篇矣。……”吕凤子亦为其印集题识：“余亦治印四十年，喜怒未捐，殊逊仲子之浑噩矣。”抗战中仲子还常集前人词句书为甲骨文或金文楹联，如：甲骨文联：“万方多事休归老，天地于今大有为。”表现了乐观向上精神。又甲骨文联：“仲父不羞三北，白鱼乃学二南。”借古喻今抒发感慨。又如：“一番风一番雨，故国不堪月明中。”以及“归去来兮，柳外东风花外雨”，“行不得也，别时容易见时难。”（南宋李煜句）这些集联组织精致、古趣盎然。他的甲骨文联书写多参以小篆笔意，起止圆浑。瘦劲挺拔，一丝不苟、章法端严，齐中有变，错落有致，富音乐韵律感。

仲子先生印作大致可分四类：

（一）以金文人印在印集中数量最多，也是《印集》中刻得最精彩的部分，“上下与天地同流”（《孟子》），拟古玺法取金文，七字安排自然妥贴，“上下”两字挤占一格。与“同”字对称。全印左上方与右上方疏，下方三字密、疏密有致。用刀冲切结合，拙中露巧，外拙内美，颇耐寻味。“江南杨仲子玺”，“中”字缩小，“玺”字“木”抬高，全印下部留红较多，有官玺雍容朴茂韵趣。它如：“待从头收拾旧山河”（岳飞词句）、“亡情何必生斯世”、“一粟斋集古”、“学然后知不足”、“漂泊西南”（杜甫句），“人情不似春情薄”、“是知其不可而为之者”、“多情自古伤离别”（宋柳永词）等都是此类印中上乘之作。印章创新贵在植根于深厚的传统土壤之中，否则无异于缘木求鱼。仲子先生金文类佳作值得后人从中汲取有益的经验。

（二）以甲骨文入印：自1899年王懿荣发甲骨文后，这不仅是研究殷商历史的珍贵史料，其书契艺术性为许多书家印人倾倒。仲子先生也刻过一些甲骨文印。如“燕归来”，“乐夫天命复奚疑”，“仲子六十以后作”“黄华依旧”，“十日九风雨”等都是大小相参、牝牡相衔力追契文的佳作。

（三）拟汉印类：在“印集”中入选不多，如：“长寿”、“入于汉”，此类作品古朴规整，成就不及金文类作品。

（四）以隶书入印类：“游于艺”、“伤春”、“阿洗”等，能得高古苍厚之意。

中国传统艺术，无论书画音乐，都要求圆润刚健，游刃有余，治印亦同此理。齐白石尝谓：“……独仲子先生之刻古工秀劲，殊能绝伦，其人品亦驾人上，余所佩仰……”（齐白石1931年正月为仲子作白文“见贤思齐”印所作边跋）。同年五月齐白石又为仲子刊朱文印“不知有汉”，其印边跋：“仲子刊印古劲秀雅，高出一时”。可见齐白石老人对同行艺术大力褒扬，不遗余力。

仲子先生篆刻甄陶殷周，博采兼收。但对古代作品不是一味单纯摹仿，东施效颦，而是有所弃取。他的印作朴厚处，用刀之迹，与之俱化。大印古厚磅礴，上接周秦，苍劲雄浑。小印细微精美，古雅不俗。“篆书要如龙腾凤翥”（刘熙载《艺概·书概》语），刻大篆类印章，在规整平正中见奇纵变化十分不易，仲子印作汲取甲骨钟鼎彝器铭文布白之趣。“下笔开生面”，右下多留空白，疏密变幻，章法别致。“学然后知不足”，错落有致，是得法于鼎彝款识章法的佳构。“永以为好”（《诗经》句），秀而劲挺见朱文小玺神韵。“长毋相忘”仿汉瓦当，古朴凝炼。这些印作可见仲子先生博采兼收印艺之一斑，放眼当代印壇百花竞放，正如“芳林新叶催陈叶流水前波让后波。”

仲子先生在世时，艺坛对其印艺已是毁誉不一，这也难怪，因为每个人的经历、学养、审美观千差万别。“横看成岭侧成峰”（苏轼句），观察角度不同，自然会褒贬不同。仲子先生擅长写甲文、全文、但不善行楷书。有人认为仲子有些印作嫌平实板滞，金文类印作不及乔大壮、寿石工，而甲骨类印作不及简琴斋。其实，名家作品也是互有短长，仲子先生以音乐家而兼擅治印，其佳作富音乐韵律感，在近代印林独树一帜，他又是近代以甲骨文人印的开拓者之一，他对印学所作贡献理应载入史册。一部印史正是由于印人风格流派各异，才显得多姿多彩流派纷呈。

略论游寿先生的甲骨文书法

李洪智　高淑燕

游寿(1906—1994),字介眉、戒微,福建霞浦人。著名考古学家、古文字学家、历史学家、书法家。游寿先生出身于书香门第,因多才多艺,名列"闽东四才女"。其书在继承李瑞清、胡小石"金石书派"总体风格基础上,自出机杼,在二十世纪书坛上独树一帜。

众所周知,在"碑学"思想的影响下,清末的著名书法家李瑞清创立了"金石书派",而游寿先生的老师胡小石则是李瑞清的门生。所以游寿先生的书法始终遵循着李瑞清所提出的"求篆于金、求隶于石"的原则,成为金石书派的重要传人。

一

关于游寿先生与甲骨文的渊源关系,我们可以从以往的文献中找到如下一些记述:

> 我是学甲骨、周金文献(由于有一点家学),便于熏陶金石。①
>
> 到进入大学,由于我有一点古文字家学基础,对新出青铜时代文献感兴趣,多选修金文、甲骨、音韵课,也随时观胡小石师的用笔。这是我学书过程。②
>
> 我曾钩摹了《甲骨文前编》,大约在大学三年级,当时《前编》一部是三百元银元,一般学生买不起,只好去钩,是小石老师借给的,用蝉翼笺,

---

① 游寿:《我的临池简述》,《北方论丛》2006年"清风流响"游寿先生诞辰一百周年纪念文集专刊,第52页。

② 游寿:《随感录》,《北方论丛》2006年"清风流响"游寿先生诞辰一百周年纪念文集专刊,第49页。

> 日本军阀入侵时，在南京被盗去。①
>
> 40年代，先师曾任职于国立博物院筹备处、中央研究院图书馆，整理研究甲骨、钟鼎材料，奠定了金石学基础。②
>
> 在四川期间，师整理甲骨、钟鼎、碑刻等金石材料，并撰写研究文章。当时共事者多如李济、董作宾、梁思永、向达、夏鼐、曾昭燏等著名学者。③
>
> 1985年，任黑龙江省政协委员。主编《殷契选释》。④

由以上资料可以看出，游寿先生对于甲骨文的最初了解源于家学，后来上大学选修相关课程，并下苦功钩摹字形，对甲骨文的学习逐步深入，其后参与到整理、研究甲骨文的工作中去。可以想见，游寿先生在学习、研究甲骨文的过程中，顺理成章地就会进行甲骨文的书法创作。不仅如此，胡小石先生也曾临摹过甲骨卜辞，相信这也会对游寿先生产生一定的影响。事实上，在游寿先生的书法作品中，甲骨文作品为数并不多，但却极具个人风貌。

十九世纪末殷墟甲骨发掘以后，利用甲骨文进行书法创作逐步流行开来，最初进行甲骨文创作的几乎都是对甲骨文有一定研究的学者。从风格上来看，有两种最为突出：其一，用篆书的笔法写甲骨文的结构，以罗振玉为代表；其二，以毛笔尽量追求甲骨契刻的笔画效果，以董作宾为代表。当然，这只是一种大致的分法，罗振玉也有临摹甲骨文的作品力求表达契刻原貌，而董作宾的甲骨文作品中也有参以小篆（甚至早期金文）笔法的。无论是哪一种风格，早期甲骨文书法创作都是以清雅为基调的：笔画形态匀净利落，字形结构虽然在一定程度上照顾到了甲骨文的特征，但往往进行适当的调整以保证章法上的协调一致。

游寿先生的甲骨文书法与前述两种风格均有很大的不同。

---

① 游寿：《随感录》，《北方论丛》2006年"清风流响"游寿先生诞辰一百周年纪念文集专刊，第50页。

② 栾继生：《游寿先生的学术研究与书法教育》，《北方论丛》2006年"清风流响"游寿先生诞辰一百周年纪念文集专刊，第77页。

③ 栾继生：《游寿先生书法艺术长编》，《北方论丛》2006年"清风流响"游寿先生诞辰一百周年纪念文集专刊，第81页。

④ 栾继生：《游寿先生书法艺术长编》，《北方论丛》2006年"清风流响"游寿先生诞辰一百周年纪念文集专刊，第83页。

二

分析书法作品，不同人有不同的角度，笔者认为，从形质（笔法、字法、章法）和气格（气质格调）两个方面来切入应该可抓住关键。我们也可以把书法作品的形质归入物质层面，而把气格归入精神层面。我们就从形质和气格两个层面来分析一下游寿先生的甲骨文书法。

从笔法上来看，游寿的甲骨文作品与其金文书作几乎完全一致。说起游寿先生的金文书作，不得不提及她的老师胡小石。胡小石的金文由于受到李瑞清的影响，行笔过程中为避免浮滑而有意顿挫，这种用笔动作在其后期书作中有所减少。游寿先生追随胡小石学习书法，早年难免也运用这种笔法，但是，晚年所书金文已经与老师胡小石的笔法有所不同，几乎没有行笔过程中细小的波浪形曲线，而是通过行笔过程中不经意的提按形成用笔上的变化。同胡小石的金文书作比较起来，可以说既有继承，也有发扬。笔者认为，这应该是游寿先生的书法最为令人称道的地方。由于有着长时间的金文书写经验，加之将金石书派的笔法发扬光大，游寿先生的金文书作（包括其他字体书作）笔笔入纸，力道十足，即使是八十八岁高龄时的书作也是如此（图 1）。在笔者看来，游寿先生书法的功底是在金文（求篆于金）与隶书（求隶于石）的临习中打下的，这两种字体的学习深刻地影响到了其他字体的创作。其中，直接影响到其甲骨文创作的，就是金文。从作品来看，游寿先生书写过程中并不斤斤计较于每一个笔画的形态。具体来说，其甲骨文书作既不运用小篆

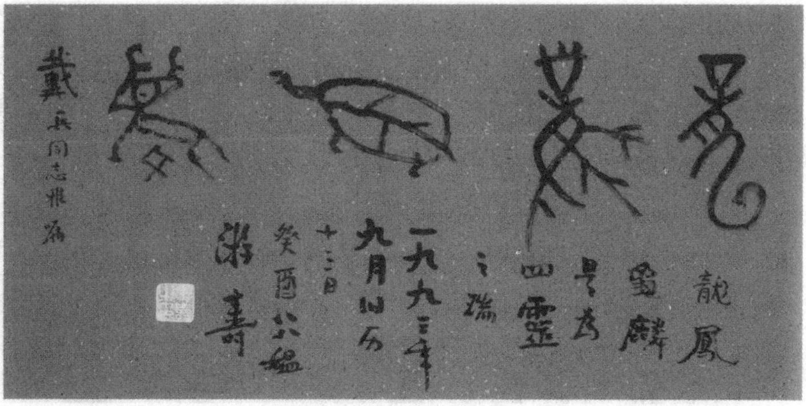

图 1　游寿集殷契文“龙凤龟麟”(1993 年)

的笔法，也不尽力模拟甲骨契刻的形态，起笔收笔处几乎没有多余的动作，也几乎没有固定的程式化的形态，与其所写金文的笔法如出一辙。如图2中“友”几个笔画的起始处几乎皆为露锋顺势入笔，颇为接近楷书、行书。第三笔的结尾处还有指向第四笔的一小段牵丝，都反映出书写过程中用笔的随心所欲，一任自然。正因如此，笔画却反倒有着丰富的形态变化。

图2　游寿集殷契文“兄弟朋友之乐”（80年代中期）

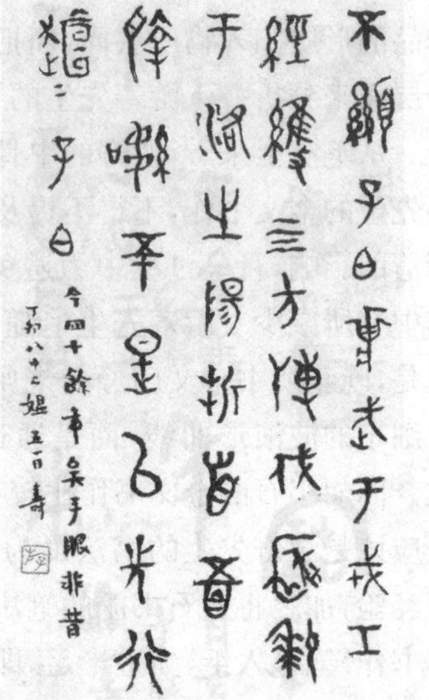

图4　游寿临《虢季子白盘》（1987年）

在2006年《北方论丛》游寿先生诞辰一百周年纪念文集专刊可以看到游寿先生1987年临习金文的一张作品图版（图3），在《游寿书法文献》一书中有两张游寿先生金文研究的手稿图版，其中的金文字形皆惟妙惟肖。这充分说明，游寿先生完全可以把金文、甲骨都写得原汁原味，然而，那不是游寿先生所追求的，“是不为也，非不能也”。我们看到的她大部分古文字书法作品乃至临作都是经过书家按照自己的审美重新演绎过的金文和甲骨（图4）。

图3　游寿临金文（1987年）

谈到这里，我们要提到游寿先生的执笔方法。从游寿先生自己的文字里可以找到她关于执笔的论述：“‘书’与‘画’都用指尖执笔、运笔，但‘书’的用指要五指并用（有人反对这一点，大概未有练字的实践），用三指握管，无名指、小指紧跟中指后面。这是写字执笔的基本知识。”提及写字须从幼孩学起时又说：“……紧握五指，以三指为正，后两指支撑……”①从中可以看出，游寿先生讲求执笔的力道：五指齐力，握管要紧。这显然是受到她的老师胡小石的影响。胡小石在《书艺略论》中说：“执笔无定法。赵子昂谓当‘指实掌虚’，可谓要言不烦。王献之六岁学书，其父自后掣其笔不得，乃叹此子终当有成。即指实之证。”②栾继生《游寿先生书法艺术长编》记游寿先生 1990 年退休至 1994 年去世前四年间事：“这一时期，师作书虽常有力不从心之叹，实已入物我两忘，不计工拙，返璞归真之境。”③无论如何阐释，暮年的游寿先生因体力衰退而无法用力执笔而感到无奈都是不争的事实。我们认为，用力的执笔不但使得笔豪与纸面充分摩擦而彰显力感，而且也便于在挥运中因手部肌肉的紧张而自然形成笔画形态上的提按及走向的细微变化。而这种变化比起有意的顿挫抖动显然要高明许多。恰如包世臣《艺舟双楫》所云，“万毫齐力，故能峻；五指齐力，故能涩。”

笔法与用墨紧密相关。包世臣《艺舟双楫》：“墨法尤书艺一大关键”，“笔实则墨沈，笔飘则墨浮。”这应该是真知灼见。游寿先生大多数甲骨文作品都是以浓重的墨色为主，枯笔为辅。只有极少的作品（如图 5），枯笔的份额多了一些。这保证了整幅作品视觉上的厚重感。即便如图 5 那样的枯笔份额较大的书作，由于游寿先生有着过人的笔力，枯而不燥，不但仍然可以入木三分，且枯笔内部还有着丰富的层次变化，令人叹为观止。

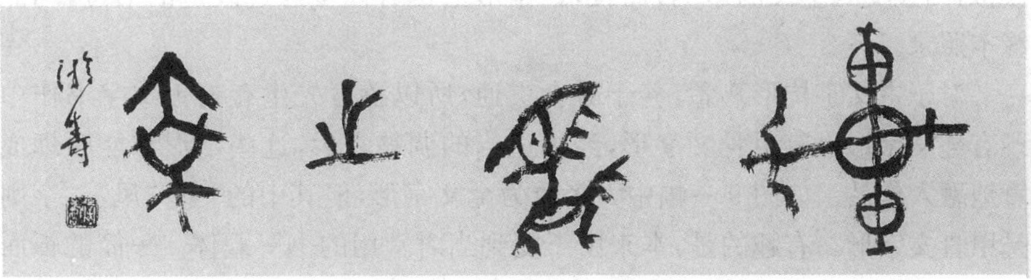

图 5　游寿集殷契文“车马之乘”(1989 年)

---

① 游寿：《随感录》，《北方论丛》2006 年“清风流响”游寿先生诞辰一百周年纪念文集专刊，第 51 页。

② 胡小石：《书艺略论》，《近现代书论精选》，河南美术出版社，2014 年版，第 78 页。

③ 胡小石：《书艺略论》，《近现代书论精选》，河南美术出版社，2014 年版，第 84 页。

字形结构方面，游寿先生的甲骨文书法与罗振玉、董作宾等人的书作同样有很大的不同。

从文字学的角度来看，较早的古文字字形有一定的灵活性，异体丰富。翻开任何一本甲骨文方面的字汇都会发现，许多字都有多种不同写法，这可以认为是早期古文字尚不完全成熟的一个表现。然而，这种灵活性为书法创作提供了很大的结构变化的空间。“殷器铭刻，文字中时杂以图绘，大小参错，牝牡相衔，以全体为一字。故字与字间，恒具巧妙之组织，互为呼应，而痛痒相关。变化之奇，以此期为最多。试一翻《殷文存》之书，即可见之”①。更何况游寿先生是古文字研究方面的专家，甲骨、金文字形稔熟于心，所以书写时信手拈来。我们知道，书法艺术中结字与取势关系至为密切，胡小石在《书艺略论》中说：“言结体者，首辨纵横。纵势上耸，增字之长；横势旁骛，增字之阔。此每与时代、地域或作家有关。”②具体到甲骨文字形的取势，胡小石认为：“殷书甲骨刻文，殆纯取纵势。”③很明显，“纯取纵势”的说法有些绝对化了。游寿先生显然注意到了甲骨文字形取势的丰富性，所以，在她的甲骨文书作中，往往因字取势，顺其自然。如图5《集殷契文“车马之乘”》一幅中，“车”“之”二字皆非强求纵势，而是尊重了甲骨文中的原本的字符形态，这不但令四个字在视觉上形态富于变化，而且也使得章法变得活跃起来。

实际上，游寿先生在尊重甲骨文字形结构的原本形态的同时，还有适当的加工改造，整体风貌上介乎于似与不似之间。藏在中国国家博物馆的《祭祀狩猎涂朱牛骨刻辞》（图6）是特别有名的一片甲骨，游寿先生曾不止一次地临写过这片甲骨背面的文字（图7、图8），经过与刻辞拓片的对比，我们不仅可以明显地看出，上文所说游寿先生甲骨文书作的笔画形态绝非对契刻的简单模拟，明显受到金文的影响，而且，在字形上也有许多经过改造的痕迹，均非缘本照录。

对于古文字构形熟悉，善于融会贯通，所以游寿先生有的古文字书作中既有金文字形也有甲骨文字形，经过适当的调整之后，这些字形都能顺理成章地融入作品。如图9一幅中大多数为金文字形，但其中的“象”“风”二字则是甲骨文字形。有趣的是，本来由于受到当时常用的书写载体——简的幅面的限制，甲骨文中的“象”是取纵势的，所描绘的大象是直立起来的样子，而游寿先生将其结构取势进行了调整，变为斜势，为整幅作品的章法增添了活泼的元素。这不禁让我们联想到图1中的“龟”字，在甲骨文中也一般为纵向取

---

① 胡小石：《书艺略论》，《近现代书论精选》，河南美术出版社，2014年版，第81页。

②③ 胡小石：《书艺略论》，《近现代书论精选》，河南美术出版社，2014年版，第79页。

图 6　商《祭祀狩猎涂朱牛骨刻辞》局部

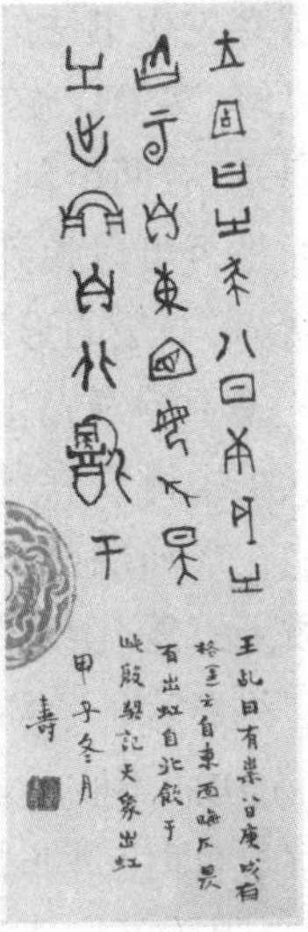

图 7　游寿临《祭祀狩猎涂朱牛骨刻辞》(1984 年)

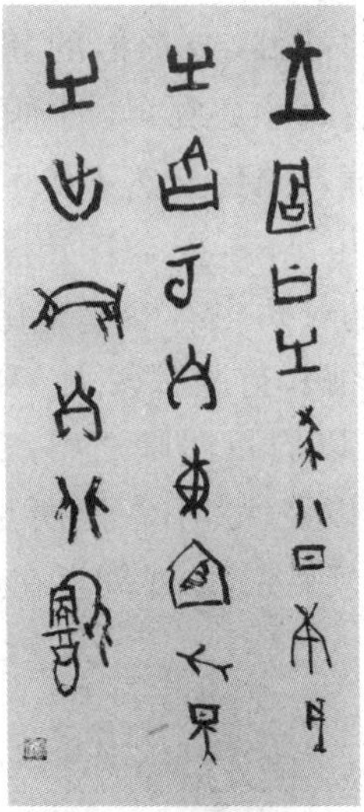

图 8　游寿临《祭祀狩猎涂朱牛骨刻辞》(1993 年)

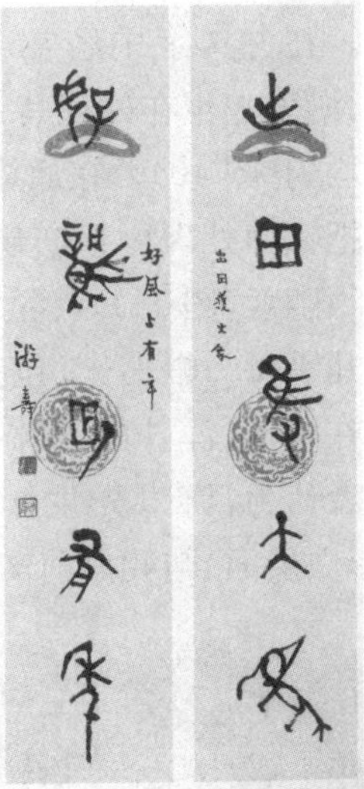

图 9　游寿书出田、好风联(80 年代)

势，头朝上，尾朝下，但游寿先生人性化地将其横置过来，甚至还呈现出向左上方向爬行的姿态，与左面的“麟”有了非常默契的配合。对于游寿先生来说，在扎实的古文字功底的支撑下，这种改变信手拈来。

以上从形质的层面，我们的分析主要集中在笔法和结字取势两个方面。下面我们要说的是游寿先生书法的气格，涉及到章法。

关于游寿先生书法的气格，可以概括为兼具金石气与书卷气。这并非笔者的个人见解，多篇以游寿先生书法为研究对象的文章都持此观点，我们表示赞同。但是，有两个问题值得思考：金石气与书卷气是否可以兼容？具体到形质层面是否可以找到相应的表现？

笔者认为，书法的形质与气格之间虽然不可能是一一对应的，但有着密切的关联。关于游寿先生书作的“金石气”，前文已经有过具体论述，可以认为，其形质（集中体现在笔法方面）与“金石气”有着很好的对应关系。那么，“书卷气”能在形质层面找到具体表现么？

从形质上来看，游寿先生的书作显然不是以精美取胜的，然而有两点特别需要引起注意：其一，游寿先生的书作无论多么质拙，从不故作惊人之笔，起讫有度，无往而不收。虽然笔画形态上不斤斤计较，但每一笔都认真交待。我们曾观察过，即使是非常短小的笔画，游寿先生也保证写出来是有力道的，正所谓“从心所欲不逾矩”；其二，无论是字内的小章法，还是通篇的大章法，游寿先生处理起来都小心谨慎。笔者曾作过仔细观察，发现游寿先生在处理字内空间时，无论被笔画（“黑”）分割到多么细小，其间的空隙（“白”）都要尽力保留。在古文字中经常会出现代表眼睛的部件，或形似的其他部件，如“日”等，游寿先生在处理其中的“点”的时候，每每小心翼翼，周围的“白”留得明确而均匀（图10）。在通篇章法的处理上，游寿先生显然不像罗振玉、董作宾那样把幅面处理得整饬规则。不但字的大小不一，姿态各异，摆放位置看起来也很随意（图11），甚至有的作品每一行的长短也有参差变化。但是，游寿先生几乎每一幅书作（包括正文、落款）的字距、行距都较大。这样做的目的就是在厚重、浑朴的总体风格基础上，给人以眉目明晰之感，显得神气清健。笔者认为，游寿先生作品中分寸的把握以及大、小章法所呈现出来的“清”（形质层面）与我们前文所说的“书卷气”（气格层面）之间存在对应关系。

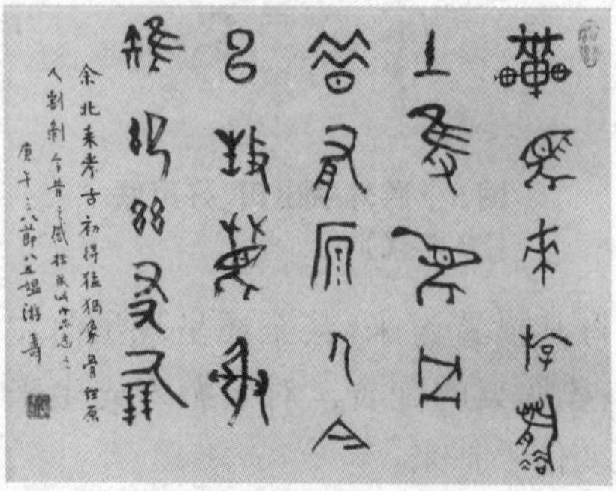

图10 游寿集殷契文（1990年）

图11 游寿集殷契文“车马出行获大象”（1990年）

三

作为“金石书派”的传人，游寿先生的书法逐步形成了非常鲜明而且稳定的个人风格，在这种风格的统摄下，她可以自如地驾驭各种字体。也就是说，本文所讨论的虽然仅为甲骨文一体，但窥一斑可见全豹，其甲骨文书法可以在相当程度上代表游寿先生书法的总体风格。这种风格的形成与诸多因素有关，比如说审美。

游寿先生在讲述自己的学书历程及心得的《随感录》一文中数次提到“买卖字”一词，“旧社会账房先生，成天写字，可是没有见出过几个书法家。他们这种字，人们管它叫‘买卖字’”①。“写字不止是手写，……但有一点当注意的，即是有艺术学问修养，这就是‘买卖字’、‘书卷气’二个分野。前人说：‘退笔成冢，何如读书万卷。’这就说明写字是从学习的背后衬出来的。”②游寿先生对“买卖字”作了解释，并明确指出，“买卖字”有别于有“书卷气”的字。实际上，游寿先生所谓“买卖字”就是那种熟而又俗的字。无疑，这种审美观直接影响到了游寿先生的取法和创作。她曾说过：“谈到书法，篆书，小篆齐整，我不大写，偶尔写一点三代吉金……”③（即李瑞清所谓“神游三代，目无二李。”）谈及自己的书法，游寿先生说：“由于从幼不好好写字，我的字是生涩的，不是娴熟的……”④“我的字始终是拙的，所幸没有看俗帖和俗字。同志们评我的字有金石气，这是对的。”⑤

汉字有数千年的历史，在如此漫长的发展历程中，使用它的人们从来没有忘记对其进行美化加工。但是，作为记录汉语的符号系统，实用终究是汉字最重要的属性，目前我们能看到的最早的成系统的汉字——甲骨文当然不会例外。当三千多年以后，这些承载着厚重历史的龟甲兽骨重新进入人们的视野，时过境迁，世界已经发生了太多变化。此时，书家们临习甲骨文，无论是试图尽量贴近甲骨文原貌，还是力求以其为凭借表达自我，进行的都是一种再创作：由记录问卜的实用需求变成了审美追求；书写的载体由坚硬的甲

---

①② 游寿：《随感录》，《北方论丛》2006 年“清风流响”游寿先生诞辰一百周年纪念文集专刊，第 50 页。

③⑤ 游寿：《我的临池简述》，《北方论丛》2006 年“清风流响”游寿先生诞辰一百周年纪念文集专刊，第 52 页。

④ 游寿：《随感录》，《北方论丛》2006 年“清风流响”游寿先生诞辰一百周年纪念文集专刊，第 49 页。

骨变成柔软平整的纸张；实现的方式由契刻变为书写。诸多变化使得书家们在创作时有更大自由发展的空间，因而也呈现出各自不同的面貌。

综观游寿先生的甲骨文书法作品，她的再创作在以下三个方面可圈可点：

首先，“清气”的融入。殷商甲骨文字由于载体所限，大多安排紧凑，有茂密之感。如上文所述，游寿先生在章法的处理上加大了字距的处理，大章法与小章法中很注意留白。加之笔法的起讫有节，其书作往往有种超凡脱俗的“清气”。

其次，“筋骨”的强化。游寿先生以金文笔法写甲骨，“清”而不“轻”，在细节的处理上既注意到了书写性，又将金文的雄健注入其中，有筋有骨、刚柔相济，虽为女性书家，却笔力不凡。

再次，“意趣”的提升。甲骨文字大多以竖列为序，虽字的大小不一，却在竖列上很少越轨。因此殷商甲骨文布局相对整饬，颇有章法。游寿先生在临写时突破了这种局面。如图1中引颈而望的神“龟”、纵踬奔跑的瑞“麟”，图5的“车”辚“马”嘶，图11中“车”、“马”、“大”、“象”的处理，则是一派胡马嘶风、汉旗翻雪的景象。总的来看，游寿先生书写时收放自如又绝不恣肆，意趣横生，画面感十足。

殷墟甲骨的最初发掘距离现在已经一百余年，这一百余年来，以甲骨文入书的书家虽为数不多，但也形成了不同的风貌。与其他书家比较起来，游寿先生的甲骨文书法可谓别开生面，独树一帜。我们相信，这是建立在深厚的学养与书法功底的基础之上的，惟其如此，临习时方能目击道存，得其象外，也才能做到入乎其内，又出乎其外。“形质”与“气格”相得益彰，呈现出文质彬彬的风貌。

最后，我们想说的是，游寿先生的书法风格的形成无疑与追随老师胡小石密切相关，但晚年的书作与胡小石又有着面目上的不同。举例来说，胡小石的结字往往大开大合，而游寿先生则降低了字内空间的疏密对比度，从而显得平和、雍容，再加上笔法等方面的因素，其风格既不同于金石书派的其他书家（如她的老师胡小石），也不同于纯以“书卷气”取胜的书家。除去审美、取法、学养等因素之外，游寿先生在书法艺术上能够自出机杼，恐怕与老师胡小石先生的鼓励也是分不开的：“某年寒假，几个同学聚在胡先生书斋里写字，我写了李梅庵为毛公鼎所题的跋文和李斯的小篆。胡先生却笑着对我说，你自己可以成家，不必学我。”①

---

① 游寿：《关于胡小石先生的回忆点滴》，《北方论丛》2006年“清风流响”游寿先生诞辰一百周年纪念文集专刊，第48页。

参考文献

陶敏辉主编:《游寿书法文献》,中国文史出版社,2014 年版,第 196 页。

王宝秀主编:《游寿书法集》,黑龙江美术出版社,2000 年版,第 72 页。

《北方论丛》2006 年“清风流响”游寿先生诞辰一百周年纪念文集专刊,第 120 页。

陶敏辉主编:《游寿书法文献》,中国文史出版社,2014 年版,第 194 页。

王宝秀主编:《游寿书法集》,黑龙江美术出版社,2000 年版,第 112 页。

中国历代艺术编辑委员会编:《中国历代艺术:书法篆刻编》,上海书画出版社,1994 年版,第 25 页。

《北方论丛》2006 年“清风流响”游寿先生诞辰一百周年纪念文集专刊,第 113 页。

王宝秀主编:《游寿书法集》,黑龙江美术出版社,2000 年版,第 113 页。

《北方论丛》2006 年“清风流响”游寿先生诞辰一百周年纪念文集专刊,第 101 页。

王宝秀主编:《游寿书法集》,黑龙江美术出版社,2000 年版,第 128 页。

陶敏辉主编:《游寿书法文献》,中国文史出版社,2014 年版,第 121 页。

(作者李洪智系北京师范大学艺术与传媒学院书法系教授、博士生导师;作者高淑燕系对外经济贸易大学中国语言文学学院副教授、博士研究生)

徐无闻先生的甲骨文研究与书法艺术成就述略

胡长春　汪成江

甲骨文是中国商周时期遗存在龟甲和兽骨上的文字，距今已有3000多年的历史，是中国现存最古老的有系统的成熟文字，被誉为20世纪四大发现之一。甲骨文的发现，是中国乃至世界文化史上划时代的大事。作为一种文化反应，20世纪以来，甲骨的研究已经成为了专门的甲骨学，并持续发展成多学科的综合性研究，成为一门牵动诸多国家的国际性"显学"，取得了举世瞩目的伟大成就。然而，对于甲骨文的艺术研究而言，由于上千年的历史断裂，20世纪中国社会的不稳定，文化领域的重大变革等诸多因素，甲骨文书法的演进历史却显得异常的曲折艰难，复杂多变。① 为让古老的甲骨文书法在新的历史境遇下获得新生，几代甲骨书法家不畏艰辛，迎难而上，为此做出了积极而伟大的贡献，徐无闻先生亦是其见证者和重要参与者。徐无闻先生是当代著名的学者型书法家、篆刻家、古文字学家，他对于甲骨文的研究亦是仔细而深入的，对甲骨文的艺术创作深得古法，是当代对甲骨文进行学术研究和艺术创作两手皆硬的成功典范。对其甲骨文与书法的艺术创作进行深入的研究，在当代甲骨文研究及书法创作实践上都具有重要的现实指导意义。

一、学术背景及艺术思想

徐无闻(1931—1993)，原名永年，字嘉龄。室号守墨居、烛明室、歌商颂室等。30岁后因耳疾，更字无闻。1954年毕业于四川大学中文系，1955年调入西南师范大学任中文系教授兼古典文学研究室主任，兼为唐宋文学、书法篆刻两个专业的硕士研究生导师。1993年6月20日因病逝世于重庆，享年62岁。生前为中国作协会员、中国书协理事、中国书协篆刻评审委员、西泠印社社员、四川省书协副主席、四川省书学学会副会长、四川省文史研究馆馆

---

① 陈爱民:《二十世纪甲骨文书法研究》，人民出版社2016年版，第2-3页。

员、四川省文联常务委员、重庆印社名誉社长。他曾参加《汉语古文字字形表》的大量编写工作，主编有《秦汉魏晋篆隶字形表》《甲金篆隶大字典》《殷墟甲骨文书法选》《东坡选集》等，是《汉语大字典》编委之一。

徐无闻先生出生于书香世家，道德文章皆承庭训，故其治艺能造渊穆高古之境。正如周虚白先生在其墓志铭所云："博学而艺事多能，虽继承家学而转益多师。书法如沈尹默、潘伯鹰，篆刻如方介堪、周菊吾、易均室，或日夕过从，或闻道往返，皆执恭谨阀奥，故能成其深；历览山川参稽古迹，得自然之熏助，故能成其大。有承传而后有创造，有实践而后有会通。"①徐无闻先生又与施蛰存先生、容庚先生、启功先生、商承祚先生、沙孟海先生、郭绍虞先生、谢稚柳先生、吴丈蜀先生、马国权先生等名流多有交往。其著述甚丰，书法诸体兼擅，正如启功先生在其论文集序言所言："著述甚富，于古文字之考辨，造诣尤邃。暇则挥毫作书，古、篆、楷、行，罔不精工。"②其书风清劲秀润，渊穆醇雅。铁线小篆、中山王器铭文尤为精美绝伦，独具匠心。篆刻"典雅平正，力求印从书出，选字布局，极意经营，拟古玺、汉印及明清印派等品式，皆风格各具，绝不曲趋俗好，雍容隽逸，卓然大家"③。

徐无闻先生所践行的是艺道一体，技道双进艺术观。他注重道德品质的修养和艺术内在的人格养成，他以他的智慧和实践告诫学生："有品德、有学问、有过硬的临池功夫，三者具备可望成家。现在到处都是书法家，那会有那么多？年轻时立志要高远，持之以恒，久而久之，自然有得。"④这是无闻先生上世纪九十年代的告诫，当代书坛在展览体风行了二十年后对书法的文化内涵的深刻反思，更加印证了徐先生的如炬目光。无闻先生又说"气质有高有低，有俗有雅，这就要靠人品，靠学养，不单靠字了"。"人品很重要，会反映在字上。弘一法师就是这样，仅书法，比他功夫深的人多得很，但他人品高，并反映在了字上，形成了自己特有的风格"⑤。这种"重品德""重学问""重技法"的艺术观念正为当代的中国书法人才的培养指明了方向。另外，徐无闻先生还提倡自然创新的书法艺术实践观，他以为创新首先就是要深入传统，"要把历来公认的有定评的作品写熟，然后才能发现他们之间的相同与不同。绘画可以从自然中来，而书法必须从传统中来"。并进一步认为"创新就是要写典

---

① 胡长春：《中国书法与古文字研究》，人民出版社 2015 年版，第 89 页。

② 徐立：《徐无闻论文集》，文物出版社 2003 年版，第 1 页。

③ 朱彦民：《甲骨文书法探微》，北京大学出版社 2015 年版，第 313 页。

④ 胡长春：《中国书法与古文字研究》，人民出版社 2015 年版，第 97 页。

⑤ 徐立：《徐无闻论文集》，文物出版社 2003 年版，第 369 页

范作品”。①

二、徐无闻先生的甲骨文研究

（一）徐无闻先生对甲骨学的研究

徐无闻先生是著名的学者，自幼饱读诗书，胸罗万有。他对于书法的本质和书学的精神有着迥出时流的认识，如其所言：“要多学与书法篆刻有关的各种知识，我国独有的书法篆刻，是几千年整个文化历史环境中酝酿的，犹如泸州特曲必须出于陈年老窖。要学这各种，必须长期积累，否则最后只能成个写匠。”②因此他走的是李可染先生所倡导的“用最大的功力打进去，用最大的勇气打出来”的为学为艺之路。他用最大的功力去深入中国的传统，“焚膏油以继晷，恒兀兀以穷年。”所以，徐无闻先生对甲骨文的研究并不只是停留在艺术层面上，他对甲骨文等古文字的学习和研究是交叉进行的，他生前学术研究和艺术创作均已渐入佳境。

1. 筑基《说文》，醉心甲骨，参加《汉语大字典》的编纂工作

1964年，徐无闻先生开始文字学的研修学习，先后辑录、抄录、校批了《文字蒙求》《甲骨文编》《说文解字》等。特别是在“文化大革命”中，中国文人及文化遗产遭到极为严重的摧残和破坏。在别人都忙于斗争的时候，他却能安于寂寞，卜居忠县手抄《甲骨文编》20余万字；埋头四部，以蝇头小楷反复校勘《说文》七遍，明心进道，乐以忘忧。③

1976年，徐无闻先生参加到由国家出版事业管理局统一规划，经周恩来、邓小平同志批准组织编纂的，徐中舒先生主编的《汉语大字典》的编纂工作中，主要承担文字字形的整理和编辑工作。这部字典的编纂，首先从数据的收集开始，要“尽可能地利用解放后出土或发现的新资料，同时，对传世的资料也尽可能地去伪存真，积极利用。”为此，他收集了殷代至战国的文字，具体组织整理编纂了《汉语古文字字形表》的工作；又收集整理了秦至魏晋的文字资料，编录了《现存秦汉魏晋篆隶石刻表》，其后成书的《秦汉魏晋篆隶字形表》是其续编。《汉语大字典》是一个十分艰巨的文化工程，从开始筹备到

① 徐立：《徐无闻论文集》，文物出版社2003年版，第370页。

② 徐立：《徐无闻论文集》，文物出版社2003年版，第369页

③ 向黄：《二十世纪四川书法名家研究丛书·徐无闻卷》，四川美术出版社2010年版，第10页。

1986 年第一卷的出版，历时十年之久，其中艰辛，非亲历者不能道之。《汉语大字典》的要求是极为严谨的，要“尽可能历史的、正确地反映汉字形、音、义的发展。在字形方面，它要在楷书的单字的条目下，收列能够反映形体演变关系的、有代表性的甲骨文、金文、小篆和隶书形体，并加以简明解说”。通过对文字形体的搜罗与分析，他对汉字形体的演变规律有了客观深入的认识，得出了新的有价值的学术成果，并撰写了《小篆为战国文字说》一文，得到了学界同仁的一致好评。这为他在以后的学术研究奠定了坚固的基础。①《秦汉魏晋篆隶字形表》1985 年出版后，其材料收集的广度、字形摹释的精准性都达到了一个时代的标志性的高度，得到学术界的广泛认可。1986 年裘锡圭先生发表了《〈秦汉魏晋篆隶字形表〉读后记》，先收入裘先生的《古文字论集》，后收入《裘锡圭学术文集》第三集，正如裘先生所言：“这部书的价值和好处，书首的前言已经作了很好的说明。”裘先生又说：“关于《字形表》的价值，还应该说几句。《字形表》汇集了丰富的资料。其中，70 年代以来发现的秦和西汉前期简帛上的字形，是同类工具书里从未收录过的新资料，尤其值得重视。全书的体例也相当完善。对研究汉字的人来说，这是一部很重要很有用的工具书。其价值绝不会因为我们指出了它的一些缺点而降低。”②

2. 编撰《甲金篆隶大字典》《殷墟甲骨文书法选》

中华人民共和国成立以后，由于考古事业取得空前的成绩，我国的地下资料不断的被发现。一方面是殷代以前的汉字资料的不断出土；另一方面是大量的帛书和竹木简出现。徐无闻先生有鉴于当时“所见的字形字典中，专收某一类器物文字的多，兼收各类的少；编纂先秦文字的多，注意秦汉以后的少；专门性的多，普及性的少”③等情况，于是依照时代的顺序，兼收各类器物文字，选取近四十年新出土的资料，广泛吸收当代文字学的研究成果，于 1991 年编撰成了《甲金篆隶大字典》，为学界贡献了一部可以显示汉字演变轨迹的字形工具书，得到学术界的好评。不仅为广大书家的艺术创作提供了方便之门，同时也为古文字学者考释文字源流提拱了字形上的依据，如著名学者赵平安先生考证古文字形体演变时即经常引用《甲金篆隶大字典》中字形④，学生黄任重、郭强、徐立、张一农、汪军、刘石、傅舟、陈爱民、李彤、缪永舒、苏大椿、李伟鹏、陈册、龚文、韦渊、曹建、陈龙海、方晓、丁正、程明震、邱世鸿、陈道

① 徐立：《徐无闻论文集》，文物出版社 2003 年版，第 217 - 220 页。

② 裘锡圭：《裘锡圭学术文集》第三卷，复旦大学出版社 2015 年版，第 363 - 393 页。

③ 徐立：《徐无闻论文集》，文物出版社 2003 年版，第 254 页。

④ 赵平安：《新出简帛与古文字古文献研究》，商务印书馆 2009 年版，第 32 页。

义、胡长春等更是奉为案头必备。

大约从上世纪20年代起，就陆续有甲骨文学者和书法家把甲骨文写成书法的不同形式。到上世纪80年代初，随着中国的改革开放，甲骨文也受到了更大范围、更多层次的接纳，出现了前所未有的发展局面，更多的书法篆刻爱好者都参与到了甲骨文的学习和创作中来。1992年，徐无闻先生有鉴于广大书法爱好者无法读到《甲骨文合集》这套巨著，因为这套书不但卷帙庞大、售价高昂、而且专业性也较强，于是发愿编辑一本普及性甲骨文书法工具书。他从各类著作中精选了甲骨文拓片一百片，按时代先后顺序编撰出了《殷墟甲骨文书法选》。为便于广大甲骨书法爱好者使用，书后又附上依据徐中舒先生主编的《甲骨文字典》编成的甲骨文字简表，收录了甲骨单字1071个。还在书的最后附上了集联101副，其中前60副选自罗振玉《集殷墟文字楹联》，后41副是徐先生自撰，从四字联到八字联不等，文词皆隽美。书前撰写序言，对甲骨文的研究进行了简单的历史回顾和艺术分析，对于初学甲骨文书法者具有重要指导作用。为书法界对甲骨文书法的艺术创作提供了重要的学术保证。

(二) 徐无闻先生对甲骨文的艺术研究

1. 对甲骨文的艺术特色研究

徐无闻先生对甲骨文的艺术特色有着深入的研究。就甲骨文的内容来说，他认为其内容为我们提供了殷代社会生活各方面丰富的信息，是宝贵的文献资料。就其文字本身而言，它可以使我们对汉字的发展有更科学更全面的认识，通过将其与《说文解字》的比对，还可以帮助我们弄清许多汉字的本义，进而有助于我们对先秦古籍的训释。但“作为交际工具的汉字产生之时，也同时带来了书法艺术。汉字的创造充分表现了我国上古人民的智慧，反映出中国人认识客观世界的独特方式，文字不仅具有记录语言的交际作用，同时具有艺术的审美功能”①。为此，他从艺术的角度，对甲骨文进行了深入的分析。

(1) 形体的象形性

徐无闻先生认为甲骨文有其独特的书体美感，相比于后来书体，甲骨文的象形性较强。由于甲骨文距原始文字还不是相去很远，字形保留的图画意味较多。他说：“甲骨文里的象形字和会意字，都是对客观事物经过反复的观察分析后，以生动灵活的线条概括提炼出来的形象。甲骨文的象形性是先民在长期生活中自然而然地表现的，可见先民的聪明智慧和浑朴天真；从汉字

---

① 徐无闻、黄任重：《殷墟甲骨文书法选》，贵州人民出版社1992年版，第3页。

的演变过程来说，是不可重复的。”不少的独体象形字，如人的整体和部分、动植物的、天象地理的、人造器物的，都如许慎所说“画成其物，随体诘屈”这种画成，而且都是突出某一物象的特征，例如马、牛、羊、鹿、犬、虎、豹等都是四足的动物，则取其相互区别的生理特点或动态，用最简炼的线条描绘出来，而且形神兼备。如虎的凶猛，龙的夭矫，凤的华美，羊的温驯等。一些会意字，创造虽然比独体字难，但描绘依然简炼生动，使人一望而知。如“鬥”字是两人在相对抓扯，“乳”字是母抱子喂奶，“圉”字是人带戴着手铐跪在监牢里，“興”字是四只手抬举重器，“艺”字是人蹲在地上栽种植物，“射”字是搭箭在弓等。①

（2）刻和写

徐无闻先生以为，在上古时代，单纯是为了欣赏的艺术只占少数，更多的艺术都是与实用品相结合的，甲骨文书法是伴随宗教的占卜而产生的。对于甲骨的刻写者，徐无闻先生认为就是在殷王身边从事占卜的贞人，他们既是巫，也是史，同时也是当时的专家，高级知识分子；对于甲骨文的刻写材料，都是经过刮磨整治，使其平滑光泽，写刻之后，往往在字上涂饰朱砂或黑墨，使文字清晰美观。对于甲骨文的刻和写，徐无闻先生作了仔细的研究，他认为是写和刻紧密结合，相互影响；而且绝大多数都是刻的，只有少数是墨书或朱书。对于殷人的墨迹，他认为“行笔很自然，搭笔即成，不像后世篆书起止藏锋，而是笔锋显露，形成头尾尖细而中间粗壮的笔画”②。这种迅速而简洁的殷人笔法，一直沿用到了春秋时期的侯马盟书，被古人称为“科斗书”。对于甲骨文如何刻？徐无闻先生也作了详细的剖析。“殷人用的是青铜刻刀，其长短大小大致与现在的篆刻刀差不多。借用篆刻学的术语来说，殷人刻字的刀法都是冲刀，刻出的笔画光洁利落，字口不滞涩发毛。龟甲兽骨比一般的石印材硬度高，贞人们的技法大都很熟练，手上确实有一股巧劲，能随意刻出或刚或柔而带有笔意的线条”。刻字者都是先有较高的毛笔书写技能的。对于甲骨文是先写再刻还是直接刻？他认为两者都有，而且后者多于前者。部分字径在1厘米以上的字，多是先写后刻，还进行复刀修饰，起笔还出现了方圆笔法的区别，表现出了毛笔的书写效果。至于为数较多的小字，基本上是直接刻成，有些还不按一般的笔顺，而是先把一个字乃至一段若干个字的直画一气刻完，然后再刻横画和斜笔，此种刻法还被近世部分篆刻家在刻单刀款中借鉴使用。

① 裘锡圭：《文字学概要》，商务印书馆2013年版，第46页。
② 徐无闻、黄任重：《殷墟甲骨文书法选》，贵州人民出版社1992年版，第6页。

(3) 结构和章法

对于甲骨文的结构和章法，徐无闻先生认为甲骨文的形体尚未定型，一个字往往有几种甚至几十种写法，因而其结构和章法较后世书法有较多的灵活性。就结构而言，无论字体笔画的多少，形体的长短，结构的位置等都相当的随意。从书法上看，这种可以自由变化的特点能够使其结体更具丰富性和创造性，赋予甲骨文多姿多彩的面貌和真率烂漫的情趣。但契刻者并不会因此而草率从事，而是极力按照美的要求精心构造，整体的组成不论部分如何位移或调换，相互之间都能连贯协调，保证重心平稳、和谐完满。在章法上，徐无闻推崇邓以蛰先生的说法"甲骨文字……若悬针垂韭之笔致，横竖转折安排之紧凑，四方三角等之配合，空白疏密之调和，诸如此类，竟能给一段文字全篇之美观，此美莫非来自意境，而为当时书家之精心结撰可知也"①。

(4) 艺术风格

徐无闻先生认为对于一些文字较多的甲骨文拓片，不仅点画、结构、章法具备了书法的要素，而且都还有一定的艺术风格。他推崇郭沫若先生在《殷契粹编序》中说法。"卜辞契于龟骨，其契刻之精而字之美，每令吾辈数千载后人神往。文字作风且因人因时而异，大抵武丁之世，字多雄浑；帝乙之世，文咸秀丽。细者于方寸之片，刻文数十；壮者其一字之大，径可运寸。而行之疏密，字之结构，迴环照应，井井有条。固亦间有草率急就者，多见于廪辛、康丁之世，然虽潦倒而多姿，且亦自成其一格"。"足知存世契文，实一代法书，而书之契之者，乃殷世之钟王颜柳也"②。其视为精论。

2. 以甲骨文为内容素材和形式载体的艺术创作

徐无闻先生对甲骨文研究的同时，也被甲骨文的艺术魅力所吸引。如他在《殷墟甲骨书法选序言》中所说"人们对甲骨文书法感兴趣，自然含有珍重我国最古文字的民族自豪感，同时还可能因为看惯了秦汉以后比较规整的篆隶书，一旦看到写刻比较自由的甲骨文而觉得新鲜，但归根结底还是因为甲骨文自身的艺术魅力"。由于徐无闻对甲骨文有着深入的研究，对甲骨文字笔画的刻划顺序及刀法都进行过认真的分析、仔细的揣摩，因此，他深知甲骨文的内在规律。徐无闻先生治艺于甲骨文，喜欢集甲骨文为联进行创作，如他在《殷墟甲骨书法选》后就附了41副自撰联，文辞隽美。在有限的文字中集出如此多的优秀对联，确是件不容易的事，这也充分显示了他在文学和文字学等方面的功力和水平。其对于甲骨文的艺术创作，主要体现在书法和篆刻

---

① 欧阳中石、徐无闻:《书法教程》，高等教育出版社1994年版，第123页。

② 郭沫若:《殷契粹编》，科学出版社1965年版，第10、11页。

这两个方面。

(1) 甲骨文书法创作

徐无闻先生对甲骨文的书法创作是建立在对甲骨文拓片的深入临摹学习基础上的。其对甲骨文拓片的临摹学习极其严肃认真，首先在繁抚庞大的甲骨拓片群中精选出便于临摹学习的甲骨“法帖”，并对其进行释读、考证，认真分析其点画、字形结构、章法布局等的变化关系，然后再沉下心来进行临摹学习。在临摹的时候，他从不依样画葫芦，而是经过对甲骨文有了深刻认识之后，去粗取精，在字形上保留其象形性，结构章法上保留其灵活的艺术性，在用笔上去掉过多的刀戳痕，留其古朴性。然后适当掺入金文的笔法，起笔藏锋，行笔中锋，出锋收笔和回锋收笔并用，转折上逾方逾圆，方圆兼用。其线条既温和又刚健，亦不失古朴意味。① 这些我们可从他 1976、1977 年对甲骨文的临摹作品中窥其端倪(图 1、图 2)。

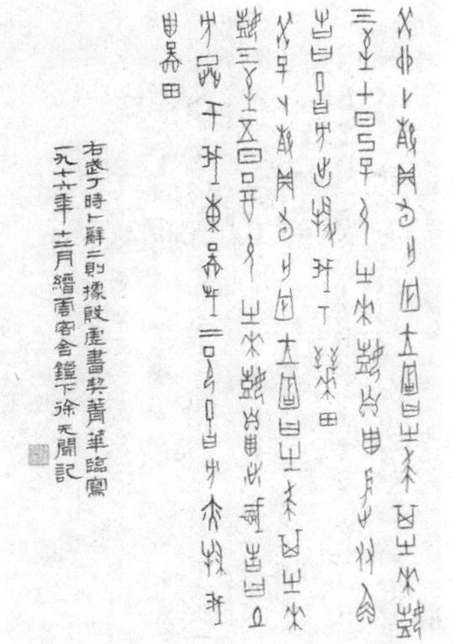

图 1　1976 年，丙辰，临殷墟甲骨文二则；《蜀明室书课》第 2 页，60×40 cm

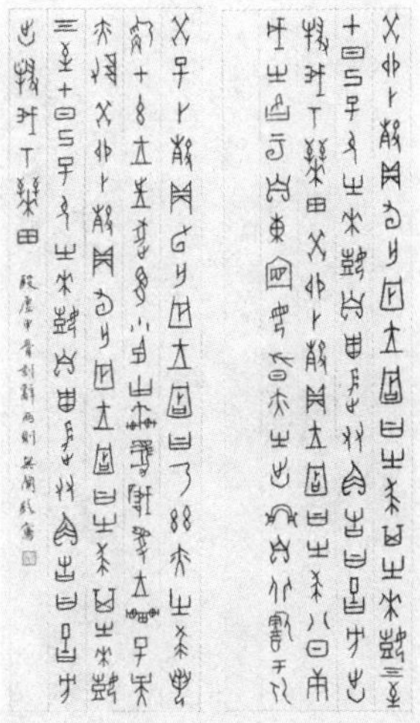

图 2　1977 年，丁巳，节临殷墟甲骨文二则；《二十世纪四川书法名家研究丛书-徐无闻卷》第 96 页，68.5×19.5 cm

徐无闻先生对甲骨文书法的创作，主要集中在 54 岁之后。其作品形式大多是集甲骨文对联，联语内容大多为自撰。如 1987 年所集“考古多观商彝周鼎，出游尽历名山大川”(图 3)；眼界及格局都较开阔，气魄亦非一般学者所能企及。笔墨简净，含蓄蕴籍，是不可多得的精品。1989 年书“老学不知来日

---

① 苏大椿：《熔古铸今 厚积薄发：浅谈徐无闻先生的篆书艺术》，《四川书学》1996 年第 1 期，第 24 页。

少，幽栖喜与昔人同”(图4)；1991年集“重来高文多出西蜀，兹有美食猷传古风”(图5)。“通旧学不懈晨夕，启新知多有见闻”(图6)。1992年集“古乐复传姜白石，新声竞听柳屯田”(图7)；“学有中西惟求其正，人无今古多观于行”等。文采渊雅，修辞有度。也有部分是集古典诗文成句的，如1987年集黄山谷诗句“胸中已无少年事，门外犹多长者车”(图8)；1990年集联“夫妇相得如鱼有水，宾朋同乐鸣鹿在林”等。其文辞皆古雅隽美，与其书法风格珠连璧合，相得益彰。其书法用笔创造性的参与小篆笔意，从容稳健、瘦硬挺拔、古雅质朴不失甲骨文本色。线条有小篆之流美和弹性，干净利落，方圆并用，柔中带刚。结构上参差错落，依字赋形，灵活多变而又不失其重心，显得安定而稳妥。其使笔如刀，进退裕如，能写出“刀”的劲峭，又能表现出笔意的沉静。其将真、草、隶、篆诸体笔意与甲骨文书法融铸一起，保持其小篆“骨气深稳”的特点，静而能逸，精而能放，致广大而尽精微，极高明而道中庸。① 字里金生，行间玉润，朗朗有如玉山上行。

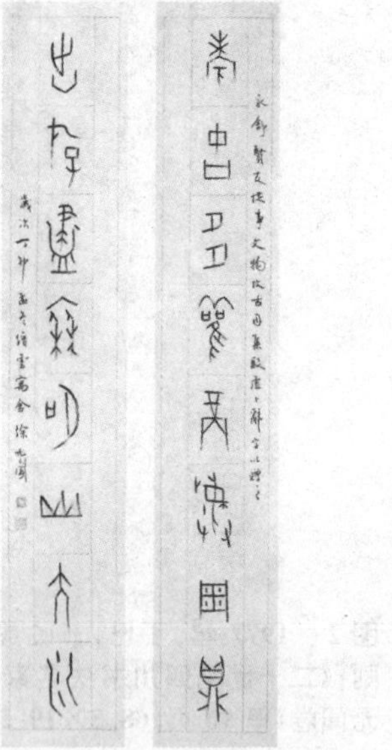

图3　1987年，丁卯，考古出游联；《二十世纪四川书法名家研究丛书-徐无闻卷》第135页；133×23 cm

图4　1989年，己巳，老学幽棲联；《徐无闻书法集》第35页，133×22 cm

① 邱世鸿：《艺术文化与艺术创造》，光明日报出版社2015年版，第359页。

图 5　1991 年，辛未，从来兹有联；《二十世纪四川书法名家研究丛书-徐无闻卷》第 173 页；145×30 cm

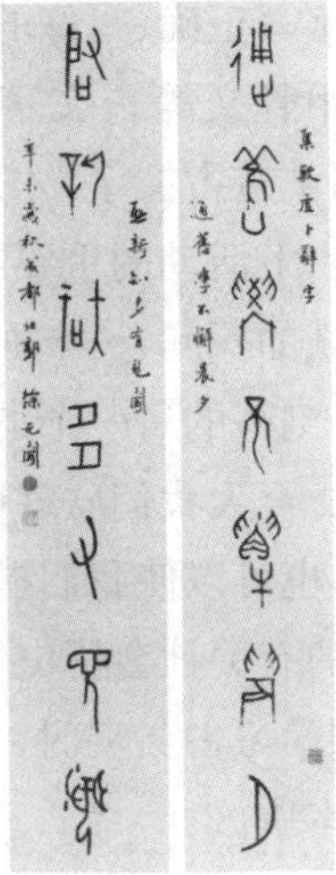

图 6　1991 年，辛未，通旧启新联；《徐无闻书法集》第 66 页，121×22 cm

图 7　1992 年，壬申，古乐新声联；《徐无闻书法集》第 74 页，129×20 cm

图 8　1987 年，丁卯，胸中门外联；《徐无闻书法集》第 24 页，116×22 cm

对于集甲骨文字创作，徐无闻先生有深刻的见解。他说“集甲骨文为对联，是书法创作的一种较普遍的方式。集联时，应以已有公认释读的字为限，不宜以同音字随意通假，更不宜用偏旁去拼凑出‘新’甲骨文。如果书写前人现成的集联，哪怕是名家集的，也得仔细看看有无错字。我过去便因照写前人集联，把‘興’字误为‘與’被一位青年学者指出过。这以后，我更认为书法家只有把字写正确、写好的义务，没有写错字、随便造字的权利”①。这无疑为我们学习甲骨文等古文字书法创作指明了方向。又说“古文字是历史的产物，不乱写乱造古文字，才是尊重历史。”甲骨文绝大多数直接同占卜有关，是当时整个占卜活动的重要组成部分。而刻写的文字，一方面是卑微奴仆对神圣主宰虔诚的探问，一方面是对冥冥中来自神灵的预示作出的小心翼翼的揣度。因此，刻写的每一个卜辞，都渗透着占卜者特有的心理，显示着他们对神灵的虔诚。今天我们欣赏甲骨文字，可以使我们领略到殷人所表现出来的智慧和才能，也可以使我们揣摩到当时人们可能具有的复杂心理。而这种带有神秘色彩的有关社会历史与民族心理的探寻，又增添了甲骨文的无穷魅力。②所以，我们学习古文字时，也应保有对历史文化的尊重和敬畏之心方不致失其文化之本质。

(2) 甲骨文篆刻创作

徐无闻先生于篆刻艺术亦有深厚的功夫，其在早期诸艺中“唯于刻印颇好之”。自孩提时即开始操刀，第一位篆刻老师即是他的父亲，又得拜蜀中名家周菊吾、易均室等前辈为师，再加上他的勤苦专研，积淀有年。1981年其所作《说印诗一首·步赵执叔原韵》云：“童年摹印更学书，油灯欲尽四更初。抄掠未及膏肓癖，骈枝在掌焉能割。”③述说其幼年时摹印学书的艰苦和勤奋，即使是在“文革”中遭到抄掠，也始终不能割舍其“膏肓癖”。可以这样说，徐无闻先生对于篆刻艺术的钟爱和研究是贯穿其艺术的一生的。

徐无闻先生在对甲骨文进行研究的同时，自也不忘将其应用到自己的篆刻创作中来。在徐无闻先生众多篆刻作品中，有两方格外引人注目，此即用甲骨文创作的两方甲骨文印。一方是“岁在丙寅”(图9)印，边款曰：“彦孙生于是年，俟其冠而以此付之”④。其印制呈椭圆随形，以甲骨朱文配与比文字稍厚的边框。印文因字赋形，结构大小参差，章法上彼此穿插咬合，浑然一体。线条强劲开张，气势雄健，是其篆刻作品中较有代表性的精品。另一方是1988年取《易经》上“云从龙”(图10)，因是年为龙年，即为纪年印。其边款曰：“《易》，卜噬书也，其原来甚古。兹集殷卜辞字刻《乾》文言‘云从龙’三字，或于理不悖。戊辰惊蛰，无闻”⑤。对于此印，徐无闻先生在其《篆刻的关键在

---

① 徐无闻、黄任重：《殷墟甲骨文书法选》，贵州人民出版社1992年版，第8页。
② 欧阳中石、徐无闻：《书法教程》，高等教育出版社1994年版，第125页。
③ 徐立：《徐无闻论文集》，文物出版社2003年版，第424页。
④ 李伟鹏：《玉局村舍印存》，重庆出版社2012年版，第225页。
⑤ 李伟鹏：《玉局村舍印存》，重庆出版社2012年版，第237页。

于篆》一文中特别作了介绍。“我把这方印设计成龟甲的一个残片，字的形体和三个字的章法都学的是甲骨文，刀法也是模拟甲骨文的单刀，部分地方复刀修饰。在安排上，我突出了‘龙’，印的左边刻上了‘风从虎’的‘风从’二字的残划。就章法来说，与右边的‘云从’二字相对应，就文义来讲，更用余味。刻成后，用黑印泥钤盖，取得了拓片的效果”①。由此可见徐无闻先制此一印的良苦用心。先生制此印，独得卜文空灵、冷隽之美，可为印学之别调。然先生对于此种创作，又说“这种刻法，不是篆刻的常规，只能在题材适当时偶一为之”。并不提倡以此多创。

图 9　1986 年，丙寅，岁在丙寅；《玉局村舍印存》第 225 页

图 10　1988 年，戊辰，云从龙；《玉局村舍印存》第 237 页

徐无闻先生还将甲骨文应用到其篆刻的边款。如 1967 年治“重枢”（图 11）白文古玺印，刻甲骨边款曰：“丁未六月，无闻”；1969 年治“野厂”（图 12）朱文印，刻甲骨文边款曰：“野安兄正，无闻，己酉岁十一月。”其字形端庄严整，线条古朴自然，用刀爽利劲健，深得甲骨文三昧。这可以算是徐无闻先生甲骨文书法较早的应用。往后亦多有甲骨边款出现，且多为其自刻姓名印边款，如 1979 年自治名印“徐无闻”（图 13），其甲骨文边款曰：“己未人日自作，时年四十有八，无闻”；1984 年治名印“徐永年”（图 14），甲骨文边款曰：“甲子岁人日自作，无闻年五十三”；1992 年治名印“徐无闻”（图 15），其甲骨文边款曰：“壬申岁三月，无闻六十又一”等。其用刀明利爽快，线条更为浑劲超拔，其字形结构大小变化，章法率性而自然，格调既端穆劲健，又精淳雅致，韵味悠长。

① 徐立：《徐无闻论文集》，文物出版社 2003 年版，第 357 页。

图11　1967年,丁未,重枢;《玉局村舍印存》第38页

图12　1969年,己酉,野厂;《玉局村舍印存》第70页

图13　1979年,己未,徐无闻;《玉局村舍印存》第134页

图14　1984年,甲子,徐永年;《玉局村舍印存》第204页

图15　1992年,壬申,徐无闻;《玉局村舍印存》第280页

三、徐无闻先生的甲骨书法艺术成就

徐无闻先生一生卓立不凡,精进不懈,其学术涵养和艺术实践的巧妙结合,为当代学者型书家树立了典范,对今天我们研究书法艺术具有重要的启示和指导意义。徐无闻先生是一位拥有深厚人格魅力的学者型书法家,其人其书、其书艺书论,无不给人以正向的启迪和引导。对其书法的艺术成就,我们可以简单从以下几个方面进行解读。

首先是其理论方面，徐无闻先生以“通会”的思想为学治艺，其拥有开阔的视野和广博的学识。因此，其对书法艺术的研究并不只停留在书法单方面的研究上，而是能站在整个中国的文化的立场上来研究。徐无闻先生对于书法艺术的理论研究是极为丰富而透彻的。既有逻辑严密、条理清晰的学术研究文章，也有零星散落的片言只语。这些理论大多散见于他的论文集和各类书画款语题跋上，同时也反映在他与朋友的书信往来、教育学生的金言玉语中。如他在1991年自题篆刻拓本立轴上说：“莫谓雕虫技，惟凭石与刀。植根在篆籀，润泽赖诗骚。”①虽只简短两句，却极透彻深入的道出了书法艺术之文化本质。

其次是其创作方面，徐无闻先生在书法的创作上是极其全面而辉煌的，而且在书体的全面性和作品的质量上远非一般书法家所能企及。他五体皆通，无论篆、隶、楷、行、草，可谓样样精工。特别是其玉箸篆和中山王，超妙入神，全国只此一家。其对甲骨文的艺术创作亦能古雅质朴，既有自己的创造又不失甲骨之本色。其于篆刻，也可谓风格多样，文雅别致。

再次是教学方面，很多人都只看到了徐无闻先生作为艺术家的一面，而忽略了其教育家的身份。徐无闻先生不只是艺术家，还是个杰出的书法教育家。1987年西南师范大学（西南大学前身）成为全国第四个招收书法硕士研究生的高校，即是在徐无闻先生的主持下成立的。他对中国高校的书法教学有着开创性的功勋，他的书法教学可谓是桃李满天下，并且在他的影响下逐渐行成了“西师流派”，不断地对全国书坛产生影响。

总之，徐无闻先生以其笃厚的人格魅力，全面而“通会”的思想，在艺术的广袤天地里充分展示了他自由的生命形态，给予我们无穷无尽的艺术享受。他的艺术精神并不会随着时间的消逝而被淡化，反而会像一坛陈年老酒，越久而变得越醇香。著名的美学家朱光潜先生在其《谈美》书中有言：“悠悠的过去只是一片漆黑的天空，我们所以还能认识出来这漆黑的天空者，全赖思想家和艺术家所散布的几点星光。朋友，让我们珍重这几点星光！让我们也努力散布几点星光去照耀和那过去一般漆黑的未来”②。徐无闻先生无疑也是这漆黑天空中重要的散布星光者，让我们珍重这几点星光，努力散布几点星光，去照耀和那过去一般漆黑的未来。

（作者胡长春系西南大学美术学院教授、博士生导师、中国文字与书画艺术交叉学科博士点带头人；作者汪成江系西南大学美术学院书法硕士研究生）

---

① 徐立：《徐无闻论文集》，文物出版社2003年版，第429页。

② 朱光潜：《谈美》，漓江出版社2011年版，第2页。

谈谈甲骨文及相关古文字书法的临习与训练

王蕴智

以殷墟出土的10万余片刻辞甲骨和千余件青铜器铭文为代表的商代文字载体，是迄今所能见最早的大宗古汉字书写资料。从审美的角度来看，殷商文字符号本身就是艺术的，加上当时不同书写风格的情趣释放，极具视觉上的美感享受。商代甲金文所反映出来的早期汉字构形特征及其舒展写意的线条造型，处处体现着华夏先民的智慧和独到的审美思维，最典型地表现了中华传统文化的基本特征，是一笔宝贵的人类文化遗产。从书法学的角度来看，殷商文字的书写作风，也是中华书法文化传承、发展的渊源，曾直接或间接影响着后世书体的嬗变，倍受今人的关注。如今便有不少有识之士拈集殷商甲骨文字进行书法创作，这无疑是对我国传统书法奇葩的一种开拓创新。书家们在这方面的艺术实践可谓方兴未艾，其发展的前景应当是无量的，我们十分期待着今后在这方面有较多的翰墨佳作问世。

由于时代久远，甲骨文毕竟是一种早已失去语言交际功能的文字载体。甲骨文及相关的古文字书法包括篆刻作品的临习与创作，都需要书家具备相应的古文字学知识。据我们所知，许多本专业以外的学人、高校学生和书家都有学习、利用甲骨文原始材料的初衷，但每每因其缺少专门指导，致使识字能力和相关的文化修养跟不上，或自学方法不当而走弯路，或是忽略了临习、释读原始材料的基本训练而事倍功半。再者就是广大的一般爱好者，也缺少对古文字书法的品评鉴赏能力。这些因素都十分影响当代甲骨文书法创作的高品位，不能保证作品内容的正确性和可读性，也制约了当前甲骨文书作的学术文化含量和审美取向。所以要真正推出高品位的甲骨文及相关的古文字书法作品，还有待书家和文字学家的互动，需要书家和全社会书法鉴赏人的共同努力。

目前，甲骨文及古文字书法创作的最大问题，是如何准确写出与殷商、周秦时期不同书家群体相符合的具有甲骨、金石、简帛、古玺印味道的古文字。

因为当今有些书家更在乎笔墨情趣，并不介意去掌握必要的古文结体知识和字形的正确写法，不熟悉每个字的演变经历，不熟悉商周时期垄断于王室贵族门下长达千余载的文字书写传统及其背景。有的书家或大展当前，或因友人索求墨宝，为了完成作品，有时会浅尝辄止，简单通过查字典，一时写熟有限的若干字词而凑数。这样的作品尽管在笔法、墨法、章法上处理得很不错，也是不可经久的，然而这已算是创作态度比较认真的了。

一般说来，凡是依样画葫，在不理解古文结体的情况下写出来的字都难免似是而非，许多字看上去很别扭甚至怪诞，难以和古人对话。有些年轻书家名利心切，急于求成，不了解或不经意当代最新的古文字考释成果，为了符合自己创作的用字需要，每把以往释错的字或未释的字挑来凑数；为了追求体面，每每采用六尺、八尺整幅的大制作，形式上很震撼，内容上难以令他人卒读，蒙蒙外行而已。也有不少书家从前辈的古文字书法作品中集字进行自己的创作，以为这样就可以脱卸写错别字的责任。前辈名家如吴大澂、罗振玉、董作宾、唐兰、容庚、商承祚等学者，的确为我们留下了不少篆意浓厚、格调高雅的古文字书法作品，值得我们认真玩味，但对他们其中的一些用字习惯及创作内容也不必一味去效法。

另外社会上还印行有一些不够专业的所谓甲骨、篆刻类字典，并多见有臆解古代文字源流的出版物。这一类读本存在的问题很多，其中或收集字形不全，或对相当一部分文字的摹写及隶释不准确。甚至有的字书所收的不少内容并不是真正的古文字原篆，如此以讹传讹，必然出现鱼目混珠，良莠不辨，用字“无法”的状态。

总之，针对上文所谈到的问题，为提高当前甲骨文书法创作的层次，我认为有作为的书家首先还需要从严格的识字训练和系统的范本临摹两大方面来提高自身的修养。

先简单说说甲骨文的识字。我们知道，甲骨文主要是商王室的占卜记录，在文字的使用上带有很大的局限性。尽管如此，整个殷墟时期所能见到的单字字目已多达4100余个，可释字目在1340个左右。考虑到文字通假和同源分化的因素，商代文字与后世字书有明确对应关系的字目有1580多个，这样的数字是相当可观的。其他另有2800多个字头虽然后来被淘汰，但在当时的文字系统和实际文例中亦大都是有定位、可以被解释的。甲骨文应该算是汉字幼年时期的一种书写形态。这时候的文字大都保存着汉字形成时期比较原始的结体信息。那些存活下来的字头，多为人、首、口、大、小、山、川、艸（古草字）、木、虫、鱼之类的基本字形，它们是汉字大家族的构字基础，后世通过它们又不断地孳乳派生出新字。这些字都是我们的母语，初学者可以分成若干个临习板块，掌握起来并不难。

比如可以先掌握一批和人体、动物、植物、器物、山水、日月、建筑等相关的基本字，然后再学习由基本字复合出来的会意、形声字。如若把这时期每个字的形体结构及其变化都当作知识点用心积累，就等于给每个字落实下来一个户口本，这样书写时才会感到踏实、自信，放得开，笔端才游刃有余。

古今文字书写起来最大的不同就在于结字上的变化。隶楷字形皆打破古文字的原始结构，按点横撇折捺等基本笔画来书写；古文字则需要按照每个字的基本结体理据来书写，笔画的变化相对简单。熟悉每个甲骨文正确的结构，可以说就把握住了每个字的常规写法。当然，处于不同阶段的古汉字也像人的幼年成长一样，个头、相貌变化很快，因此初学者还需要多备几部专业性的古文字典、字表，留心分析比较不同时期每个字的常规写法。

在此基础上，还应该留意殷墟文字中有一些比较典型的字例，在字面上不太符合一般表意字、形声字的构形特征。这些特殊字例在构形上或是因变异母字而同源派生；或因为贵族阶级别贵贱，正名分的需要，有意使文字符号繁缛和图案化；或是出于书写的方便和习惯，将多音节字词复合化；或在某些形体部件的原始写法上，出现一些美化、繁化、简化、同化和讹化的写法。而一旦在古文原形上习惯性的出现了这样的变化，那么这样写法的字也就约定俗成的成了后来书家新的常规字形。

因为那时的书家多是由王室贵族所供养，书法传承关系主要是以师带徒。各门师徒形成一定的书法风格和用字习惯，甚至也有写错字的时候。所以同时期每个字的不常规写法、字典中出现频率很少、很怪的字形，最好不去模仿。

再谈谈范本临摹的问题。对于有志于从事甲骨文书法创作的书家来说，除了识字的功夫之外，另一不可忽略的环节，便是要遵循书法人才培养的一般规律，需要从系统的范本临摹实践中，深入体会殷墟时期客观存在的在书写上具有不同风格类型的甲骨文。

今所见殷墟甲骨刻辞，早于商王武丁时期的材料尚嫌匮乏。可考者从武丁执政以后形成风气，从此一直持续到商代末年未有间断，大约经历了近250年的时间。经我们对科学发掘以及非科学发掘甲骨著录资料的考察，目前甲骨著录的总数约为90000余片，排除内容重复者及采纳合理的缀合片以后，实际数量为86000余片。这其中绝大多数是不同时期以商王为中心所作出的占卜纪录，另外还有约2000余片为不同类型的非王卜辞。非王卜辞大都属与王室血缘相亲的家族首领人物的占卜纪录，今见到的这一部分甲骨多出现于武丁中晚期。

根据甲骨出土情况、卜法文例、书写风格等特征，整个殷墟甲骨王卜辞从自组类开始，大致演绎出宾组、出组、何组、历组、无名组、黄组等七个大的类型，黄组类是整个殷墟甲骨卜辞的终结。另外我们还可以再划分出子组、午组、花园庄东地子卜辞及商末记事刻辞等在书法风格上具有明显区别的甲骨文。在这每一种大的甲骨类型的背后，都存在着一个风格鲜明的书家群体。这些书家群体的作风其实也和汉代的张迁、曹全、乙瑛、礼器诸碑，和唐代褚遂良、欧阳询、颜真卿、柳公权等书家一样具有强烈的时代影响力。

当今学习甲骨文书法的朋友，尤值得从各种原始著录材料中选出自己中意的拓本，反复玩味临习，从而以古人为师，感受不同类形甲骨文奏刀、用笔的风格变化。通过这样的基本训练，第一步可先达到笔端与殷人对话的境界。第二步应写出令殷商书家相对比较满意的字，这包括从书写内容到用笔之法可得到古人的认可。第三步，则尝试达到高于古人造化且富于当代审美价值的临摹作品，这包括从结字用笔到章法布局既超乎古人而又富有自己独到的书写情趣。

若要在学习甲骨文书法的道路上再深入一步，我认为还需要补充一点殷商历史、考古及有关文献、文学方面的知识；借鉴、吸收同时期前后有关铜器铭文的字样；并综合运用文字同源、假借及文字结体知识，有限度地适当组合必要的创作用字。最后则要使用精到的笔墨技法，通过体会甲骨文以刀代笔的作风，还原古人用软笔书写的真实状态。限于篇幅，上面谨从甲骨文识字和范本临摹两方面简要谈了点一孔之见。相信初学者经过上述几个阶段的识字、临摹训练，再进入高一层次的甲骨文书法创作，自然就如鱼得水了。

附：不同类型甲骨文书体风格用字举例

一、自组大字类

该类甲骨字形稍大，笔画圆润，多施以肥笔。其特征字形如下所示：

庚《合集》19777 子（地支名）《合集》19946 反、《合集》20236 子（假为巳）《合集》19921 子《合集》20045 卯《合集》19798 未《合集》20015 申《合集》20088 酉《合集》20980 正 戌《合集》19907 叀《合集》19945 方《合集》20441 王《合集》21305、《合集》20088 宰《合集》20045 大《合集》19883 且（祖）《合集》20045

鼎(贞)《合集》20577 㞢《合集》21120 父《合集》19945 用《合集》21405 皿《合集》20441 雨《合集》20980 反次《合集》19945 止《合集》20346 史、事《合集》20088 不《合集》20468

二、自宾间类

本类卜辞书风秀逸，字形偏长，用笔工饬。一些字的结体开阖适度，婉转流畅。其特征字形举例如下：

戌《合集》7055 子(假为巳)《合集》4676 子《合集》3091 未《合集》13727 申《合集》117 酉《合集》7015 亥《合集》6846 父《合集》2140 受《合集》8644、《合集》0981 王《合集》2301 鼠《合集》2804 其《合集》6999 鼎(貞)《合集》53 余《合集》2804 冥(娩)《合集》14020 宰《合集》4324 来《合集》6560 伐《合集》6562 羌《合集》6599 者《合集》6689 出《合集》6714 且(祖)《合集》7026 取《合集》7063 㞢《合集》2140

三、宾组一类

本类刻在骨版上的字形稍大，用笔整饬，直笔较多；刻在龟版上的字形略小，多折曲之笔，笔画瘦挺而内敛。本类特征字形如下所示：

甲《合集》4121 丙《合集》4519 丁《合集》360 庚《合集》360 辛《合集》6959 壬《合集》7137 癸《合集》16562 子《合集》13140 丑《合集》13109 寅《合集》16562 卯《合集》16562 辰《合集》4121 子(巳)《合集》2940 午《合集》1027 未《合集》13140 申《合集》13140 酉《合集》6570 戌《合集》7137 亥《合集》7137 宁(宾)《合集》4121 殻《合集》4121 争《合集》776 内《合集》13109 鼎(貞)《合集》2940 王《合集》6641 㞢《合集》776 𡆥《合集》16562 且(祖)《合集》1623 告《合集》7084 吉《合集》734 雀《合集》4121、《合集》6959 乍(作)《合集》6570 以《合集》14198 正方《合集》6570 我《合集》6570 自《合集》6571 叀《合集》10950 不《合集》6460 彡《合集》536 伐《合集》6937

来《合集》7137 翌《合集》13109 牢《合集》360 亡《合集》16562 今《合集》16562 若《合集》14198 正 帝《合集》14198 正

四、宾组二类

本类刻辞书风雄健大气，用笔宽阔疏朗，布局严整有度，骨版字形稍大于龟甲。其特征性字形举例如下：

丙《补编》2491 丁《补编》449 戊《合集》559 正 庚《补编》2491 辛《合集》6174 癸《合集》2496 子《合集》559 正 丑《合集》1965 乙 辰《合集》559 正 子（巳）《合集》559 正 午《合集》177 未《合集》6174 申《合集》11482 酉《合集》302 戌《合集》13271 、亥《合集》12814 方《合集》14294 不《补编》449 亘《补编》4、《英国》149 殻《合集》1965 宾《合集》11423 隹《补编》1516 王《合集》559 正 才《合集》10406 正 出《合集》175 来《合集》5445 正 宜《合集》15888 宰《合集》779 以《合集》8985 正 旬《合集》7139、《合集》559 正 叀《合集》10080 羌《合集》185 翌《合集》175 固《合集》6057 鼎（貞）《补编》449 令《合集》175 雨《合集》14575 隻《合集》185 告《合集》559 正 若《合集》559 正 月《合集》559 夕《合集》2164 我《合集》6057 自《合集》6057 伐《合集》6174 争《合集》7139 乍《补编》1516 弓《补编》1516

五、历组一甲类

本类笔画间使用弯笔和弧笔较多，用刀柔润细致，书法含蓄温婉。历一甲类的特征字形举例如下：

乙《合集》32403 庚《合集》34054 子《合集》10485 卯《合集》34158 辰《合集》34158 未《合集》32403 申《合集》32214 、酉《合集》33291 戌《屯南》2534 王《补编》10485 又《合集》32323 日《屯南》2534 步《合集》34158 隹《合集》33291 叀《补编》10485 弜《补编》10485 夕、月《合集》32216 鼎（貞）《屯南》739、《合集》32262 不《屯南》2534 尞（燎）《合集》34275 羌《屯

南》739

六、历组二甲类

本类的文字结体内敛狭长，奏刀简洁工整，挺劲有力，笔画线条不论曲直，首尾粗细相当，均停浑厚。其特征字形举例如下：

庚《合集》34716 子《屯南》2836 辰《合集》32360 酉《合集》33273、《屯南》56 子(巳)《屯南》1062 未《屯南》56 、贞《屯南》1074 、彭《屯南》1062 步《屯南》2845 冎《合集》34722 自《合集》33157 王《合集》33017 又《屯南》3798 尞《屯南》2836、《合集》33273 夕《合集》34722、夕《合集》34717 隹《合集》33273 不《合集》33115

七、历组二乙类

本类所见字形仍然偏大，结体稳重，用笔刚健峻峭，书风率真自然，粗犷豪放。此种卜辞的数量在历二类中所占比重较大，其特征字形举例如下：

戌《屯南》1050、《合集》32760 庚《合集》33698、《屯南》1111 子《屯南》1111 辰《屯南》190、《屯南》9＋25 子(巳)《屯南》1050、《屯南》3736 未《屯南》56 申《屯南》523 酉《合集》34115、《屯南》171、《屯南》9＋25 又《合集》32896 羌《合集》32057、《合集》33693、《屯南》9＋25 歳《合集》32677 贞《合集》33698、《合集》32044、《合集》32935 叀《屯南》424、《屯南》9＋25 、彭《合集》34115 不《屯南》1111、《屯南》423 步《合集》32677 冎《屯南》523 望《合集》32896 弜《合集》32653、《屯南》80 受《屯南》423 河《合集》34246 尞《合集》33001 翌《屯南》1050、《合集》31970 自《屯南》80、《屯南》9＋25 、其《合集》33698 上甲《屯南》80 夕《合集》33916

八、出组一类

本类行款布局比较整齐，文字结体矜持、有折角。出一类特征字形举例如下：

癸《合集》26588 子(巳)《合集》26588 申《合集》23712 酉《合集》23708、

《合集》25042 子《合集》23608 申《合集》23712 亥《合集》26582 夕《合集》24939 月《合集》24983 㠯(以)《合集》22537、以《合集》23705 祝《合集》26588 出《合集》26588 贞《合集》26643 翌《合集》23717 羊《合集》25020 自《合集》24610 不《合集》24718 叀《合集》25938 用《合集》25020 㞢《合集》25034 王《合集》22823 亡《合集》26654

九、何组一类

本类字形多折笔和圆笔，少数早期写法近于宾组及出组一类字形，本类特征字形举例如下：

丙《合集》28434 丁《合集》27866 庚《合集》27677 辛《合集》29363 子《合集》28434 寅《合集》27861 子(巳)《合集》27064、《合集》30529 戌《合集》30732、《合集》27715 酉《合集》27841、《合集》31304 叀《合集》307 不《合集》27865、《合集》3092732 鼎(貞)《合集》27861 冓《合集》30079 㞢《合集》27150 吉《合集》27846 何《合集》31304 巛(灾)《合集》28443、《合集》27797 上甲《合集》27064 王《合集》27862、《合集》27081 雨《合集》27864 旬《合集》31310、《合集》31300

十、无名组一和无名组二类

无一和无二类属于同时代的卜辞，但其书写风格有较多的差别。如无一、无二类卜辞中“庚”、“叀”、“东”等字形中部的笔画，无一类写作平画，无二写作斜笔。字形举例如下：

庚：合 27313 无一 合 28507 无二

东：合 28828 无一 屯 2170 无二

叀：合 27898 无一 合 27997＋32716 无二

无二类卜辞中“于”、“弗”、“方”等字中的横笔作斜画，无一类则为平画：

方：合 30212 无一 屯 2170 无二

弗：屯 30 无一屯 2169 无二

于：合 33557 无一合 30552 无二

无一类笔画稍粗而匀直，多折笔，结体呈方形。无二类习将折笔写作圆转的弯笔，结体细长，以纤锐的刀笔收尾，如：

人：屯 880＋989＋1010 无一屯 4004 无二

受：补 9731 无一屯 132 无二

又：合 28267 无一合 27997＋32716 无二

亡：屯 880＋989＋1010 无一合 28507 无二

无一类的字形结构不甚对称，无二类则匀称、精巧。与无一类相比，无二类中“其”、“至”、“冎”、“且”、“禽(擒)”、“大”等一些字结构紧凑、匀称，风格俊秀。如：

其：屯 2623 无一屯 2170 无二

至：合 30286 无一屯 132 无二

冎：合 34916 无一合 35074 无二

且：合 27129＋31227 无一合 26930 无二

禽(擒)：屯 30 无一屯 2170 无二

无一、无二类还有一些字写法有明显的差别，前者质朴古拙，后者精致小巧。如：

彳：屯 1088 无一合 27100 无二

戈：合 27898 无一合 28772 无二

又如象形字“日”，无一类中形体略近长方，无二类则作不规则的多边形。如：

屯 6＋12＋H1.18 无一合 28505 无一合 28507 无二合 28806 无二

十一、黄组字形

黄组类甲骨字形偏小，结字细致精巧，书写风格谨饬绢秀，常见黄组特征

字形如下：

乙《合集》37431 辛《合集》37431 戌《合集》37431 午《合集》37434 子《合集》35657 丑《合集》37431 未《合集》38950、《合集》36846 酉《合集》37373、《合集》38950 申《合集》35402、《合集》37448 辰《合集》38295、《合集》35542 寅《合集》35631、《合集》35452 癸《合集》38950 亥《合集》38628、《合集》38499 畎《合集》36959 𠭰《合集》37362 尤《合集》36129 隹《合集》37853 弋《合集》36944 田《合集》37431 亡《合集》38950、《合集》37431 雨《合集》38172 宔《合集》38381 𡿧《合集》36944 羊《合集》38740 升《合集》38740 宗《合集》36093 丝(兹)《合集》35845 叀《合集》36985 旬《合集》36491、《补编》12741 今《合集》36442 不《合集》36442 𫝀《合集》36442、牢《合集》36149、《合集》36132 翌《合集》38172、《合集》38249、《合集》35645 往《合集》36944、《合集》37431 鼎(貞)《合集》35631、《合集》36093 王《合集》36442、《英国》2538、《合集》36129 吉《合集》37448、《合集》37898 其《合集》37853、《合集》37086 用《合集》37361、灾《合集》37087 来《合集》36596、《合集》37471 夕《合集》36442 月《合集》36846、《合集》37634、《英国》2510

（作者系河南大学教授、博士生导师）

殷商“历组一类”甲骨文书刻实践研究

田荣菲

历组甲骨文是殷墟村南系列甲骨文的一部分，因20多片甲骨中蜀有贞人“歴”而得名。历组甲骨文多契刻在牛的肩胛骨上，契刻在龟甲上的较少，共计有4900余片。历组甲骨文按照书法风格分为两类，历组一类和历组二类，其中历组一类细分为历一甲类和历一乙类两个小类，有900余片。

一、“历组一类”书刻笔划特征

邓以蛰先生说：“书既始于用，则其始也必有所凭藉。其凭藉为何？是则甲骨文字之凭藉甲骨，钟鼎款识之凭藉钟鼎，秦汉篆隶之凭藉碑石之类；刻之文字用刀，书之文字用笔，刀与笔皆为书法之所凭藉也。是等凭藉，实于书体之区分大有关系。凭藉愈深则书体之形愈严，愈微则愈泯化也。”说书写都要凭藉材质和工具，不同的材质和工具可以表现出不同的书法形态与书法技巧。甲骨文因以甲、骨不同材质及刀、笔不同工具，故表现出不同的甲骨文书法形态。从历组一类的书刻笔划方面解析其起笔、行笔、收笔、搭笔四个方面的形态特征。

（一）“历组一类”书刻笔划的起笔特征

1. 历一甲类书刻笔划起笔特征

从表1-1中可以看出，历一甲类起笔有三种，特征如下：

A类，起笔细长且尖，在书写甲骨文时，不提倡将此类起笔作为甲骨文的规范进行摹写。

B类，起笔圆润，含蓄。由此看出，不是所有的契刻文字起笔都似刀锋一样尖利。酉字首横和河字两弯笔的起笔圆润，整体线条粗细差别不大。丑、于字起笔呈右斜切口状，似楷书起笔劲挺之势。

C类，起笔较圆且微露锋，介于A类和B类之间，较为普遍。其中丙字的左竖，起笔处有左斜之势。夕与月字乃同源字，皆作婉转半月形；乙作翻“S”

形的弯弧笔，曲而不折。姜夔说：“用笔不欲多露锋芒，露则意不持重；不欲深藏圭角，藏则体不精神。”这便是此类起笔的特点。

表1-1　历一甲类

字例	释字	著录号	类型	字例	释字	著录号	类型
	甲子字	H34158-02	A		今夕字	H32216-04	B
	亥伐字	H32214-05	A		癸酉字	H33291-16	B
	又于字	H33291-04	B		宗夕字	H34054-01	C
	己丑字	H33749-02	B		大乙字	H32403-02	C
	河字	H34267-04	B		卯丙字	H33291-11	C

2. 历一乙类书刻笔划起笔特征

表1-2　历一乙类

字例	释字	著录号	类型	字例	释字	著录号	类型
	庚字	H32535-01	A		九字	H32029-01	B
	己字	H34720-01	A		辛卯字	H32751-02	B
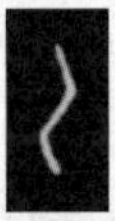	祖乙字	H32535-01	A		上甲（合文）	H32019-03	B
	大乙字	H32029-03	B		丙寅字	H32029-02	B

从上揭表格中可看出，历一乙类起笔特点如下：

A类，庚字两斜笔与己字竖笔起笔处细而不长，圆而不尖，刀锋在中间，可谓中锋起笔之写照。且庚字作平肩状，字体中竖偏长，内部笔画写作一横笔，此字形与历一甲类近似。

B类，起笔较A类粗，乙、九字起笔微呈三角形状；寅与上甲内部竖的起笔均作圆笔状；卯字左竖圆润，右竖刀锋呈左斜状，此形可用侧锋为之。传王羲之《书论》说："第一须存筋藏锋，灭迹引端。用尖笔须落锋混成，无使毫露浮怯。"

以上两种起笔，在书写甲骨文时，可作为常用起笔方式，形近而有变化。与历一甲类相较，有所规范，历一甲A类起笔相对很少。由此可见，商晚期契刻者用刀技术更加娴熟。

综上，历一甲类起笔有三类：细长且尖类、圆润含蓄类、较圆且微露锋类。历一乙类起笔有两类：细而不长、圆而不尖类，第二类起笔较第一类粗重。此二类可暂归为一类，逆锋起笔类。由此可见，历一乙类起笔摒弃了历一甲类中的细长且尖类，将历一甲类中的后两类融合变成历一乙类的起笔特征。

（二）"历组一类"书刻笔划的收笔特征

收笔与起笔近似，皆由藏锋、露锋、侧锋呈现笔划的形态。在甲骨文书刻中，常露锋多于藏锋，也有行笔至末端处停顿者。藏锋、露锋、侧锋分别形成几种不同的收笔形态，或呈圆形，或尖形，或呈平切形。横的收笔方向或向上收笔乃书写一个笔划的终结，其形态可表现出整个笔划的势态。

从表1-3中可以看出：

历一甲类，常见收笔有两种，一是如于、伐、庚等字的收笔，用刀直接冲出，似刀锋尖利；一是像尞、乙、河等字的收笔，末尾处有停顿，多作圆形。尞字横的收笔似楷书收笔，走至末端抬刀右切，下端持平，此种收笔并不多见。

历一乙类，与历一甲类近似。旬、乙、己等字含蓄收笔，夕、贞等字冲刀露锋，此类较为多见。寅、九等字末端成方切形，此种收笔较历一甲类增多。

表格中出现的"大乙"是指先王大乙。其H32403-02的完整卜辞为："辛未卜，又大乙。一"，意为在辛未的这一天占卜，侑祭先王大乙么？一为兆序。由此可知，此条卜辞应为武丁在位时占卜，武丁之父为小乙。

历一甲类与历一乙类几乎略同，通常表现为：线条较细时，刀锋易露；线条较粗时，收笔处常温婉含蓄。

由上可得，历一甲类收笔特征有两类：尖利出锋类、驻刀圆收类。历一乙类收笔特征有两类：尖利出锋类、驻刀方切类，其中前者较为多见。

表 1－3

历一甲类			历一乙类		
字例	释字	著录号	字例	释字	著录号
	辛字	H34054－02		旬字	H34017－01
	于字	H33291－04	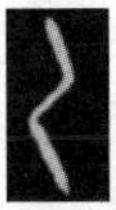	大乙字	H32029－03
	又伐字	H32214－05		己字	H32947－01
	庚字	H34054－01		今夕字	H34720－02
	尞字	H34267－02		辰贞字	H34720－02
	大乙字	H32403－02		丙寅字	H32029－02
	河字	H34267－04		羸九字	H32029－01

（三）“历组一类”书刻笔划的行笔特征

行笔主要是中锋和侧锋的问题，但对于甲骨文来说，由于其契刻材料和工具所致，整体线条瘦硬，故用毛笔书写时，应时时中锋。行笔是书写过程中最重要的一环，速度适中，其形态决定了整个笔划的力度，乃至整个字的精气神。历组甲骨文的行笔主要包括横笔、竖笔和弯笔三类。

1. 历一甲类书刻笔划行笔特征

从表 1－4 字例中可得知，历一甲类弯笔和弧笔较多，直笔较少。具体特征如下：

横笔，或倾斜，或平直中略有弧度。己字横笔平直略有斜度，H32778 片中己字横笔呈弧形。酉字笔划涩行，线条中部较粗。于字，头粗尾细，向右上倾斜，线条饱满有力。

竖笔，多略带弧形，或向一侧倾斜，直竖笔较少。丙字两竖平行，向右倾斜。贞字左竖用刀略显迟钝，右竖内撇，弧形，线条匀称有张力。雨字竖笔较多，呈竖点状，或向左倾，或向右倾。上边三点两头细，中间粗；下边三点粗细匀称。卯字两竖略有弧度，左竖行笔由轻到重，右竖由重到轻，呈互补之势。

弯笔，主要指转笔处，角度一般大于字90°，多为圆转，折笔较少，线条挺劲有力。乙、河字轻起笔，行笔逐渐加重至转折处略轻，似“S”形，曲而不折。弜字今读作 jiàng，甲骨文读若 qiáng，与彊字形音相同。此字弯笔较多，且左右两部件基本平行，且与丑字线条粗细均匀。叀、不二字，线条细挺，用刀迅捷、流畅。

表 1-4

横笔类			竖笔类			弯笔类		
字例	释字	著录号	字例	释字	著录号	字例	释字	著录号
	日己字	H34018-01		卯丙	H33291-11		大乙字	H32403-02
	癸酉字	H33291-16		亥贞字	H35061-05		河字	H34267-04
	又于字	H33291-04		壬雨字	H33291-08		弜字	H34267-01
				卯字			己丑字	H33749-02
							叀字	H34158-03
							不字	H33291-10

2. 历一乙类书刻笔划行笔特征

从表1-5中可以看出，历一乙类行笔主要以直笔和折笔为主，弧笔较少，与历一甲类相对。主要特点如下：

横笔，多平直，行刀较快，用力均匀，线条粗细几近一致，干净利落。于字写法与历一甲类一致，两横均作右上倾斜状，横细竖略粗。贞字作方耳形，两横平行，横短竖较长。

竖笔，作垂直状，中部略弯的较少，线条含蓄饱满。

弯笔，弧笔较少，常作折笔状，有些弯笔处分两笔契刻，形成折角。九、乙字线条均有轻重变化；登、祖二字承接历一甲类，作弧笔状，线条弯曲流畅。

表 1－5

横笔类			竖笔类			弯笔类		
字例	释字	著录号	字例	释字	著录号	字例	释字	著录号
	辰贞字	H34720－02		辛卯字	H32751－02		巤九字	H32029－01
	人于字	H31990		丙字	H32029－02		丧字	H32002－02
	己字	H32947－01		贞字	H34017－01		大乙字	H32029－03
							黍登字	H32014－06
							于祖字	H32535－01

由上可知，历一甲类行笔弯笔和弧笔较多，直笔较少。横笔，或倾斜，或平直中略有弧度。竖笔多略带弧形，或向一侧倾斜，直竖笔较少。弯笔多为圆转，折笔较少，线条挺劲有力。历一乙类行笔与历一甲类相对，主要以直笔和折笔为主，弧笔较少。横笔多平直，行刀较快，用力均匀，笔划粗细几近一致。竖笔，作垂直状，中部略弯的较少，线条含蓄饱满。弯笔，弧笔较少，常作折笔状，有些弯笔处分两笔契刻，形成折角。

从整体上看，历一乙类行笔特征与历一甲类相对；从局部看，横笔历一甲类倾斜或略有弧度，历一乙类与之相对多平直且笔划粗细相当。

（四）“历组一类”书刻笔划的搭笔特征

搭笔是指笔划与笔划间的衔接处，或藏，或露。甲骨文搭笔形态多样，因受契刻材料的限制，有些弯笔在契刻时作两笔契刻，是搭笔较为特殊的一种类型，故掌握搭笔技巧是写好甲骨文书法的关键。

从表1－6中可以看出，历一甲类和历一乙类各分成A、B、C三种类型，具体特点如下：

历一甲类，A类为全封闭式，雨、庚、叀、上甲等字在搭笔处，笔笔相连，起笔、收笔各自藏于线条之中，且线条粗细基本均匀，其中应注意合文上甲的字形应与“田”字区分开。“田”为全封闭式字形，笔划间不留空隙；“上甲”因是合文关系，外框和内部常会留有空隙，而图例中H32214－03“上甲”之形与“田”字字形如出一辙。B类，搭笔处断、连结合。丙字横笔与两竖笔的衔接处均未连接，内部两斜笔则与两竖、横划相连接；牢字与丙字近似；步字由两个脚趾组成，上下排列，上面的脚趾横与竖的衔接处较起行笔略细，似断非断，下面的脚趾则搭笔实，衔接自然，似一笔完成。

表1－6

历一甲类				历一乙类			
字例	释字	著录号	类型	字例	释字	著录号	类型
	日雨字	H33875	A		庚字	H34720－02	A
	庚字	H34054－01	A		己字	H34720－01	A
	叀字	H34158－03	A		辛卯字	H32751－02	B
	上甲（合文）	H32214－03	A		亡夒字	H34017－01	B
	卯丙字	H33291－11	B		不丧字	H32002－01	C
	七牢字	H32403－03	B		丧众字	H32002－02	C
	弜步字	H34158－05	B		庚辰字	H34720－02	C

历一乙类，A类连断结合，如庚字右边横与竖之间有间隙，其余衔接处均笔笔相连，己字与之同。B类为全封闭式，线条粗细无大变化，搭笔处衔接自然。C类与B类相近，笔笔相接，但此类线条较细，且搭笔痕迹明显。转折处圆转少、方折多，直线多，曲线少，使字形更加疏朗流畅。

历一甲类搭笔特征有全封闭式和连断结合两种，历一乙类搭笔特征与历一甲类大同小异，小异是指在全封闭式的情况下，搭笔处衔接是否自然。

二、“历组一类”书刻结构特征

结构建立在笔划之上，是书法艺术形式的基本单位。结构的差异是由笔划的形态和部件组合的势态造成的，而这些不同结构的字之间的排列则会影响整体布局。蔡邕《九势》云：“凡落笔结字，上皆覆下，下以承上，使其形势递相映带，无使势背。”

叶培贵先生在《行书教程》中提出：结体特征主要表现在欹正、轻重、展蹙、开合、大小、俯仰向背、穿插揖让、错落、横纵九个方面，这些特征不是孤立的，常被综合使用，故字的结体取势方式是多层次的。叶先生的理论同样适用于甲骨文书法中，运用叶先生总结的结构特征来分析“历组一类”甲骨文书刻中的独体字和合体字结构。

（一）历组一类甲骨文书刻独体字结构特征

1. 历一甲类独体字结构特征

表2-1

纵向类字例	释字
 H33779-01  H33875-1  H33875-2  H33291-11  H33291-14  H33954-04	雨
 H32214-02  H33219-02	未
 H32216-01  H32216-02  H34158-03	叀

续表

纵向类字例	释字
 H34865 正-04  H35061-02  H35061-03  H35061-04	貞
 H34865 正-03  H34865 正-06  H34997-01  H35061-04	夒
 H32214-05  H33219-01  H33954-01	申
 H33291-08  H33844-01	至
 H32171-02  H33291-10  H33381-03  H33291-02	不

表2-1字例中，雨字表示天幕落雨之状，根据上文所作定义，仍视其为独体字。上下两点间的距离、长短和左右之间点的疏密、姿态决定了雨字结构不同的势态，但上下两点的位置大多处于一条直线上，偶有错落，如H33954-04。未字上部的三竖笔中间高于两边，下面两斜笔与上部宽窄基本一致，不宜过宽于上部。

叀字线条空间分布较为均匀，中部作圆笔或折笔均可，下面的“厶”皆小于上部，位置不固定。

贞字上部作方耳形，H34865正-04片上此字字形瘦长，左边高于右边，左右空间基本对称，中间两横笔距离较近。其中H35061片上共有3个贞字，字形结构大体相同，只有宽窄之别，说明当时书契之人有同字在同片上作结构微处理的意识。

夒字像修治后的占卜骨版形，最底端最宽，颈部最窄，中部斜笔左低右高，位置不固定。

申字形似闪电，纵长，转折处圆转多方折少。至字箭矢落到地上，到达之意。上部箭矢的形状，上部箭尾形短，表箭头形的两斜笔窄于箭尾形的折笔，表地面的横笔不宜过长，其中H33844-01略微左倾。不字象花蒂形，空间分布相对均匀，上合下开，其中H32171-02、H33291-10、H33381-03重心垂直，H33291-02向右倾斜，姿态似舞者婀娜，蕴含动态之势。

表 2－2

横向类字例	释字
 H33874－03  H32171－04	己
 H33835－05  H33844－04  H32216－01  H32171－03  H33291－05	丁
 H33844－01  H33896－01	日
 H34976－02	旬

从上揭字例中看出，横向类的字形较少，仅己、丁、日、旬四字，其中旬仅此一字为横向，十日为一旬。己字横长竖短，横与竖多连少断，H33874－03己微向左下俯视，H32171－04字形端正。丁字若平面钉头形，多为扁状，大小不一，字形无多大变化。日字中间短横与两竖不相连，两竖作相向弧形，可写作如H33896－01六棱形。

表2－3图例上，戌字近乎于斧钺形的一种带柲兵器，故表示左边竖的撇线条皆作向内弯曲的弧形，且弧度不大，线条较短。子字突出带头发的小孩的头部形，上面表示头发的竖线条较长，中间的短横不与两边的竖画相连，下部两短笔短小有力且位于整个字的外侧。巫字中间的十字两头粗中间细，似柳叶之形，三横笔平行，三竖笔平行。上下两短横上短下长，且两横起笔不同，上横起笔露锋出尖，下横起笔藏锋微圆；左右两短竖皆向内侧倾斜，形成呼应之势。

表 2－3

相对方正类字例	释字
 H33779－02  H33874－02	戌
 H33779－02	子
 H33844－01  H33896－01	今
 H33291－03	雨

续表

相对方正类字例	释字
 H33291－07	巫
 H34018－01  H33749－02	己

2. 历一乙类独体字结构特征

从表2－4字例中可以看出，此类字形结构纵长。戌字与历一甲类不同，历一乙类的戌字表竖撇的线条写作竖笔，弧形基本摒弃，只H32535－03中微露弧形之意，且字形不规范。H32002－03、H32536－04中重心垂直，字形规范，从这两片中可以看出，左右部件可以互换，两种字形均可。

𡆥字这三种字形也较为常见：

第一种H32002－03，与历一甲类字形不同，上下两部件连作一起，笔笔呼应。下部左长竖挺直且向左倾斜，右长竖作弧笔，向内弯曲；上面两斜笔对称，第三斜笔较第二斜笔倾斜度略小，空间疏朗。

第二种H34706－02在历一甲类的字形之上添加竖笔和斜笔，似“卜”字，下部外轮廓像向右旋转45°的直角三角形。

第三种H34992－02字形与历一甲类近似，区别是骨颈部分连在一起。这三种类型上下皆宽窄基本一致。

壴字为鼓之侧面之形，结构险中求正。其中H32014－01字形上下长中间扁，上宽下窄，上下错落，上部重心偏左，下部重心偏右；H32014－02与H32014－01完全相反。

午字象丝线之形，或将丝线写作圆点状。H32253－01字形右倾，H32253－02字形左倾，此两字上下全封闭，上部常作尖形；作圆点状的午字，第一点位于竖笔的中部，第二点位于竖笔最低端，字势由长竖决定。

其字簸箕之形，为箕字初文。此字两竖笔具体较近且较长，造就了其字的纵向结构。其中H32029－03上部左高右低，内部两交叉斜笔空间分布均匀；H32649－02上部左低右高，内部两交叉斜笔把空间分割为做小有大。

表2－4

纵向类字例	释字
 H32002－01  H32002－03  H32535－03  H32536－04	戌

续表

纵向类字例	释字
 H32002－03  H34706－02  H34992－02	𡆥
 H32014－01  H32014－02	壴
 H32029－01  H32029－02  H32751－02	貞
 H32002－03  H33888－04  H34720－02	亡
 H32041－01  H32253－01  H32253－02  H32535－01  H34720－03	午
 H32029－03  H32649－02	其
 H32182－01  H32751－01  H33006－01	辛
 H32743－02  H32751－01  H32751－02	匕
 H33729－01  H33888－02	允
 H32014－06  H32270  H32272－01  H34445－05	叀
 H32535－01  H32536－06  H33848－03  H34019	亥

辛字从 H33006－01 字形微向左倾，与竖相连的两个斜笔错落有致，位于竖的中部，整体线条分布匀称，最为规范；H32182－01、H32751－01 重心靠上，线条略有弧度。

匕字似人上下曲肢状，转折处自然流畅，线条长短符合人体结构，上短下长，表胳膊的斜笔位于表上身斜笔的中间位置，且不能超过第二个折笔处，字形疏朗挺拔。

允字上窄下宽，上短下长。亥字以中间长竖口主笔，或垂直，或下部略弯，重心靠上，下部斜笔起笔处位于主笔的中间，上面两短横错落，长度基本相等。

表 2－5

横向类字例	释字
 H32014－03  H32536－06  H32649－02  H32721－01  H33006－04	丁
 H32195－02  *H32253－01*  H32947－01  H34015－1	日
 H32535－01  H34445－06	其
 H33848－02  H34016－01	己

从上揭字例中可以看出，历一乙类字形成横向的字与历一甲类基本相同，其中丁字、日字变化不大。

己字在字形上无大变化，但在线条上略有变化，历一甲类己字横长短不一，且横与竖有断连之处，而历一乙类的集字，横长度都较长，略有弧度，笔笔相连。

其字在纵向结构中略有介绍，二者区别主要表现在两竖的具体和长短上，两竖距离近且长，则字形纵长；两竖距离远且短，则字形横扁，内部两斜笔也因空间的不同略有变化。

除了上述重心垂直，相对规范的字形外，历组一类还有向左倾斜和向右倾斜的字形，这些字结构都无大变化，只是因为主笔或部分笔划的方向和长短而造成新的字势。如：H32019－01 中未字，因长竖向左倾斜过大，其它线条的中心都在整个字的中心线上，没有对主笔进行补救，故其字势重心偏左；H32535－03 中祖字两斜笔左短右长，造成下部连接的横笔向右下倾斜，虽然内部的短横对其做了补救，但整体字势重心仍偏右。其它结构不再作具体详解，仅以图表的形式将这些字例列出。如表格所示：

表 2－6

向左倾斜字例	释字	向右倾斜字例	释字
 H32014－05  H32535－01	祖	 H32014－01  H33729－01	辰
 H32019－01	未	 H33006－02	未
 H32195－02  H32536－06  H32649－01	不	 H32289－01  H32289－04  H33729－01	戊
 H34562－01  H34992－02	卯	 H32289－06  H33006－01	辛
 H32649－02	告	 H32289－06	天
 H32721－01	用	 H32535－03	祖
 H33006－04  H34445－05	王	 H32536－02	酉
 H33006－04	中	 H32721－01	大
 H34445－06	田	 H33006－02	日
 H33888－02  H34992－01	雨	 H32289－13  H32289－04	雨

续表

向左倾斜字例	释字	向右倾斜字例	释字
 H35104－01	亥	 H32272－01	亞

（二）"历组一类"甲骨文书刻合体字结构特征

1. 历一甲类合体字结构特征

错落，主要指左右部件间的关系。历一甲类表现为左高右低和左低右高两类。左高右低类以兹、姬为代表。兹字左欹右正，左小右大，姬字左右均等，上开下合，整体疏朗。左低右高类以伐、㑋为代表。伐字左下伸展，㑋字整体方扁，左横右纵。

大小均等类：伐字略微左低右高，卩女字上下齐平，宽窄几近相同，易字左部三个斜笔与右部弧笔相呼应。

上小下大类：先字上部止形宽而短，下部站立的人形窄而长，形成上横下纵的形态；上部向右伸展，下部向左伸展，使字上下的重心保持一致。令字上部为底部作尖状的倒口之形，微向右倾斜；下部作跪跽的人形，字形挺拔规范，上欹下正，令字重心上下略有错落，使字形更加鲜活，富有生命力。两个往字，结构近似，上止小下王大形成强烈对比。H34158－03往字上正下欹，下部的欹侧造成往字的偃仰之势；H32989往字上下重心一致，上部舒展。

表2－7

类别		字例
错落	左高右低	兹 H34865正－07 姬 H33291－15
	左低右高	伐 H32214－05 㑋 H32778－01
大小	大小均等	伐 H32216－06 㚢 H32171－02 易 H34019
	上小下大	先 H32216－09 令 H33219－01 往 H34158－03 往 H32989

续表

类别		字例
大小	上大下小	及 H33291－05
	左大右小	謬 H32014－05 謬 H32029－01 謬 H32151－01
		伐 H32253－01 竝 H32270 兹 H33006－02 彡 H34562－02
	合文	大乙 H32216－06 上甲 H32214－03 上甲 H33219－01

上大下小类：及字上宽下窄，上长下短，上下两部分上下相连，融为一体。

左大右小类：謬字由头戴饰站立的人形和丝线状组成，中间一横将两部分连为一体，从人形的肩部穿过，字形疏朗。伐字上齐下不齐，因字形作人肩上扛着带柲的戈式兵器，故横与左部的长竖和第一斜笔交叉于一点，上长下短，且两斜笔平行。竝字象两大人站立在一起，中间两斜笔上下错落，上开下合。兹字向右倾斜，右部势态向左部靠拢，左右呼应。彡字左右两部紧凑，三个斜笔长短一致，方向各不相同，分布在左部横笔之间。

合文的结构比较多样，外部结构多表现为上下结构，左右结构，包围结构。将合文作为一个整体分析其内部结构，与单字类型也颇多相似之处也。如上揭字例中，合文“大乙”作为一个整体来看，属左右结构且二字结构紧凑，上部左右两斜笔平行呼应，下部齐平；合文“上甲”属包围结构，此类结构皆作封闭式，空间分布相对匀称。

2. 历一乙类合体字结构特征

表 2－8

类别		字例
错落	左高右低	陟 H32029－03 彡 H32751－02 彡 H32041－01

续表

类别		字例
错落	左低右高	伐 H32151 - 02 伐 H32253 - 02 戠 H34445 - 03 贏 H32535 - 01
	左右低中间高	鄉 H34445 - 05
穿插揖让		■H32270 烄 H32289 - 01 烄 H32289 - 05 豊 H32536 - 04 豊 H32536 - 05 舊 H32536 - 05 新 H32536 - 04
大小	大小均等	弜 H32289 - 07 尊 H32536 - 06 贏 H32244 - 02
	上小下大	乘 H32019 - 03 先 H32029 - 01
	上大下小	聯 H32649 - 01 果 H33151 - 02 熹 H32536 - 02 熹 H32536 - 03
	左小右大	福 H32182 - 02 贏 H32244 - 01 贏 H32743 - 01 ■H34445 - 02 易 H34016 - 05 易 H34016 - 06 ■H34445 - 04
上横下纵		正 H32041 - 01 眾 H32002 - 01 眾 H32002 - 02

续表

类别	字例
半包围	宗 H32019－01 鐵 H32535－01 鐵 H32535－02 牢 H32536－06
合文	上甲 H32019－03 上甲 H32041－03 三十 H32195－01 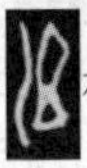祖乙 H32536－02

从上揭字例中可知，

左高右低类：以陟、酌为代表。陟字左边步形，两个止方向相反，第一个止向左伸展，第二个止右边因避免与阝形交叉而收缩，且低于阝形的第二个短横。两个酌字字形相反，H32751－02 酌字字形较 H32041－01 偏长，左右两部分紧凑，三个斜笔 H32751－02 的长短不一，上下承接关系密切，笔笔呼应，H32041－01 三个斜笔两两基本平行，重心向左倾斜。

左低右高类：以伐、戠、酌为代表。H32151－02 伐字外形偏方，两竖将横分割为左长右短，上齐下不齐；H32253－02 伐字向右下倾斜。

左右低中间高：仅鄉一字。H34445－05 鄉字左右两个跪踞的人形结构上齐下不齐，左大右小，上开下合，将中间部件托起。

穿插揖让类：以猷、烄、豊、舊、新为代表。H32270 左低右高，左部犬形与右部單字下部线条交叉，中间部分左右错落。烄字点穿插在交叉笔划的四周，下部的火形本中间高两端低，因受上部字形的限制，故将中间笔划缩短，短于两端的竖。豊字上密下疏，上部三竖平行，三竖之间的部件笔划短蹙。新字字形中间左右两斜笔相交错，重心微右倾。

大小均等类：以弜、尊、酌为代表。弜字，两个弓形结构上密下疏，上下齐平；尊字重心垂直，以中竖线为轴，左右部分基本对称，笔划之间排列有序，空间疏朗。酌字整体上下齐平，左右空间互补，左边部件上密下疏，右边部件上疏下密。

上小下大类：以乘、先为代表。乘字整体纵长，上下呼应。H32019－03 乘字上下部件宽窄一致，下部四个斜笔相互错落，两两平行，上面“大”形受下面部件的限制，将下面两斜笔收缩。先字沿用历一甲类的结构，无大变化。

上大下小类：以聯、果、熹为代表。聯、果二字结构端正，上宽下窄。熹字上纵下横，上欹下正。

左小右大类：以福、彰、𠂤、易、㲋为代表。福字，“示”形是“畐”形的二分之一，上下都不齐。彰字，H32244－01字形较H32743－01简省，H32244－01彰字结构疏朗，H32743－01彰字结构紧凑。㲋字结构左密右疏，左右呼应。易字右部的弧笔将左部包围，H34016－05易字右部折笔位置靠下，起收笔与左部的第二、三斜笔齐平。H34445－04㲋字左部位置靠上，上部左右齐平，右部上横下纵，整体结构端正。

上横下纵类：以正、眔为代表。正字上正下欹，上下两部分距离稍远。眔字，H32002－01重心垂直，下部三个人形外轮廓呈梯形状，从左向右依次变小；H32002－02结构上欹下正，下部三个人形从左向右逐渐增高。

半包围类：以宗、钀、牢为代表。宗字结构疏朗，重心向右倾斜，内部空间左小右大。钀字，H32535－01结构较长，H32535－02钀字结构偏方。

合文：上甲，H32019－03中竖与上下两横不相连，中横与左右两竖左连右断，上下空间均等，左右空间左大右小；H32041－03中竖与上下两横不相连，中横与左右两竖左断右连，上下空间均等，左右空间左小右大。祖乙，祖字左边弧笔与乙字相呼应，结构紧凑。

三、“历组一类”甲骨文书刻布局特征

布局是字与字、行与行之间关系的处理和排布，代表着作品整体构成的完成形态。书刻结构与布局间的关系密切，同一个字在不同的布局环境中，所取的势态是不一样的，同样，每个字不同势态之间的组合也会形成不同的布局。本小节以字组为单位，试从局部看整体，化零为整。

历组一类甲骨文所呈现出的文字布局模式，可归纳一下两种类型。

（一）条块型分布

条块型分布，指在甲骨片上文字单条卜辞的布局呈现出列长行短的方式，列的字数应小于行的字数。此型在历组一类最为常见，具体如图所示：

图3－1H32942一共有5条卜辞，顺序由下而上，其中01条卜辞残缺。02、03条卜辞各有9字，但字的分布却不同，02条排列方式为3－2－2－2式，呈宽带型分布，03条排列方式为4－3－2式，为条块型分布，字小且字距大于行距从此片上可以较为直观的看出条块型与宽带型的区别。04、05条卜辞单列成行，也是条块型的一种。

图 3－1　H32942

图 3－2　H33835

图 3－3　H32002

图 3－2H33835 中 01 条卜辞“乙未卜，其雨，乙巳。”作条块型，呈 3－4 式排列，有列无行。其卜辞顺序由上而下，先左后右，据其外形推测此片为骨颈部分。

图 3－3H32002 卜辞顺序由下而上，01 条卜辞“壬戌卜，不丧众”。呈 3－2－1 式排列，前四个字小，后两个字大。03 条卜辞“壬戌卜，今夕亡夒。”较 01 条多一字，其排列方式不同，此条作 3－3－1 式，前两行字大小均匀，横成行，竖成列，且行距大于字距，而最后两行距离近，“夒”字写在“今夕”二字的中间，形成疏密有致的布局。

图 3－4H32182 卜辞顺序由左向右，是条块型分布的典型。其卜辞字数分别为 6、8、10，皆为偶数，在排列时若按前边方式分布则布局较为规整，变化不大。但此片文字排列独具特色，每条排列方式皆不相同。01 条卜辞由右向左排列为 4－2 式，竖成列，横基本成行；02 条卜辞排列顺序与 01 条相同，但排列为 3－3－2 式，虽有些漫漶，但仍能看出其字距与行距相同；03 条卜辞数量多，但仍为两列分布，作 4－6 式，其排列顺序从右向左。

图 3－5H32535 共 3 条卜辞，排列方式也各不相同，此片字数较多。01 条卜辞字数最多，下部断裂，缺字不详，就片上字数呈 7－6－3 式，竖成列，横无行，字距上疏下密。02 条卜辞从上而下一列完成，字距疏朗，势态微向左倾斜。03 条卜辞 9 字，每列 3 字，共 3 行，历组一类呈 3－3－3 式规整的排列方式较少。

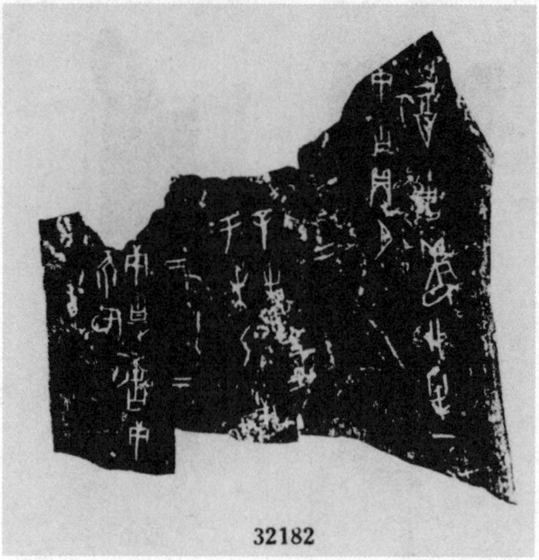

图 3-4　H32182

图 3-5　H32535

（二）宽带型分布

宽带型分布，指在甲骨片上文字单条卜辞的布局呈现出行长列短的方式，行的字数大于列的字数，与条块型分布相对。

图 3-6　H32171

图 3-7　H32029

图 3-6H32171 文字布局方式丰富，共有 7 条卜辞，其中以宽带型为主。01 条卜辞三列 12 字，呈 4-3-5 式分布；02 条卜辞共两列，呈 6-6 式分布，

行距大于字距;03 条卜辞 8 字,呈 3－2－3 式分布,此三条卜辞的布局属于条块型分布。04、05、06 条卜辞均为 9 字,呈 3－2－2－2 式分布,此为宽带型分布。

图 3－7H32029 共 3 条卜辞,01 条卜辞 8 字,排列方式为 2－2－2－2 式,字距、行距无规距,随字而变。02 条卜辞 7 字,呈 2－2－2－1 式,行距大于字距,竖成列,横基本成行。

图 3－8H32947 片上卜辞排列方式相同,内容相同,字数相同,皆作 2-2-3－1 式,横无行,竖成列。

图 3－9H32649 就一条完整卜辞,共 9 字,呈 3－2－2－2 式分布,上两行横成行,竖成列,字距大于行距。

图 3－8　H32947

图 3－9H32649

从以上分析得出,作条块型分布时,常为 3 行,偶有 2 行或 1 行的方式,列的字数常大于或等于 3;作宽带型分布时,常为 4 行,且列的字数小于 4。当卜辞字数较少时,常有几种常用的分布方式,多以 3 字为首列;当卜辞字数大于 9 时,其首列超过 3 字。如字数为 8 时,最常见的排列方式为 3－3－2 式或 3－2－3 式,偶有 2－2－2－2 式或 4－4 式;字数为 10 时,会根据骨版大小进行分布,有 5－5 式、4－6 式、5－2－3 式。在对布局进行分析归纳的过程中,发现一种特例,只要卜辞内容为“某某,贞:旬亡囗”皆作 2－2－2 式分布,横成行,竖成列,行款规整,而这些多为卜旬辞。

甲骨文书刻的布局行款犹如行楷书的章法,虽字无牵丝连带,但其大小对比、重心错落、上下俯仰，左右顾盼，无一不表现出其内在的关联。本小节通过对“历组一类”甲骨文中字组的组合方式分析出，历组一类甲骨文书刻布局特征从文字布局上分为条块型、宽带型两类，其中作条块型分布时，文字常为3行排列的方式，每列字数常大于等于3；作宽带型分布时，常为4行且每列字数小于4字。

历组甲骨文整体字形较大，字体风格鲜明，更适于初步学习甲骨文书法的书家。通过本文对“历组一类”甲骨文书刻笔划、结构和布局的剖析，反复揣摩甲骨文刻手在奏刀和用笔上的不同，希望可以帮助学习历组甲骨文书法的书家更准确地临摹历组甲骨文，真正地做到以刀代笔，写出有韵味的历组甲骨文书法。

参考文献

邓以蛰：《邓以蛰全集》，合肥：安徽教育出版社，1988年，第165－166页。

（宋）姜夔：《续书谱·用笔》，见《历代书法论文选》，上海书画出版社，2012年，第386页。

王蕴智师：《殷商甲骨文研究》，北京：科学出版社，2011年，第248页。

上甲：是指王亥之子上甲微。在《商代史论纲》中第二章第二节，商族的起源及其早期迁徙中指出，上甲微所居之邺，一般认为在今河北临漳县西南邺镇东，春秋时齐桓公曾筑邺城，战国魏置县，西门豹曾为邺令。第31页。

（晋）王羲之：《书论》，见《历代书法论文选》上册，第28页。

崔尔平：《历代书法论文选》，上海书画出版社，2012年，第6页。

叶培贵：《行书教程》，北京：华文出版社，2006年，第111－114页。

“大乙”：从宋镇豪主编的《商代史论纲》“商王及其配偶纪略”一节中得知，“大乙”是继上甲三报二示之后的商王成汤，他招揽贤才，一举灭夏，成为商王朝的开国君主。其配偶妣丙，又称高妣丙，与“大乙”同受周祭，被尊为求生受孕的生育女神。第199、204页。

“祖乙”：宋镇豪著《商代史论纲》：祖乙为中丁之子，继其叔父河亶甲后为王，即位初，迁都于耿。祖乙逝后，其子祖辛继位，祖乙与其配偶妣庚、妣己进入周祭祀谱。第202页。

（作者系郑州大学文学院博士研究生）

一部应运而生的力作

——评陈爱民教授《二十世纪甲骨文书法研究》

虞友谦

对于先秦诸子的产生,《汉书·艺文志》说是出于“王官之学”,《淮南子》则谓之源于“救世之弊”。前者讲学术的历史承袭关系,后者则强调了社会现实的客观需求。非唯先秦诸子,一切思想、学术、理论的成果,均不能脱离这两个最基本的动因。我们面前的这一部陈爱民教授的学术著作:《二十世纪甲骨文书法研究》自然不能例外。

我们先看历史承袭,自王懿荣发现甲骨文以来,百余年间,甲骨文吸引了大批以“甲骨四堂”为代表的精英学者。通过他们的不懈努力,取得诸多惊世瞩目的成就。治史者从其中探寻殷商史迹,多有新的发现,增益了人们对古代文明的了解;治文字学者,则于古文字之形成、发展及字源字义详加考释,其成果是所谓“三千年一泄其秘”,“汉以来小学家若张、杜、杨、许诸儒所不得见者也”。由此种学术的植基,自然会向艺术方面延伸,乃形成许多学者竞相摹写契刻甲骨文的风气。百年来,由于时势的因素,虽有波折,而总的趋向则是各种风格、体例竞秀,异彩纷呈、蔚为大观。终成厚重的历史文化传统。

而现实需求的方面,我曾认为,20世纪对中国影响最大的文化事件,一是马克思主义的传入,一是甲骨文的发现。对前者姑置不论,而后者由于学界精英的努力投入,使中国可考的文明史向前推进了千余年,极大提升了本民族的文化自信。又由于甲骨文书契艺术的普及,使其走出象牙之塔,不断扩大社会影响,遂为民众所喜闻乐见。然而这段历史,也有令人不堪回首的经历。除了前期外敌入侵,及后来的内战,对学术文化造成一定冲击外,最为严重的伤害乃是“文革”的破坏。基本上阻断了甲骨学术与文化的正常发展。所幸“文革”后,拨乱反正,百废俱兴。从上世纪80年代以来,先后形成过三次“国学热”高潮。期间,甲骨学术、文化、书艺亦乘势崛起,相关社团在各地纷纷建立,开展了大量弘扬甲骨文化的活动,诸如各类包括学术与艺术的甲骨文书籍、刊物的出版,小学识字教育,甲骨文进学校,甲骨文进社区,各种甲骨文书法展览,海峡两岸交流互动,直至到联合国大厅展示甲骨文;近年来,出于复兴传统文化的责任感，习主席也在不同场合多次提倡甲骨文化，以传承冷门绝学；而最近又欣闻甲骨文入选“世界记忆名录”，如此等等，洵为百年来未有之际遇。然而，甲骨文字毕竟沉埋三千余年，从其出土伊始，就带有天然的神秘色彩，故原只有文化精英、学术通人涉猎其间。就书契而论，他们摹写、描画，乃学术之余，作为翰墨文玩、案头清供而已。随大众广泛参与，一方面导致甲骨书艺盛况空前，另一方面，也难免泥沙俱下，产生一些负面效应。由于文字学基础知识的欠缺，甲骨文书法创作中，错字，别字，乱通假，生造字及凭空想象的书写，时有所见，乱象丛生。现实的发展，置诸多问题于世人之前，它需要说明，需要阐释，需要回溯，需要指导，需要规律的探索，更需要对未来作大视野的展望。

陈教授的大作，对此作出了学术、理论上的回应。就这个意义而言，说其应运而生，是合乎事实的。而认为这是一部力作，乃是我粗读全书后，对该项研究所生的最直观的感受。当前学界，对于学术成果的评析，多着眼于大的方面，以一种宏大叙事的文风强调其意义与价值，这当然是必要的。但任何著作或学理均需依靠细节来支撑，诸如框架之合理，逻辑之严密，资料之丰富，考证之精审，表达之准确，文辞之优雅……实际上在很大程度上是这些细节决定了其意义与价值的实现，也最终决定了其高度。本作这一观念，兹略陈鄙见如下：

1. 作者具有治史的胸怀与眼光

此书标明“甲骨文书法研究”，但并未局限于技术的层面，也未局限于艺术的、美学的或哲学的问题，完全避免了落入“形而上”或“形而下”的窠臼。作者选择了文化史的视角切入，通过跨学科研究，充分展示了20世纪甲骨文书法波澜起伏的时空画卷，回避了诸多不必要的纷扰与纠缠。因为一旦卷入“形上”和“形下”的讨论，问题之复杂，观点之纷纭，必然如山阴道上，应接不暇了。我们看其章节设计：背景，还原，发生，形成，延续，转化，基本上是属于史的框架。窃以为，具有治史的胸怀与眼光，而作专题性的研究，则该研究不仅学术性大增，且其成果亦必具更强之可读性。阅此书者，当与我有同感。这是我首先对此书认同、肯定与赞好的一点。

2. 逻辑严密，层次井然

一部著作，一个学理，要征服人心，引起共鸣，其思想敏锐、立意高远、必不可少。然而严密的逻辑，实为基础。打一不准确的比方，前者似价值目标，后者如程序正义。程序缺失，或不正确，目标终难实现。小时候学几何，感受不深，长大了才惊叹欧几里德之伟大，他通过数学来展现逻辑的力量。相对于西方，中国传统文化中，逻辑是块短板。所以东方先哲，长于悟性而弱于理性，是所谓国情使然也。现实之中，常见有专家学者，侃侃而谈，感情用事，立言有悖于逻辑而不自知，令人叹息。而陈教授此书，通篇逻辑严密，推理细致，如剥茧抽丝，绵绵不绝。论点、命题之阐述、论证，层次井然，无懈可击。其各章节之间，稳步推进，布武堂堂。具见作者安排之匠心。

3. 资料丰富，搜罗靡遗

这是本书最为显著的特点。对于文章、论著而言，资料乃是最为基础的东西。譬如盖房子，少了水泥砖瓦，一切都是枉然。而陈教授为此书所作的资料准备，信息量超大，可以说达到惊人的程度。书末所列之参考文献包括作品、图录、论著、论文达数百种。而书中引证资料，远不只此。我感到，他将百年来所有与甲骨文书法有关的人和事均“一网打尽”了。许多知名人士出现在论述中，我们以前并不知道其与甲骨文书法的瓜葛，因为未见文献著录，却被此书披露了出来。据书后鸣谢所云，作者于史料准备已二十余年，可见此书资料之充盈，纯为厚积薄发所致。因多年与陈教授的交往，颇知其探寻史料的勤奋与艰辛。当年严又陵逐译《天演论》，尝有“一名之立，旬月踌躇”之浩叹，以见译事之难。而陈氏为蒐集资料，无论寒暑，“上穷碧落下黄泉”，跑遍国内，兼及港台，有时且向国外追寻。每见有价值之史料，不惜重金，必罗致之，所费殆以万计。陈的这番苦心，终于有成，他手中的资料，必将嘉惠后学，启迪方来。

4. 新见迭出，均有充足的理据

俗云：有一分材料说一分话，有十分材料说十分话。对于20世纪甲骨文书法，由于陈氏的确掌握了十分材料，自然就有了说话的权利。在书中我们看到一些匡正旧说的见解，感到顺理成章，毫不惊讶。原因就在于，他是凭过硬的证据说话的。比如关于甲骨文入印的问题，通常认为王襄之三弟王雪民为最早，专家据可靠资料所作考证，亦可信。而陈认为罗振玉为“二十世纪甲骨文入印的开山”。从书中体会陈氏的意思，他并非着意推翻成说。他是从所发现的罗振玉甲骨文印“磬室”的边款中看到明确的纪年为“辛亥”，即1911年。从而审慎地指出其为“迄今最早的有明确纪年的甲骨文印”。因为事实上，尚未发现有确证的更早的甲骨文印的实物。他由此进一步推想“或许罗氏以甲骨文入印时间更早”，这也不失为一种合理的揆度。至于“磬室”印以往未被关注，陈氏认为此印与古玺印风格相近，可能长期遭遇误判了。又如瑞安孙诒让于1904年著《契文举例》，被学界尊为中国研究甲骨文第一人。《契文举例》为考释甲骨文最早印行之著作，毫无疑义。其草创之举，亦居功至伟。而是否界定为研究甲骨文第一人，似应留有余地。书中所引今人王若先生据新发现的罗振玉的手稿《置杖录》所载其1901年研究甲骨文的杂记，证明罗应为第一人。实际上，排座次是不必要的，而学术上，努力接近真实才是有意义的。这些均可见陈氏做学问的求真态度。诸如此类商兑文字，不烦赘举，到此为止。

5. 行文平实、畅达而不失风雅

孔子云："言而无文，行之不远。"又云："词，达而已矣。"这是孔老夫子对文章、言辞表达树立的两条标准：既有文采，又要平实。看似矛盾，其实是"叩其两端而执其中"的意思，即要求平衡也。陈教授此书在行文上做得很到位，作为学术本位的作品，自不宜花梢。通篇平实、晓畅，凡所论述，既不故作高深，也不蜻蜓点水。令人老眼无花，一读即懂。在"达"的方面，十分成功。而文既平实且平实又不失风雅，这就难能可贵了。书中对于文化掌故、学界逸闻、名流佳话、鱼雁往来，多有道及，既有补于信史，又良多趣味。这几乎在每章每节均有所见，诚为阅读此书时的一个兴奋点所在。

最后值得一提的是，本书装帧设计朴素大方合乎学术著作的品味，出版部门功不可没。封面题签及书序均出于徐利明教授手笔，亦足见对著者及该书的充分肯定。

（作者系江苏省社会科学院哲学研究所及历史研究所原所长、江苏省甲骨文学会副会长、秘书长）

新时代甲骨文书法艺术随想

魏　峰

中国共产党第十九次代表大会胜利的召开，向全世界宣示了中国特色的社会主义进入了新时代，习近平总书记在报告第七部分“坚定文化自信，推动社会主义文化繁荣兴盛”中说“文化是一个国家，一个民族的灵魂，文化兴国运兴，文化强民族强，没有高度的文化自信，没有文化的繁荣兴盛，就没有中华民族伟大复兴。要坚持中国特色社会主义文化发展道路，激发全民族文化创新、创造活力，建设社会主义文化强国”。特别是习近平总书记说，“社会主义的文艺是人民的文艺，必须坚持以人民为中心的创作导向，坚持思想精深、艺术精湛、制作精良的统一，发扬学术民主，艺术民主，提升文化原创力，推动文艺创新，倡导讲品位、讲格调、讲责任，抵制庸俗、庸俗、媚俗。加强文艺队伍建设，造就一大批德艺双馨名家大师，培养一大批高水平创作人才”。习总书记的讲话，对每一位文艺工作者都是一个很大的鼓舞，对我们从事甲骨文书法篆刻艺术创作，更指明了创作的方向，甲骨文艺术创作如何适应新时代的要求，笔者有几点感想：

一、甲骨文书法家必须具有甲骨文基础知识

甲骨文书法篆刻创作，属于艺术创作，但甲骨文书法家与普通的书法家担负的使命不一样，这是因为甲骨文书法家担负着学术和艺术双重任务，必须具有甲骨学和书法学双通的能力。一位甲骨文书法家首先要研究甲骨文的基础知识，如殷商文史，卜辞识读，书体断代，贞人刻骨，刀笔技艺，骨版章法等，这里，对原始甲骨书风的认知尤为重要，甚至对甲骨贞人宾组、师组、历组、出组、黄组及无名组等个人的书风特点，要有深刻的研究，要下功夫学习，临摹甲骨拓片或原骨，同时，还要广交甲骨文学者朋友，及时了解海内外学术机构对甲骨文字、历史考古研究的新成果和新发现。作为甲骨文书法篆刻家，还要大量搜集、掌握甲骨文信息和图书资料。这些，都有益于甲骨文艺术

创作，也是不同于普通书法家之处。

二、甲骨书法家必须有书法笔墨功夫

作为甲骨文书法、篆刻家，必须具有传统书法的过硬笔墨功夫和传统篆刻艺术修养，必须通读《中国书法史》和《篆刻艺术史》，甚至还可读一下《中国绘画史》，(因为有的著名画家书写甲骨文，如陈师曾、潘天寿、陆维钊、诸乐三等)，通过这些专著，对历代书画名家高手要有所了解，知其流派、风格和个人特点及在中国艺术史上的贡献。只有研究这些经典，才能更好地继承、借鉴传统艺术。甲骨文书法家、篆刻家还可以对传统书画艺术进行“个案”研究，选择与本人情趣相投的古代碑帖，下大功夫临摹，研习其笔法、字法、墨法、章法，并成为传统书法熟练的高手，这对于提高书写甲骨文字线条质量、书与释文、题款，创作精美的作品，都是有益的。同时，还要加强书法理论和书法美学的研究，提高创作“意境”的培养，这样，才能把甲骨文写的古朴而生趣。

三、关于甲骨文书法艺术创作

甲骨文书法、篆刻家具有了雄厚的甲骨学知识，又具有了传统的书法功底，再加上综合的艺术修养，在创作中才能得心应手，才能出高质量的精品，才能避免抄袭前人，摹仿今人，千篇一律的现象。

甲骨文书法作品内容，不论是集句、楹联和诗词，最好自己编撰，这样书家在创作中容易把情感注入，其内容要积极向上，讴歌我们伟大的时代，陶冶我们美好的情操，坚决抵制不健康的内容。

甲骨文书法、篆刻艺术，需要有严谨的创作态度，集字、刻印应从《甲骨文合集》《补集》《小屯南地甲骨》《花东》等经典为依据，根据内容，可以在甲骨文不同书风中集字，但在创作中笔意要统一，甲骨文中没有的字，可以通假或用同音的“声符”部首代替，实在没有的字，只有从商代同时的西周甲骨文和金文中借用了，但绝对不可造字、拼凑。

书法是写字的艺术，除笔意、墨韵、章法基本技法外，甲骨文书法、篆刻创作中还要注重“刀意”和“刀味”的表现。这也是评价一幅甲骨文书法作品艺术高低的标准。书写甲骨文的过程应是“立象尽意”的过程，同时，也是今人与古人对话的过程，所以，应在笔墨线条中蕴含着远古和现代精神，“腐朽变神奇”的深层次的文化内涵，这种内涵就是传承中华民族的优秀传统文化，把形成甲骨文书法的各种艺术因素充分张扬，这样，才能使甲骨文书法篆刻艺术在当代书坛有独立的存在价值。

中国五千年的文明史，由汉字“鼻祖”甲骨文字演变成篆、隶、楷、行、草，已成为一部洋洋大观的《中国书法史》，中国书法是我们中华民族在世界上最具有特色的艺术，也是我们大国文化的象征，当今书坛流派纷呈，高手标立，我们作为一支甲骨文书法流派，以学术、艺术双通的智慧，以充满文化自信的新姿态，站立在当代书坛，多年来以我们的作为，已在海内外产生了较大的影响，我们同样肩负着激发全民族文化创造新活力，建设社会主义文化强国的使命，不忘初心，我们将努力创作不愧于新时代的甲骨文书法、篆刻精湛的艺术品，为实现中华民族伟大复兴的中国梦贡献力量。

（作者系中国中央文史馆书画院研究员，中国书法家协会会员，国家一级美术师）

我与甲骨文篆刻

——答《书谱》杂志记者问

苏金海

记　者：为什么您会选择甲骨文入印？

苏金海：选择甲骨文入印这条偏僻小道，回想起来，大概有两个方面的因素。一是受到秦士蔚先生的艺术熏陶；二是由与生俱来的好胜心和刚毅的性格所决定。上世纪六七十年代，秦士蔚先生的甲骨文书法篆刻在江苏、南京书坛已具有相当高的知名度。1973 年，我先后在“南京市书法印章展览会”“南京市鼓楼区书法印章展览”“江苏省国画书法印章展览”上见到秦士蔚先生风格独特的甲骨文印章作品。当时我对秦先生甲骨文印艺的崇拜程度，一点也不亚于现在的“追星族”和“发烧友”。1976 年前后，经徐畅、孙洵先生荐介，我终于拜识了仰慕已久的秦士蔚先生，从此踏入甲骨文治印的门槛。选择甲骨文入印的第二个因素与我的性格有关。我的孩提时代是十分快乐的，那时兴趣很广，凡是男孩喜欢的游戏项目，我几乎都玩过，有些项目如打弹子、捉蟋蟀、滚铁环、养蚕、自制钢丝枪（一种填充火药的土制玩具）、摔跤格斗，甚至翻墙爬树（因捉蟋蟀、摘桑叶、架设矿石收音机天线时需要）的技术，在同龄人中都是属于一流水平。我从小就有一种刚毅的性格，不畏难，既然甲骨文冷僻，少人问津，那我偏要学它，好像有一点“越是艰险越向前”（《智取威虎山》唱词）的味道。自从接触到古奥艰深的甲骨文之后，我就“一意孤行”，一直走到今天。

记　者：您认为甲骨文入印哪些人做得比较好？

苏金海：甲骨文自上世纪 20 年代末 30 年代初被引入篆刻创作以来，虽然有许多学者、书画篆刻家尝试过甲骨文刻印，但他们都是偶一为之，或出于猎奇，或出于炫耀，或出于附庸风雅，除了对扩大甲骨文的社会影响产生一定作用之外，并未给印坛留下多少有价值的东西。真正在此道上殚精竭虑、孜孜探求的甲骨文印家确实为数不多。民国时期的甲骨文印家，我以为简经纶先生是当之无愧的领军人物。他的作品不仅数量超越同辈，且在作品内容(题材)和创作技法上有所突破。其代表作有“车马一东西”“不行其野”“至乎以弗解解之”等。上世纪 50 至 80 年代的甲骨文印家，当以魏乐唐和秦士蔚先生为代表。魏乐唐先生长期旅居海外，其作品善取封泥意趣，尤其是朱文印苍古拔俗。“老子犹龙”“旅美之作”“自得其乐”等作品非常精彩。秦士蔚先生的作品挺峻光妍，极具“甲骨味”。其代表作有“孙洵”(白文)“古为今用”“力争上游”“南天竹影”等。若论当代甲骨文印家，老一辈中刘江和杨鲁安先生成就突出。刘江先生创作勤奋，著述宏富，对甲骨文印章的宣传推动可谓不遗余力，功不可没。杨鲁安先生早年从著名甲骨学者王襄先生游，是当代甲骨文书法篆刻家中接触甲骨实物和摹拓甲骨最多的人之一。他的甲骨文印创作量虽然不大，但因其眼高胆大，所作颇具浑朴自然之妙。据我所知，中青年印家如北京的朱培尔，天津的孙家潭，山东的范正红，江苏的林尔、李夏荣，陕西的魏杰、田天义，上海的胡健康，浙江的柳晓康，黑龙江的王境、董洪涛等人，都有志于甲骨文印章创作，并已取得了不少可喜的成绩。

记　者：您怎样看待甲骨文在当今书坛上的地位？

苏金海：从总体上看，甲骨文书法在当今书坛上的地位是比较低下的。原因有三：首先是甲骨文书法的作者层次不高，引发人们看低和质疑甲骨文书法。如今的甲骨文书法作者队伍已不再是以前的甲骨学者、文学家、社会名流和著名书法篆刻家，而大多是由退离休人员和普通群众所组成。其中有些人是因学其他书体未获成功而改学甲骨文书法的。像这样一个作者群，其社会形象和艺术地位不佳，当是意料之中的事。其次，是甲骨文书法受众面窄小，经济效益差。偶尔写几次玩玩可以，若要把它当作主攻方向来对待，我想大多数人根本无法接受。此外，当今书坛的领导层中缺乏成就卓著的甲骨文书法篆刻家，这也是甲骨书法地位不高的因素之一。

记　者：您认为甲骨文入印应当注意哪些问题？

苏金海：我们在甲骨文印章创作过程中，一要做到用字正确，不用或少用拼合的字，以保持甲骨文的纯洁性。二要保持字形美观，不要随意变形，更不要将甲骨文字写成“算子”，使其堕入“缪篆化”。三要做到文辞简练，一印之中以四五字为宜，最多也只能控制在七八字以内。因为多字印创作不是甲骨文入印的强项。

记　者:您学习甲骨文经常使用哪些工具书?

苏金海:我在查检文字时,主要使用的工具书是《甲骨文编》《甲骨文字典》《甲骨文字集释》《甲骨文字编》。如果遇到甲骨文所无之字需要通假字时,主要是查阅《康熙字典》和《古字通假会典》。此外,我还经常阅读和浏览有关大学的学报、古文字学家的个人论集、纪念文集以及全国古文字学术会议的论文集等书刊,关注甲骨学界的最新研究成果,并将新考定的文字及时引入自己的创作之中。

记　者:您对甲骨文入印有哪些独特的个人体会?

苏金海:经过四十多年的艺术实践,我在甲骨文印章艺术的认识上和创作技法上确实也有一些体会。我深深认识到,一个甲骨文印家要想立足当今印坛,决不能"单打一"只刻甲骨文印。我的办法是,以甲骨文印为主,兼及其他类型印的创作,这样会使自己的印路宽广,整体实力获得提升。我在创作技法上曾做过一些探索和改进。一、加强印边的变化,丰富章法。我作甲骨文朱文印有宽边细文、窄边细文和无边朱文等几类。作白文印有四面留边、左下留边、右下留边、上右下留边和四面无边等形式。二、双刀和单刀兼施,增强作品的"刀味"和"石趣"。三、加大印面,增粗笔画,常刻巨印,增强甲骨印章的气势和视觉冲击力。如拙作"年年岁岁一床书""行云流水月含羞""男儿西北有神州""绝交不出丑言""用人如用木""明月出天山"等。

记　者:您怎样看待甲骨文书法与甲骨文入印的关系?

苏金海:用甲骨文字作印和用其他文字作印一样,都要有精湛的书法作基础,否则刻出来的印不是字形美感缺失,便是了无情趣。从上述所列几位著名甲骨文印家来看,他们个个都是甲骨文书家。我平时研习书法的重点不在甲骨文而在金文,但我经常关注甲骨学,观摩拓片图录,注重领会甲骨文的字形变化与布局特点。我重点研习的金文与甲骨文时代接近,它们有许多相通之处,写甲骨文只要在运笔时注意变圆为方,小大由之,长期实践,我想一定会取得满意的效果。

一日一印

若谷

仁行如春

四十五年印工

不以物喜

亦无无明尽

（作者系中国书法家协会篆刻委员会委员，江苏省甲骨文学会副会长、甲骨印社社长）

对当前甲骨文书法创作的认识与思考

刘树人

甲骨文自1899年发现至今将近120年了，自那时起，对它的考释研究和以书法进行艺术表现就是一舟之双楫、一鸟之两翼。甲骨文的考释研究奠定了甲骨文作为一种书体进行书法创作的学术理论基础，甲骨文书法创作宣传普及了甲骨文知识，扩大了甲骨文研究的影响，并在一定程度上促进了甲骨文研究的深入。与此同时，甲骨文书法创作的实践也不断展开、扩大，获得长足发展，使得甲骨文书法这一古老而又新鲜的书体终于独立于中国书法的艺术阆苑。将近120年过去，甲骨文的研究成果丰硕，而甲骨文书法的发展并未与之相匹配，因此有必要对甲骨文书法创作情况进行回顾分析，检讨问题和不足，以使甲骨文书法获得可持续发展。

一、对甲骨文书法创作现状的概略评估

笔者把将近120年的甲骨文书法创作分为三个阶段：第一个阶段50年，1899—1949年，伴随着甲骨文的发现和研究的展开，是甲骨文书法创作的兴起阶段，以“四堂”为代表的一批文字学专家同时也是传统书法家，他们集考释研究和书法创作于一身，使得甲骨文书法创作一兴起就具有一个很高的起点，这是书坛迅速接受甲骨文作为书法之一体的重要原因。第二个阶段30年，1949年—1979年，特别是中间遭逢十年“文革”，甲骨文研究和书法创作进入相对沉寂阶段，而且书法比其他门类艺术的发展还多受一个挫折，就是上个世纪五十年代各个艺术协会成立时，书法家协会未能及时成立，这对书法包括甲骨文书法的发展多少有一点负面影响。第三个阶段将近40年，1979年至今，以上海《书法》杂志最早举办群众性书法大赛以及后来中国书法家协会成立为标志，全国兴起书法热潮，一直持续到现在。由于解放思想社会观念发生变化和大众化的参与，书坛和整个社会的书法观念发生重大变化，简单地说，书法基本脱离实用，作为一门独立的艺术及其现代性已经得到确认。

由此，也造成了甲骨文书法创作的变化，从创作队伍到创作观念，与前50年已经迥然有别。

分析甲骨文书法创作现状，与开始兴起的50年主要不同在哪里呢？我认为，一是大众化参与成为潮流，出现了“专家不书、书非专家”的趋势。出现这种情况，一方面是扩大了甲骨文书法创作的社会群众基础，同时也就扩大了甲骨文的影响，积以时日，其中将会产生一批优秀的甲骨文书法家，从而提高甲骨文书法创作水平；另一方面，文字学专家书法创作的影响日渐式微，他们基本不参加由中国书协举办的所谓书法“国展”，自己也不举办书法个展，很少得到各类宣传媒介的关注，因而一些专家的甲骨文书法不容易得到大众的认可，他们在书法上的影响与“四堂”相比已不可同日而语，因此尽管由于大众化参与、甲骨文书法创作水平参差不齐，而专家书法却难以起到正确引领的作用。

二是甲骨文书法创作很热闹，但关于甲骨文书法创作的理论研究比较薄弱，创作实践和理论研究两条腿一长一短，跛足而行。现在无论是中国书协举办的“国展”，还是各地方举办的主题性展览，都有甲骨文书法的一席之地，各地甲骨文学会也定期不定期地组织专题展；全国各书法报刊经常刊登甲骨文书法作品，象江苏省甲骨文学会的《甲骨天地》这样的专业学术刊物都有甲骨文书法的栏目。但是，与书法创作相比，理论研究相对薄弱，以《中国书法》、上海《书法》和河南《书法导报》这几家有全国影响的专业书法报刊为例，每期的理论文章中极少见到关于甲骨文书法的。今年11月初第六届中国书法兰亭奖揭晓，获奖和入选论文共13篇，没有一篇关于甲骨文书法的文章。大学书法专业的教材中有关于甲骨文书法的内容，但所占比重小，并且是叙述甲骨文发现、研究过程的比较多，对甲骨文书法的阐述则往往语焉不详。理论是行动的指南，但目前关于甲骨文书法的理论研究，事实上很难对创作实践起到应有的指导作用。

三是甲骨文书法得到书坛和全社会的认可，但以甲骨文书法名世的书法家几乎没有或者说极少。无论是前五十年的“四堂”等老一辈书法家，还是近四十年的新进知名书法家，当人们评价他们的书法成就时，除罗振玉、董作宾二人外几乎很少谈及他们的甲骨文书法水平。其原因，就是他们的书法活动中，甲骨文书法创作的比重并不大。在全国书坛有一定影响的新进知名书法家中，就我所知，近一些年来只有甘肃翟万益先生一人，是主要搞甲骨文书法创作的。由于以甲骨文书法创作为主的知名书法家极少，因而在甲骨文书法领域，名家的示范作用几近阙如，这种现象比之楷、行、篆、隶、草书诸领域是绝无仅有的。

综上所说，经过100多年几代人的努力，我们可以看到，从横向比较，甲骨文书法已独立成为一体，但比之其他书体仍未能平起平坐；从纵向比较，已呈繁荣兴旺之势，但缺乏专擅甲骨文书法的名家队伍，大众化参与的热闹景象中有低水平循环之忧。对此，有志于甲骨文书法创作的书法家应该予以关注。

二、客观认识甲骨文书法的基本特征

分析当前甲骨文书法创作中的问题与不足，我认为，与多年来学界和书坛对甲骨文书法基本特征的认识不够客观、明确和一致有很大关系。

（一）关于甲骨文书法的风格特征

甲骨片现有15万多片，跨度200多年，从书法的角度看，甲骨文字的风格表现确有不同。董作宾先生按年代分为五期，并进行阐述，影响很大。其意义在于，首先肯定甲骨文作为书法具有多样性的风格特征，这与罗振玉首先以对联形式把甲骨文字写成书法作品一样，具有开山之功。以后胡厚宣先生合并董作宾的三、四两期分为四期。郭沫若先生在其《殷契粹编》自序中则概略地分为三个时期。近年有南京王本兴先生提出八种风格说。对董作宾的五期分法也有不同意见，全祖同先生在《殷墟卜辞讲话》一书中，专门列了一章《书体的质疑》，表示“对于董氏分别贞人的书体甚觉疑虑”。知名书法教授丛文俊在其《中国书法史・先秦・秦代卷》一书中，则基本不赞成按年代分期，认为应进行以一个主要的贞人为代表的分组研究，并认为“过去的研究把商代甲骨文视为一种基本不变的书体类型，200多年间只有风格的差异，可以说是治（书法）史上的根本性错误”。我举上述诸例，其实不是为了强分轩轾，而是想说明，关于甲骨文书法的风格特征，为何见仁见智、众说纷纭？因为各家有一个共同的缺陷，就是都偏于主观论述，缺乏对大量甲骨文进行归纳分类，用众多的甲骨片来证明己说。辩证法告诉我们，美是客观的，审美是主观的。列宁曾经批评那种不从事实的全部出发，而只是从中抽出个别实例来证明某个观点的做法，认为这不是辩证法。面对古老的甲骨文字，每个具有一定书法修养的人都会感受到其中的风格美感，但如果要对甲骨文进行风格概括，就应该从其整体出发，才能得出比较客观、准确的结论，而为大家所接受。甲骨片共有15万多片，目前还没有一部围绕甲骨文书法风格进行分类选辑并作阐述的著作或资料图书。甲骨文发现已近120年，假如我们把甲骨文书法单独作为一门学科建设来看，至今还没有一部关于甲骨文书法风格包括史、论、大量实例和作品的比较完备的著作或教材，而只是一些简要的论述论断，这是不是实际上反映了我们对于甲骨文风格认识的不成熟性？

（二）关于甲骨文书法的笔法特征

甲骨文书法作为书法之一体，必然有自己的笔法特征。目前有关论述都认为，甲骨文书法的笔法有“书写”和“契刻”两种。据徐利明先生《中国书法风格史》所说，“商代书迹，流传至今最多的是甲骨文，其次是青铜器铭文，墨迹方面只见墨书‘祀’陶片、朱书‘東于丁’玉片，还有一、二件朱书甲骨”，“不过寥寥数字”，据此，徐利明总结其笔法是“单节奏的用笔法”。又据新近出版的陈爱民先生《二十世纪甲骨文书法研究》所说，“后来的甲骨文考古又逐渐发现有数十片写而未刻或写而未刻完的卜辞、朱书或墨书记事书辞”，由此“可见当时的笔法以中锋为主，也有侧锋”。对于“契刻”的笔法，各家观点比较一致，都认为甲骨文书法以直线为主，曲线为辅，较长的曲线往往由几个较短直线或曲线接续而成，没有折笔，由于单刀契刻为主，笔画少粗细变化，形成尖刻瘦硬、劲直古朴的特征，等等。

笔法是书法的根本。我们今天讨论甲骨文书法的笔法，是为写出能够表现甲骨文特征的书法作品服务的。因此搞清楚甲骨文书法的笔法特征十分重要。我认为，甲骨文书法的笔法特征主要就是契刻意味，“书写”不属于甲骨文书法的特征。为此我们先来明确“甲骨文书法”这一概念。甲骨文作为一种文字，它可以书写，可以契刻，而甲骨文书法作为中国书法中的一种书体，就是指在龟甲兽骨上刻出来的甲骨文。比如现在讲汉隶，一般是指《张迁碑》、《石门颂》等在山石上镌刻出来的带有蚕头燕尾的那种书体，而简牍书也有隶书的某些字形特征，但人们就称为汉简或简牍书，原因之一就是一个是石刻文字，一个是在竹木简上写出来的，尽管汉隶也是先写在山石上再刻出来的，但我们分析汉隶笔法时，却是以石刻所呈现出来的笔画形态为蓝本，并看出了其中蕴含的金石气。同样，我们分析甲骨文的笔法，不管它是先写后刻还是未写而刻（特别是未写而刻！），也应该是以所契刻出来的笔画形态为蓝本，并看出其中蕴含的契刻意味。因此我认为，朱墨书写的甲骨文字（无论写在什么材质上）和契刻于龟甲兽骨上的甲骨文字都属于商代书法，如果讲商代书法的笔法，则有“书写”和“契刻”两种，如果讲甲骨文书法的笔法，则就是契刻一种。由于朱墨书存字太少，就不必要硬去阐述其笔法如何高妙，如有考古出土商代毛笔，可以推断就是遵循了书法基本的用笔方法，即中锋和侧锋。同时，把契刻的甲骨文与之相区别，实事求是地分析由契刻表现出来的笔法特征，这对我们今天创作出能真正体现甲骨文特征的甲骨文书法作品才是有意义的。

分析甲骨文由契刻表现出来的笔法特征要客观务实，不必为了证明甲骨文是书法艺术而将其说得复杂化。我们应该认识到，中国书法的笔法是随着汉字字体的发展变化，而不断由简变繁丰富起来的，甲骨文作为目前已知汉字最早期的一种字体，其笔法也是最简单的，主要是直线与斜线（斜线也是一种直线）；到篆书，有直线、斜线与曲线；隶书，有了蚕头燕尾，需要提按顿挫；行草书，有连笔与牵丝；到楷书，形成"永"字八法。因此，书法作为一门艺术，其笔法的形成，也有一个逐步发展成熟的过程，不需要把处于汉字源头的甲骨文的笔法说得多么复杂。说甲骨文笔法简单，不会贬低甲骨文的艺术价值，也不是说不需要练习就可以轻易掌握其笔法。艺术上有的时候最简单的反而是最难的，甲骨文笔法简单，风格特征鲜明，要真正掌握它，写出既有契刻意味又有个人风格特征的优秀作品，并不是一件很简单的事。并且，有的大家的本领正是化繁为简，比如怀素的《自叙帖》，还有八大山人的字、弘一法师的字，都是以简驭繁。

（三）关于甲骨文书法的艺术标准

近四十年来的大众化参与，甲骨文书法缺乏精品，创作水平良莠不齐，原因之一，我认为是在衡量甲骨文书法的艺术标准上存在认识误区，导致在创作实践上出现盲目性。比如，由于甲骨文难认难记，有的人对字写得正确与否、像与不像看得很重，而对书法的基本功夫则有所忽略；有的热衷于仿真模写，竭力写出点画的虚尖之形，过于追求"尖刻瘦硬"的契刻效果；有的率意而为，用所谓行草笔法书写甲骨文，还自诩为"创新"。这些认识和实践上的问题，不利于甲骨文书法的发展，应该注意解决。

甲骨文书法应以线条质量为准绳，遵循书法的共同要求。我们知道，衡量一个书法家的艺术水平，评价其书法作品，一般都会从笔法、结字、章法以及墨法诸方面进行分析，而在这几个方面中，最根本的是笔法，就是通过书法家写出的点画形态即线条是否准确到位、凝练扎实，来看书法家的艺术水平。所以书坛强调"用笔千古不易"，对好的字评价为"力透纸背"、"入木三分"。评价楷、行、篆、隶、草如此，评价甲骨文书法也应如此。著名书画篆刻家韩天衡先生说他年轻时跟老师学鉴定字画，一卷字画打开，只要出来一个树干，或一个竹梢，落款还没出来，老师就报出了作者名字。他说，"中国书画鉴定最重要的一条，实际上就是线条"，"书画家的这一根线条，就跟每个人的指纹一样，都是不一样的，从一根线条可以看出他的功底、修为、节奏、特点"。所以，我们衡量甲骨文书法，应该是高质量的点画线条加上准确生动的甲骨文字形，前者规定书法艺术的属性，后者规定甲骨文字的属性。

书画家达到一定艺术境界时，都强调作品要表达主观感情，所谓"我写我心"。因此，讲甲骨文的艺术标准，还要辨证理解书写甲骨文准确生动的字形。这种书写，不是对甲骨文点画字形的简单描摹再现，不是肤浅地表面性地强调甲骨文点画的契刻意味，而是书法家的一种艺术表现。一个成熟书法家写甲骨文，笔底表现出来的是他的全部笔墨功夫，他更注重的是线条的质感，这时他不管书写何种字体，都以特有的笔法写出，因而线条都带有很强的个性特征。这时如果以像不像甲骨文的点画来衡量，就陷入了对甲骨文书法的一种片面化庸俗化的认识。

明确甲骨文的艺术标准，有利于引导甲骨文书法家在学习、熟记甲骨文字的同时，通过练习书法基本功不断提高书法创作水平。这包含内外两个方面，内在方面，就是书法整体水平的提高，做到笔法精到不粗疏，结字生动不生硬，章法自然不做作。曾看到有的人机械套用甲骨拓片的式样，搞几个类似龟版的黑块面，上面写几行白色甲骨文，整幅作品并无古雅质朴的韵味，反而显得散乱荒疏，其实没有美感。外在方面，就是作品的形式，一般可以对联、扇面为主，条幅和斗方亦可。罗振玉最早之所以都是写对联，除了集字为联相对容易外，还在于写成作品后观者易于欣赏接受。有的作品内容很长，密密麻麻很多字，释文写在最后，观众认不识看不懂，瞄一眼就走了，这就没有达到展览的目的。有的甲骨文书法作品没有释文，这让观众感到很“高冷”，甲骨文书法家还是应该为每幅作品加注释文，让观众有一根进入作品的拐杖，这样也有利于宣传自己的书法艺术。

三、认真维护甲骨文书法的严肃性

目前，由于甲骨文已认读的字数难以满足书法创作的需要，在甲骨文书法领域出现了随意造字用字的问题，特别是近 40 年的大众化参与，此问题愈演愈烈。这种情况金文书法创作也有。但甲骨文研究既已成为一门学科“甲骨学”，我认为学界和书坛对此应引起重视，否则长此以往，假古董越造越多，使甲骨文书法不仅没有起到宣传甲骨文的作用，反而可能伤及甲骨文研究本身，使通过甲骨文书法来认识甲骨文的人淡化学术严肃性，把这一严肃学科蜕变成为“戏说”。

甲骨文书法创作中的随意造字用字情况，目前主要有：一是用“六书”中的形声法组合新的甲骨文字，这是被采用最多的方法。最严重的是日本 2000 年出版的《甲骨文字典》，用形声造字法几乎造出了现在常用非常用的所有汉字。必须明白，“六书”严格说来并不是古人的造字法，而是后来的文字学家研究文字学归纳总结出来的识字法。即使古人造字可能用此方法，但甲骨文字已成历史，是文字学的研究对象，怎么能由今天的书法家和书法爱好者为了自己所谓的创作需要去臆造呢？难道我们了解了一些历史规律，而夏、商、周历史研究史料缺乏，就可以按你了解的规律去编造一段史实吗？二是无根据地使用通假字。文字是人们在长期的社会生活中约定俗成的。文字在发展早期，由于字少出现假借，甲骨文和金文中都有此情况。但前人使用通假字是讲究有根据、有出处的，即在古书典籍中应用过的。还是这句话，甲骨文字是历史，是文字学研究对象，由现代人随意搞一个通假字出来为书法创作所用，是极不严肃的。试想，一个作家写小说用到方言，如果字典没有这个字他就自己“通假”一个，行吗？如果人人都为了自己需要自以为是地通假用字，中国语文会变成什么样子？三是盲目沿用早期考释错误的字。甲骨文研究是一个不断发展的过程，专家学者由于各种条件的局限，对甲骨文字的辨识，有的开始不一定完全正确，经过前赴后继的努力得到纠正，甲骨文书法家应注重学习了解甲骨文研究的新成果，提高书法创作中的学术含量。1984年吉林大学出版社重印罗振玉等人的《集殷墟文字楹帖》时，姚孝遂先生作了全面校订，检出不可据和误释的字111个附在书后，这是甲骨文学者对甲骨文书法的关爱。但不少书法家和书法爱好者学写此书中的楹联时，往往照抄旧句，继续使用已经证明是错释的字，这也是甲骨文书法创作中应该注意纠正的问题。

甲骨文书法创作中出现随意造字用字情况，除了大众化参与中，有的人“无知者无畏”轻率妄为以外，也与有的专家学者认识不足、知名书法家擅开先例有一定关系。比如，董玉京先生在《我的父亲与甲骨文书法》一文中，摘录董作宾先生1956年所撰《甲骨文书法》中的话，“在此应该声明的是，书法只是美术品之一，不能全用学术立场加以限制。现在甲骨文可识的字，虽有一千五百个，不绝对可靠的字也还不少。若严格的加以指摘，便使书家们不敢下笔了”。董作宾先生是“四堂”之一，他的这一段话影响很大，甚至成为一些人随意造字用字的“理论依据”了。我以为，这段话早期对于鼓励书法家进行甲骨文书法创作有一定意义，但根据甲骨文书法创作的现状，对这段话则要象考释甲骨文字一样，发现问题及时纠错。甲骨文书法源于甲骨文字研究，即使“不能全用”学术立场加以限制，但也不能无视和脱离学术立场的限制；对一些随意造字用字的人，就是要严格加以指摘，使其不敢轻易下笔！

再比如，一些名人名家在其书法作品中，带头生造所谓“字形组合字”，即“根据甲骨文构型系统的原则，利用已有的偏旁，适当组合成一些字，如甲骨文中无‘汤’字，就可以用‘昜’字加上‘水’旁合成”，还认为“其作用在甲骨文书法中是无可替代的”。这实际上就是用形声法造甲骨文字。这种情况，在甲骨文书法初兴时尚未出现，在罗振玉《楹帖》中尚未见到，丁辅之的作品中也只寥寥几个，到近40年则情况大变，据张振声先生统计的14种甲骨文书法集（刊）作品，共造字301个，其中何崝先生29个，潘主兰先生43个，最多的是刘江先生，百幅书法作品造字80个，他各种方法自己造字用字共189个，造字占40%以上。从这一不完全统计中我们可以看出，一些甲骨文书法家造字的欲望多么强烈，造字的能力多么高超！名人名家这样造字，在作品中也不加以说明，长此以往，必然给后人学习辨识甲骨文字造成混乱。有的人则借此不去认真学习甲骨文字，遇有一时查检不到的字，就自己制造。据严东篱先生文章所说，一位名家造了一个“起”字，但甲骨文里本来有“起”字，只是他没有看到，于是他造的“起”字便随着出版物流传开来。如果商代先人穿越到今天，看到此字不知会有何感想？

甲骨文是汉字的早期形态，甲骨学是一门严肃的文字学科，甲骨文书法是宣传甲骨文的重要艺术形式，是弘扬传统文化促进甲骨文联系社会大众的媒介桥梁，甲骨文书法家进行书法创作应该艺术性、学术性并重。为此，甲骨文书法家和甲骨文书法爱好者应做到：1. 只用字，不造字，即不以形声法为据自造新字；2. 应用通假字应有根据、有出处；3. 用某一字根指代某字，须加说明；4. 已有考释尚无定论的字可以择用；5. 金文等古文字可以借用，但须加说明。

（作者系江苏省甲骨文学会副会长、书画院院长）

甲骨文书法的兴起与发展

李志伟

甲骨文是殷商至西周时期契刻在龟甲、兽骨上的文字，是目前已知的最早的成系统的汉字，也是中国书法艺术的开端。郭沫若先生说过："卜辞契文实为一代法书，而书之契者，乃殷世之钟、王、颜、柳也。"①明确将殷商时期贞人契刻的书法艺术成就比肩于晋唐时期的书法大师钟繇、王羲之、颜真卿、柳公权。宗白华先生也说过："中国的书法是节奏化了的自然，表达着深一层的生命形象的构思，成为反映生命的艺术。"②因此，中国的书法不像其他民族的文字停留在作为符号的阶段，而是走上艺术美的方向，而成为表达民族美感的工具。中国书法作为一门传承循序的民族艺术几千年来成为中国主流社会的文化现象，上至皇帝、下至庶民都以练好书法为立人之本，这一独特的文化现象直到上世纪初科举制结束，才逐渐衰弱下来。随着西学东渐、印刷技术的进步以及当今计算机网络的普及，书法艺术更从专业化的方向发展而成为新世纪的大趋势。

甲骨文虽然有三千多年的悠久历史，但随着商王朝的灭亡，掌握着商王朝核心机密的"贞人"把占卜甲骨埋于地下。东周时代，以秦、楚、齐等为代表的诸侯国各书自己的地域文字，直至公元前秦始皇推行"焚书坑儒"、"统一文字"的一系列极端政策，全国文字统一用秦篆、秦隶书写。十九世纪末出土的甲骨文，引起了一批文字学家和金石篆刻家、书法家的极大关注。他们认为甲骨文书法具有与后世书法相同的下笔、行笔、收笔这三种基本笔法，由于契刻的原因其书法表现大多露锋，无藏锋、逆锋、回锋。基本笔画可概括为横、竖、点、斜、曲五种，其中最具活力的笔画是曲折。甲骨文所出人体立、俯、跪、举、走极具形象；所出动物张牙舞爪，栩栩如生；所出植物根深叶茂、生机勃勃；所出景物、河川、山峦、星相、器物无不概括简练、惟妙惟肖，充分显示了中华先民的智慧和艺术思想。甲骨书法的章法有从上而下、先右后左、先左后

① 郭沫若：《殷契萃编》，科学出版社 1965 年，第 11 页。

② 宗白华：《中国书法艺术的性质》，收入氏著《艺境》，北京大学出版社 1997 年，第 260 页。

右、甚至先中后到左右的不同形式，直至商代后期才确立了从上而下、从右到左排列的传统章法，其用笔、结体、章法开了中国书法的先河，所以说甲骨文是中国书法的滥觞。

清末遗老罗振玉是最先实践甲骨文书法的杰出代表人物。他在1921年2月出版了中国第一本甲骨文书法专著《集殷虚文字楹帖》。罗振玉的甲骨文书法用写篆书的笔法改变了甲骨文的恣肆放纵、瘦劲率意的转体，变成线条匀停流畅、秀美圆润、章法平正规范一路的甲骨文书体。罗振玉还运用自己文字诗韵的功底，创作了可以运用到生活中的对联、诗文，受到了世人的喜爱。罗振玉对推广甲骨文书法起到了推波助澜的先导作用。

董作宾先生是我国甲骨文研究方面的主要奠基者，也是甲骨文书法的开拓者。董先生由于工作关系得以接触和研究大量甲骨原件，深谙甲骨文书法艺术的精髓，并把甲骨文字书风分为五期。第一期是武丁时期。此时为晚商政治、经济、文化发展的鼎盛时期，史称“武丁中兴”，其书风挺拔雄继，刚劲有力，布局开朗，雄伟壮丽，豪迈奔放，开立了气势宏放雄伟的格调与风范。这一时期的贞人有壳、宾、争、韦、古、亘、永、葡、共、史等。第二期书风出现在祖庚、祖甲之世，约四十年。这一时期国泰民安，革新庶政，书体明显趋向工整秀丽与静谧温润，行款整齐规则，字的结构紧凑，用笔技巧成熟，贞人有出、大、行、史、尹、即、喜、逐、燕、旅等。第三期书风出现在禀辛、康丁时期，约二十年，书体一致传统，出现自然、率意、质朴的书风，被称为自由书风时期，贞人有宁、逢、教、荷、口、彭、定等。第四期书风出现在武乙、文丁时期，也约二十年，与第三期书风相同，呈现一派百花齐放、百家争鸣的兴旺景象。各种风格相继出现，书者贞人有狄、历、万、中、车史、余、子、我等。第五期书风出现在帝乙至帝辛(纣)时期，历时九十年。这一时期处于商末，书风工整、端庄、统一。书体大小、字距、行款严整秀丽，甲骨文书法趋向完美成熟阶段，有代表性的贞人如黄、咏、立等。董作宾先生的书法作品最得甲骨文精髓，方圆相济、形神兼备，尤其是能用有限的甲骨文写出一篇洋洋几百字的“傅斯年祭文”，实为前无古人、后无来者。董作宾先生对甲骨文书法创作主张“书法只是美术品之一，不能用学术立场加以限制”，认为古文字作新篇章，凡初文、假借及释读者一家之言皆可从权使用。

丁仁是西泠印社创始人之一。丁氏在甲骨文集字和推广甲骨文书法方面可谓不遗余力，1928年出版《商卜文集联(附诗)》、1937年出版《观水游山集(集商卜文)》，1938年出版《商卜文分韵》等。

1937年2月，简经纶《甲骨集古诗联上编》出版。简氏写甲骨文卜字是“借助纯嘴钢笔蘸墨成之”，写出了甲骨文“峭劲遒峻，与刀刻之意相合”的神韵，受到了热爱甲骨文书法的人们的喜爱。

二十世纪初参与甲骨文书法创作的队伍大多由甲骨文专家和书画篆刻大师组成，甲骨学专家罗振玉、孙诒让、王国维、郭沫若、董作宾、商承祚、容庚、叶玉森、马衡等人，不但研究甲骨学，而且创作了大量的甲骨文书法作品，书画篆刻大师如陈师曾、邓散木、潘天寿、李叔同、柳诒征、马叙伦、沙孟海等都有不少甲骨文篆刻和书法作品传世，可见甲骨文书法虽面世时间不算久，但参与创作甲骨文书法和篆刻的作者队伍人数不少，且都是当时的顶级的名师、学者。

20世纪70年代后，专家学者相继过世，甲骨文书法逐渐衰退，甲骨文书法著作几近稀有。董作宾弟子欧阳可亮、严一萍分别出版《集契集》，内容为台湾汪怡先生根据董作宾先生提供的甲骨文字而作的时令诗词。1978年至1982年《甲骨文合集》13册陆续出版，激发了人们对甲骨文书法的强烈兴趣。1979年10月上海《书法》杂志作为当时大陆唯一的专业书法杂志，举办了"全国群众书法征稿评比"活动，苏州沙曼翁先生以一幅甲骨文对联荣获一等奖。这时期，潘主兰、丁辅之、刘江、诸乐三、赵冷月、顾廷龙、徐无闻、秦士蔚、刘顺等先生的作品也常见诸《书法》、《中国书法》等全国专业刊物上。此外香港饶宗颐，台湾王壮为、陈其铨、安国钧等人的甲骨文书法篆刻作品在当地也有一定的影响。

1984年由安阳市文联魏峰先生向安阳市委建议举办安阳殷虚笔会，得到了安阳市委的重视。经过认真筹备，由安阳市文学艺术界联合会、安阳市文化局、安阳市总工会、安阳市教育局和安阳市书法家协会主办的"殷虚笔会""甲骨文还乡书法展览"在河南省安阳市隆重举行。这次盛会聚集了中外七百余名甲骨学专家和甲骨文书法家，胡厚宣、裘锡圭、姚孝遂、潘主兰、刘艺、刘自椟、沙曼翁、郭若愚、高式熊、陈恒安、柳曾符等出席会议。笔会代表考察了殷墟、王陵区、羑里等殷商遗址，并写下了5000余件甲骨文书法作品。笔会期间举办"甲骨文还乡书法展览"，共展出186件作品；又有来自海峡两岸暨香港、澳门以及日本、美国、新加坡、马来西亚等国选送的700余件作品。"殷墟笔会"是"十年浩劫"以后，第一次水平较高的国际性的甲骨文书法活动。当代甲骨文书法展览走向大型独立的展事由此开端。1990年由濮茅左、徐谷甫编纂的《商甲骨文选》出版，成为一时学习甲骨文书法的最佳字帖。1994年安阳有甲骨文书法摹刻艺术作品国际大展，1997年南京举办了首届海峡两岸甲骨文书法展览，1999年北京举办了"纪念甲骨文发现100周年——海内外甲骨文书法大展"，江苏省甲骨文学会在淮安举办了"海内外甲骨文书艺展"。1999年安阳市举办了"全国甲骨文书法篆刻作品大展"。

进入二十一世纪后甲骨文书法展览更是进入兴盛时期。

2001年11月25日至29日由新加坡国家艺术理事会李氏基金赞助，新加坡狮城书法篆刻会、牛车水民众俱乐部联合主办“新世纪国际甲骨文书艺大展新加坡展”。

2002年9月28日至10月6日由新加坡狮城书法篆刻会、中国天津市书法家协会联合主办—中国书法艺术节“新世纪国际甲骨文书艺大展”在天津市体育展览中心展出。

2002年10月25日至29日由新加坡狮城书法篆刻会、中国河南省安阳市文化局、安阳市书法家协会、安阳甲骨文学会联合主办“新世纪国际甲骨文书艺大展安阳展”在河南省安阳市群众艺术馆展出。

2009年11月江苏省甲骨文学会由徐自学会长带领下把甲骨文书法艺术展办到了联合国总部，得到了国际友人的高度赞赏。

2013年4月在杭州师范大学召开“中国甲骨文书法高峰论坛”，对当代甲骨文书法创作提出了理论上的要求。

2014年3月上海市殷商甲骨文研究院成立，同年10月举办“当代甲骨文书法上海邀请展”并出版作品集。2015年中国文字博物馆举办“中国字·世界情甲骨文书法大展”，并出版作品集。同年山东甲骨文国际交流中心在济南举办“翰墨古韵——国际古文字书法济南邀请展”。2016年10月上海市殷商甲骨文研究院和上海翥云博物馆举办“万世师表——海峡两岸甲骨文书法展览”，并出版作品集。这次活动将中国儒家文化和甲骨文书法展出水平更推上了一个台阶，得到了全国著名学者和书法家的普遍好评。

2017年3月26日为庆祝南京晓庄学院校庆90周年举办“晓庄甲骨情缘—国际甲骨文书法艺术展”。

2017年12月，由江苏省甲骨文学会在南京召开“中国甲骨文研究与传承高层论坛”，对当今甲骨文研究与传承这一重大课题作研讨，取得广泛共识，得到全国知名学者与书法篆刻家的支持与认同。

（作者系上海市殷商甲骨文研究院常务副院长、秘书长）

根深蒂固　枝繁叶茂

——学者型甲骨文书法家探析

郭胜强

中国书法艺术是世界各民族文字中独一的书写艺术，它不仅是中华民族的文化瑰宝，而且在世界文化艺术宝库中也大放异采。汉字在漫长的演变发展的历史长河中，一方面起着思想交流、文化载体和传承等重要的社会作用，另一方面它本身又形成了一种独特的造型艺术。

在源远流长的中国书法艺术长河里，有一支古老而年青的奇葩，这就是甲骨文书法艺术。说其古老是因为它有着三千多年的历史，说其年青是它的研究和创作才仅仅一百多年，这就是甲骨文书法艺术。

1899年，甲骨文之父——王懿荣独具慧眼发现了沉睡在地下数千年之久的殷墟甲骨文，从此使我国这一珍贵的历史文化遗产大方光彩，荣耀全世界。殷墟甲骨文的发现不仅极大的丰富了我国古文字学研究的内容，为中国古代历史的研究提供了真实可靠的资料，同时也使我国绚丽多彩的书法园地里诞生了一枝独秀的甲骨文书法。

学习甲骨文书法艺术研究和创作史我们会发现，有不少学者型的甲骨文书法家活跃在一百多年甲骨学发展的各个时期。当然，一般书法家也大都是学者，我这里的“学者型”书法家是专指他们不仅都喜爱书法艺术，在甲骨文书法艺术上有着很深的造诣，取得很大的成就，有不少甲骨文书法佳作流传于世，而且他们在甲骨学研究和甲骨文书法艺术研究方面也有很高的造诣，并取得很大的成绩。如老一代著名学者罗振玉、王襄、丁佛言、叶玉森、郭沫若、董作宾、商承祚、唐兰、胡厚宣、于省五、严一萍等和当代学者王宇信、葛英会、马如森、陈伟湛、宋镇豪、贾书晟、张桂光、何晴、王蕴智、朱彦民、焦志勤、陈爱民、金玉甫等人。

甲骨学家爱好甲骨文书法艺术，首先是他们出于对甲骨文的热爱，这不仅仅是因为甲骨文有着极高的史料价值，同时也有着极高的艺术价值，他们对甲骨文的热爱达到了痴迷的程度。董作宾先生曾指出：“殷代王朝，爱好艺术的空气非常浓厚。从十年发掘说得的陶、骨、蚌、石、牙、角，各种器物中绘画雕刻，充分地可以看出来，铜器雕刻，尤为精美。在这种情形下，史臣们也把爱美的兴趣，转移到甲骨文上……甲骨文本身，有过273年的历史，它的书契，有肥、有瘦、有方、有圆、有的劲峭刚健，有顽廉儒立的精神；有的婀娜多姿，有潇洒飘逸的感觉，那时候的史臣们书契文字，气魄宏放，技术娴练，字里行间，充满了艺术的自由精神。”①日本北枝篆会会长北室南苑先生也指出：“笔者认为地球上最美的文字当属汉字。人类自太古时期就憧憬美好的自然形态，在记录并保留这些美好愿望的驱使下，艺术产生了。这也说明艺术即自然的再现。甲骨文即使含有为’王’的神权政治服务的这一目的，但无庸置疑的是它不失为人类创的出来一种美好事物。”②王宇信先生热爱甲骨文，近两年来他多次来到安阳，每次到来无论做什么无论多忙，都要到甲骨文出土地殷墟看一看，以解思念之情。

2019年为筹备甲骨文120周年纪念活动，王宇信来安阳，在殷墟博物院甲骨文长廊回忆当年策划建设长廊的情况

第二点也是主要的，甲骨学家创作甲骨文书法作品，更是为了宣传弘扬甲骨文。甲骨文鼓眼暴睛，难识难懂，宣传普及甲骨文知识，也是甲骨学家的一项重要任务，不少甲骨学家通过讲解、书写等多种形式来宣传普及甲骨文。董作宾的老同事、殷墟科学发掘的元老、原中央研究院院士石璋如先生曾回忆说：“董先生喜欢写甲骨文对联，民国二十年前后，便有相当兴趣，不过在那个时代写的东西并不多。民国二十七年到了昆明龙头村之后，每于公余之

① 董作宾：《甲骨文书法》。

② 北室南苑：《寄语“中国古文字起源——中日甲骨文书法展”》，载屈凌波主编《中日甲骨文书法展》。

后，借写甲骨文对联以自娱，并临摹殷墟文字精华成条山、横辟等。在初书阶段，兴趣极高，常把写好的东西送给来访的朋友。”①著名学者胡适之先生也曾说过：“从太平洋走到大西洋，几乎没有一家中国朋友或美国的中国学者家中没有董作宾的甲骨文。”②国民党元老于右任先生则明确指出：“彦堂（董作宾号）这样写，是为甲骨文作宣传的。”③

第三点甲骨学家创作研究甲骨文书法，取决于他们较高的文化素养，一般他们大都多才多艺，在文史、艺术等各方面都有建树，特别是他们的文学功底，这是书法创作必不可缺的重要一环。

第四点是和他们的工作结合在一起，可以说是他们工作的一部分。甲骨学家常年和甲骨文打交道，无论是考释研究，还是辩伪缀合，都需要长时间的把摩观察，深思熟虑，长此以往自然能吸收古人契刻甲骨的精华，能得心应手地创作出人们喜闻乐见的作品。

根深蒂固，枝繁叶茂，学者型甲骨文书法家以对中华民族传统文化的无比热爱，以雄厚扎实的甲骨学基本功底为基础，满腔热情地投入甲骨文书法艺术创作，结出丰硕的成果。

我们好读甲骨文却不甚解，爱好甲骨文书法却不会写，仅将甲骨学史上的著名的学者型甲骨文书法家及其作品予以介绍，以供同行爱好者了解和欣赏。

罗振玉（1866—1940），字叔蕴、叔言，号雪堂、贞松老人。

罗振玉

罗振玉作品

①②③ 董玉京：《我的父亲与甲骨文书法》。

原籍浙江上虞，1866 年出生于江苏淮安。罗振玉为学术事业特别为甲骨学的形成发展做出重大贡献，他收集保存的甲骨实物近两万片，潜心破译了近千甲骨文字且大部分被学界认同。他亲自探访，最先确定了安阳小屯为甲骨文的出土地；创造了分类研究甲骨卜辞的方法，把卜辞划为卜祭、卜告、卜禾、卜等 8 种类型，为后人从事该项工作指出了明晰的思路。其主要著作有《殷虚书契》（1913 年）、《殷虚书契菁华》（1914 年）、《铁云藏龟之余》（1915 年）、《殷商贞卜文字考》（1910 年）、《殷虚书契考释》（1915 年）、《殷虚古器物图录》（1916 年）等。

罗振玉首次将甲骨文引入书法创作领域，用甲骨文书写楹联、诗词，开创了甲骨文书法艺术。他自己曾说："取殷契文字可识者，集为偶语。三日夕得百联，存之巾笥，用作临池。"①罗振玉是著名的金石学家，于古文字有着深厚的基础，他的甲骨文书法功力深厚，写得圆润典雅，逸态超群，排列工整，雍容华贵，具有钟鼎文和篆书的韵味，为海内外许多名家所收藏。他的甲骨文书法作品汇集成《集殷墟文字楹贴》于 1921 年由贻安堂影印出版，至今已很难看到。1989 年《集殷墟文字楹贴》由吉林大学出版社放大重印，也很快销售一空。

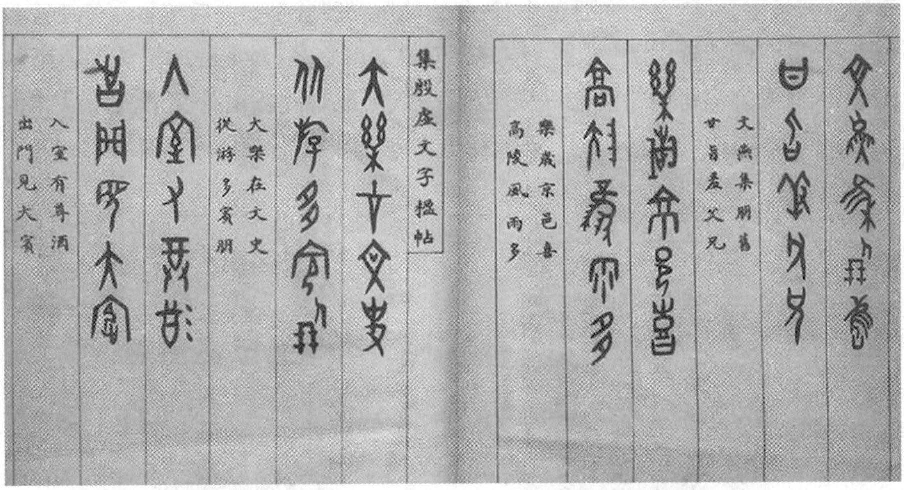

罗振玉《集殷墟文字楹联》局部

王襄（1876 年—1956 年），天津人，字纶阁，斋名簠室。曾任湖北国货陈列馆馆长，天津文史馆馆长，是最早释读和收藏甲骨文的学者之一，主要著作

① 罗振玉：《集殷墟文字楹贴跋》，贻安堂影印本，1921 年。

有《亖室殷契》《亖室殷契征文》《亖室殷契类纂》等。王襄的甲骨文书法用笔娴熟，功力深厚，字形古朴，线条圆韵流畅，苍劲有力。所书甲骨文超凡脱俗，细味品来，甲骨文中仍蕴藏金文遗风。

王　襄

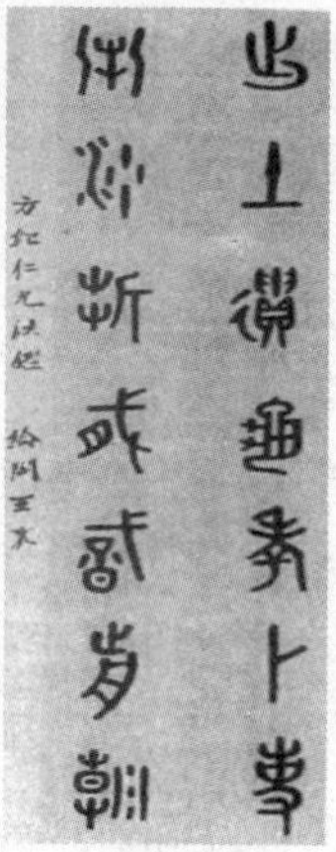

王襄作品

叶玉森（1878—1939年），江苏镇江人，字䃪红，号洪渔。甲骨学功力深厚，又精通擅长书画、诗文。主要著作有《殷契钩沉》《殷墟书契前后编集释》《铁云藏龟考释》等。叶玉森对甲骨文多有考释，朝夕揣摩临摹，对卜辞的笔法形体谙熟于心，因此操笔书写甲骨文能纵横驰骋，一气呵成。此幅甲骨文书法作品结构松紧相间、线条遒劲流畅、字形秀美、稳重大方，深得甲骨神韵而富有新意。

叶玉森

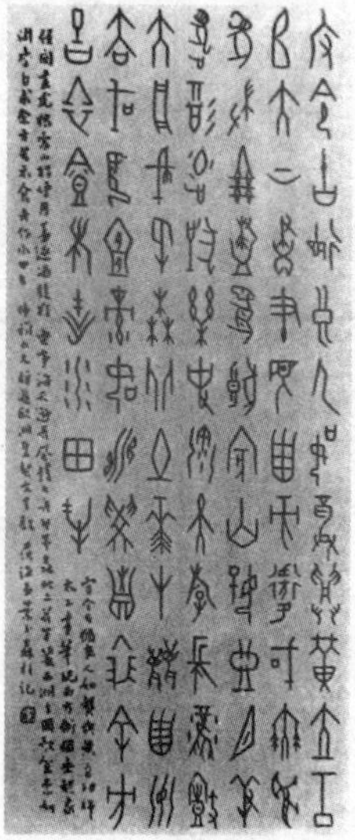

叶玉森作品

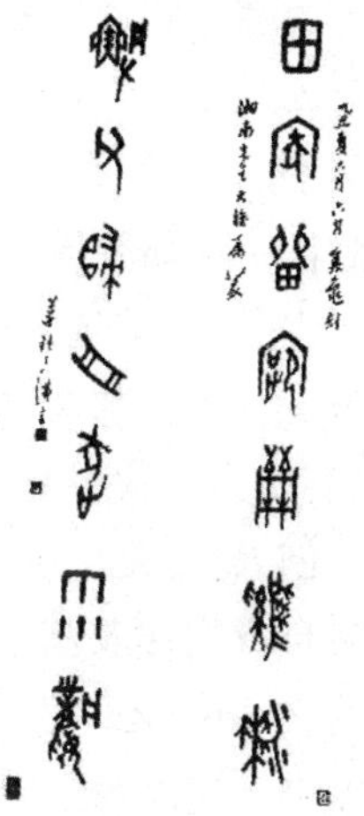

丁佛言作品

丁佛言(1878—1930 年),山东黄县人,名世泽,字佛言,号松游庵主,留学日本,曾任北京《亚西亚日报》主编,北京民国大学教授,主要著作有《说文古籀补》,《古文初识》等。丁佛言国学基础扎实,博古通今,书法各体皆工,尤擅篆籀刻印。书写甲骨文善用焦墨,笔力千钧,气度非凡。其甲骨文书法作品章法结构严谨,疏密停匀,对称平衡,笔划坚挺圆曲相间,刚柔相继,深受广大收藏者的喜爱。

商承祚(1902—1991),字锡永,号驽刚、蠖公、契斋,广东省番禺县人。他出身书香仕宦之家,早年从罗振玉选研甲骨文字,后入北京大学国学门当研究生。毕业后曾先后任教于南京东南大学、中山大学、北京女子师范大学、清华大学、齐鲁大学、东吴大学等校,最后又到中山大学,直至逝世。主要著作有《殷虚文字类编》(1923 年木刻本),该书是早期一部比较完备的甲骨文字典,收字共计 4184 个。此外,他还有《福氏所藏甲骨文字及考释》《殷契佚存及考释》《说文中之古文考》《石刻篆文编》《十二家吉金图录》等。他遍习金文、篆书、隶书及楷书,尤其是在金文方面造诣最深.他的甲骨文书法掺以金文笔意,章法严谨,古朴典雅,在书坛独树一帜,出版有《商承祚篆隶册》。

商承祚

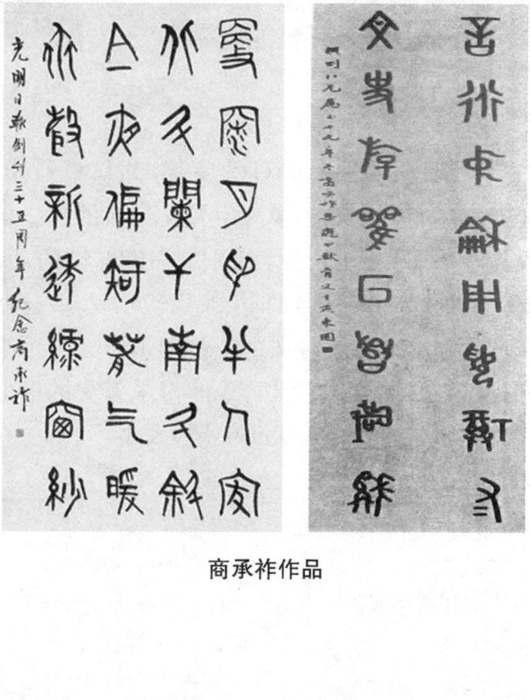

商承祚作品

董作宾(1895—1963),河南南阳人,原名作仁,号彦堂,别署平庐。1923年入北京大学研究所国学门为研究生,曾先后在福建协和大学、河南大学、广州中山大学、台湾大学、香港大学、美国芝加哥大学等任讲师、副教授和教授。后任中央研究院历史语言研究所通信员、编辑员、研究员及代理所长等职,并在1948年被选为中央研究院院士。"堂堂堂堂,郭董罗王"。董作宾与罗振玉、王国维、郭沫若并列为甲骨"四堂",在考古学甲骨学史上产生了深远影响,成为一代甲骨学大师,有着十分重要的地位。董作宾是殷墟科学发掘的开创人,也是中国近代考古事业的奠基人。他的甲骨文分期断代研究和甲骨文自身规律及基本问题研究,开创了甲骨学研究的新时代。主要著作有《殷墟文字甲(乙)编》《甲骨文分期断代研究例》《殷历谱》等。1978年,台湾艺文印书馆出版《董作宾先生全集》,分甲、乙编,共12大册。

董作宾

董作宾长期参加殷墟科学发掘,并从事科学发掘所得甲骨文的整理工作,是接触甲骨文实物和模写甲骨文最多的人。1928—1937年的殷墟科学发掘,共得甲骨文24918片,特别是1936年的殷墟第十三次发掘,著名的YH127甲骨坑,一次出土即达到17096片。① 这些资料大都经董作宾之手发掘整理,而临摹每片甲骨文则是整理工作必不可少的重要环节。因此董作宾的甲骨文书法作品形象真切,最能得甲骨文的形似与神似。其主要运笔方法是"中锋起收,错落有致,尖头尖尾,大小不一"。作品布局严谨,疏密有序,惟妙惟肖,生动活泼。

① 王宇信:《甲骨学通论》,中国社会科学出版社,1989年。

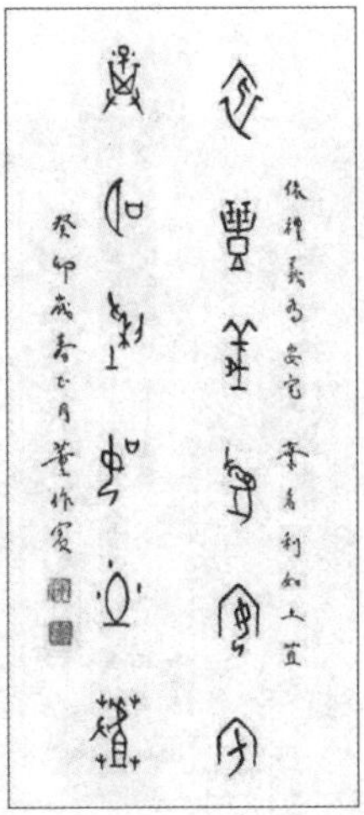
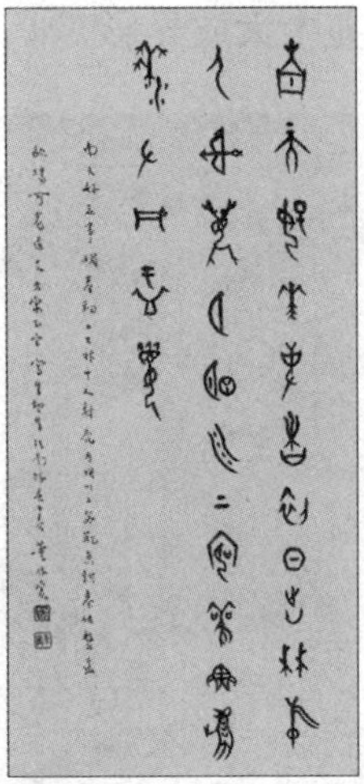

董作宾作品

王宇信，1940 年出生，中国社会科学院荣誉学部委员、原历史研究所先秦史研究室研究员、博士生导师、中国殷商文化学会会长。自幼在家乡读书，对文学特别热爱。1960 年高中毕业前夕，学校组织学生到周口店中国猿人遗址参观，中华民族悠久的历史和我们祖先的伟大创造力深深震憾了他的心灵，使他对文物考古工作感到羡慕与向往，从而考取了北京大学历史系考古学专业。毕业后，又考取了中国社会科学院历史研究所先秦史专业研究生。在读研究生期间，即跟随甲骨学大师胡厚宣先生编纂《甲骨文合集》，毕业后留中国社会科学院历史研究所先秦史研究室，全身心投入甲骨学研究。主要著作有《建国以来甲骨文研究》《甲骨学通论》《西周甲骨探论》《中国政治制度史》《甲骨文精萃释读》《甲骨学一百年》等。

王宇信对甲骨学的学术交流和宣传普及工作十分重视，在他的积极参与努力下，早在上个世纪就成立了以胡厚宣先生为会长的中国殷商文化学会，并定期在安阳、郑州等全国各地召开学术会议，推动了甲骨学研究的深入和宣传普及工作的开展。为宣传普及甲骨文，他十分重视甲骨文书法，在他的《甲骨学通论》中，有一章“甲骨文与甲骨书法”（第十六章），还撰写了《甲骨书法》，发表在屈凌波主编的《中日甲骨文书法展》中，对甲骨文书法在理论上作了深入的探讨，并指出：“我国历代书法家给我们积累了大量的优秀篆、隶、行、草书法珍品，可供我们借鉴。十五万片甲骨文又为我们提供了甲骨书法最好的‘法贴’。这些为甲骨文融优秀篆、隶、行、草的优秀遗产为一炉，为把甲骨书法提高到一个新的水平提供了条件。我们相信，甲骨书法一定会发扬光大，在我国墨苑中大放异彩。”①

王宇信

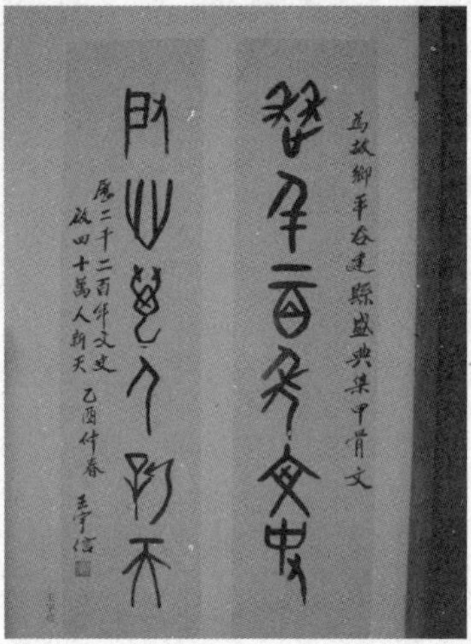

王宇信作品

由于王宇信有着识读甲骨文的深厚功底，深得甲骨文之神韵，所书甲骨文最为形象逼真、准确无讹。同时，笔划粗狂有力，气势豪放大度，内容朝气蓬勃激励人心，深受人们的欢迎。

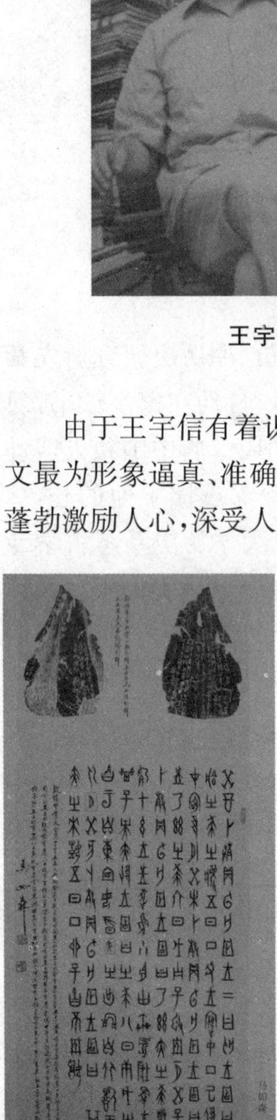

马如森作品

马如森，1932年出生，辽宁辽阳人，东北师范大学教授。主要著作有：《殷墟甲骨学引论》《殷墟甲骨学》等。精通真草隶篆，尤善甲骨文书法。他书写甲骨文循规蹈矩，多临摹甲骨文原片、大片。中国社会科学院历史研究所研究员、中国殷商文化学会秘书长宋镇豪在2006年南京召开的“纪念YH127甲骨坑南京室内发掘70年学术研讨会”总结发言中，在谈到甲骨文书法问题时，就特别赞扬马如森临摹甲骨文原片，指出：“东北师范大学马如森教授，写甲骨也是很多临自甲骨大片，他实际上抒入了较具个性的书艺底蕴在里头。所以甲骨不要不临，搞甲骨书法的如不去

① 王宇信：《甲骨学通论》，中国社会科学出版社，1989年，第455页。

做认真的甲骨文临摹，那你写出来的是什么。”①因此马如森的甲骨文书法作品章法严谨、字体清秀有力，深得甲骨文之神韵。

葛英会，1943 年出生，河北完县人，1968 年毕业于北京大学历史系，1982 年获北京大学历史学硕士，现为北京大学考古与文博学院教授，博士生导师，中国殷商文化学会理事，中国书法家协会会员。长期从事中国古文字与古文字书法研究与教学。主要论著有《筹策、八卦、结绳与文字起源》《甲骨文与金文》《说甲骨文毁字》《古陶文字征》《殷墟卜辞所见王族及相关问题》等。葛英会教授是一个典型的学者型书法家，在紧张教学科研之余，不忘甲骨文书法。宋镇豪曾说过：“北京大学葛英会教授，他的甲骨书法作品我看在座的未必都抵得上。他是典型的甲骨学者，到哪里就写到那里，甲骨书法真是一流的。”②他的甲骨文书法选辞高雅、寓意深长，章法严谨、形式多样，端庄秀丽、稳重大方。他为安阳师范学院甲骨学与殷商文化中心的题词：“集学界同仁，书龟骨春秋。”内容恰如其分，结构布局合理，字体稳重有力、生动活泼。

葛英会作品

王蕴智，河南许昌市人，1955 年生。1988 年获河南大学汉语史文字学专业硕士学位。1991 年获吉林大学考古学古文字专业博士学位。现任郑州大学历史与考古学系博士生导师，河南省特聘教授。从事古文字与古代文明方向的研究工作，尤致力于甲骨学与殷商史及先秦文字的研究。主要著作有《字圣许慎》《殷周古文同源分化现象探索》《字学论集》等。王蕴智博学多才，为人小心谨慎，做学问慎密严谨。字如其人，他的甲骨文书法作品洒脱自如，布局结构严谨，笔划靓丽清秀。

---

①② 宋镇豪：《“纪念 YH127 甲骨坑南京室内发掘 70 年学术研讨会”总结发言》，《甲骨天地》2006 年第 1 期。

王蕴智

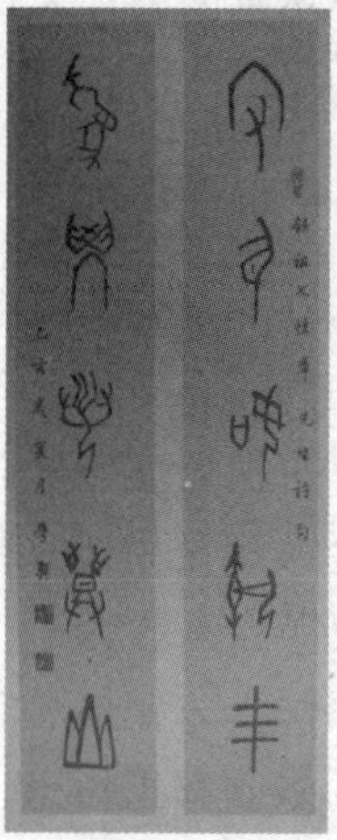

王蕴智作品

焦志勤，1947 年出生，现任安阳市博物馆研究馆员，中国书法家协会会员。焦志勤与上述诸公不同的是，他原是一个书法家，擅长篆书金文，后攻甲骨文，由热爱甲骨文书法而致力于甲骨学研究，并取得显著成绩。主要著作有《殷墟甲骨拾遗》《邺城陶文研究》等。由于他在编著《殷墟甲骨拾遗》过程中接触了大量甲骨文实物，因此他的甲骨文书法作品功力深厚，即充满篆书金文的神韵，又洋溢着甲骨之灵气。

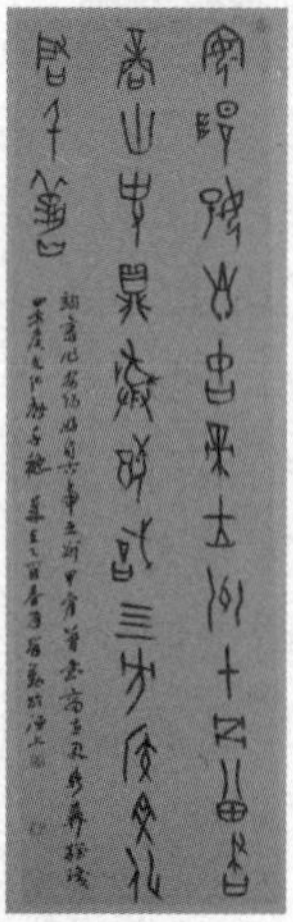

焦志勤作品

朱彦民

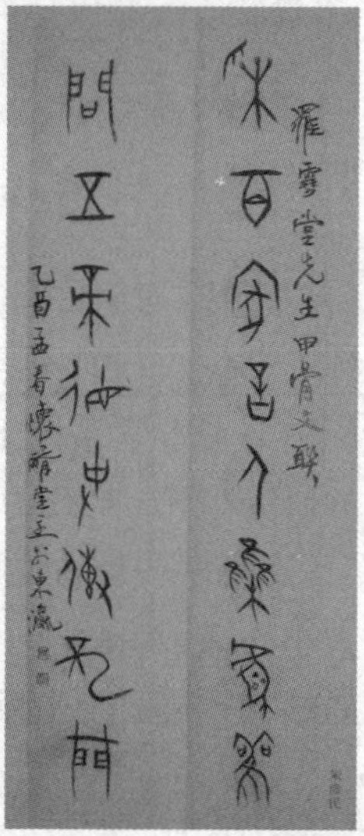

朱彦民作品

朱彦民，号冰醋斋主人，1964 年出生，河南浚县人。1985 年毕业于安阳师范学院，1992 年毕业于郑州大学殷商文化研究所，获得硕士学位。1996 年毕业于南开大学历史系，获得博士学位。现任南开大学历史学院教授，从事古文字学、甲骨文与殷商史、书法史论研究。主要著作有《殷商社会生活史》《殷墟都城探论》《殷墟考古发掘与甲骨文研究》《巫史重光》等。此君性格热情豪放，豁达大度，故他的甲骨文书法作品不拘一格、热情奔放，深受人们喜爱。近年他多次举办甲骨文书展，特别是 2018 年年底举办的《殷契抒怀——朱彦民甲骨文集联书法展》更得到了学术界，书法界和广大观众的一致好评。著名书画家范曾、著名甲骨学家甲骨文书法家王宇信等都参加了开幕式表示祝贺。

《殷契抒怀——朱彦民甲骨文集联书法展》开幕式，范曾、王宇信等出席祝贺

陈爱民，号天印山人，1965 年生于淮安。美术学（书法篆刻方向）博士。现为南京晓庄学院教授、省级非遗研究基地负责人、中国书法家协会会员。其作品曾数十次参加包括中国书协、西泠印社、文化部和联合国总部展览在内的各类国内国际展览。陈爱民在进行甲骨文书法创作的同时，还积极进行甲骨文书法理论的探讨，他的《从甲骨文到甲骨文印的审美转化》《甲骨文书法史年表：1899—1999》《甲骨文书法的艺术价值及艺术转换问题》《中、日、韩和新加坡甲骨文书法之比较》《拂去尘封：二十世纪甲骨文入印史钩沉》等一系列论文就是这方面的尝试。

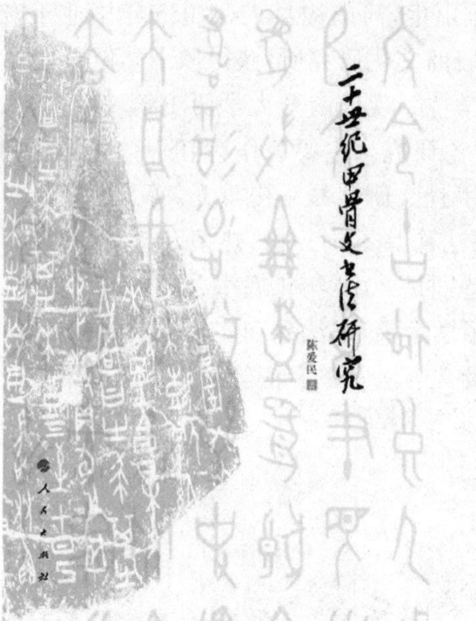

《二十世纪甲骨文书法研究》书影

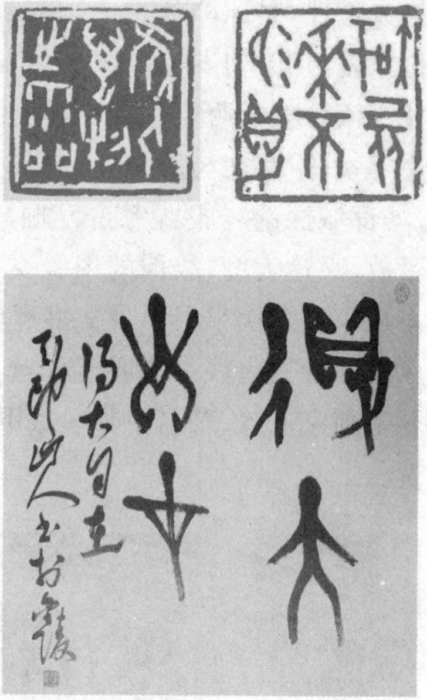

陈爱民作品

他的博士学位论文《二十世纪甲骨文书法研究》2011年获得南京艺术学院优秀博士论文奖，2016年由人民出版社出版。该书从历史文化背景的分析入手，重点探讨了二十世纪甲骨文书法艺术变迁的历史过程，揭示其在甲骨文学术研究影响下所形成的基本特征和总体趋势，成为作者研究甲骨文书法理论的一次总结。王宇信先生对该书予以很高的评价，指出：二十世纪甲骨学者与甲骨书家从前期的相互融合到后期的各自独立，给甲骨文书法的当代发展带来了新的机遇与挑战。在当代文化语境下，我们应该在二十世纪甲骨文书法实践和研究的基础上，充分利用甲骨学有关书法的新成果，寻求和选择甲骨文书法可持续发展之路。陈爱民的这部大作在这方面做了大量的工作，必将推动甲骨文书法理论的探讨和甲骨文书法艺术创作的深入发展，值得一读。①

（作者系安阳师范学院甲骨文研究院教授）

---

① 王宇信：《甲骨学七十年》（即将出版），以出版著作为准。

甲骨文艺术及教育

——以安阳学院甲骨文艺术研究中心的艺术教育为例

张道森

甲骨文艺术并非是甲骨学,之多只能算是甲骨学大家族中的一个另类的子嗣。它自觉把甲骨学作为母体,尤其是甲骨文字学对它直接发生作用。

甲骨文艺术虽然是另类一族,但其社会功用确非常重要,尤其是对甲骨文化的传承与发展,甲骨文化进入平常百姓生活,社会公共艺术教育,艺术文化的繁荣与建设有重要的价值。同时甲骨文艺术对于秉承文化自信,宏扬民族艺术,增进世界各国人民对中国甲骨文的认知与理解,为世界文化艺术的建设与发展担当着不可代替的重要社会角色。

甲骨文艺术把中国文字进行造型艺术的物化,表现甲骨文艺术独特的语言,担当着汉字艺术世界话语权的历史职责,具有高品位的艺术风貌。甲骨文艺术是世人乐意也是容易接纳的艺术,它依据汉字独特的结体造型、极具生命意识的线条,丰富多彩的章法,以及所蕴含的历史与人文内涵,得到人们喜爱与青睐。中文要取得世界话语权的优势,甲骨文字艺术将充当最重要的角色,因为,世界上没有一种文字像甲骨文这样能进入造型艺术的表现。它是汉字的鼻祖,它是人类至今唯一没有失传的古文字,它是人文与历史含量最厚重的载体,是全世界全人类的骄傲。

进入 21 世纪以来甲骨文艺术日益繁荣,国内外涉入者日渐增多,尤其是甲骨文书法、甲骨文动漫、甲骨文艺术设计、甲骨文雕塑甲骨文教育等方面逐步展开,展现了甲骨文在艺术领域运用与创作的广阔前景。

但,国内甲骨文艺术研究的机构还非常少,我国高校至今还没有一家甲骨文艺术研究的专门机构。安阳学院的“甲骨文艺术研究中心”是第一个明确以研究甲骨文艺术与创作为主的学术机构。“甲骨文艺术研究中心”围绕教学进行不同项目的专题研究,对有关甲骨文艺术的书法、雕塑、艺术设计、服饰、环境、创意产品、广告、动漫,音乐、舞蹈、表演、理论研究等进行理论探索与实践。引领教师进行科研,参与艺术设计教学、促进美术专题创作。打造学术活动氛围,提高学生专业学习与专业水平。

安阳学院美术学院充分利用安阳地域优势，创新专业课程改革，将“甲骨文化”及“殷商文化”元素融入特色办学。创建特色课程及特色科研项目。目前美术学院聚集了大批国内外知名专家、学者，为推动美术学院专业发展，提高教师专业水平，打造了良好的学术平台。调动广大教师学习和钻研的积极性，开创了美术教学改革和发展的新局面。

殷商文化以及包含的青铜文化、甲骨文文化、玉文化与教育直接相关联，尤其与艺术教育联系密切，重视这个文化资源在教育上的潜能是教育家所不容忽视的，比如安阳师范学院从上个世纪80年代就看中并致力于殷商文化在办学特色中的作用，创立《殷都学刊》成立专门研究机构，与国家社科院联合培养殷商考古专门人才等。安阳学院建校以来校领导高瞻远瞩在殷商文化资源与学校教育方面，独具慧眼发展艺术教育，引进著名艺术教育家，展开了独具特色的殷商文化艺术教育特色。成立“甲骨文艺术研究中心”立项“殷商历史文化工程主题创作”，很短时间取得了为教育界瞩目的效果：2018年省市五项课题立项，学生作品屡获大奖，甲骨文高研班举办作品展，联合国教科文组织“甲骨文书法艺术展”等等，在国内外教育界以及艺术界树立了形象，安阳学院美术教育短时间为国内外艺术教育为人竖指称道。为打造安阳学院美术教育特色，办好美术专业做出了突出贡献。

习近平主席在多种场合谈到甲骨文这个议题，在《哲学社会科学工作座谈会》提到“要重视发展像甲骨文等具有重要文化价值和传承意义的‘绝学’、冷门学科”。安阳学院艺术教育秉承甲骨文艺术活动的核心理念，为国增光，为校出彩，加强内涵建设，集结国内包括国家社科院在内的一流甲骨文学者和艺术家，培养本校教师与学生，展开了甲骨文书法、雕塑、艺术设计、绘画、音乐、舞蹈等领域的研究与创作。

为推动教育融通，传递中国教育声音，安阳学院积极响应教育部关于《高校科技创新服务“一带一路”倡议行动计划》，推进与国际合作交流，发挥教育合作在推进“一带一路”建设中的关键作用，开展国际合作项目，协同创新，互学互鉴、互利共赢，2017年12月甲骨文艺术研究中心立项“一带一路中国甲骨文书法艺术国际巡展”，开启了在“一带一路”视野下与世界对话的有意义的活动。

2018年12月12日上午10时（摩洛哥当地时间），由安阳学院主办的“水墨聚焦·安阳学院甲骨文书法艺术展”在联合国教科文组织摩洛哥人工智能论坛上隆重开幕。联合国教科文组织总干事奥德蕾·阿祖莱、副总干事Firmin Edouard Matoko，中国国际文化传播中心执行主席龙宇翔，安阳学院党委书记、校长贺海鹏，安阳学院党委副书记赵吉，安阳学院美术学院院长、甲骨文艺术研究中心主席张道森，安阳学院甲骨文艺术研究中心名誉主席魏峰，以及联合国教科文组织 194 个成员国官员、驻摩洛哥各国大使、中外艺术家等出席开幕式和展览活动。

联合国教科文组织副总干事 Firmin Edouard Matoko 对中国安阳学院来到联合国教科文组织摩洛哥论坛举办展览表示欢迎，他讲到这些甲骨文书法作品将架起一座与各国朋友心灵沟通的桥梁，增进不同民族和国家间的理解、促进文化多样性，以推动文明对话、实现文明和谐。

安阳学院党委书记、校长贺海鹏在讲话中首先对联合国教科文组织、中国国际文化传播中心及世界各国朋友们表示感谢。他讲到，安阳学院举办此次展览，旨在推进世界各国人民对中国甲骨文书法艺术的认知与交流，力求让全世界人民都能够共享这一艺术文化瑰宝。

安阳学院甲骨文艺术研究中心主席张道森在开幕式上讲话并介绍了安阳学院甲骨文艺术研究中心及本次展览的相关情况。本次展览为期三天，共展出作品 40 余幅，均由安阳学院甲骨文艺术研究中心成员创作，其风格鲜明，异彩纷呈，具有极高的审美价值。联合国教科文组织总干事阿祖莱同来自 190 多个国家的代表一同欣赏了展览的作品，并给予高度赞赏。摩洛哥国家电视台等多家新闻媒体对展览进行了现场采访。《人民网》《光明网》《新华网》《河南日报》《安阳日报》等近 60 家主流媒体多层面、多角度聚焦我校在联合国教科文组织的中国甲骨文书法艺术展。

坚定情怀继续“一带一路”视野下传播中华文化，促进学校艺术教育发展

文化艺术是最能沟通不同种族人们心灵的语言，甲骨文折射中华民族精神与灵魂，成为让世界最能读懂中国的视角，甲骨文书法艺术作为文化桥梁，把不同民族拉近距离。国际交往在于心通，甲骨文艺术在国际交往中发挥心路相通的难以替代的作用，以及文化艺术魅力。进一步发掘甲骨文艺术深厚的文化底蕴。

人类教育在不同地区、不同民族和国家各有千秋，姹紫嫣红，但共同的特征是因交流而进步，因互鉴而出彩，实践证明学校之间，学校与社会之间不交流是不可能的，如果不积极的进行交流，或因某种观念阻碍了交流就必然落后，是或走向衰亡。

文明交流与对话在教育中是重要的也是必须的，尤其是信息时代大大缩短了人类交往的距离，人类文化体现了交融的新时代。只有文明与教育交流对话才能摈弃偏见，有助于发展。

“一带一路甲骨文艺术国际巡展”带着中国教育情怀进行与世界对话增进国内、外对中国甲骨文艺术的知与了解。围绕繁荣这一主题，与全球教育

和谐共生，促进中国艺术教育发展。

推动教育融通，借助甲骨文艺术推动中国教育在海外华人文化圈的教育发展。

甲骨文是人类文明的伟大成果，是唯一没有中断的文字形态。汉字从几千年前的象形文字，一直到篆、隶、行、草、楷，始终保存她的可读性与艺术风貌。她的形音意永葆艺术智慧，这也是国外其他民族能与汉字亲近的原因。

中华汉字文化是我们赖以生存和发展的文化根基，甲骨文对于我们尤其重要，是维系中华民族（世界各地）向心力的重要纽带。坚持华夏文明与世界文明对话，助力甲骨文艺术海外展示，维系海外华人的汉字生命细胞的基本因子，是我校努力推动甲骨文艺术和甲骨文艺术国际教育的良好愿望。

甲骨文艺术蕴含着炎黄子孙的审美情感与历史情怀，尤其是甲骨文书法更是中国书法艺术的一道亮丽风景线，是炎黄子孙的文脉之根也是文化之源，它以独特的艺术风貌与与海外华人对话交流。参与世界艺术文化的建设。我们应该发挥甲骨文艺术研究的长处，从发展教育，拓宽中国教育着眼，招收海外华人来校进行甲骨文艺术（含书法）教育，或直接在海外开办甲骨文艺术。

世界华人书法家学会曾表明不少海外书法家涉入甲骨文书法。他们也经常与国内共同办展览，或者参加国内的展事活动。他们需要到国内系统学习，国内至今还没有这样的学校满足他们的愿望，安阳学院甲骨文艺术研究中心当之无愧的能承担这项任务，把中国艺术连同中国文化直接的传递给海外华人与英文或其他语种世界。

书法是重要的文化体验。对中国人来讲甲骨文书法不仅是技巧，它包含着生命体验、情感表达、是真善美文化精神的突出表现。因此，汉字书写（书法）教学在美国尤其受到欢迎，美国有汉字书法的学校都有很好的口碑。汉字的造字本意到结体造型的美感以及文字本身富有哲理的释义，吸引着不同人种不同文化的人群，尤其是甲骨文书法成为赠送海外友人的最好的礼物。

（作者系安阳学院美术学院院长、教授）

论甲骨文结构的几何性及其在书法篆刻艺术上的应用

孙智胜

早期中国的甲骨文，是由象形文字产生的。象形文字又是表意文字。中国的甲骨文与埃及的象形文字、苏美尔文、古印度文一样，都是独立地从原始社会最简单的图画和花纹产生出来的。约 5000 年前，古埃及人发明了象形文字，这种字写起来慢而难看懂。而中国的象形文字是华夏民族智慧的结晶，是老祖宗们从原始的描摹事物的记录方式的一种传承，也是最形象，演变至今保存最完好的一种汉字字体。一般而言，象形文字是最早产生的文字。用文字的线条或笔画，把要表达物体的外形特征，具体地勾画出来。因而甲骨文带有具有很强的原始物形线条及平面几何图形。从美学的角度，这又对中国书法篆刻艺术产生了深远的影响，应用得当，则会产生大美的书法篆刻艺术的精品力作。笔者就此作点探讨，敬请诸位专家学者赐教。

一、问题的提出

甲骨契文是刀在甲骨上通过不同的线条走向、不同力度及角度运动契刻出表意性的构体文字。不可否认多是先写后刻，还是直接契刻，但终究是契刻产生的。那么它的外形与内部构造出的痕迹所呈现出的几何形状，来表现字的字形、字意，这是古老先民的智慧与结晶体。到底是用怎样的几何线状或形状来体现的呢？有人说是自古以来汉字不就是方块字么!？外形就是一个四四方方、端端正正的方块字。笔者认为，这种说法只能说对了一半，为什么？一是古老的甲骨契文，它总体上说外形大概是一个方块形状。二是虽如

此，但它是一个竖立的棱形外貌，除合文外，绝大部分单体的契文字形在棱形框架内布局。三是具体到某个单体契文可是圆形（半圆形）、正长形、长方形、三角形（正三角形、倒三角形）、梯形或其它不规则的内外轮廓形状甲骨契文带有众多的几何形或若干种几何形的组合。因此，甲骨契文形状的几何性，是构成甲骨文字形的重要载体、表现形式，也最基本核心结构要素。无论先民在图形象形文字造字表意中、转变中、进化中，它的线性平面几何是与先天造字时俱生的，与字是永不可分割的。失去了它的几何性就不可为成为汉字。

二、甲骨契文的几何性分析

据学专家研究：中国近代大量出土的曾在商代（公元前1800年至公元前1200年）广泛、成熟使用的“甲骨文”。期间中国的陶器制作、居室建造、壁画艺术、丝织生产等，各种高级文化陆续发明、使用。甲骨文又称契文、龟甲文或龟甲兽骨文，是一种很重要的古汉字资料。在总共15余万片有字甲骨中，含有4400个不同的文字或图形，其中已经识别的约有2400多字。专家研究发现和网载报道，8000多年前河南裴李岗文化的贾湖契刻与比它晚四、五千年的殷墟甲骨文有着惊人的相似，一是书写工具相同，皆以利器为工具把符号刻在龟甲、骨器上；二是作用相同，商代甲骨文是用来记载占卜内容的，而贾湖契刻也与占卜相关；三是造字原理相同，贾湖契刻是事理符号，而甲骨文的事理文字很多。专家认为“贾湖契刻的发现，为商代甲骨文的历史源头探索提供了可靠的证据”。贾湖刻符和后来的甲骨文、金文和现代的汉字一样，从书写特征看也有3个结构层次，贾湖契刻与商代甲骨文是一致的，因为同样刻在坚硬甲骨等物体上，笔划遒劲，撇折有矩。无论是贾湖契刻还是商代甲骨契文都是由几何线条或图形构成的。甲骨契文的几何性具体体现有三个方面。

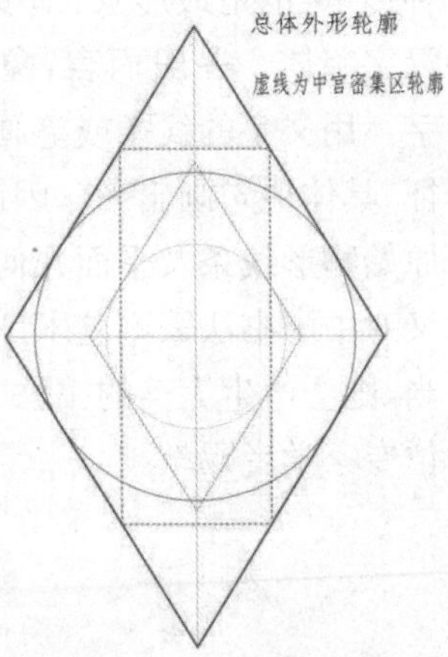

（一）甲骨契文的总体几何形状

总体几何形状是从若干个甲骨契文笔划突出端点的连线，所产生的外形轮廓。笔者通过研究认为是近似竖立棱形外廓。如图。内部虚线为中宫密集区轮廓，但大概结点坐落在中心十字线的黄金比例分割处，十分符合美学规律。这足以说明古人审美已经达到了一个新的历史高度。

（二）甲骨契文的单体字几何外形

即某个单体契文笔画各外部突出端的连线得到的图形，即几何外轮廓。甲骨单体契文则呈现了圆形（半圆形）、（正、长）方形、三角形（正、倒）、梯形或其他不规则几何形状等

1. 圆形或半圆形

如“胧”外形为圆形。“月”字为半圆形构体。船为扇形构体。

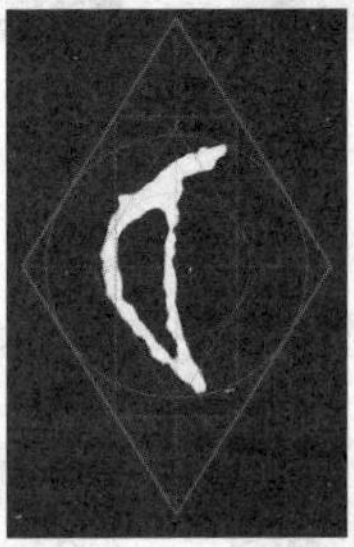

2. 方形

如“岁”“门”字为方形构体。

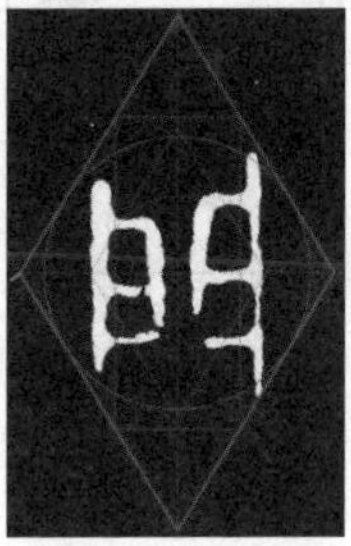

3. 三角形

如“自”和“酌”均为三角形构体。

4. 梯形

如“咎(祸)”、“牢(宰)”则为梯形构体。

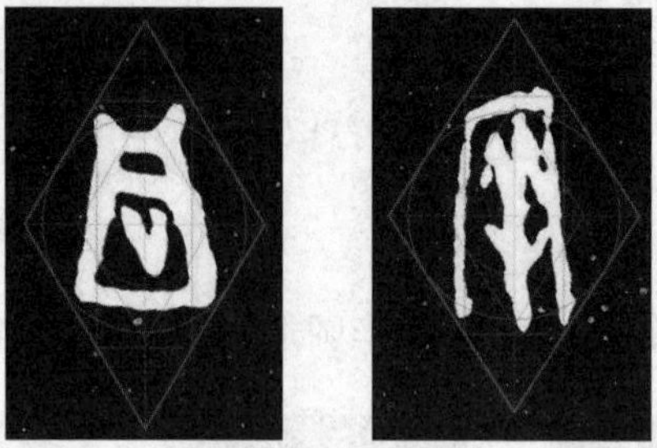

5. 组合图形

如“吉”字就是组合形，是由上部三角形和下面是方形构体组成。“翌”字则是由左部呈三角形、右边呈扇形的外廓组合的字形构体。

6. 不规则形

外廓一般是由多边形或线条和弧线或部分圆曲线组成。“滴”、“武”、“即”、“马”等一些众多甲骨契文，其外端突出点的连线，所呈现的几何轮廓是不规则的。

(三) 甲骨契文的单体字几何内形

这里是指单字内线条围成的最大面积或密集线条区所构成的内部几何

形状。即有内廓呈现的圆形(半圆形)、(正、长)方形、三角形(正、倒)、梯形或其他不规则的形状,等等。

1. 圆形或半圆形

如两个“若”字,一个上部呈现近似圆形;另一个上部则呈现近似半圆形。

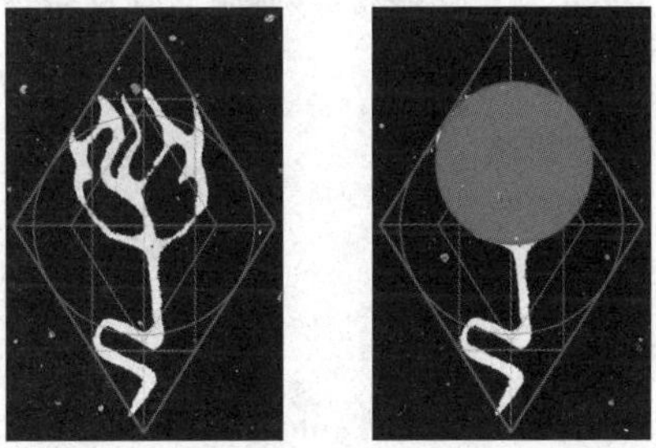

2. 方形

如“舌”字,还有“受”为反S型的方形内部几何形状。

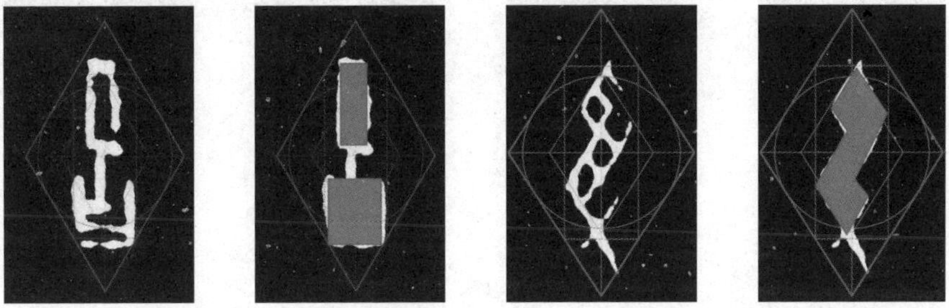

3. 三角形

“在(才)”“令”字中间,均呈现三角形的几何形状。

4. 梯形

“咎(祸)”字则内轮廓为梯形。“门”字内轮廓由两个梯形组成。

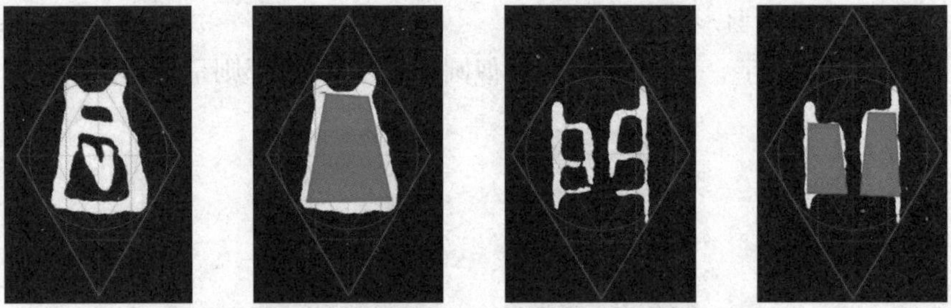

5. 组合图形

“贞(鼎)”内轮廓是由两个三角形部分重叠而构成。“南”字内轮廓则是由三角形和方块组成。

6. 不规则形

“弓”、“衣”、“龟”、“灾”的内轮廓则是呈现多个几何图形部分重叠相连或组合而成的。

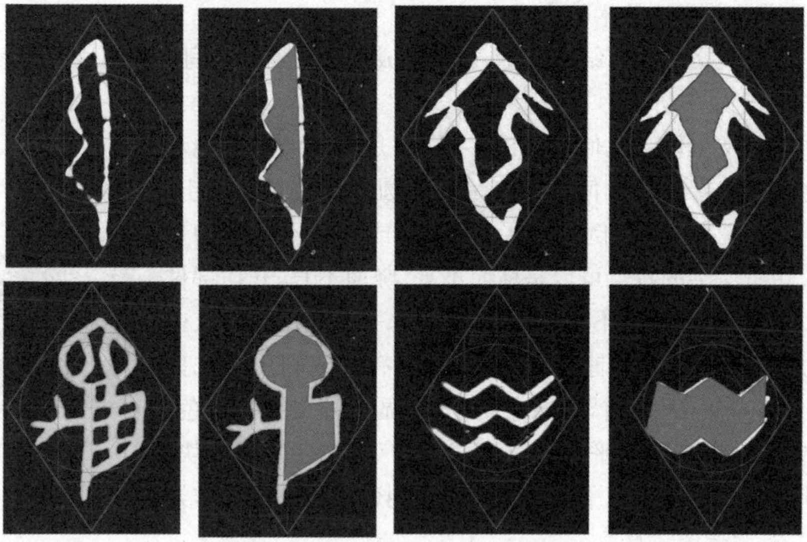

三、甲骨契文几何性在中国书法篆刻艺术上的应用

甲骨契文的发现，不仅改变了中国的古代史与文化史、文字史的研究深度，其对中国文化艺术的影响是深远的。自从 1899 年王懿荣发现了甲骨契文，100 多年来无数学者专家通过它在研究古代历史、社会文明、读识文字、考古断代等方面，都取得了重大成果，还有众多的书画篆刻艺术家们孜孜不倦地研究探索甲骨文在书法篆刻的艺术内涵与表现形式。说甲骨文是古老的方无块字，无非说它的几何性外在表现。因此，对从事中国书法、篆刻艺术者来说，应当了解掌握甲骨契文的几何性，深入研究它探索它的美学内涵，对创作具体的艺术作品是极其重要的，且十分得益的。

（一）在中国甲骨文书法艺术上的应用

自发现甲骨文以来，书法篆刻者们长期在探索和研究甲骨文的艺术表现形式和方式，方兴未艾。但甲骨文字的生僻、数量稀少，不能满足书写与创作的需要，很多书家不了解它的结构、特点与风格，继而望而生畏，怯步不前书写时依字画样，书风呆滞刻板，达不到一定的艺术美感。因此，书家们应重视甲骨契文的几何性的特征，掌握契文单字几何图形的各种平衡、对应以及呼应关系。甲骨文书法艺术归根到底就是文字几何形状的艺术排布与组合。是因为在甲骨契文的几何结构下，有一个内在的视觉重心，这个重心是支撑着文字的结构的稳定力，又奠定着书法艺术的表现力。

甲骨契文的几何结体造型，这是构成书法艺术的空间审美的最大因素。

1. 达到平衡对称美

甲骨文单体字几何形态的多样化，是甲骨文书法跳动七彩的基本音符。几何形态有呈现的圆形（半圆形）、（正、长）方形、三角形（正倒）、梯形、多边形或其它不规则的形状。甲骨文字的特点可以是横而不平、竖而不直，几何部件可以不对称，即平而不衡、对而不称。水平高超的甲骨文书家，应当充分利用甲骨契文的几何性，有意或利用其几何性，顺其自然，因势利导，寻求变化，彰显甲骨文书法特色。一改篆书、楷书工整平稳的书法气息，有机组合几何方块，使甲骨文书法险中求平衡、讲对称，达到通篇的平衡对称美。

2. 营造密集疏朗美

密集疏朗，甲骨文单体字笔画分布构成几何形态的重要体现。它的辩证统一关系是甲骨文书法的一个基本原则。甲骨文书法应当讲究疏密对比关系，规划字内几何空间的零与整、聚与散，以求空间节奏的变化。利用字的内外几何形态的多样化，中宫收敛，中紧外松，制造或留下“空白”，处理空白呼应，让甲骨文在结体布局中有灵气、溢神韵，以达到古人说的“密处就法，疏处传神”的艺术效果。

3. 呈现高低奇正美

《孙子·兵势》曰：战势不过奇正，奇正之变，不可胜穷也。奇正相生，如循环之无端，孰能穷之哉！甲骨文书法也应如此，讲究奇正之变，讲高低错落。甲骨文字所呈现的几何形的高低、大小、偏正、长短，构成了奇正相生、高低相和的基本要素。甲骨文字利用字本身的几何性，在一个字中或数个字中、通篇幅中展示参差变化，形成空间的节奏起伏感，呈现出高低奇正美。

4. 展示伸缩舒展美

字的伸缩，甲骨文书法的笔画变化处理的重要技艺。要针对某个甲骨文字笔势的放纵与收缩，进行几何形状艺术化处理。讲究字的笔势、局部上伸缩收放，主旨是营造多变的空间几何节奏，让伸与缩形成矛盾反差和强烈对比，提高对比度，加强矛盾和戏剧性，获得更大的观赏性。伸缩手段运用的好，几何性的善变妙用，使甲骨文结体平添了霞舒云展的大方之美。

5. 开合向背俯仰美

字的开合，各部比例的展促与离合远近，表现为几何形态的扩张与收缩，是调剂空间几何面积和争取空间情调的一个十分有效的艺术处理方法。向背之势有内外，关系到几何空间的复杂微妙变化。处理好向背朝揖关系，使单字融入整体和谐之中。字的俯仰，即字的覆下承上，其实为空间几何关系的承让。通过开合向背俯仰的几何变化，使书法字里行间，显得更加呼应、和美、和谐，彰显甲骨文字的独特之美。

6. 力求主次和谐美

甲骨文字中的主笔或主要部件，是一个字中特征最突出最典型的线条或几何形状。主笔，或长横、或长竖、或长撇，或长捺，亦或长勾，甚至是独具个性的一点。一个字只要有一个极为完美的主笔，这个字基本上就成立了，其他的笔画可当作它的陪衬；主要部件与次要部件的艺术处理得当，这个字即优美，整个字在篇幅中就协调。字的主次处理上，采用突出主体、撑拄和贴零的艺术处理手法。突出主笔线条和主要部件，其他笔画和部件须避让，可以体现字的几何形态的虚实、强弱、有无的微妙关系。好的主次关系的和谐共振，就会产生甲骨文体态的生动优美的悦耳曲调。

7. 整篇生动韵律美

字的完善造型和完备的法度，字字生动，通篇即生动，是掌握甲骨契文几何性融会贯通的自发，是书家结字谋篇的最高境界。这一境界要求书家在形象构思、整体布势上，在各部配合、内部秩序上，在线条分布、空间节奏上在笔势、笔力上，几乎都达到恰到好处的完美无缺的程度。这样才能书写出通篇生动、充满韵律的甲骨文大美书作。

（二）在中国篆刻艺术上的应用

甲骨文入印的难点甚多，上乘之作甚少。究其原因一是文字深奥难识，容易造成错字谬误；二是文字数量较少，创作时通假代用会出现错误几率较大；三是一字多形、结构不平整，入印难安妥。因而目前甲骨的印人及产生的甲骨文篆刻大家是很少的。笔者认为甲骨印人在深入研究甲骨文字方面下的功夫是不够的，结果望而却步。研究和掌握甲骨契文的几何性，对于篆刻者甲骨文印章创作是大有益处的。

1. 针对字的几何构形，创造印章形式美

甲骨契文的几何个性，分布在各字的构成中，有的字伸胳膊伸腿，或纵长横短，或形斜必正，平而不衡，竖而不直，这些因素构成了字的内外几何轮廓千差万别，一字一形，字字有别。林尔先生“宋氏”印，两字的字头几何外廓，呈现古代屋脊形，如设计方形印式等均不甚协调和美观，且两字布局亦难妥。因此，要因字而宜、视形而思，根据一方印字的内容来设计印章印式，以达到字几何构图与印章印式相协调，充分展示印章形式美。

2. 利用字的几何外廓，实现板块空灵美

甲骨文字的几何外廓的差异，给甲骨文印章设计既带来优势，又带来劣势。印章中字与字的组合排布，实际上是字的几何轮廓面积疆域的划定和安置。几何板块安排如同房屋一样，不要安排太满、太挤，房屋之间要留有一定采光距离和安全空间。甲骨文印章的总体设计，就像城市规划设计一样，建很多的高楼大厦，也要建有一定数量、满足出行需要的马路及交通网络，另还要留有余地，建设生产、生活功能性区域，如居民健身广场，这样人们才能舒适舒心地生活。苏金海先生的“涉冰”印，在方形面积上，“涉”字的几何面积大，“冰”字的几何面积小，板块大小安排适宜恰当，且留有余地，中间用一条弯线画“水”字相隔，既平衡了印面，又产生了板块空灵美。

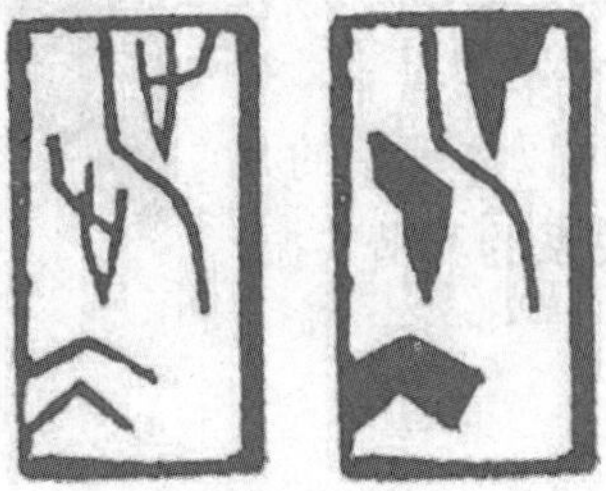

3. 突出字的几何内廓，达到疏密情趣美

在具体设计一方甲骨文印中，字的笔画较多处密而实它的几何内廓面积就大，反之就疏而虚，笔画的虚实，集中体现到几何轮廓的面积大小上来，虚实的矛盾，就是几何面积大小的矛盾。苏金海先生“我以吾仁”一印中，“我”、“以”二字的几何板块较小，“吾”字的几何板块较大，再以右侧边栏比左侧稍宽些，平衡了整体印面，即形成了几何板块疏密对比的艺术效果。因此，一是要形成几何板块大小的对比，相反、相倚或相成；二是几何板块中有亦有虚实板块，使之虚实穿插，虚中有实，实中能虚，两者形成疏密对比，密不通风，虚能纵马，形成强烈疏密情趣美。

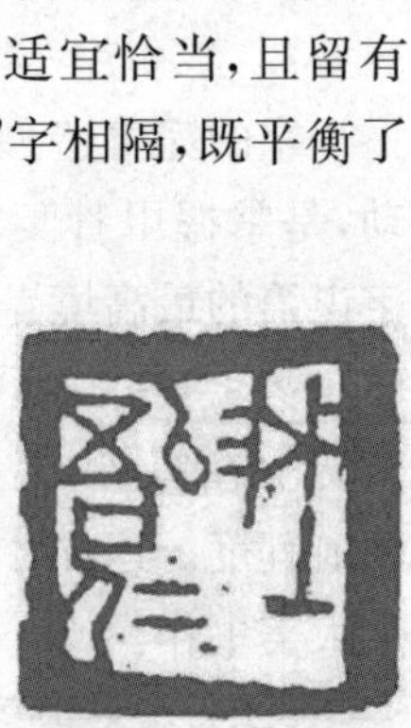

4. 改变字的几何板块，呈现重心平衡美

甲骨文字的几何形态是固有的且固定的。在印面设计中，章法的变化，也是字排布上的变化，即是字的几何结构的形变与组合。甲骨文字的笔画肆意与率真，一字多形、一形多变，往往不如金文与汉篆那样有序、平整、方正，甲骨文字的几何重心是多变的、不稳定的，或偏上偏下、偏左偏右、偏于某个限象，不是固定的。因而设计甲骨文印章中为了保证整体印面重心的平衡，在巧用每个字的几何重心外，根据需要还应改变某个字或多个字的几何形状，确保板块重心稳定、印章重心平衡，使甲骨文印章呈现出新的平衡美感。秦士蔚先生“攻关”印中，对“攻、关”两字就作几何板块的改变，“攻”字的几何面积小，占地少，则将“关”的几何面积放大一点处理，再用“攻”字的右下脚延伸平衡了印面，这样实现了印面整体重心平衡。

5. 夸张字的几何部位，经营印面灵动美

在甲骨文印章章法中，有意夸大或缩小某个字占地几何面积，是一种灵活的艺术处理方法，也可将某字中的某部件的占地面积放大或缩小，加以得当处理，会给印面带来非凡的生气和灵动，美感顿生。林尔先生“依般若波罗蜜多故”印面中，故意扩张“若”字、缩小了“波”字的几何面积。同时，夸张拉伸了“般”字的“殳”部件。再如他的“相鼠有齿人而无止”印，突出夸大了“齿”字的几何面积，其它的字都围绕“齿”字多姿多彩、各自灵动，形成耀辉夺目的“印眼”。这样经营使得印面整体和谐，飘逸着灵动的芳香。

6. 漂移字的几何面积，形成错落对比美

印章中的对比，可以是边格与印文的对比，也可以是字的笔画的大小长短的对比，亦可为字的大小对比，更可以是字上下左右错落排布后的对比，有时为了章法的需要，故意错落安排字或字的部件，在矛盾中求统一、找协调、达和谐，最后形成强烈的对比美。孙家潭先生“祖国万岁”印，并没有按常规分割印面，而把“祖、国”两字上下衔接布局于印面的右侧，“万岁”两字则是平行穿插安排，列于印面中部和左侧。这样漂移字的几何面积，最终产生了强烈的错落对比美。

7. 巧用字的几何主体，传导顾盼呼应美

顾盼呼应在篆刻章法上应用得当，可助长气势，形成强烈的节奏感，使印面气韵生动。顾盼呼应在篆刻艺术中的表现是多种多样的，有形、神、意等方面。形如大小、疏密、方圆；神有刚柔、强弱、藏露；意为宾主、向背、顾盼等。这里讲顾盼呼应主要是指以形达神，有意无声，巧用字的几何主件，达到章法上的呼应，神情上的顾盼。苏金海先生作“千江有水千江月”印，巧把“千”、“月”两字笔画加粗，让它们的占地面积扩大，形成右上角与左下角的两字向背又呼应，变化两个“江”字的“水”旁部件，让两个“江”隔着“又、水、千”三字而顾盼，眉目传情，整个印面传导给人们的艺术信息，即是一种顾盼呼应的印章美。

（作者系江苏省甲骨文学会副秘书长）

浅谈甲骨文书法的结体取势[①]

朱德其

甲骨文是三千多年前我国殷商时期锲刻在龟甲和兽骨上的文字，是我国迄今已发现的比较成熟有系统的古老文字，是中国汉字的鼻祖，也是世界各文明古国唯一传承至今仍未中断的的古老文字。甲骨文书法是我国书法艺术百花园中一朵璀璨的明珠。

甲骨文书法创作中需要研究和探讨的问题很多，包括字法、墨法、章法等等。本文重点就甲骨文的结体取势问题谈谈自己的学习体会，并向行家求教。

结体和取势本来是密不可分的，但两者又有点区别。结体主要指的是单个字的艺术结构，偏重于静态；而取势则强调的是"动态美"，注重每个字在整体中所取的态势，怎样使作品更生动，更能表现作者的艺术追求和个性情感，更具有艺术魅力。

一、甲骨文的结构特点

从出土的甲骨片来看，甲骨文字的结构主要有以下特点：

1. 长方构形。甲骨文的构形，一般竖长横短，呈长方形。这是就总体而言，也有例外。明确这一点很重要，下笔之前要先计划好长宽的比例，写出来才能是甲骨文的形状。

2. 象形写意。甲骨文中象形字占有相当大的比例，不仅独体字绝大多数是象形字，合体字中的许多部件也是象形的。甲骨文的象形字，不是照物画图，而是用抽象的线条，用"大写意"的手法来表现的。如右图"鹿""象"等字。我们之所以强调这一点是为了书写时能把字的构形写准，不仅能形似，而且能传神，还要体现出笔墨的韵律来。

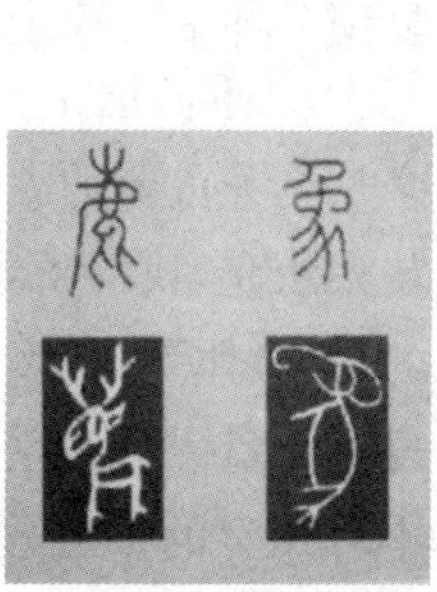

① 本文主要参考贾书晟、张鸿宾编著：《汉字书法通解·甲骨文》。

3. 同构平等。甲骨文是纵向取势，没有左右伸展的笔画，左右两部分“平起平坐”，互不影响反而有一种均衡的美。左右结构的字，虽偶有左边小者，同样也有右边小者，这是由于服从取势的需要，而不是结体的规律。至于上下结构的字，由于甲骨文没有横向放纵的笔画，所以不会形成“两层楼”，相反有一种排叠的整齐美。如右图“林”、“多”等字。

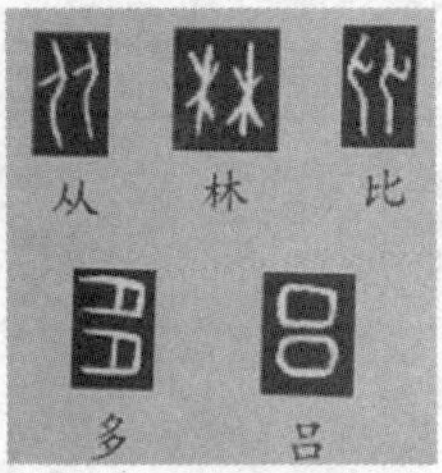

4. 同画平行。这里所说的“同画”，指的是在文字的结构中类型和取向相同的笔画。这些笔画在甲骨文中由于象形的需要不但不避讳平行，甚至要力求保持平行。如右图“昔”“册”等字。

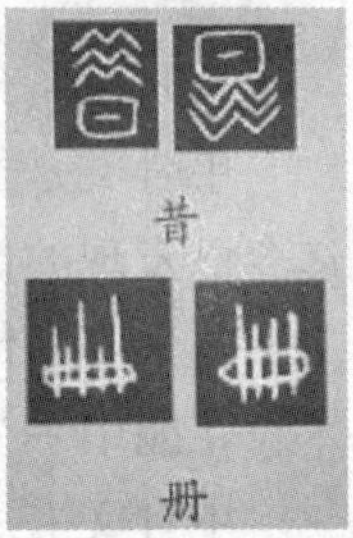

5. 穿插迎让。穿插迎让指的是合体字中各个部件之间的关系。如右图“好”、“侵”等字。“好”字“子”部与“女”部互相穿插。“侵”字中间的“帚”的上部略向右仰，以便给左边“牛的角腾出位置，“帚”的下部略向下沉，正好让“牛的右斜画插于其留出的空当，“帚”的下垂笔向左取斜势，又为“又”留出了地方。整个字的结构穿插迎让，处理得恰到好处。

6. 欹正相生。欹正相生，就是指在一个字中，欹侧的笔画与平正的笔画相反相成。例如右图“昃”是一个会意字，这个字的构成思想，是用在日光照耀下人影倾斜来会意昃”字。“昃”字在甲骨文中是一个时间用词，相当于现在的下午两三点钟。这个字的构字要求，就必须有一个倾斜的人影，不管把它放在什麽位置，倾斜是不能改变的。这就要靠会意的另一部分“日”来合理的放置，使字的整体呈现一种平正稳定的形象。

7. 重心居上。掌握好一个字的重心对于写好字是至关重要的。当代书法大家启功先生通过大量观察研究，找出了晋唐楷书的重心所在，这就是有名的“黄金律”。那么甲骨文的重心在什麽位置呢？通过对大量甲骨文字的分析研究，我们发现绝大多数甲骨文字的重心居于其高度的2/3附近，也就是黄金律所说的0.618附近。如下页图“年”“美”“见”和下页图“岳”“尽”“宝”等字。前一组三个字都有向下

伸展的笔画，作者有意将笔画延长，使更多的笔画聚集在上部。这些聚集点大约就在高度的 2/3 附近的一个区域。后一组字不但是横画结尾，而且也没有很长的纵画，但是纵观全局，其重心仍居于上部，大约在 0.618 附近。很有意思的是，一些上下左右完全对称的字，如下图“卯”“贞”“网”等字，在书写时也设法调整，使上部的重量略大一些。了解和把握甲骨文结体的重心，对于甲骨文书法的学习与创作都具有十分重要的意义。只有掌握了重心，才能统领全局写出优美多姿的字来。

二、甲骨文的体势变化

我们从拓片上看到，甲骨文的书法是率真活泼、多姿多采的，每一片刻辞，都有它的特色。这种千姿百态的特色，就是作者通过每一个字体势的变化来实现的。

首先来探讨体势变化的条件。体势变化不是随意所为，而是有依据、有条件的。概括起来，主要有两个方面：

一是依字取势。例如“卜”字只有两笔，“小”字只有三点这些字就不宜写大，而“饗”和“朝”字笔画较多，就不可能写得太小，“人”字无法向横向拉宽，“车”字也很难向纵向伸长，所以说，体势的变化只能在文字本身结构的基础上因势利导，顺理成章。如果反其道而行之，则不但不能把字写好，反而会搞得不伦不类。

二是服从章法的需要。一件书法作品，是由一个个字组成的。孙过庭《书谱》云：“一点成一字之规，一字乃终篇之准。”因此，每一个字的结体取势便决定了整篇作品的风格。在处理每一个字的结体取势时，必须着眼于该字在整篇中的地位以及它和上下左右邻字的关系。只有成竹在胸，方能创作出既跌宕起伏,又和谐自然的优秀作品。

三、甲骨文书法的创作

我们在创作甲骨文书法作品时,体势变化的手段和方法,是多种多样的,常用的有以下几点:

一是充分利用甲骨文一字多形的特点。甲骨文"一字多形"的特点,从文字发展的角度看,是不成熟的表现,但从书法的角度看,却为体势的变化提供了广阔的空间。为了变化体势的需要,我们可以从工具书中选择合适的异体字,但是决不可随意硬造字。

二是通过改变字形的大小,来实现体势的变化。

三是变化字的长宽比。这种长宽比的明显变化,必然造成体势的不同。例如,右图"我""子""水"的三种形态。

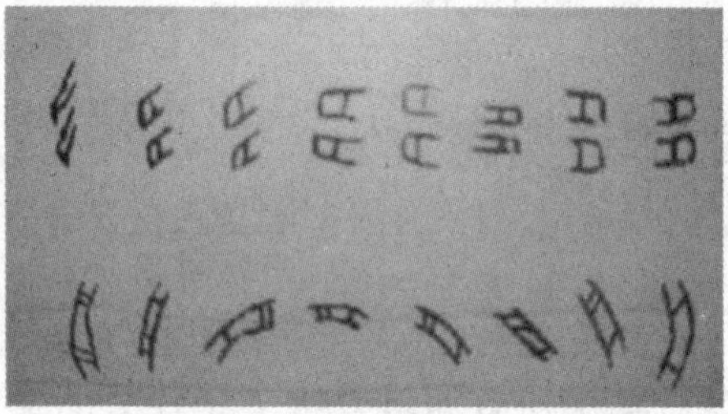

四是偃仰开合。所谓"偃仰",指的是一个字的整体或构成这个字的某一部件,打破平衡,取或偃或仰的姿态;而"开合"则是指左右结构的合体字,一端分离、一端聚合的体势。例如,左图独体字"舟"的偃仰变形;合体字"多"的偃仰形态。这里要指出的是,"多"字的构形是用两块肉叠垒起来会意的。不论正反,两块肉的方向总是相同的,不能一正一反。下图"好""即"是"开合"的例子。

五是离合布白。一个字,乃至一幅作品,有笔道处是"实",也可称为"阳",空白处是"虚",也可称为"阴"。甲骨文的布白,用得相当巧妙。请看下页图"启"字右边中部的大块空白,同上部和左下角的两小块空白相呼应。"般"字的对角两大片空白与另一对角的笔画互相映衬。与其他书体相比,甲骨文的留白,更具特色,更大胆,甚至可以将上下结构和左右结构的字的两部分或三部分故意拉开一定的距离。下图“令”“归”“楚”。

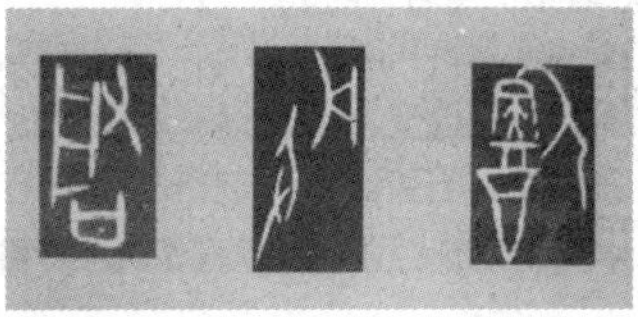

六是疏密聚散。所谓“疏密聚散”，就是指笔画有的稀疏或密集，有的聚拢或松散。这也是一种虚实对比、阴阳相生的关系。就像一首乐曲，离合布白好比休止符，而疏密聚散犹如旋律的起伏和节奏的快慢。只有处理好这些关系，才能成为一首美妙动听的音乐。请看右下图“昔”字，上面的“水纹”特别密集，而下部的“日”比较稀疏。当然这种疏密聚散的手段，并不是在任何情况下都可使用。这要看具体场所和条件。

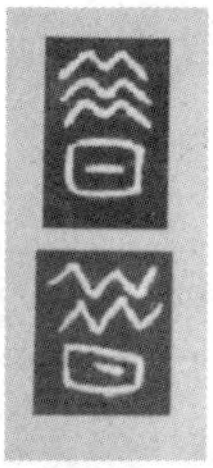

七是打破对称。甲骨文中有很多字的构形是左右对称的，但是我们在卜辞中却很少看到刻得完全对称的。打破对称的方法很多，或者轴线偏离中轴，或者斜线倾斜角度不同，或者接点错位，或者交点偏移，或者平画倾斜。总之，既要打破对称，又不能东倒西歪的过分倾斜。

八是大胆造险。孙过庭在《书谱》中说：“初学分布，但求平正；既知平正，务追险绝；既能险绝，复归平正。”这里所讲的“平正”就是平和中正的意思；所谓“险绝”，就是险峻凌绝的意思。“平正”与“险绝”是矛盾的统一。孙过庭所讲的第一个“平正”是不包含险绝的初级阶段的“平正”，而最后一个“平正”才是技艺精熟的表现，是寓含着“险绝”的“平正”，是“险绝”与“平正”的高度统一。甲骨文书法中的险绝之势比起其它书体都突出而且普遍。如右图自左至右依次为“吹、追、和”，上面一行是比较平正的写法，下面一行则大胆造险：

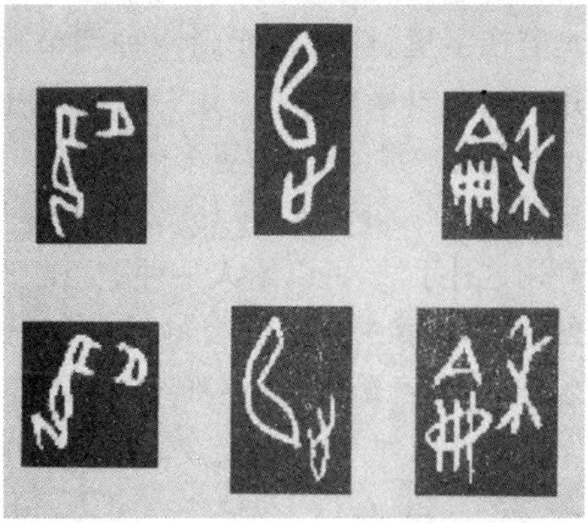

“吹”字左部有大约 35 度的倾斜，大有即将卧倒之势，幸有右边斜放之“口”字予以抗衡，再加上左部跪的足膝稳定的支撑，使整个字化险为夷。再如“追”字将上面的“𠂤”部推向左边，大有摇摇欲坠之感，而作者巧妙地将“止”部上移，且令“止”字的斜笔与“𠂤”字的弓背，形成双手捧物之势状，“止”字笔

画虽短，却有笔意未尽之感，不但消除了倾倒之虑，反而更觉稳定。

九是适当用巧。“巧”与“拙”是既对立又统一的美学概念。没有巧便没有拙，没有拙也就无所谓巧。在甲骨文书法的构形中适当用巧，也是体势变化的一种手段。右图所示的“申”“鹿”“好”三个字，每一字各选两形。适当用巧，虽可使甲骨文增色，但不宜多用、滥用。如果不加限制，势必破坏甲骨文的整体风格，反而弄巧成拙。

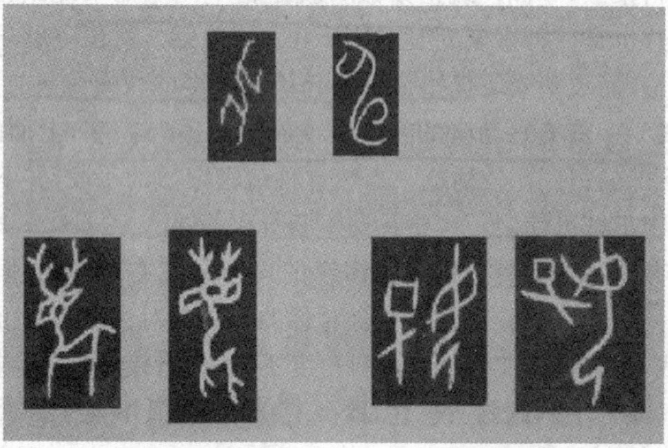

十是放纵一笔，形成气势。我们常常发现，在一篇卜辞中，突然有一两个字的某一笔（通常是最后一笔）刻意放纵，造成一种锐不可挡的气势，仿佛一段音乐中突然爆发出一个最强音。这样的处理若在字里行间，则起到一种调节旋律的作用。如右图摹片中的“儿”字，便属于这种情况。这种放纵的笔画，更多的是在一条卜辞的末尾，特别是下面留有大量大块空白的时候，利用这种手法，可以给人一种笔虽断而意未尽的感觉，就像一曲高雅美妙的音乐，虽然曲终乐止，但余音缭绕，不绝如缕。如上右图“若”字。这些处理方法，都是今后书法创作中值得借鉴的。

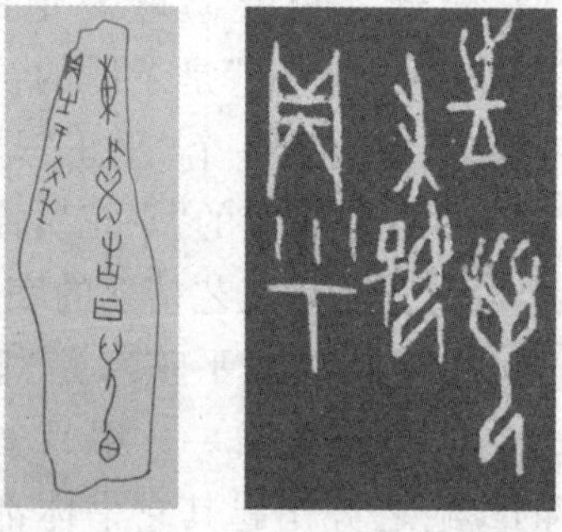

（作者系六朝春书画院院长、国家一级美术师）

殷商何组甲骨书刻笔划审美特征及其书法意义

王立奎

“何组卜辞是由该组多见的贞人‘何’而得名的，首次见于陈梦家先生《殷虚卜辞综述》一书”①。所谓贞人，就是商王朝代表时王进行占卜活动并记事的史官，他们都是当时王朝中的高级知识分子，不同的贞人供职于不同的商王。何组卜辞主要出于小屯村北，龟骨并用，多用龟甲。

“何组卜辞依据称谓、字形、贞人等特征大致可划分为‘何组一类’‘何组二类’‘何组三类’三个亚类。大体说来，何组一类卜辞可上溯到武丁晚期，下及廪辛时期；何组二类卜辞大致是在商王祖甲晚期和廪辛时期，何组三类卜辞为何组卜辞中时代最晚者，其大致在廪辛、康丁至武乙中期”②。何一类有420余片，多用龟甲，贞人有何、専、彭等，其中以何的卜辞最多。何一类卜辞笔划多用折笔和圆笔，少数早期写法近于宾组及出组一类。在何组一类中，它占卜的主要内容有卜旬、卜夕、祭祀、田猎、卜问天气等，其中卜旬、卜夕辞几乎占本类总量的一半。何二类多用骨，在何组中数量最少，约220余片。何二类字形修长，笔划粗细均匀，多不出锋，字写得较为方正。何二类卜辞以祭祀为主，另有少部分田猎、卜旬、卜夕、卜问天气等内容的卜辞。何三类最多，约有1980余片，在何组中数量多。何组三类根据书写风格、贞人、卜用材料等不同，何组三类卜辞又可细分为何组三A类和何组三B类两种。何组三A类110余片，多用骨，极少用甲。字形比较潦草，有写字写得比较率意。何组B类卜辞约有1850片，在何组中数量最大。本类龟骨并用，多用龟甲。本类字形较小，笔划稍粗而出锋。何三类内容丰富，以祭祀、田猎、卜旬、卜夕为主，还有少量卜问疾病及占梦等方面的卜辞。

---

① 陈梦家：《殷虚卜辞综述》，科学出版社1956年版，第194页。

② 王蕴智：《殷商甲骨文研究》，科学出版社2010年版，第304页。

要想进一步研究何组甲骨文，我们必须先了解一下何为书刻。“书刻”是指文字契刻。“甲骨文书刻”是指把甲骨文这种字体用刀契刻在龟甲、兽骨之上，并非金、木之上。不管是写出来还是刻出来，都会有清晰或者模糊的痕迹。所谓“笔划”，是指书写时的不同状态，包括起笔、行笔、收笔和搭笔四个部分。笔划质量的好坏对整个字有举足轻重的影响，一个好的笔划能给人以美感。写出漂亮的笔划，给人以赏心悦目。相比之下，甲骨文是契刻文字，笔划痕迹较为明显，一些字迹清晰的字可以很容易发现其用笔规律。只有掌握了其笔划的特征，这样我们写出来的字才会更有神采。

一、何组甲骨书刻笔划的起笔特征

起笔是笔划的重要组成部分，是指一个笔划的起端，即刚入笔时的形态，有尖笔、圆笔或方笔等。起笔时也常伴随着露锋、中锋和侧锋的出现。由于何组甲骨书刻的片数较多，所以就选用下面具有代表的字例来分析何组甲骨文书刻的起笔特征。

表1 何组甲骨文起笔代表字例表

拓片字例	释字	出处	组类	拓片字例	释字	出处	组类
	子	H27670	何一类		酉卜之何	H27088	何二类
	子	H29368	何一类		尤	H27210	何二类
	卜	H27841	何一类		尤	H27213	何二类
	王	H27841	何一类		专	H27722	何二类
	酉	H28441	何一类		其	H27934	何二类
	亡	H28437	何一类		方	H30999	何二类

续表

拓片字例	释字	出处	组类	拓片字例	释字	出处	组类
	壴	H27166	何三A类		亥	H31428	何三B类
	至	H27285	何三A类		牛	H26955	何三B类
	未	H27674	何三A类		弜	H26955	何三B类
	癸	H27817	何三A类		王	H27400	何三B类
	旬	H31428	何三A类		庚	H27537	何三B类

从上表可以看出，何一类的起笔有下笔略尖，露锋明显，总体上是概括为方圆并用。上表中的H27670甲骨片中的“子”，“‘子’字(假为‘巳’)所从人形头部成较端正的菱形，手臂作斜置的曲笔或直笔。”①此字起笔比较自然，像人手舞足蹈之意，毫无拘束，起笔的痕迹有时也藏于笔划之中。同样是“子”字，H29368中的“子”字的起笔在写的时候有露锋的感觉，并且起笔笔划的倾斜度小于前一个“子”字，这也就体现了书写时的多变性。相比于“子”字，“卜”字的笔划较少，在何组甲骨中此字甚多，在何一类甲骨中也具有不同的写法，本文选用的字例起笔时其中一笔起笔露锋，另外一笔则起笔比较厚重一些。“王”字与“亡”字的起笔都比较厚重，“王”字起笔先写横画，而“亡”则先从左边的竖画写起，由于笔划不仅仅局限于横平竖直，这样写出来之后使整个字看起来生动有力。“酉”字简洁象形，作鼓腹、锥底之形，肩部的横画突出到字形之外。横画作为此字的主笔划，仔细看原字就会发现，虽然起笔看似平直，细察之下，在起笔的地方有右切之势，笔划绷得很紧，赋予了整个字以新的生命力。

---

① 王蕴智：《殷商甲骨文研究》，科学出版社2010年版，第305页。

何二类甲骨在整个何组中数量较少，可以从上表中总体笔划比较均匀，表中的“其”“方”都能清晰地看出，在起笔的地方比较圆转。在 H27210 和 H27213 中各有一个“尤”字，在写法上也有明显的不同，比如在 H27210 中的相对平直，托起了整个字。H27213 中的字的首笔横画向右下倾斜，足见笔划变化的妙用。从表中不难发现“何”与“专”的起笔尖利，特别是“‘何’字突出人的肩部所负之物，手形处明显，肩部所荷处的下拉笔画不甚长”①。

通过分析何一类和何二类你就会发现起笔都是在不同的变化之中，只要能够达到美的效果，这样的笔划就可以被采用。下面我们来看看何组三类甲骨的起笔，何三类分为何三 A 类和何三 B 类。A 类的字形比较潦草，笔划瘦硬，起笔略尖，“至”、“未”和“壴”字能够清晰看出。比之前两字，“壴”字整体看起来还比较工整，起笔竖画在起始端也有圆转的感觉，整个笔划写得平直，与旁边的笔划相呼应，所以整个字看起来并没有那么呆板。相比 A 类的字形，B 类的字形就相对工整，整个字看起来比较饱满，“亥”字比较典型。“弜”字的笔划较少，两个笔划之间的协调尤为重要。“王”与“庚”的下笔比较自然，露锋明显，但整个字也显得中规中矩。这一组的字中“王”字尤为特别，三个横画向右下倾斜，但是前两笔的起笔没有那么尖利，相反第三笔不但起笔露锋，而且横画略有弧度，支撑起来整个字。

综上所述，何组一类、何组二类及何组三 A、B 类甲骨的起笔各有所长，相互补充，在保证字本身没有错误的基础上，起笔可以根据字本身的需要富有变化，同一组字不一定要一样的起笔，千篇一律的东西就会显得很单调。在书写时要特别注意起笔时与整个字的呼应关系。在起笔上，它们同中有异，如同是“王”字，何一类中的字就显得比较呆板使整个字没有活力，而何三 B 类中的整个字显得厚重，起笔出锋明显，像整个字被赋予了新的生命，根据实际情况而确定整个字起笔的方向和其他要素。不管怎么样，何组甲骨书写时要尽量中锋用笔，这样写出来的字才有力道。此次所选皆是清晰具有代表性的字，平常在何组甲骨卜辞中出现的频率比较高。如果要问起来何为好的起笔，要根据字体的需要来定，比如在简牍中很多笔划不仅仅是横平竖直，大多采用切笔，笔划具有弧度，这应该是从甲骨中借鉴而来；好的用笔应该是能够尖笔与圆笔相结合，太细的起笔显得太单调，太粗的又显得臃肿，就像穿衣服一样，混搭在一起的效果才会更加符合整个社会发展的趋势。

---

① 王蕴智：《殷商甲骨文研究》，科学出版社 2010 年版，第 306 页。

二、何组甲骨书刻笔划的行笔特征

我们刚研究了起笔，与其相比，在何组甲骨契刻中，由于刻在龟甲兽骨上，行笔痕迹明显，行笔时有时有的是中锋行笔，有的用侧锋效果更优，也有在行笔时把笔重压或轻轻行笔，有的在转折处的行笔较为方折，有的则较为圆转，总之形成了不同的笔划。

表 2　何组甲骨文行笔代表字例表

拓片字例	释字	出处	组类	拓片字例	释字	出处	组类
	戌	H27715	何一类		翌	H27213	何二类
	己	H27841	何一类		癸巳之亚	H27929	何二类
	己	H30079	何一类		即	H29707	何二类
	不	H27865	何一类		于	H28412	何二类
	卯	H28435	何一类		日	H29708	何二类
	辛	H28435	何一类		戊申之申	H30469	何二类
	丁	H27157	何三 A 类		吉	H26957	何三 B 类
	且	H27285	何三 A 类		尹	H27011	何三 B 类

续表

拓片字例	释字	出处	组类	拓片字例	释字	出处	组类
	禽	H27961	何三A类		省	H27026	何三B类
	申	H31630	何三A类		五	H27070	何三B类
	宗	H27244	何三A类		公	H27149	何三B类
	夭	H27939	何三A类		新	H27216	何三B类

从上表中可以看出，行笔变化多样，有圆转的，有方折的，何一类行笔中笔划多用折笔和圆笔。“戌”字行笔中没有明显的波磔，同时在行笔中也使用了圆笔和折笔，赋予了整个字以活力。H27841中的“己”字在行笔中的力度相当，总体上比较浑厚，在最后一个转折处突然向下切笔，整个字行笔过程中的粗笔划到细笔划的过渡看出了刻者对笔划力度的熟练把握。相比之下，H30079中的“己”字与其形成了鲜明地对比，首先看出来的是整个字的圆转，在行笔过程中时而提时而按，使整个笔划的粗细较为明显，在书写时要把握这种力度，这是用到刀刻写，也体现了刻手高超的技艺。“不”字笔画瘦劲，但圆中有方，三个竖画在行笔过程中前两竖的力度相当，在第三笔有笔断意连之势。下面的“卯”字与“辛”字的对比明显，“卯”字的行笔过程中，粗笔划比较厚重，行至笔画的末端慢慢变细，甚至断笔，有笔断意连之意。“辛”字整体看起来笔画统一，行笔均匀统一，用笔力度虽小，但整个字看起来很舒朗。

何二类中的几个例字，不难看出其笔画均匀，有弯笔。表中的“翌”字整体看起行笔比较统一，在行笔中稍有弯笔出现，整个字呈圆弧形，粗细变化不明显。“亚”字在行笔过程中笔划上仰、下俯，上下呼应，方折感强。“于”字写得比较规整，笔画之间粗细差距较小，行笔中没有明显的变化，属于规范字形，竖画在书写时向左倾斜，在其他甲骨片中，亦有右倾之“于”字。“日”字的上面横画的行笔时弯度比较大，像盖住了整个字，下面的横画上仰，在下面拖住，与上面的横画相呼应，为了避免整个字的呆板，有意把中间的横画的行笔变短，也有能看出很小的弯度，让整个字更加的象形化。

何三A类用圆笔比较多，行笔时多用圆弧形。“丁”属于笔画较少的字，在行笔中上下两横划有断笔，行笔中轻轻滑动，竖画则写得厚重，在横竖转弯处显得很自然、圆润。“且”字在行笔中的粗细变化不明显，字庄重而稳健。“申”字是圆转笔划的代表，把横画都写成了圆弧形，使整个字的圆转，行笔均匀，没有太多的棱角，但整个字很圆润。“宗”相比之下有折笔，左右相呼应，最后一笔的行笔由细到粗，从而撑住了整个字。“禽”字在这几个字里面写得比较率意，向左倾斜，突出最后一竖画，行笔均匀，竖画把上面的部件顶住，让“禽”字整体瘦长一些。“夭”是这组字中行笔中变化较大的，首先起笔切笔下行，然后向右折笔写横画，横画也具有一定弧度，至末尾处转笔下行，力度也逐渐变大，顿笔之后轻收笔。此字可以说是把方折、圆转运用的恰到好处。

何三 B 类的字沿用圆弧之形，行笔时特别注意对整个字的把握，没有太大的对比性。“尹”与“五”字的笔画粗重，笔划的细微变化较其他三字明显，字写得规整。“尹”字行笔时的横画转化成了圆弧形，像整个字被包围了一样，笔划由粗到细或者由细到粗时的变化特征分明。而“五”字横画中间的两个交叉笔画在行笔时的力度大小明显不一样，有一定对比性。“吉”与“省”看起来笔划比较细长，这是为了突出细长之笔划，“吉”字上部写作两个上下重叠、交错的三角形，这样书写时为了更具比较性。“松”字向右下倾斜，“口”字居于字的中心位置，右边的捺画线条粗壮，使左右两边笔划的对比明显。本组中的最后一个字，“新”字在行笔过程中用力均匀，没有过多提按，使整个字饱满。

行笔在甲骨文书刻中的位置犹如人类的血液在血管里流淌一样，因为都要贯穿于身体的每个部位，但这两者又有明显不同，如果没有笔画的提按和轻重，就看不出整个字的活力。甲骨文上面的字由于是刀刻的，在契刻时要根据刻手的熟练程度，也就是如何把握好用刀尤为重要，可以直接入刀，也可以左切或右切，只有掌握好力度，形成笔划间轻重与粗细的变化，这样刻出来的笔划才更具观赏性。同样年代的人，不同的贞人刻出来的笔划也不一样。同样的字在不同时期行笔的方式也不尽相同，因为也受当时契刻材料的制约，所以必须要进行全面分析，才会明白这个笔划的由来，才能体会其中的妙处。比如在上表中何二类与何三 A 类写的同是“申”字，但行笔确有大为不同。何二类中的字整体比较方整，笔划的粗细变化明显，行笔过程中的笔划可以很细，如细丝一般，但又不失它整体线条的质感。何三 A 类中的字行笔婉转流畅，粗细搭配合理，转折处也有出尖的痕迹，从而增加了笔划间的对照。至于在行笔过程中如何写出有质感的笔划，什么样的笔划具有观赏性，在书写时可以圆转与瘦劲的笔划相结合，在行笔过程中有相应的变化，这样的笔划才更能让人耳目一新。

三、何组甲骨书刻笔划的收笔特征

甲骨文的收笔有多种，有自然轻收的也就是藏锋；有的收笔尖，是露锋的笔划；也有某些字在收笔重按，写得比较粗壮；有的在收笔时考虑到不浪费书写材料，故意把末笔拉长。下面就通过具体的字例来分析何组甲骨文书刻的收笔特征。

表3　何组甲骨文收笔代表字例表

拓片字例	释字	出处	组类	拓片字例	释字	出处	组类
	四	H27671	何一类		羁	H28161	何二类
	允	H27862	何一类		巳	H28412	何二类
	灾	H28455	何一类		田	H29375	何二类
	雨	H30107	何一类		寅	H30548	何二类
	午	H31589	何一类		牛	H30931	何二类
	子	H29368	何一类		示	H27086	何二类
	巳	H31415	何三A类		罘	H30907	何三B类
	大	H27157	何三A类		飨	H31040	何三B类

续表

拓片字例	释字	出处	组类	拓片字例	释字	出处	组类
	中	H27244	何三A类		祝	H31085	何三B类
	用	H30959	何三A类	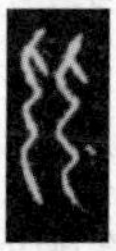	弜	H31187	何三B类
	多	H27649	何三A类		弜	H26959	何三B类
	未	H31553	何三A类		若	H31226	何三B类

从上表中可以看出何一类的收笔有自然轻收，也有把收笔长，也有的收笔比较圆转。何一类中的“四”字有四个笔划，笔划之间多平行分布，也就是代表了一个整体，所以四个笔划的收笔都是藏锋。“允”字右边的收笔比较长，有向下滑行之势，先下切笔，左边的属于轻收，不露锋。“灾”字的三个笔划中并行，中间的笔划写得更长一些，但总体看起来此字的收笔是略尖的。“雨”字在何一类中算比较中规中矩的，没有特别突出的笔划，各笔划之间多平行分布。“午”字从收笔来看，属于横切笔，收笔属于直向下切，是特殊的收笔，使整个字比较稳健，像站起来一样。下面的“子”的收笔属于向左下切，也从侧面支撑起了整个字。

何二类中的收笔是尖笔与圆笔相结合。“羁”字笔划较多，自然在各个笔划之间的相互衔接尤为重要，整个字线条比较瘦劲，收笔出锋、略尖。相对于“羁”字，“巳”字的笔划整体厚重，收笔向右方上扬起，有切笔之势，末尾处显得厚重而有力量。下面的“田”字右边的竖画收笔尖，与最后一笔横画没有相连接在一起，横画的收笔重，这使得两个笔划之间形成了鲜明的粗细对比，虽然两个笔划之间没有相连，但也有笔断意连之势。这是通过笔划之间收笔的粗细对比来突出整个字，“寅”字就是其中的典型。这组字中“示”字的收笔能让人感觉到有种突出收笔之感，平常的收笔要么直下，要么圆转，但是此处的收笔向右下拐弯，别有意味。

何三A类的字一般写得都比较率意，收笔略尖。表中的三个字的收笔都是有代表性的。“巳”字从人形头部方大，横画的收笔到末端转而向下切出，距离较短，竖画也呼应了横画，把收笔写得更为尖利，也把竖画向右下倾斜，横竖的配合非常合理，从而拖住了上面的头部。“中”字也属于收笔自然的一种，没有刻意的拉长笔划，做到了自然轻收的状态。何三A类中也有像“大”字一样特别的，左边的收笔故意加粗，右边的收笔又写得比较轻，形成了一边倒的感觉。“多”字由上下两个夕组成，上面的没有特殊之处，而下面的“夕”字的第一撇的收笔故意上挑，有种拖住上面字的趋势。

何三B类的字整体的字比较瘦小，而且字迹工整规范，整个笔划看起来比较圆转，“飨”“祝”“弜”字在收笔的时候都有圆弧形，此类字出现的情形还是比较多。H31187和H26959中同一个“弜”字，但它们字的方向不同，从收笔来看都是前面的笔画收笔较长，后面的轻收笔。在写这个字的时候这两种写法都可以采用，对比性强。“罘”字的笔划较多，下面的笔划全部竖点来代替，整体看起来收笔变化不大，属于较为规范的范畴，最右边的收笔有是先向右行笔再向下收笔。

通过观察以上字例，发现在何组甲骨书刻中的收笔有收笔轻的，也有收笔比较厚重，这都属于藏锋的范畴，除此之外也有露锋的笔划。在收笔的时候为了迎合整个字的需要，有些字可以上挑，可以下切，把整个字变得更加活泼生动。何组一类、何组二类、何组A类和何组B类在收笔上都有其各自的特点，如何一类中有的字例把收笔拉长，何二类与何三A类中收笔粗细的对比显著，也有像何三B类收笔作圆弧状的。它们之间有不同，也有相同的地方，如大部分的字的笔划粗细相对比较统一，这在书写中也发现，并从中找出可取的地方。在书写何组甲骨文收笔时，要在收笔上写出它的硬朗，表现出书写味道来，我们也要从中去汲取更多更有价值的收笔，并把它运用到现在的书法实践之中。

四、何组甲骨书刻笔划的搭笔特征

由于受原材料的限制，刻在龟甲兽骨上的字，并不会像写在纸上的感觉一样，在甲骨文契刻时，难免会有一些笔划不那么连贯，不过这也是一种特殊的美，从两个笔划之间的搭配，可以看出来很多的东西，如书刻材料的质感，以及刻写者的熟练程度等。我们试想一下，是否也能在龟甲上刻字，这种刻写的现实性也是值得考虑的。下面我们还是主要讨论在刻写甲骨文字时笔划之间形成的搭笔，搭笔在甲骨文契刻时经常见，它也是甲骨文笔划重要的组成部分，所谓笔断意连，处理好连与断的处理、圆笔与方笔的搭笔也至关重要。我们还是从下面的字例中看看何组甲骨文中的搭笔。

表 4　何组甲骨文搭笔代表字例表

拓片字例	释字	出处	组类	拓片字例	释字	出处	组类
	五	H27671	何一类		丑	H27263	何二类
	自	H29718	何一类		戌	H27535	何二类
	其	H29718	何一类		巳	H27929	何二类
	告	H31350	何一类		宁	H30551	何二类
	贞	H27677	何一类		牛	H31041	何二类
	酉	H30959	何三 A 类		至	H27120	何三 B 类
	弗	H27244	何三 A 类		邕	H27256	何三 B 类
	亡	H27244	何三 A 类		父	H27409	何三 B 类
	羌	H26957	何三 B 类		母	H27601	何三 B 类
	自	H27074	何三 B 类		史	H27636	何三 B 类

上表的是何组甲骨书刻中比较典型的搭笔的字例，从上表中可以看出：何一主要是由笔划的连与断为主，也有少数圆转的笔划和另外单个笔划的相结合。从“五”“贞”“自”三字即可看出，“五”字的断笔是从横画的中间断起，在整个字的竖中线上，在横中线左右又有一次断笔，这就是一个字的巧合搭配，有笔断意连之势。“其”字的横画为圆弧形，把圆弧写得长一些，右边的竖画在圆弧上，两个笔划的配合使整个字都有了生机，圆转而不呆板。这组字中的“告”字，下面口字左边的竖画写得比较粗壮，右边的竖画相比于左边稍细一些，但笔划连在一起，与左边形成了鲜明的对比。

何二类中的笔划之间的连接，有的笔划相断开，有的直接连在一起，不露锋。“丑”与“宁”字两字写得比较规整，笔划厚重，它们的笔划之间的连接紧密，从外形上来看，明显的搭笔痕迹都藏在了笔划里面，笔划丰满而有力量。相比之下“戌”与“牛”有明显的断笔，“戌”字柄部直，刃部竖直，与柄部平行，“戌”字上下两个横画不与竖画相连，两个横画相平行，整个字显得比较刚健有力。“牛”字的断笔是在右边的竖弯处断笔，虽不相连，但两个牛角之间也有相连之势。“牛的饲养在我国比较早。在山东省滕县北辛仰韶文化早期和宝鸡北首岭的仰韶文化中，都发现有黄牛的骨髓，据推测，有可能是家养的。在大汶口文化的大汶口遗址和王因遗址中，都发现有作为家畜的黄牛和水牛骨。我国南方距今7000多年的河姆渡文化中，就已经养畜了水牛。在我国新石器时代的黄河流域，既养水牛，也饲养黄牛。①“商代早期的偃师商城，已发现有用水牛和黄牛祭祀”②，是商人从建国时期就养殖水牛和黄牛。商代在养殖牛的规模上尤为巨大，在何组卜辞中可以清晰看出，我们在何组甲骨文中看到“一牢”就是两头牛，“三百牢”就是六百头牛，从上面就可以看出当时的畜牧业比较发达，没有充足的牛群，不可能完成大规模的祭祀活动，当然牛也在当时作为统治者对下属的赏赐品。

何组三类的特点趋于一致，即圆笔与其他笔划的搭配和两个笔划之间的搭笔痕迹不明显，不露锋。何三A类中的“酉”字，横划与下面两个竖弯，一个相连接，一个断开，这样就形成了鲜明的对比，圆笔与横画断开，字向左下倾斜，它作为一种酒器，象形，整个字像卧倒的样子。“自”字也是圆笔与其他笔

---

① 中国社会科学院考古研究所：《新中国的考古发现和研究》，文物出版社1984年版，第194－198页。

② 王学荣、杜金鹏等：《偃师商城发掘商代早期祭祀遗址》，《中国文物报》2001年8月5日。中国社会科学院考古研究所：《河南偃师商城商代早期王室祭祀遗址》，《考古》2002年第7期。

划相结合的一个字例。搭笔痕迹不明显的有下面的几个字，“史”“母”“父”等，这几个字搭笔时把笔锋藏在了笔划里面。

纵观何组甲骨的搭笔，有露锋的，有藏锋的，不管是藏与露，这样的搭配与结合会让这个字从整体上富有美感。何组搭笔一般具有对比性，要么整个字之间部件的相对比，要么整个字不露锋，成功的搭笔应该是保持整个字美观的基础上，笔划之间的断与连，都要使笔划间的衔接、搭配连贯，找出汉字美形成的规律，为下一步研究打下坚实的基础。

五、何组甲骨书刻的书法意义

何组甲骨书刻从起笔、行笔、收笔、搭笔四个方面进行了较为详细的研究，纵观这四个方面犹如人之历程，起笔就像人降生，一个好的开始至关重要，行笔就像不断地成长，完美的收笔能够让人获得圆满，在圆满的同时适当的体验也就是搭笔能够使我们的生活更加丰富多彩。用笔是由这四个方面组成，但一个成功的笔划必然是由这四部分的共同配合才能完成。起笔能决定一个笔划的开始，在整个何组甲骨中，有直接方笔开始，也有切笔，不管是左切还是右切，都要配合整个字的节奏，相比之下行笔的过程可以圆转，可以方折，一般的笔划很少出现横平竖直，把整个笔划赋予生命力这个字才能更完美；接下来就是处理好收笔的问题，因为整个笔划的最后都是要由收笔来完成，就像上文说到一般收笔都自然轻收不露锋，有的亦可露锋，但收笔的粗细对比很重要，比如上挑的收笔以及故意拉长笔划的收笔都具有创造性；搭笔是整个环节中增色添彩的地方，笔断意连的笔划能够增强与其他笔划的对比，让整个字更加具有金石趣味。一笔漂亮笔划的写出，必然经历起、行、收、搭的不断磨合，这样美的东西才会慢慢出现。

上面我们总结了笔划的四个组成部分，归根结底，我们最后还是要把何组甲骨文笔划特征运用到现实的书法实践中，笔者认为应该首先先识字，通过仔细观察何组甲骨书刻原拓片以及上文总结的规律，牢记在心，然后选择毛笔进行临写。对于初学者来说，对字还没有完全把握，可以写一些比较简单的字，进行简单的组词和造句，不要急于进行创作，要把基础打好，对原拓片进行一遍一遍临摹。当真正掌握了何组甲骨书刻笔划特征的时候，再进行有针对的创作。在创作时并不是简单地起笔分为藏锋和露锋，收笔藏锋和露锋，要善于从上文总结的好的方法中汲取营养，那样写出的笔划才更有说服力。书法的学习并不是通过一天两天来完成的，而是通过每天的不断积累而渐有进步。尤其在学习甲骨文书法这一方面，这尚属于一个新的领域，能释读的字也就一千多个，要用这些字来完成大幅的书法创作是很难实现的，只能通过其中的字写一写比较简单的组词和对联，字虽少，但一样可以写出它的笔墨情趣来。笔划就像盖房子一样，做好前期准备工作，只要材料质量上过关，这样才能盖成坚不可摧的房子。笔划一直是书法界比较关注的一个课题，它也在不断发展，现在已经成为书法的要素之一，当然有关艺术的形式也是历史的产物，要必须提到历史的重要性。就像我们何组书刻的许多笔划来说，在刻写的时候肯定有的速度快，有的速度慢，这也要受到当时历史条件和客观条件的影响。所以，在考虑这些的时候不能仅靠主观臆断，要多观察，多求证。

今天我们写的各种字体，从笔划上来说，受到甲骨文的影响比较深，起笔、行笔、收笔和搭笔，这四个部分是一个字写成功的第一要素。把这个掌握了，我们写出来的字才不会那么呆板，才会更有活力。由于受刻写材料的限制，我们现在无法直接在龟甲上刻字，至于先人为什么能在那么小的龟甲兽骨上刻写这么多字，我们已经无从得知，我们要做的工作就是在临写何组甲骨拓片的时候，走进历史，多体会先人书刻的笔意，这样在纸上书写的时候就会有更深的体会，才能得心应手，这些写出来的甲骨文才更具特殊的意义。

（作者系河南美术出版社书法编辑、书法硕士）

论甲骨文所蕴含的中国传统审美观念起源

王　征

文字是记录生活经验、文化活动，进行日常情感交流的载体。甲骨文以象形（与绘画类似）为主要特征，其最早的源头是岩画。我国岩画研究专家陈兆复先生将岩画称之为“文字出现前的文字”①。“羊”在“岩画”里是常见的动物。根据考古资料，人类最迟在距今1万年多年前的旧石器时代晚期就已经开始驯养动物了。前苏联考古学家列·谢·瓦西里耶夫指出：“现代科学证明，起初驯养的是狗和羊，牛（同马一样）的驯养为时较晚。”②“早在纳吐夫晚期遗址中（公元前第八千年）就发现有小家畜的遗骨……北非的卡里姆沙希尔文化以及稍晚的耶莫文化）已经有饲养的山羊、绵羊。”③我国原始先民与羊的亲密关系的历史也比较久远，考古资料表明，新石器时代早期（距今8000—7000年）的河南裴李岗文化和浙江的河姆渡文化也发现了“陶羊”。甲骨文中“美”“羌”“姜”三个字都有了，甲骨文的“美”字上面为“羊”，下面为“大”（“大”在甲骨文里是站立着的人的象形），与“美”字相关的是“羌”字，上面为“羊”，甲骨文里下面也是“人”的形状，“姜”下面的人字变为了女性。这意味着“美”“羌”“羌”几乎同形同义。许慎《说文解字》曰：“羌，西戎牧羊人也。”④“美”是远古“氐羌人”“图腾崇拜”“祖先崇拜”的直接证据，“氐羌人”都将羊当做“图腾祖先”崇拜。古代“氐羌人”生活在黄河上游的甘、青、川（与青海、甘肃南部交界）、宁夏南部地区。而“氐羌人”实属同一游牧民族的不同部分，早在南朝刘宋时代，范晔在《后汉书·西羌传》中就认为，古代“姜”和“羌”是一回事。傅斯年先生指出“姜”和“羌”是同一个字的不同写法。他说：“鬼方之鬼，在殷墟文字中或从人，或从女。照这个例，则殷墟文字中出现羌字之从人，与未出现从女之姜字，在当时或未必有很大的分别。到后来男女的称谓不同，于是地望从人为羌字，女子从女为姜字，沿而为二了。不过，汉晋儒者还是知道羌

---

① 陈兆复：《古代岩画》，文物出版社2002年版，第3页。

②③ 臧克和：《说文解字的文化说解》，湖北人民出版社1995年版，第211页。

④ 许慎：《说文解字》，徐铉校订，中华书局1963年版，第78页。

即是姜的。”①历史学家吕思勉也认为，“羌也东方大族，其见于古书者，或谓之羌，或谓之氐羌”②。关于“氐羌”人的图腾问题，国内学者金泽曾经指出，羌族在古时候就信奉“羊身人面”神③。据此，我们认为，“羌”和“美”这两个字都与“氐羌”人的“羊图腾崇拜”有关，在今天的阿坝藏族羌族自治州居民的碉楼、房屋的装饰中存在“羊头状”的图案，传说可以“通神驱鬼”的羌族巫师“释比”，在举行法事活动时也穿着羊皮衣服，击着羊皮鼓，重要的祭祀活动以“羊”作为牺牲。与“羊图腾崇拜”有关的历史遗迹还在于今天阿坝地区羌族人将生长于他们居住的高山地区的杜鹃花称之为“羊角花”，足见从远古时期一直到现在，“羊”在羌族生活中的重要性。

一、“美”：“氐羌族”的“图腾崇拜”

“美”字记载了远古“氐羌”人图腾崇拜的历史。带有神话传说性质的先秦文献《山海经》大量存在“人兽一体”的形象，便是我国先民“图腾崇拜”的历史遗迹。“图腾崇拜”与“祖先崇拜”紧密相关，“图腾”是“只知其母，不知其父”的母系氏族社会时期的“祖先”。“祖先崇拜就是对先祖亡灵的崇拜。祖先崇拜与图腾崇拜在本质上有相通之处”，李玄伯认为，“祀祖不过是祀图腾的接续”④。关于“图腾”的定义，学界比较公认的是英国人类学家、民族学家弗雷泽所作出的定义。他说：“图腾是一半社会一半迷信的一种制度，它在古代和现代的野蛮人中最为普遍。根据这种制度，部落和公社被分成若干群体和氏族，每一个成员都认为自己与共同尊崇的某种自然物象——通常是动物或植物存在血缘亲属关系。这种动物、植物和无生物被称为氏族的图腾，每一个氏族成员都以不危害图腾的方式来表示对图腾的尊敬。这种对图腾的尊敬往往被解释为是一种信仰，按照这种信仰，每一个氏族成员都是图腾的亲属，甚至是后代，这就是图腾制度的信仰方面。”⑤徐中舒等人认为，甲骨文“美”字的上面或为羊头形，或为羽毛。“像人首上加羽毛或羊首等饰物之形，古人以此为美”⑥。徐先生对“美”字的解读实际上已经说明“美”与古氐羌族

---

① 傅斯年：《民族与古代中国史》，上海古籍出版社2012年版，第81页。
② 吕思勉：《中华民族源流史》，九州出版社2009年版，第260页。
③ 金泽：《中国民间信仰》，浙江教育出版社1995年版，第122页。
④ 陈绍棣：《中国风俗通史》（两周卷），上海文艺出版社2003年版，第490页。
⑤（苏）海通：《图腾崇拜》，何星亮译，上海文艺出版社1993年版，第2页。
⑥ 徐中舒主编：《甲骨文字典》，四川辞书出版社1989年版，第416页。

的“羊图腾崇拜”和“鸟图腾崇拜”(“鸟崇拜”在远古比较普遍,它直接与“太阳崇拜”有关)相关。

从甲骨文和先秦文献看,古代“氏羌”人实际上构成了最早的中华民族主干,中华民族被称为“炎黄子孙”(炎帝和黄帝的后代)就说明了这一点。炎帝和黄帝都是羌族的后代,是同父异母兄弟。如《国语·晋语》曰:“昔少典氏娶于有氏,生黄帝、炎帝。黄帝以姬水成,炎帝以姜水成。故黄帝为姬,炎帝为姜。”甚至后来“夏商周”三代的人都属于古羌族的后裔。国内学者尤中就认为,“氏羌部落集团的人们,曾先后不断地往来流动于从西北到中原地区之间,先后活动于中原地区的黄帝族、夏族、周族,原本都是羌人”①。关于周人的祖先,在《诗经·大雅·生民》里面也有记载:“厥初生民,时维姜嫄。”(姜嫄为周始祖后稷的母亲。此句意思是姜嫄生下了后稷。)《毛传》:“姜,姓也。后稷之母,配高辛氏帝。”②实际上,商代的人也是羌族的后代,商朝的先祖为契,传说为有娀氏吞玄鸟卵所生(《诗经》里就有“玄鸟生商”的诗句,说明商人视鸟为“图腾祖先”),根据徐中舒先生的观点,有娀氏是古代羌人的后代。他说:“《史记·殷本纪》称契母曰简狄,为有娀氏女,有娀氏又见于《商颂·长发》及《吕氏春秋·音初篇》。娀从女与姓氏字偏旁从女同,其本字当即戎。曰戎曰狄,明殷商之母系,实出北狄。是中国与狄相为婚姻,更远在殷商之世矣。”③春秋时期的文献中经常“戎狄”并称,管仲就称:“戎狄豺狼,不可厌也;诸夏亲昵,不可弃也。”④在古代,“狄”又特指匈奴,如《晋书·匈奴列传》云:“匈奴之类,总谓之北狄。……夏曰獯鬻,殷曰鬼方,周曰猃狁,汉曰匈奴。”⑤徐中舒先生认为,北狄、匈奴就是古代的羌人。他说:“就匈奴之习俗言,如其谓之北狄,不如称为羌,尚为有据。《史记·匈奴列传》称匈奴为夏后氏之苗裔,夏后实出于羌。如西汉人多谓禹出西羌,此非数言可尽,姑从略。至猃狁之族亦当为羌。《左传》称姜戎氏为允姓之奸,又谓其出于瓜州,姜戎即羌,瓜州即羌之所在。”⑥

① 转引自张胜冰:《从远古文明走来——西南氏羌民族审美观念》,中华书局 2007 年版,第 1 页。

② 转引自向熹:《诗经词典》,四川人民出版社 1986 年版,第 208 页。

③ 徐中舒:《先秦史十讲》,中华书局 2009 年版,第 29 页。

④ 徐中舒:《先秦史十讲》,中华书局 2009 年版,第 27 页。

⑤⑥ 徐中舒:《先秦史十讲》,中华书局 2009 年版,第 34 页。

二、“美”:儒家“审美意识”起源

“美”字在甲骨文里已出现。东汉许慎《说文解字》曰:“美,甘也,从羊从大,羊在六畜主给膳也。美与善同义。”①从许慎对“美”字释义看,中国人最初的审美意识直接与“味觉美感”相关。徐中舒先生主编的《甲骨文字典》里,虽然所举“美”字的卜辞用法都是“地名”“人名”。但是,受许慎的启发,在解释“美”和“善”时,徐先生从“视觉”和“味觉”两个方面来论说了殷人的审美观:“美,象人首上加羽毛或羊首等饰物之形,古人以此为美。”②他在阐释“譱”(善)字时说道:“譱即膳食之膳的初文,盖殷人以羊为美味。故譱有吉美之義。”③不可否认,羌人以牧羊为主,羊生性温顺,羊肉提供了美味的食物,羊皮为冬天的羌人提供了御寒的皮袄和“床单”,留下了温暖、幸福的感受和记忆,因此羌人喜欢羊、敬畏羊,视羊为神圣的动物,并以“美”作为载体,将这一难忘的记忆保存了下来。“羊”在商代是常见的动物,所以,甲骨文有很多含有“羊”的文字,徐中舒主编的《甲骨文字典》涉及的“六畜”动物,与“羊”有关的文字居首位,“羊”在商代具有“吉祥”“吉利”的含义,“羊”与“祥”在古代“相通同义”,《说文解字》曰:“羊,祥也。”④不但如此,商代晚期还制作了精美的“四羊方尊”青铜礼器。从《诗经》里我们得知,在春秋时期的宫廷里,“牛羊肉”已成为祭祀祖先的常见祭品,《诗经·周颂·我将》曰:“我将我享,维羊维牛。”它记录了周人一次用羊和牛祭祀先祖周文王的活动。汉代文献《大戴礼记》开始有了“太牢”记载:“诸侯之祭,牲牛,曰太牢;大夫之祭,牲羊,曰少牢;士之祭,牲特豕,曰馈食。”《礼记·王制第五》曰:“天子社稷皆大牢,诸侯社稷皆少牢。”“大牢”即“太牢”。

当然,甲骨文也有了很多表示女性“美”的字,如“好”“姼”“嬉”“媚”“　”,并且,还有了女子喜欢梳妆打扮、爱美的“妆”⑤字。《说文》曰:“妆,饰也。”⑥经历了原始的“巫术宗教”“羊图腾崇拜”的演进,随着社会的发展,以及先民审美意识的萌发和成熟,到春秋时期的《诗经》里,已经多次直接以“美”来形

①④ 许慎:《说文解字》,徐铉校订,中华书局,1963年版,第78页。
② 徐中舒主编:《甲骨文字典》,四川辞书出版社1989年版,第416页。
③ 徐中舒主编:《甲骨文字典》,四川辞书出版社1989年版,第226页。
⑤ 徐中舒主编:《甲骨文字典》,四川辞书出版社1989年版,第1317页。
⑥ 许慎:《说文解字》,徐铉校订,中华书局1963年版,第263页。

容人的外表带来的“视觉美感”。国内文化人类学学者萧兵在20世纪80年代就提出“美”字包含两层含义:“羊大为美”和“羊人为美”。“羊大为美”是从“实用功利”的角度看,羊长得很肥壮,“古氐羌人”就觉得很“美”(这符合审美意识发展的规律:“实用先于审美”);“羊人为美”,是“古氐羌”人将“羊”视为“图腾祖先”,在庄严的祭祀活动中戴着“羊”的面具亦歌(祝词、咒语)亦舞的巫师形象(原始“巫祝文化”为审美的萌芽阶段。甲骨文“巫”“舞”同义)。而且,春秋时期的人已经懂得了“外表美”和“内心美”结合起来的重要性。如《诗经·郑风·叔于田》就用“洵美且仁”作为评价“外表美”和“内心美”结合的标准。经过甲骨文、《尚书》《诗经》《论语》、战国诸子的长期积淀,形成了先秦时期“以仁为美”“以德为美”“善即美”“美善相乐”“文质融合”的审美观。例如,孔子像《诗经》一样,以“文质彬彬”和“尽善尽美”来概括“形式美”和“内容美”“外表美”和“内在美”相结合的美乃为最高形态的美。

在甲骨文里与“味觉美”相关的另一个字为“善”。甲骨文里“善”上面是“羊”的两只角简化的形状,以代表“羊”的头部,下面为“羊”的两只眼睛以及羊的嘴巴象形。春秋时期,先贤已经开始将“善”与“道德”联系起来思考人生社会问题了,《国语·晋语》曰:“善,德之建也。”它说明,“‘善’的一般概念、道德准则和价值判断,都是在社会政治和伦理实践过程中建构起来的。”①徐中舒认为,甲骨文里的“善”实为许慎《说文解字》里的“譱”,《说文》曰:“譱,吉也。从誩,从羊。此与義美同意。”②徐中舒指出:“譱,即膳食之膳初文,盖殷人以羊为美味,故譱有吉美之義。”③从这里可以看出,至迟在汉代,“美即善”“善即美”的观念已经成熟。商代以“羊肉”为美食的证据是充分的,除了“美”“善”与羊肉的味道有关以外,甲骨文里的“羞”已经确切地指称“味美”的羊肉了。“羞”意指祭祀时捧着美味的羊肉敬献给神灵和祖先。许慎的《说文解字》曰:“羞,进献也。从羊,羊所进也。从丑,丑亦声。”④“丑”在甲骨文里是一只“手”的象形。徐中舒认为,“羞,从羊,从又。罗振玉释羞,谓为持羊进献之象。”⑤“又”字在甲骨文里像“人手”。后来“羞”加上食旁,更加明确地指美味,如“珍馐”。而另一个与羊肉有关的字是“羹”,“羹”在甲骨文里还没有出现,最迟在春秋时期,有了“羹”这个字的用法,《左传·昭公二十年》记载晏子对

① 许慎:《说文解字》,徐铉校订,中华书局1963年版,第263页。
② 许慎:《说文解字》,徐铉校订,中华书局1963年版,第58页。
③ 徐中舒主编:《甲骨文字典》,四川辞书出版社1989年版,第225页-226页。
④ 许慎:《说文解字》,徐铉校订,中华书局1963年版,第310页。
⑤ 徐中舒主编:《甲骨文字典》,四川辞书出版社1989年版,第1584页。

齐侯解释“龢”（简化字为“和”）：“和如羹焉，水火醯醢盐梅以烹鱼肉，燀之以薪。宰夫和之，齐之以味，济其不及，以泄其过。君子食之，以平其心。”①晏婴还举了《诗经·商颂·烈祖》“亦有和羹，既戒既平”的诗句来佐证“和”的重要性。意在说明，“羹”里面不是单一的味道，而是多种味道调和后产生出的全新味道，可以看出，当时已经有了“美在事物的多样性”的观念。吃、穿、住、繁衍等生存问题是人类最原始和最重要的需要，于是，我们看到，甲骨文就出现了烹煮的“煮”字，为上下结构，上面为“羊”，下面为器皿的“皿”，示意将“羊肉”放在烹煮器里煮熟，后来“煮”变成了上面依然为“羊”，下面的“皿”变为“鬲”，示意：将羊肉放在鬲中烹煮。许慎：《说文解字》曰：“（上羊下鬲）（读shang，平声），煮也，从鬲，羊声。”甲骨文从皿，与从鬲同意。② 通过《说文解字》，我们才知道“美”与饮食有关的证据还在于中国很早就有了陶器的生产，用于炊煮的“陶鬲”在新石器时代就出现了，商周到春秋时期则流行青铜鬲。历史上“视觉”和“味觉”美的最早成熟，也契合了先秦时期“食色性也”的观点，这说明“美”的起源与满足生命的本能需要相关。

甲骨文里已出现表示“味觉美”的“旨”，在《诗经》里用“旨”代表食物和“酒”的味道给人带来的舒适感。《诗经·小雅·鱼丽》曰：“君子有酒，旨且多。”《说文》：“旨，美也。从甘，匕声。”春秋时期，随着生活水平的提高，烹调的调味料已经丰富起来，此句诗说明，一个贵族家里的酒“既好又多”。徐中舒说，“旨”在卜辞里指“方国”。“旨，从人从口。陈梦家以所从之人为尸，口或作甘，故从甘之字古文多从口”③。甲骨文中“旨”的构形说明它最初就与人的味觉有关，“美”之所以最早与人的味觉联系起来，是因为“吃饭”是人生存的第一需要，所以才有后世“民以食为天”的说法。“旨”比较早的含义应该是食物给人带来的“美的感觉”，在《诗经》里“美”就与味觉联系起在一起了，如《诗经·邶风·谷风》曰：“我有旨蓄，亦以御冬。”（意思是我有美味的干菜，打算用它来过冬。）“旨”，毛亨认为，是“美”的意思。

甲骨文还出现了表示“嗅觉美”的字，如“香”字，上面为“禾”，下面为“口”，徐中舒先生解释：“香，从黍，从口，象盛黍稷于器之形，以见馨香之意。所从口为盛黍稷之器。黍或作来（小麦），同。《说文》篆文从甘当为口之

---

① 北京大学哲学系美学教研室编：《中国美学史资料选编》（上册），中华书局1980年版，第4页。

② 方述鑫，林小安等编著：《甲骨金文字典》，巴蜀书社1993年版，第219页。

③ 徐中舒主编：《甲骨文字典》，四川辞书出版社1989年版，第511页。

伪。"①《说文》曰:"香,芳也,从黍,从甘。春秋传曰黍稷馨香。凡香之属皆从香。"②许慎同时列举了同义的"馨""馥"两字。指出:"馨,香之远闻者,从香,殸声。""馥,香气芬馥也,从香复声。"③"馨"字在周朝已经出现,《诗经·周颂·载芟》说道:"有椒其馨,胡考之宁。"(前句用花椒的香气浓郁、刺激来比喻用于祭祀的酒的香气浓烈)《诗经·大雅·凫鹥》也有"尔酒既清,尔殽既馨"的诗句。

如果说"馨"为香气的远播,那么,"馥"就意指香气的叠加后的气味浓郁。与"香"同义的先秦文字还有"苾""芬""芳"。"苾"和"芬"已见于《诗经·小雅·楚茨》:"苾芬孝祀。"(意即贵族用于祭祀祖先的物品既美且香。在周朝,凡香的也是美的,即"嗅觉美",今天依然如此。)《诗经·小雅·信南山》:"是烝是享,苾苾芬芬。"都是说祭品的馨香之美十分诱人。郑笺:"苾苾芬芬有馨香矣。"《说文》:"苾,馨香也。从艹,必声。"④《说文》"岎(山在上,分在下),草初生,其香分布。从山,从分。芬,或从艹)⑤"芳"字在甲骨文里尚未出现,但在周代青铜器番生簋铭文中已经有了。离殷商不是很远的战国时代的《楚辞》也已经有了"芳",如《离骚》就有"芳菲菲其弥章"的诗句。《说文》:"芳,香草也。从艹,方声。"⑥由上述可见,"嗅觉美"起源于"香",与中国崇尚和敬畏大自然有关,更与中华文明很早进入了农业文明有关,"香"上面为"禾","禾"字在甲骨文里已经出现,是给人提供粮食的禾类作物的总称。徐中舒先生认为:"禾,象禾苗之形,上象禾穗与葉,下象茎与根。"⑦《说文》:"禾,嘉谷也。二月胎生,八月而孰。得时之中,故谓之禾。禾。木也,木王而生金,王而死从木,从垂(笔者注:"垂"在甲骨文与"花""华"同形同义,象快成熟的谷物抽穗,下垂扬花的形状)省,垂,象其穗,凡禾之属皆从禾。"⑧自然界很多植物(禾苗、树木)的花,繁衍了生命——"谷物""水果",为人类生存提供了食物,所以才以甲骨文的"香"演化出西周、春秋战国时代的"馨""苾""芬""芳"一系列表示"嗅觉美感"的文字,这是远古先民对植物世界的谢恩,更是对谷类作物的谢恩,没有"谷类",人的生存就存在严重问题。也因为如此,甲骨文的"稷"(许慎认为,"稷"为五谷之长)与"社"连用后的"社稷"(社为土神,稷为谷神)就代

① 徐中舒主编:《甲骨文字典》,四川辞书出版社 1989 年版,第 511 页,第 791 页。

②③ 许慎:《说文解字》,徐铉校定,中华书局 1963 年版,第 147 页。

④⑥ 许慎:《说文解字》,徐铉校定,中华书局 1963 年版,第 24 页。

⑤ 许慎:《说文解字》,徐铉校定,中华书局 1963 年版,第 15 页。

⑦ 许慎:《说文解字》,徐铉校定,中华书局 1963 年版,第 144 页。

⑧ 徐中舒主编:《甲骨文字典》,四川辞书出版社 1989 年版,第 511 页,第 777 页。

表国家的意思。① 战国以降，甚至以植物的花香来比喻人的美德。屈原的《离骚》就有“芳菲菲而难亏兮，芬至今犹未沫”的名句，整个《楚辞》常以大自然中的香草、香木、鲜花来代指人的美德。“蕙、兰、桂、椒、秋菊、夏荷”等常常扮演这种角色。据学者统计，《楚辞》里的香草、香木、香花多达三十四种。

孔子的《论语》里有六次提到“美”，有的指“外表漂亮”，有的指“事物恰到好处”，有的指音乐带来的“听觉美”享受。“味觉美”在春秋时期甚至用于论述音乐各种元素之间的“协调美”“中和美”。在先秦思想家看来，这种美会带来“心气的平和”，减少焦躁不安情绪，具有稳定社会、政治秩序的功用。晏婴说：“先王之济五味，和五声也，以平其心，成其政也。声也如味，一气，二体，三类，四物，五声，六律，七音，八风，九歌，以相成也。清浊，小大，短长，急徐，哀乐，刚柔，迟速，高下，出入，周疏，以相济也。君子听之，以平其心，心平德和。”②说明五官感觉的美是相通的，其最高境界就是多样的互补、协调、统一，即“和”的境界，最终让人内心达到君子人格一样的“心平德和”状态，社会就平安无事了。

三、“儒”：“巫祝”与“礼乐”美

中国有悠久的“鬼神信仰”，也形成了历史上的“巫祝文化”，“鬼神”即去世的祖先，例如《礼记·祭法》曰：“大凡生于天地之间者皆曰命，其万物死皆曰折，人死曰鬼。”③巫是主持鬼神祭礼的巫祝，周朝分为大祝和小祝。《周礼·春官·大祝》曰：“大祝掌六祝之辞，以事鬼神祇，祈福祥，求永贞。一曰顺祝，二曰年祝，三曰吉祝，四曰化祝，五曰瑞祝，六曰筴祝。”根据一些学者的研究，“‘祝’有三义：(1) 祭主赞词者：祭祀时司祭礼的人，即男巫，亦名觋。(2) 祭词：祭神的祝祷词。(3) 读祭词者，即用言语向鬼神祈祷求福的人。”宋兆麟先生说：“巫是一种古老的宗教，因以巫觋为核心展开宗教活动而得名。最早的宗教主持人是氏族长、部落首领，后来才有巫师。”④“儒”在上远古时期就是“巫祝”。“巫祝”是精通天文、地理，能沟通鬼神的“高级知识分子”，即神

---

① 徐中舒主编：《甲骨文字典》，四川辞书出版社1989年版，第779页。

② 北京大学哲学系美学教研室编：《中国美学史资料选编》(上册)，中华书局1980年版，第4页。

③ 宋镇豪：《夏商社会生活史》，中国社会科学出版社，1994年版，第497页。

④ 宋兆麟：《巫觋——人与鬼神之间》，学苑出版社2001年版，第1页。

职官员。根据日本岛邦男先生的研究，甲骨文里已经有了儒（甲骨文写为“需”）徐中舒认为，“甲骨文里有一个需字，此字应即儒字（根据日人岛邦男《殷虚卜辞综类》所录）。甲骨文中关于需的卜辞约有三十余条”①。徐先生指出，“儒”和“需”本为一字，后来才加上人旁。他释“儒”：“‘需’，象人沐浴濡身之形，为濡之初文，殷代金文作需（父辛鼎），与甲骨文略同。……上古原始宗教举行祭礼之前，司礼者沐浴斋戒，以致诚敬，故后世以需为司礼者之专名。需本象人形之大，因需字之義别有所专，后世復增人旁作儒。”②他认为，甲骨文的“需”代表了儒家的起源。“儒家的起源绝不是班固所说的‘儒家者流，盖出于司徒之官，助人君顺阴阳明教化者也’。要那些专门替殷商奴隶主贵族主持宾祭典礼、祭祖、事神、办丧事、当司仪的人，才算是最早的儒家”③。汉代司马迁在其《史记・太史公自序》里说儒：“夫儒者以六艺为法。”是说“儒”在西汉是精通“六艺”的士大夫。这应该是后起之义，切合汉代大儒的实际情况。许慎释“儒”：“儒，柔也。术士之称。”④他的解释比较接近于原始“儒”的含义，“儒”具有“巫史”的职能。“儒”在甲骨文里有两种写法：“需”和“儒”。比较早的写为“需”，字形为上“雨”下“皇”⑤，陈梦家先生认为它是商代祈雨的“雭”舞，徐中舒则认为，甲骨文已有“雩”代表祈雨的舞蹈，因此，不同意陈说，主张“需”可能为神祇名。“儒”在甲骨文写作“上雨下大”，“大”，象人形，并在人形（大）的两腿外和裆下有三个水滴或雨点的象形。应该说陈梦家和徐中舒先生的解说都有道理，在“神权”和“政权”统一的远古社会，“祈雨”和“祭祀”的司仪是“合二而一”的，“君王”既可能是干旱时跳祈雨舞的巫觋，也可能是祭祀神灵祖先大典上的主持（司仪）。内地学者陈来同意徐中舒先生的观点，主张“儒”在商代是一种宗教性职官，与“巫祝”相近，即“儒”为“祝宗卜史”。他说：“如果说儒出于巫，或儒就是巫，似乎不如说出于祝宗卜史还好些。”⑥日本的白川静先生亦指出：“牺牲系用巫祝，被当作断发而请雨的牺牲者，需也。需，系含有为需求降雨而断发髡形之巫的意思，如此的巫祝，乃儒

① 徐中舒：《先秦史十讲》，中华书局 2012 年版，第 181 页。
② 徐中舒主编：《甲骨文字典》，四川辞书出版社 1989 年版，第 779 页，第 878 - 879 页。
③ 徐中舒：《先秦史十讲》，中华书局 2012 年版，第 183 页。
④ 许慎：《说文解字》，徐铉校订，中华书局 1963 年版，第 162 页。
⑤ 徐中舒主编：《甲骨文字典》，四川辞书出版社 1989 年版，第 1248 页。
⑥ 陈来：《古代宗教与伦理——儒家思想的根源》，生活・读书・新知三联书店 1996 年版，第 340 页。

之源流也。此牺牲者一巫，又有时会被焚杀。”①根据上述文献资料，本文认为，“美”实为远古氐羌部落酋长主持祭祀“图腾祖先”活动的象形，“美”所代表的是后来的“释比”，亦即远古氐羌族的宗教领袖——相当于后世汉族所称的“儒者”。“礼”即远古“图腾崇拜”和“祭祖”仪式中形成的礼节、规矩、法度。陈来就认为，“宗教仪式乃古礼的渊源之一。许慎《说文解字》和王国维《释礼》(《观堂集林》卷六)提示了‘礼’渊源于宗教传统的‘事神’实践。”②“礼”，最早在甲骨文里写作“豊”，意指端着盛玉的“豆”，祭祀神灵、祖先，后来才在“豊”的左边加上代表祭祀的“示”。《说文》曰：“‘豊，行禮之器也，从豆，象形。”③徐中舒释“豊”：“豊，象盛玉以奉神祇之器，引申为奉神祇之酒醴谓之醴，奉神祇之事谓之禮，初皆用豊，后世渐分化。”④“礼”与“德”紧密相连，“德”起源于祭祀的“礼”，没有“礼”的长期孳乳，就不可能有“德”的养成，正如汉代杨雄所说：“人而无礼，焉以为德。”(杨雄《法言．问道》)“礼”在先秦既是“道德”，更是“政治”。《左传・隐公十一年》：“礼经国家，定社稷，序民人，利后世者也。”在先秦儒家看来，“家”的美满、和谐、稳定，“国”就会“长治久安”，祭祖礼仪的政治意义也在于此。祭祖的情感有两层含义：一是表示对祖灵的敬畏，祈求祖先神灵的护佑；一是对祖先的怀念和感恩，包含了连接上辈和下辈的“亲情”和“爱”。中国人坚信，祖先的“肉身”虽然已不存在，但灵魂从未离开原来的家庭，它既可“赐福”于后代，也可能“作祟”家人。基于对先辈的感恩、怀念，中国人一直与逝去的祖先保持着亲密的关系。荷兰汉学家德・格鲁特曾经认为，在中国人心中“生者”的世界和“死者”的世界并没有截然的界限，而是紧密相连的，他说：“死者与家族联结的纽带并未中断，而且死者继续行使着他们的权威并保护着家族。他们是中国人的自然保护神，是保证中国人驱魔避邪，吉祥如意的灶君(household-gods)。……正是祖宗崇拜使家族成员从死者那里得到庇护从而财源隆盛。”⑤孔子把“祭祖”叫做“慎终追远”，其政治目的是使“民德归厚”。在他看来，社会形成了怀念祖先、感恩先辈的祭祀传统，天下就会民风淳朴、秩序井然、爱心满满。此因，祭祀祖先成为中国人几千年来相沿而袭的人文传统，并且要用“美酒”(鬱鬯)和“美食”(“祭”

---

① 陈来：《古代宗教与伦理——儒家思想的根源》，生活・读书・新知三联书店1996年版，第338页。

② 郑开：《德礼之间——前诸子时期的思想史》，生活・读书・新知三联书店2009年版，第80页。

③ 许慎：《说文解字》，徐铉校订，中华书局1963年版，第162页，第102页。

④ 徐中舒主编：《甲骨文字典》，四川辞书出版社1989年版，第523页。

⑤ 转引自(德)恩斯特・卡西尔：《人论》，甘阳译，上海译文出版社1985年版，第108页。

在甲骨文里就是手捧牲肉祭祀祖先、神灵的象形，“羞”也是手持羊肉敬奉神灵、祖先的意思）去祭祀神灵、祖先。徐中舒释“祭”：“《说文》‘祭，祀也，从示，以手持肉。’甲骨文祭不从示，示为后加之意符。甲骨文祭字以手持月，月即肉，或以数量不等之点象血点之形，会祭祀之意。祭为殷代五种祭祀系统中一种祀典之专名。”①《左传・庄公二十年》就有“酒以成礼”的说法，后来指代甜酒的“醴”字其“构形”也与最早的“豊”有关（繁体的“禮”后来简化为“礼”）。

据先秦文献记载，有虞氏就开始有了“祭礼”，如《国语・鲁语上》曰：“有虞氏褅黄帝而祖颛顼，郊尧而忠舜；夏后氏褅黄帝而祖颛顼，郊鲧而宗禹；商人褅舜而祖契，郊冥而宗汤；周人褅喾而郊稷，祖文王而宗武王。”“礼”虽然发端于有虞氏时代，甲骨文也有了记载，但作为完整、系统、成熟的行为规范直到周朝才建立起来。“礼”的建构意义重大，使古代社会从混乱无序、暴力野蛮、“强者为王”的状态，逐渐转变为人人遵从“共同规则”、更加文明的“礼制社会”“道德社会”。总之，“礼渗透于古代社会的方方面面，是无所不包的文化体系。更具体地说，‘礼’既包括了社会学意义上的‘礼俗’，也包括了政治学意义上的秩序”②。总之，“礼”经历了原始的“巫术礼仪”“图腾崇拜”“祖先崇拜”再到个人的行为准则、道德规范的演变，最后成为维持“家国一体”的中华文明延续的基石。

在先秦与“礼”并行不悖的是“樂”。“樂”在甲骨文里已经存在，徐中舒先生释“樂”：“樂，从幺＋幺，从木，罗振玉云：‘此字从絲附木上，琴瑟之象也。’按罗可备一说。《说文》：‘樂，五声八音总名，象鼓鞞木虡也。’卜辞中樂无用作音乐义之辞例。”③“樂”在商代存在于“巫舞”之中，即“巫觋”通神、娱神、媚神、祈神的“载歌载舞”活动里。“巫”为女，“觋”为男。《说文》曰：“巫，祝也，女能事无形以舞降神者也，象两袖舞形，与工同意。古者巫咸初作巫凡。觋，能斋肃事神明也。”④实际上，在旧石器时代就有了狩猎、祭拜、生殖的舞蹈，大量的岩画记载了这一历史，甘肃大通上孙家寨出土的新石器时代马家窑彩陶盆上联袂起舞的场景则是舞蹈起源的又一证据。音乐早在新石器时代早期也已经诞生，但是在古代声音无法保存，留下的证据只有记载早期人类活动的岩画、文献和出土文物。根据考古文物，我国早在距今 8000 年前的新石器

① 徐中舒主编：《甲骨文字典》，四川辞书出版社 1989 年版，第 18 页。

② 郑开：《德礼之间——前诸子时期的思想史》，生活・读书・新知三联书店 2009 年版，第 75 页。

③ 徐中舒主编：《甲骨文字典》，四川辞书出版社 1989 年版，第 650 页。

④ 许慎：《说文解字》，徐铉校订，中华书局 1963 年版，第 100 页。

时代早期就有了兽骨制作的长笛（河南舞阳发掘出土的文物）。钟鼓、石磬、琴瑟、丝竹在几千年前就出现了。《吕氏春秋·古乐》就记录“朱襄氏”“葛天氏”时代已开始用音乐、歌舞来协调、治理天下，“昔古朱襄氏之治天下也，多风而阳气蓄积，万物散解，果实不成，故士达作为五弦瑟，以来阴气，以定群生。”“昔葛天氏之乐，三人操牛尾，投足歌八阕，一曰《载民》，二曰《玄鸟》，三曰《遂草木》，四曰《奋五谷》，五曰《敬天常》，六曰《建帝功》，七曰《依地德》，八曰《总禽兽之极》》”。[①] 在商代，若遇大旱，君主都要亲自跳舞“媚神祈雨”，这种舞蹈叫“雩舞”。无疑，在巫觋的“降神”舞蹈中既有庄严、肃穆、神秘的一面，也有刺激、兴奋、愉快的感觉，甚至产生通神后的幻觉。最早的音乐、舞蹈、诗歌都统一于祭祀的“巫舞”仪式活动之中，当原始宗教的神秘、恐怖、紧张气氛消失以后，就逐渐演变为后世纯粹的文艺娱乐活动，尔后就有了“以樂舞侑食”的宫廷生活。文献记载，夏、商、周三代都有自己代表性的“乐舞”，夏为《大夏》、商为《大濩》、周为《大武》，一般都是歌颂历代君王为民建功，缔造伟业的事迹。到了周代，周公意识到过度逸乐会给政治带来严重的负面影响，于是开始“制礼作乐”，开启了神权时代向“人文初曙”时代的转变，孔子为此发出“周监于二代，郁郁乎文哉，吾从周”的感喟。“礼”是社会秩序的“理性”需要，“樂”是人需要游戏、放松身心的感性需要，古人很早就意识到“乐”与人的情感之间的联系，“夫乐者乐也，人情之所不可免也”。乐“足以感动人之善心”（《吕氏春秋》）。因此，孔子两千多年前就将“礼乐”作为审美教育、人的全面发展的需要，提出“文之以礼乐，可以成人”的审美教育思想。“礼别异，乐合同”，“礼”具有各安本分的社会等级秩序的作用，“乐”则起到凝聚人心、情感的功能。“礼乐文化”一开始就是为政治稳定和昌明服务的，夏代就有禹“命皋陶作夏籥九成，以昭其功”。战国时代，甚至将“礼乐文化”上升到国家治理的高度，《乐记》强调：“乐至则无怨，礼至则无争。揖让而治天下者，礼乐之谓也。”“礼乐刑政四达而不悖，则王道备矣。”荀子提出：“君子以钟鼓道志，以琴瑟乐心。”的思想，并且认为，“礼乐”是保持社会政治和谐稳定的基础，“故乐行而志清，礼修而行成，耳目聪明，血气和平，移风易俗，天下皆宁，美善相乐”。为了社会的正常运行，儒家注意到“以礼节情”的重要性，强调人的情感需要礼节加以限制，不可放纵情感的泛滥，艺术中的情感也应如此：“发乎情，止乎礼”。“礼乐情”三者关系的协调处理，形成了先秦儒家完整的“伦理美学”“政治美学”体系。

---

① 北京大学哲学系美学教研室编：《中国美学史资料选编》（上册），中华书局1980年版，第78页。

四、“德”:商周“内心美”观念

在商代,实际上,比“美”更为重要的是“德”。关于“德”产生的年代,郭沫若曾说:“卜辞和殷人的彝铭中没有德字,而周代彝铭中才明白有德字出现。”①受其影响,国内学者刘翔也认为,“德”是周代金文的常见字。但事实上,甲骨文已经有了“德”字的初文徝。成书于周初(历史学家顾颉刚先生的结论)的《周易》赞颂了“天”的“美德”:“彖曰:‘大哉乾元,万物资始,乃统天。云行雨施,品物流行。大明终始,六位时成,时乘六龙以御天。乾道变化,各正性命。保合大和,乃利贞。首出庶物,万国咸宁。’”(见《周易·乾第一》)据唐代侯果的观点,其中的“大明”为太阳,“乾卦”即赞颂天(太阳)创造和普利万物的“仁德”。而且“易”字的上面为“日”(太阳),徐中舒先生释“易”:“易,象两酒器相倾注承受之形,故会赐予之义,引申之而有更易之义。……《说文》:‘易,蜥易、蝘蜓、守宫也。象形。祕书说,日月为易,象阴阳也。一曰从勿。’《说文》所说形义皆不确。”②祕书的对“易”的解读更符合《周易》的实际,因为《周易》全篇都在讲乾坤、日月、天地、阴阳、男女的平衡关系。徐中舒先生主编的甲骨文字典已收录了“德”(悳)字,甲骨文“德”写作“徝”,“直”是“目”的象形。“象目视悬钟以取直之形。……故自字形观之,此字当会循行察视之義。……甲骨文徝字又应为德之初文”③。《说文解字》曰:“悳,外得于人,内得于己也。从直,从心。”④许慎在这里要说明的是,“悳”从内看,是人的内在品格修养;从外看,“悳”是“与人为善”的言行,有利于处理人与人之间的关系,建立健康、完善的社会。“德”,据先秦文献记载,远在帝尧时代就是“心灵美”的评价标准。如《尚书·尧典》称赞帝尧:“曰若稽古,帝尧曰放勋,钦明文思安安,允恭克让,光被四表,格于上下。克明俊德,以亲九族。九族即睦,平章百姓。百姓昭明,协和万邦。黎民于变时雍。”⑤文中极力赞颂了尧的“无量功德”及高尚品格,他明辨善恶,治理有方,使君民和睦、天下安康。而“《周

---

① 转引自郑开:《德礼之间——前诸子时期的思想史》,生活·读书·新知三联书店 2009 年版,第 4 页。

② 徐中舒主编:《甲骨文字典》,四川辞书出版社 1989 年版,第 1063 页。

③ 徐中舒主编:《甲骨文字典》,四川辞书出版社 1989 年版,第 168 页。

④ 许慎:《说文解字》,徐铉校定,中华书局 1963 年版,第 217 页。

⑤ 江灏、钱宗武译注:《今古文尚书全译》,贵州人民出版社 1990 年版,第 14 页。

礼》郑玄注又将‘内得于己’、‘外得于人’进一步解释为‘在心为德，施之为行’”①。春秋时代的《左传》也有“文物昭德”“乐以安德”的说法，意即：文化是人的道德表现，艺术有利于培养高尚的道德。这里的“德”反映了夏商以来对“道德”与“政治”的“合理性”之间关系的重视，以及对艺术与人的品格修养之间关系的认识。

商代经历了“事神敬鬼”的阶段，将“鬼神”视为控制人间行为、活动的终极力量，商代虽然也出现了“天”和“帝”，但它们都具有很强的宗教神权意味，“天”“帝”“鬼神”几乎是“三位一体”的，它们代表行使权力的统治者，帝王是天意的代表。如：《尚书·汤誓》曰：“夏氏有罪，予畏上帝，不敢不正。今汝其曰：‘夏罪其如台？’夏王帅遏众力，率割夏邑。有众率怠弗协，曰：‘时日曷丧？予及汝皆亡。’夏德若兹，今朕必往。”（意即：夏王缺乏道德，盘剥和压榨老百姓，人民不堪其苦，怨声载道，天意命我去征讨不仁不义的夏王，我不得不服从天意。）继承殷商时代的观点，周代统治者逐渐意识到鬼神并不能完全支配人事，也不能控制人的思想了，于是以抽象的“天”来代替此前的“神”和“鬼”。至高无上的“天”会根据统治者的行为是否符合道德的准则来予以奖惩，商代服从的是神秘的“天”，“天”会赐福于有道德的统治者，会降祸和惩罚“缺德”的君王。周代比商代更加强调统治者行为是否符合道德准则，这是因为统治者已经认识到，它直接关系到“政治统治”的生死存亡。正如郭沫若先生所说：“周代思想中的宗教、政治、道德之三者实三位一体。”他在《金文丛考·周彝中之传统思想考》里主张：“‘德’有‘得之于内者’，有‘得之于外者’，前者乃道德、品德之酝酿，后者在于‘崇祀鬼神，帅型祖德。……有德者得其寿，得其禄，得延其福泽于子孙。德以齐家，德以治国，德以平天下。德大者配天，所谓大德者必在位也。”②郭沫若所言极是，中国先秦儒家哲学就是“以道德为核心”建构起来的“道德形而上学”，或者说“道德政治理想”，它规范和指引着“家国一体的”古代社会的正常运行。

五、“仁”：先秦审美意识的“博爱”观

先秦时期除了“美”“德”以外，“仁”是最重要的伦理观念。关于“仁”是否在甲骨卜辞中出现，国内学者的看法一直有争议，多数人认为，甲骨文中尚未

---

①② 郑开：《德礼之间——前诸子时期的思想史》，生活·读书·新知三联书店2009年版，第45页。

出现“仁”。徐中舒主编的《甲骨文字典》没有“仁”字，而当代学人谷衍奎主编的《汉字源流字典》和马如森主编的《殷墟甲骨文实用字典》里有了“仁”字。谷衍奎释“仁”：“仁，会意兼形声字。甲骨文、古文和篆文皆从人，从二，用二人会亲近、以人道待人之意，即对人亲善、同情、友爱。”①当然，谷衍奎的解释来源于孔子的《论语》和东汉许慎的《说文解字》，孔子曾经说过：“仁者，爱人也。”《说文》曰：“仁，亲也，从人。从二。”而且，我们发现，至少在“美”和“德”出现以后的春秋时代就已经普遍用“仁”来表现人的“内在美”。如前所述的《诗经·郑风·叔于田》就已经以“洵美且仁”“洵美且好”来描述人的“外表漂亮”“内心美好”。这足以表明，在《诗经》的时代，“美”的含义已经从“味觉美”发展到“视觉美”，并且与人的“内在美”联系起来了，如：《诗经·周南·关雎》曰：“窈窕淑女，君子好逑。”（意即“身材苗条”“内心善良”的少女是有修养的男子心仪的对象）。从历史上看，周朝，特别是春秋时代，标志中国审美意识趋于成熟的时代，“外表美”和“内心美”的统一成为大家“认同”的标准。另外，提到“外表美”的还有：《诗经·硕人》：“巧笑倩兮，眉目盼兮。”（她一笑脸上就露出美丽的酒窝，黑眼珠白眼球发出的美丽目光让人心醉）《诗经·郑风·野有蔓草》：“有美一人，婉如清扬。”（意思是有个美丽的人儿，眼睛明亮又妩媚）《诗经·陈风·东门之池》曰“彼美淑姬，可与晤言”（其意为：美丽善良的好姑娘，可以向她诉衷肠）。如果说《诗经》关于内在“美”还停留在在比较零散、笼统的阶段，经常用“淑”“好”“仁”“懿”等字来概括的话，那么孔子《论语》的目标则是要完成他关于“仁”所包含广泛意义的系统理论建构。在他之后，不断孕育、发展了以“礼乐”为载体，以“德礼”“美善”“仁爱”为核心内容的审美观念。《诗经》之后，孔子也曾多次阐释了他关于“美”的观点。根据学者的统计“美”在《论语》里出现了十多次。孔子生活的春秋末期是一个既重视才华的“内在美”，也重视外部形像的“形式美”时代，所以《论语·雍也》曰：“不有祝鮀之佞，而有宋朝之美，难乎免于今之世矣。”祝鮀善于外交辞令，宋朝是当时的“美男”公子朝。孔子认为，一个人没有才华，也没有美貌，在那个时代是被人瞧不起的。孔子的人生理想是“君子人格”的修养，对己对学生都如此。“君子人格”在孔子眼里就是注重内在品格、文化气质的修炼，并不刻意注重外表的打扮。

中国文化被称为“礼乐文化”有着深刻的道理。“礼”和“乐”存在于夏商时期祭祀“天地”“鬼神”“图腾”“祖先”的仪式中。到西周完成了“制礼作乐”的伟业。春秋末期，敬佩“周礼”的孔子之所以重视对学生的“诗教”“道德”和

---

① 谷衍奎编：《汉字源流字典》，华夏出版社 2003 年版，第 66 页。

“礼乐”的教育，就在于孔子认为，“仁”和“德”的君子人格形成，人的全面发展离不开“礼乐”文化的培育。因此孔子认为，对青年的教育必须倡导：“志于道，据于德，依于仁，游于艺。”（《论语·述而》）“艺”为“六艺”，即孔子对学生进行教育的六种内容：“礼、乐、射、御、书、数。”“礼乐”既是激发学习兴趣的形式，也是培养道德心性的内容。“诗”是指中国最早的文学《诗经》，“乐”指音乐、诗歌、舞蹈。“射、御、书、数”意味着一个君子必须“文武兼备”，射箭、驾车、历史、数学等，关系到成年以后打仗和生活日用必须掌握的知识和技能。而《论语·泰伯》曰：“兴于诗、立于礼，成于乐。”从这里反映出孔子已经意识到艺术教育对人的健康成长的重要性，“兴于诗”“成于乐”都是关于艺术教育的，于此，也足见艺术和审美在孔子心中的地位。“礼”像“德”一样，是每个人必须遵守的基本的社会礼仪和规则，以此实现人与人之间良好的关系，“乐”指从情感上去塑造“感性”和“理性”协调人格的艺术，“礼乐”的结合是中国文化的本质特征，“礼乐”教育的最终指向是“德”“仁”“义”的生成。所以《周易》就提出了“立天之道曰阴与阳，立地之道曰柔与刚，立人之道曰仁与义”①。“仁”的起点基于家庭的血缘亲情关系的建立和处理上，在《论语·学而第一》里孔子说得很清楚：“孝弟也者，其为仁之本与。”“孝”是子女对父母孝敬的关系，“弟”是孔子强调家庭中兄弟之间的关系要遵从长幼的秩序。“其为人也孝弟，而好犯上者，鲜矣；不好犯上，而好作乱者，未之有也”（《论语·学而第一》）。“乐和同”“礼别异”是儒家对“乐”和“礼”功能的界定和区分，艺术教育能让人团结在一起，增强凝聚力，即“乐和同”；按照自己在社会中扮演的角色和地位干自己该干的事，安分守己、恪尽职守，即“礼别异”。“家”是“国”的最小单元，每个家庭的稳定意味着国家的稳定。在家建立起了“孝弟”的关系，社会上“犯上作乱”的人就少见了，也就有了国泰民安的基础，这是孔子思想在历朝历代得到推广的根本原因。孔子看到，每个人都有自己的欲望，这是每个人从根本上都有“自私”一面的原因，也是人世间存在矛盾、争斗的根源，在孔子看来，志于“仁”的人，就是把自己的欲望、利己之心减少到最低程度、遵守礼节的人，“颜渊问仁。子曰：‘克己复礼为仁。一日克己复礼，天下归仁焉。’”（《论语·颜渊第十二》）克制自己的私欲，每个人就会自觉遵从“礼”的规则，不会产生非分之想，这是孔子的政治社会理想。孔子的“仁”不只是含有“爱”的意思，实际上是五种品德的组合，如《论语·阳货》曰：“子张问仁于孔子。孔子曰：‘能行五者于天下为仁矣。’请问之。曰：恭、宽、信、敏、惠。恭

① 北京大学哲学系美学教研室编：《中国美学史资料选编》（上册），中华书局1980年版，第43页。

则不侮,宽则得众,信则人任焉,敏则有功,惠者足以使人。”(对别人恭敬,别人也会对你恭敬;对人宽厚则会得到众人的拥护;为人诚信就会取得他人的信任;做事敏捷效率自然会高;关心人,爱护人,别人就会服从你的使唤。即后来人们常说的“士为知己者死”。)这里“惠”就是“爱”,“爱”是“仁”的多重含义之一。当然孔子主张的“德性”最重要的是“爱心”,“爱心”是对普通君子的要求(《论语·阳货》中孔子说:“君子学道则爱人,小人学道则易使也。”),更是对从政者的要求。如《论语·雍也》:“子贡曰:‘如有博施于民而能济众,何如?可谓仁乎?’子曰:‘何事于仁!必也圣乎!尧舜其犹病诸!’”(子贡说:“如果当政者给予老百姓很多好处,又能让很多人过上好日子,这算有仁爱之心吗?孔子回答说:这岂止算有仁德,简直就是圣人了。连尧舜都难以做到这点。)但是,孔子的爱的思想是建立在家庭的“孝弟”关系基础上的,根底上是把“亲情”视为最重要的情感,一方面,具有“天伦”的牢固性,另一方面,也具有不可克服的缺陷,以“家”为单位具有“封闭性”和“排他性”,可以形成以宗族为集团的单位,也容易滋生“非我族类,其心必异”的狭隘思想,固执这样的立场,很难做到“超越血缘亲情”关系的爱。

孔子创立的“仁学”在孟子那里得到了发展。孟子将“仁”在全社会的彰明提高到关系政治兴衰存亡的位置,《孟子·离娄上》曰:“三代得天下也以仁,其失天下也以不仁。国之所以废兴存亡者亦然。天子不仁,不保四海;诸侯不仁,不保社稷;卿大夫不仁,不保宗庙;士庶人不仁,不保四体。”孟子提出人有“四端”,即“仁义礼智”四种道德,他將那些对弱者、遭受苦难的人的自觉同情、怜悯、救助行为视为“仁”的表现,即,他说的见到小孩掉进井里会出于天生的“爱心”,而不是为了获得孩子父母的感激去施救的“恻隐之心”。同时提出了试图超越血缘家庭范围的“爱”的思想,即他说的:“老吾老以及人之老,幼吾幼以及人之幼”的“博爱”思想。孟子认为,如果君王有了这种“博爱”思想,“天下可运于掌”。《孟子·梁惠王上》中记载,齐宣王见人牵牛去宰杀以祭钟,顿生不忍之心,令其以羊代替牛(齐宣王认为,“牛”长期为人耕地,其贡献比羊大,而拿去祭祀,无异于无罪就死)。孟子说这种感情就是“恻隐之心”,有这种仁慈胸怀的君主就可以“称王天”下,即他所说的“仁者无敌”。

孔子把“外表美”称作“文”,把“内在美”,或者说“心灵美”叫作“质”,孔子的思想得益于《诗经》,孔子将评价“人”和“艺术”的标准统一起来,在他看来,艺术和人都有“外在美”和“内在美”两个方面,他在评价艺术时,坚持“内容美”为最高标准,认为《武乐》虽然“尽美”,但内容却是表现周武王以武力征服天下的,因此并不“尽善”;而《韶乐》既给人听觉带来审美的享受,其内容又是表现年长的尧将王位禅让给有德有才的舜,因此在他看来,《韶乐》是“尽善尽美”的。“文质彬彬”出现在《论语·雍也》中，孔子要求“做人”和“艺术”都应该是“外在美”和“内在美”的高度融合，因此，他提出：“质胜文则野，文胜质则史。文质彬彬，然后君子。”的观点，目的是避免人们在“文”和“质”之间走极端。过于讲究外表的“形式美”，而忽视“内在美”就显得娇柔、造作、肤浅，会遮蔽和影响内容的美；过于讲究“内在美”，而缺乏必要的外在修饰，就会显得单调、枯燥、刻板、无趣，丧失魅力。孔子对人的评价的最高标准是“才、貌、德”三者的结合，如“子曰：‘如有周公之才之美，使骄且吝，其余不足观也矣。’”（《论语·泰伯》）尽管这样，实际上，通读《论语》全文，对于人的“美”，我们发现孔子在多处更强调“内在美”的重要性，即他借棘子成的口说出的：“君子质而已矣，何以为文？”（《论语·颜渊》）

六、结　语

综上所述，甲骨文传递了远古氐羌人生产、生活、情感、宗教信仰、伦理审美观念的信息，远古“氐羌”人是中华始祖炎帝和黄帝的祖先，关于这一点，距今5000年以上的甘肃地区马家窑彩陶文化和距今4000年左右的齐家彩陶文化考古成果是有力的证据。“追逐中国遥远彩陶文化时尚的发展轨迹，‘在甘、青境内的黄河沿岸及其支流渭河、洮河、大夏河、湟水流域’及‘宁夏南部与内蒙古西部’等广大地区之内，存在着距今四千余年左右的齐家文化，正是这个文化，受特定历史背景与地理环境的影响，最后留存了挟带马家窑文化晚期波折纹、菱格网纹、三角纹以及变形蛙纹等写意纹饰的几多余绪，从而标写出黄河上游中国彩陶文化时尚的最后符号”①。我国著名的新石器时代仰韶文化研究专家严文明先生认为，距今5000年以上的马家窑彩陶文化的创造者是后来长期居住在甘青川交汇地区内的戎、羌部族的先祖②。甲骨文不但与彩陶有关，而且其“象形”的特点是经历旧石器时代长期的岩画训练养成的，甲骨文有很多关于巫术、祭祀、狩猎、征伐、生殖活动的文字，它们都与岩画有关，岩画里就有了模仿巫术、祭祀太阳、星星、集体狩猎、拼杀战斗、生殖活动的场景。虽然根据徐中舒先生的《甲骨文字典》，甲骨卜辞中还没有将“美”用于表示事物“好看”的例子，但本文认为，依然不能完全否定商代晚期有了将“羊”和“漂亮”“好看”联系起来的意识萌芽，不然就无法解释为什么商代晚期有了精美的“四羊方尊”的青铜器以及后来《诗经》中大量关于“美”的

①② 罗宏才：《中国时尚文化》，山东画报出版社2011年版，第24页。

描述和记载，一切文化都是对前人文化积淀、传承的结果。甲骨文与“羊”有关的字有“羌”“美”“姜”“善”“義”“羞”“祥”；与伦理有关的为“礼”“仁”“德”“中”“龢”(和)；与艺术相关的有“巫”“舞”“艺”“乐”“鼓”“喜”“夭”“吴”“夨”。有了“自然崇拜”的“天”“日”“月”“山”“川”“土”“稷”“华”(花)；有了王权和神权崇拜的“帝”“王”“神”，以及“六畜”的象形字。这些文字的出现表明甲骨文是孕育儒家审美意识、呈上启下的中华早期文化的最初“基因”，它上承旧石器岩画、新石器彩陶文化、原始的“巫术礼仪”“自然崇拜”“图腾崇拜”“祖先崇拜”，下启周朝带有人文和艺术特征的儒家“礼乐”文化，形成了运用具有“视觉美感”的“图像文化”，传播以“美、善、仁、德、义、中、和”为特点的中华文明悠久传统。

（作者系济南社会科学院研究员）

甲骨文书法审美与当代甲骨文书法创作审美重构

谭学念

商代甲骨文自1899年为王懿荣首先发现以来，即为学界重视，并很快引入到书法创作。自此以降，甲骨文书法创作虽时常为书家、学者所书，但从未成为书法创作的主流。究其原因，除大部分甲骨文字尚未得以识辨，无法书写繁多的文字内容外，甲骨文书法美之创造的艰难也是极重要的因素。当代甲骨文书法创作要取得长足的发展和繁荣，既期冀于文字学家考释出更多的甲骨文字，更需要甲骨文书法创作的审美重构。

一、商周甲骨文书法审美特征

依据考古所见，甲骨刻辞主要集中于殷商，西周也有少量甲骨文字。文字学家们对其作了多种断代分期，如董作宾先生的“五期说”、胡厚宣先生的“四期说”、陈梦家先生的“九期说”等，其中，以董作宾先生的“五期说”影响最大。董氏的分期涉及到很多因素，比如世系、贞人、坑位、方圆、人物、事类、文法、字形、书体等，董先生的“五期说”尤为可贵的是在甲骨文分期的基础上，从其书法整体风貌依次分为“雄伟”、“谨饬”、“颓靡”、“劲峭”和“严谨”五类。虽然有学者对董氏的书风分类持有异议，但其分类已明显具有美学意义，属于中国古代美学类型的典型表述。关于此，唐代司空图《诗品》将诗歌分为“雄浑、冲淡、纤秾、沉著、高古、典雅、洗炼、劲健、绮丽、自然、含蓄、豪放、精神、缜密、疏野、清奇、委曲、实境、悲慨、形容、超诣、飘逸、旷达、流动”二十四品，即其代表，此后，又出现模仿司空图《诗品》体例所作的《画品》（清代黄钺）、《书品》（清代杨曾景）、《文品》（清代许奉恩）等。其中，杨曾景《书品》将书法美的类型分为：

神韵　古雅　潇洒　雄肆　名贵　摆脱　遒炼　峭拔　精严　松

秀　浑含　淡逸　工细　变化　流利　顿挫　飞舞　超迈　瘦硬　圆厚　奇险　停匀　宽博　妩媚①

虽然杨氏所作书法美的分类不够严谨，比如“工细、变化、飞舞”等，就不属于美学类型，但“书品”大体上仍属于美学分类。同样，董氏所作甲骨书风分类，虽亦非严格的美学分类但也具有明确的美学指向。甲骨文在20世纪重见天日后即能从审美层面获此认识与评价，足见董作宾先生识见的高妙与其甲骨文固有的审美品格。

当然，我们认识商周甲骨书法的审美特征既要从精神美的层面审视其所涵泳的意象，又要从形式美的层面审视其法度技巧。由于甲骨文的书写、契刻、材质等因素，也由于其书刻受限于文字结构等因素，就决定其书法的形式美因素具有劲挺瘦硬、象形描摹、结构多变、行款随势的基本特征。据现存唯一商代白陶片墨迹“祀”与契刻甲骨对比，可见写、刻的面貌差距甚大，但到稍晚的帝乙、帝辛时期（即董作宾所划分的甲骨文第五期）的甲骨契刻《宰丰骨匕刻辞》，则可见斯时的甲骨契刻已有明显模仿墨迹的肥笔与弧线形态。此至少有两点启示：一是商周甲骨契刻文的发展有一个工具应用和逐渐熟练的过程，其显明的标志便是刀刻对书写形态的模仿；二是商周甲骨文的书写与契刻都是以实用为主的写法和刻法，即两头尖中间粗的形态，因为这样的形态无论是写还是刻都是最简单便捷的，尚无汉以后“藏头护尾，力在字中，下笔用力，肌肤之丽”之类笔法形态与美感的有意追求。

虽然作为书法意义的甲骨文字，其审美在商周尚处于萌芽阶段，但纵观商周甲骨刻辞，确已具备多种审美类型。参考董作宾先生所作甲骨文书风分类，对比商周甲骨文刻辞实物，我们发现商周甲骨文的书法美，具有共同审美要素：风骨。本文称这一共同审美要素为“核心审美要素”。所谓“风骨”，按照《辞海》的解释：“1 品格，骨气……2 古代文艺理论术语。源于汉末魏晋人物品鉴用语……大抵指称一种植根于作者丰沛志气基础上的刚健明朗的作品风貌。”②这一定义是概括性的，王振复先生在其主编的《中国美学范畴史》认为：“风骨并不是唐代美学范畴的原创，而是有着悠久的历史传统。风骨作为一种生命志气的标识，是一种刚健俊朗、超迈挺拔的生命志气，是这种生命志气充实于内在生命的凭证。……书学中的风骨偏重于骨，近于骨质，要求

① 张法：《美学向导》，中国人民大学出版社1999年版，第81－82页。

② 辞海编辑委员会：《辞海》（1999年版缩印本），上海辞书出版社2000年版，第1852页。

艺术创作有骨气、骨象及骨道。”①这一论述比较清晰准确。有两点需要注意：一是创作者内在生命志气的“刚健俊朗、超迈挺拔”；二是书法形象外在的“骨”或“骨质”。综观中华文化史，先秦正是我国文化发展充满滂沛的生命力和旺盛的创造力的历史时段，是中国历史上由以神为本的文化向以人为本的文化过渡的特殊历史时期②，甲骨文即是这一文化形态的重要载体之一，其展现的“风骨”意味正是先民生命力的迹化。书法形象的“骨”之体现，古人多有论述，如“蔡邕书骨气洞达，爽爽有神力”、“昔秦丞相斯见周穆王书，七日兴叹，患其无骨”、“今吾临古人之书，殊不学其形势，惟在求其骨力，而形势自生耳”等等。商周甲骨文之“骨”具有如下特点：一是笔法的劲峭，二是线条的刚健，三是字形的挺拔，四是章法的明净。此四者共同塑造了的甲骨文艺术形象的“风骨”，因此本文认为，“风骨”是指构成甲骨文书法美的核心审美要素。在后世的书法发展演进过程中，风骨之美逐渐成为书法最核心的审美范畴之一。

二、二十世纪的甲骨文书法创作与审美探索探索

相较其他书体，二十世纪的甲骨文书法作品的数量极少，属于绝对的“小众”。显然，在形成这一状况的诸原因中，甲骨文字的历史断层是十分重要的原因。一方面金文的兴起迅速替代和淹没了甲骨文字，使甲骨文字的书刻技巧无以承传；另一方面，由于甲骨文字长时期沉睡于地下，又增加了文字识读困难和审美隔膜，因此说，二十世纪的甲骨文书法创作，首先是建立于甲骨学发展基础上的，书写的审美恢复、审美想象与审美创造。

本文所谓审美恢复，是指在文字考释与书写过程中对甲骨文字的契刻形态及其美感（笔画、结构、行款等）所作的模拟，当然，也包含对刀、笔关系等因素的主动模拟，这类甲骨文书写最先出现于甲骨学家因文字考释所作摹写图片和一些甲骨文集字的出版物中。所谓审美想象，是指二十世纪的以甲骨文字为创作对象的书法作品所作对商周甲骨文之美的追随，如对劲挺之美，笔意之美的表达等。这些美感的呈现，实际上带有强烈的作者对先民所作甲骨文的审美想象，并不完全于符合甲骨刻辞的原初形态与美感，其表现与审美恢复的不同处在于，审美想象的书法创作不是不追求与甲骨文字形的一致

① 王振复等：《中国美学范畴史》第二卷，山西教育出版社2006年版，第311页。
② 冯天瑜等：《中华文化史》上，上海人民出版社2005年版，第248页。

性。所谓审美创造，是指书家创作甲骨文书法时，明显加入了个人的审美趣味，以及其他书体的技巧、审美表达等。上述是二十世纪甲骨文发现以来，将甲骨文字引入书法所呈现的审美探索之整体分类，当然这中间也包含相互交织的情形，因为无论甲骨文入书还是甲骨文入印，都有一个复杂的过程，而且不同书家和学者的创作也非一成不变的。

关于二十世纪的甲骨文书法创作，陈爱民先生所著《二十世纪甲骨文书法研究》有详实而深入的分析。据陈著统计，以甲骨文入书入印的文人学者和金石书画家共有近百人。① 二十世纪的主要甲骨文创作者首先是甲骨学家，其书写情况首先是模写甲骨刻辞和临摹甲骨文字，前者的主要价值为文字考释，后者则有书法临摹的意义，已将甲骨刻辞作为书法看待，然后是甲骨文字创作。在早期的甲骨学家中影响最大的当属罗振玉。罗氏在甲骨文书法的创作与传播中有几件事情贡献甚大：一是临写甲骨文和甲骨文书法、篆刻创作；二是编辑出版《集殷墟文字楹帖》。除罗氏外，叶玉森、丁佛言、董作宾、马衡、郭沫若、商承祚、容庚等大家都有甲骨文书法创作行世。

二十世纪的甲骨文书法，创作家们在模拟甲骨文字字法的同时，也在做具有胆识的审美探索和审美展示。这些探索延至今日，仍有参考价值。陈爱民先生对二十世纪前期甲骨文书法创作的审美探索和书技巧分为如下类型：1. 参考金文笔意类，如：罗振玉、丁佛言、商承祚等；2. 参考石鼓文笔意类，如：罗振玉、陈师曾、萧蜕、潘天寿等；3. 参考小篆笔意类，如：罗振玉、王国维、郑昶等；4. 参考碑派笔意类，如：胡小石等；5. 参考行草笔意类，如张树侯、郭沫若等；6. 模拟单刀笔意类，如罗振玉、李叔同、叶玉森、柳诒徵等；7. 模拟朱书墨书类，如董作宾等；8. 以钢笔书写类，如简经纶、（美）方法敛等，共八类②。如此多类型体现了二十世纪的书法家对甲骨文书法美丰富性探索的苦心孤诣。客观而言，斯时的甲骨文书法创作有两个方面的不足。一是虽然形式多样，但略显造型拘谨，笔墨单调；二是画面单一，韵味浅显。这正是当代的甲骨文书法创作进行审美重构应努力解决和突破的课题。

三、当代甲骨文书法创作审美重构

和其他书体一样，发展到当代的甲骨文书法也面临由实用条件下所包含

① 陈爱民：《二十世纪甲骨文书法研究》，人民出版社 2016 年版，第 126－134 页。
② 陈爱民：《二十世纪甲骨文书法研究》，人民出版社 2016 年版，第 141－167 页。

的审美意味向纯粹的审美意义转向，以及在这一条件下由阅读式审美（鉴赏）转向读图式审美（鉴赏）的时代课题，即当代的书法作品审美（鉴赏）更趋向于画面感，更注重展示性的效果。由于审美方式的转变，当代人在面对书法作品时，对作品画面要素的审视就已潜藏于其意识中了。以接受美学的观点而论，审美活动的实现由作家、作品与受众在共同作用中完成，具体到当代书法，需要创作者在作品中追求画面感以符合于审美方式的变化，因此说，恰到好处的展现画面感是当代甲骨文书法创作所必须着意强调的要素。

以纯粹艺术意义的要素要求甲骨文书法作品，画面的构成要素就成为书法审美重构的重要诉求。作为视觉艺术的书法作品的画面感，从某种意义类似于绘画所要求的画面感，符合画面的基本要求，比如构图（章法、布局）、造型、主次、虚实、节奏等。有些艺术学著作将书法列为综合性艺术，但从艺术呈现和接受的角度，书法又诉之于视觉，属于视觉艺术，因此，视觉艺术的规定性便是甲骨文书法创作的基本准则。由于这样的共性因素，使得当代甲骨文书法创作的审美重构具有可能性。

（一）审美重构的必要性与可能性

当代甲骨文书法创作审美重构的必要性，一方面是由于时代发展变化对甲骨文书法创作提出了审美的新要求；另一方面由于甲骨文产生和形成的时代距离中国文学艺术自觉的时代（魏晋）尚十分遥远①，相对而言，其艺术语言（笔法技巧、形态结构）、艺术美感、情感思想等因素相对单一，加以又中断了三千多年，较之其他书体，其艺术表现力也要单薄许多，因而，在当代和未来，甲骨文书法创作需要通过审美重构，努力解决其技法的程式化和审美的单一性，同时又契合于艺术学意义的造型标准与审美要求，即符合于艺术学的审美内在规定性：独立而丰富的艺术语言，独特的艺术形象，鲜明的艺术风格，深刻的艺术思想。

虽然，甲骨文本身在书法史存在的时间和地位有限，但其他书体却获得了长足发展。这种发展既指文字学的演进和书法本体的技艺要素，也包含承载书法发展的外在因素，如工具材料的发展，毛笔、宣纸的丰富表现力等。我们在坚守书法审美标准的同时，需要注意其审美标准的发展与变化。随举一

① 鲁迅：《鲁迅全集·第三卷·而已集·魏晋风度及文章与药及酒之关系》，人民文学出版社2005年版，第526页。鲁迅先生认为："用近代的文学眼光看来，曹丕的一个时代可说是'文学的自觉时代'，或如近代所说，是为艺术而艺术（Art for Art's Sake）的一派。"实际上，魏晋不仅是中国文的自觉时代，同时也是艺术的自觉时代。书法、音乐、绘画等艺术门类都在这一时期获得了辉煌的成就和前所未有的高度，形成了完备的艺术语言和表现风格时代风貌，以及系统的艺术理论和强烈的艺术反思批判精神。

例，宋·苏轼《书怀民所遗墨》言："世人论墨，多贵其黑，而不取其光。光而不黑，固为弃物；若黑而无光，索然无神采，亦复无用。要使其光清而不浮，湛湛如小儿目睛，乃为佳也。"所称道的是书法用浓墨之美，而清·笪重光《书筏》则云："磨墨欲熟，破水用之则活。蘸笔欲润，蹙毫用之则浊。黑圆而白方，架宽而丝紧。"强调的是用墨用水的重要性。同是言用墨，何以二贤的态度不一？原因之一便是明清时生宣的大量使用，促使用墨法发生改变。这说明工具材料的改变一方面会促使书法技巧的变化，另一方面也会形成新的审美意象和审美判断。同理，当代的甲骨文书法创作，工具材料的变革也是其审美重构生成的重要外在因素。

当然，甲骨文书法创作的审美重构，核心要素还是甲骨文本身。自从甲骨文被重新发现以来，甲骨学研究一直在默默深入。先民制作甲骨文的方式、写刻技巧、文字审美，甚至包括文字释读等新的研究成果将对当代甲骨文书法创作起到积极作用，如文字结构的自由度与书写技艺的可塑性，笔顺美感的不确定性等因素。这些因素为甲骨文书法的审美重构提供了丰富的可能性。总之，当代甲骨文书法创作的审美重构有其必要性也有其可能性。

（二）当代甲骨文书法创作如何审美重构

当代甲骨文书法创作的审美重构，首先必须遵守甲骨文字字法和甲骨文核心审美要素。字法是书法的基础，如同草书、篆书，须遵守草法、篆法一样，甲骨文也必须遵守其特定字法，不得随意更改，更不能臆造。甲骨文字法既是甲骨文书法创作的基础，也是形成不同风貌的甲骨文书法美的纽带。其他书体都有人所共识的审美特征，唐·孙过庭《书谱》云："篆尚婉而通，隶欲精而密，草贵流而畅，章务简而便。"即是说篆书应求"婉通"，隶书当取"精密"，草书贵在"流畅"，章草则应"简便"，这些标准是各书体的核心审美要素。前文已述，甲骨文的核心审美要素是"风骨"，是当代甲骨文书法创作必须遵守的核心要素。在当代甲骨文书法创新的同时，自当坚守甲骨文的"风骨"之美。

甲骨文书法创作的审美重构，本文以为包含两个方面：一是甲骨文书法创作的审美重构，即如何写；二是甲骨文书法的鉴赏批评的审美重构，即如何看。所谓如何写，既指笔法技巧，也包含书写效果。这在二十世纪的甲骨文书法创作中，以罗振玉为首的诸前贤已做了大量的工作，但其艺术感染力还有待加强，其笔法、字形、章法，以至于用墨等要素还显得中规中矩。解决如何写的问题，需胆识也需要创造力，以与甲骨文较为接近的篆书为例，从商周金文一直到清代篆书，其不同时代的书风，面目何止千里，不同篆书家的篆书面貌更是千姿百态。篆书创作能够如此，甲骨文创作也可以大胆探索。

实际上，甲骨文创作一直有个紧箍咒（即文字识读问题）存在，致使众多书法创作者对其敬而远之。笔者以为，在当代的文化生态与书法家（书法参与者）整体的文字学水平条件下，甲骨文文字研究、释读与应用当由甲骨学家完成，书法创作者在掌握甲骨文字的基本知识之余，应集中精力探讨甲骨文书法审美的相关问题。当然，既是书法家又是甲骨文文字学家更好，但实际上在现实条件下，二者难以兼得。从更广泛的层面而言，甲骨文书法创作需要有更多人参与，才有复兴和繁荣的可能。那么，在创作中如何进行甲骨文书法的审美重构？我以为可以借鉴其他书体或不同书家、不同风格的成功经验。纵观古今各书体的发展史，自有一种书体始，截至今日，风格何止百千。仍以篆书为例，先秦大篆由于多方面的因素（比如诸侯纷争），形成了各种风格的大篆书法，但随着秦统一全国，“书同文”律令颁行，很快发展出了线条匀净、结构均匀的小篆，同时民间还盛行一种更朴实的诏版书，到了汉代又出现线条方折的汉篆，如《上林铜鉴》、《祀三公山碑》等，同时又还有《袁安碑》之线条方圆交替的篆书形态。汉以后，一直到清代的篆书，其风格面貌无不在发展变化。所变化者，无非是字形结构、笔法以及笔画形态、章法样式、线条质感、节奏韵律、墨色变化。篆书风格的发展变化，很值得甲骨文创作的审美重构所借鉴。

当然，借鉴篆书、草书、楷书等书体风格的演进，既需要注重外在风貌的变化和视觉美感的创造，同时更要深化其审美内涵。以草书为例，魏晋草书以潇洒飘逸为尚，到唐人的草书更注重于情感的宣泄，而到宋人的草书，则强调“韵”，明人的草书又有追求“性灵”的取向。这便是草书内涵的发展，甲骨文书法创作的审美重构也应当如是。

南朝宋·虞龢《论书表》谓：“人之看书，必锐于开卷，懈怠于将半。既而略进，次遇中品，赏悦留连，不觉终卷。”所描述的是传统文人欣赏手卷书法的心理过程，也代表了传统书法的审美心理。当代书法作品的审美（鉴赏）趋向于画面感，由多重因素造成，比如展览陈列，西方现代艺术观念的嫁接等等，此略不论。毋论这一现象的优劣，可以肯定，书法艺术发展的大势是不可能回到古代的审美方式，因而在当代文化大环境下的书法审美（鉴赏）方式，也必将由阅读式转为读图式。具体说来，当代书法（含甲骨文书法）的审美应在以往欣赏笔法、字形、墨法、章法、贯气、呼应、顾盼、向背的基础上，向整个画面的黑白虚实、疏密穿插、宾主聚散等审美要素关照。也就是说，当代的甲骨文书法欣赏方式对全局的因素要求更多，对画面的构成因素呈现更多，这就要求甲骨文书法的审美思维、审美意识也要契合于甲骨文的审美创造。只有这样，当代甲骨文书法创作的审美重构才符合于当代书法发展的大势，才拥有审美重构的价值和意义。

四、结语：当代甲骨文书法的展望

甲骨学曾是二十世纪的显学，但甲骨文书法不是。我们研究甲骨文书法应当以客观的心态看待甲骨文书法的现状。本文以为，在短时期内甲骨文书法创作仍然不可能成为显学，因为其最大的障碍仍然是识字问题，而且甲骨文书法既有的艺术语言过于单一。这种艺术语言的单一化对后人的学习带来很大障碍。但这并不是说，当代的甲骨文书法创作没有光明的前景，相反，笔者以为在二十一世纪，随着我国经济的持续发展，势必带来文化的强势复兴，在这场文化复兴的大潮中，甲骨文书法艺术也必将迎来光明的未来。由于文化的复兴，民族的自信心获得真正的增强，人们对传统文化的自我认同也会逐步增强，对甲骨文书法的热爱、参与度也将更广泛深入，人们的审美创造力，也会获得真正的激发，人们的胸怀也将会像汉唐先民一样博大。那时，人们的甲骨文创作必将解开心手的枷锁，真正创作出既符合于甲骨文“风骨”而又赋予新时代审美内涵的甲骨文书法精品。

（作者系湖南第一师范学院美术与设计学院讲师，美术学硕士）

甲骨文审美视野的拓宽与书法史观的跟进

——以二十世纪前期甲骨文书法史为例

陈爱民

对于甲骨文的艺术特征及甲骨文书法史的认知，有一个历史的生成过程。然而时至今日，艺术界对于甲骨文艺术特征及甲骨文书法史的认知还普遍停留在二十世纪初期，这种状态显然不利于当代甲骨文艺术的良性发展。因而考察二十世纪前期学界对于甲骨文审美的认知过程以及甲骨学对书法史观的影响就显得非常必要。

一、审美视野的拓宽

（一）最初的审美印象：一体（刻文、纤细、尚质）

二十世纪初期甲骨学家如孟定生、王襄、孙诒让、罗振玉等先贤，在购藏、著录和研究甲骨文的同时，即以审美的眼光来审视甲骨文，并对甲骨文的审美价值有了初步的阐释。他们的审美阐释，对彼时及后来的书法理论界也产生了一定影响。

如黄濬(1884—1937)云："予见商遗龟版，上刻文纤颖，犹是刻画。"①黄濬这里用"刻文纤颖"来表述自己对于甲骨文的最初印象，这与1904年孙诒让先生《契文举例·叙》中称甲骨文"瑑画纤细"并没有什么分别。不过，黄氏对于甲骨文的最初感觉，虽不能完全代表彼时书法界人士，却颇能代表彼时乃至后来大多数人初见甲骨文的普遍感受。由于众多甲骨及拓片的甲骨文字形极小，笔画纤细，如果不去细心审察、品味同版或不同版甲骨文字形之变化，那么对于甲骨文的第一印象也只有笔画纤细了。黄濬发表此番言论的时间大约在1934年至1937年间。②

---

① 华人德编：《历代笔记书论文汇编》，江苏教育出版社1996年版，第595页。

② 李吉奎：《花随人圣庵摭忆》序，中华书局2008年版。

1934年马宗霍先生在其所著《书林藻鉴》中如是云：

> 文字虽简略，可藉以知古书契之形状而与古金文相发明。孙诒让亦谓龟甲文尤简省奇诡，间有原始象形字。至其刻画朴劲，即小如黍米者，亦古雅宽博，犹有尚质之风存焉。迩年则发掘更富，临池者且从事摹习，视同法书之一体也。①

马氏这段文字中的观点实非创新之论。其一、马氏论甲骨文之功用："古书契之形状而与古金文相发明"当源于1910年罗振玉先生《殷商贞卜文字考》的"正名第二"部分卜辞文字"可与古金文字相发明"。其二、马氏论甲骨文之结体形："孙诒让亦谓龟甲文尤简省奇诡，间有原始象形字"则源于1905年孙氏《名原》。其三、马氏论甲骨文的契刻风格："至其刻画朴劲，即小如黍米者，亦古雅宽博"乃源自罗振玉先生《殷商贞卜文字考》龟甲"文字之小者不及黍米而古雅宽博，于此见古人技术之工眇"②。"犹有尚质之风存焉"则取自李瑞清先生"殷人尚质"说。其四、马氏论甲骨文为书体之一："视同法书之一体"则与李瑞清先生之谓"今殷虚之龟版牛骨，其文字虽不全，可以灼然知其一代文字之派矣"以及1923年王襄先生之称契文为"古人之真迹，殷人之墨宝"相似。③ 笔者将马氏之观点与前辈学者尤其是甲骨学家的研究成果相比照，主要是为了说明后者对前者的影响。二十世纪书法史论研究在涉及殷商甲骨文时，大都借鉴甲骨学家的成果，象李瑞清先生那样独立思考并提出自己见解的史论家并不多见。而李氏将甲骨文视为法书之"一体"是与后世不同书风相比较而言的，而对这"一体"之中的丰富性尚未加以更细致的关注与深入的研究。

将甲骨文视为"一体"，并以"刻文"、"纤细"、"尚质"规定之，这可以说是当时大多数人观照甲骨文的最初印象。即使甲骨文已被发现一百多年的今天，如果既不关注甲骨学研究成果，又缺少耐心细致地观察比较，我们对甲骨文的最初印象也会大致如此。然而，如果对甲骨文的审美观照仅停留于这种最初印象，殷商甲骨文风格的多样性和审美的丰富性就会被人们无情地忽视。

其实，早在1910年前后，罗振玉先生就已经指出古文（包括甲骨文）结字

---

① 马宗霍：《书林藻鉴》，文物出版社1984年版。

② 罗振玉：《殷商贞卜文字考》，玉简斋1910年印，第31页。

③ 王襄：《簠室殷契征文》序，见《甲骨文研究资料汇编》第5册，北京图书馆出版社2000年版，第243页。

有“长短”、“大小”的不同，如其《答人问学篆书》所云：

> 大约篆书可分为三时期，古文一也；秦汉魏晋二也；唐宋三也。古文以古彝器款识及贞卜文为一类……古文结字疏密一任其天然，长短大小，不必整齐，以短笔直笔取势，故淳古。……近发现龟甲骨文字及秦虎符，然后于三古及斯相篆法乃益明，此近十年间古代学术新发明之一。①

但罗先生之精论并未得到彼时书法研究者的关注。至三十年代中后期，黄濬、马宗霍等先生对于甲骨文书法的审美认知，仍然还停留于二十年代以前的水平，这让人颇感彼时书法界部分研究者审美反应的迟缓。因为此时董作宾先生《甲骨文断代研究例》亦已发表多年，可见甲骨文的美学价值为社会普遍接受需有一个漫长的过程。

（二）审美视野的拓宽：甲骨文书法风格的多样化

1. 王襄：“殷人非专尚质也”及“细画”与“钜画”

1925年，王襄先生在其《簠室殷契征文》之《序》中云：

> ……殷人非专尚质也。……契文为刀笔书，字之精者，笔画如新②。

王襄先生此处提出“殷人非专尚质也”较之李瑞清先生“尚质”观，审美视野已然扩大了。是书《考释第一编天象》第五又云：

> 凡甲骨大字之卜辞，概涂硃先书以细画，后重以钜画，时于行间见其笔迹③。

《考释第十编·游田》第十五云：

> 此卜文奴曰往后四字均有重画，好之横作细画，乃悟凡大字之卜文均先书细画，后复以巨画。复书时，不与前书合，故有重画未复书，故存细画。验诸他大字卜文皆有复书之迹④。

---

① 见《中国名家法书·13·罗振玉法书》，文物出版社1997年版，第85页。

② 王襄：《簠室殷契征文》序，天津博物院1925年影印。

③ 王襄：《簠室殷契征文》序，天津博物院1925年影印，第243页。

④ 王襄：《簠室殷契征文》序，天津博物院1925年影印，第438页。

以上两例中，王襄先生又进一步指出了甲骨文中有小字，亦有大字；有细画，亦有钜画。王襄先生的感受与认识已经突破了对甲骨文最初印象的局限，这显然得益于王氏多年对甲骨文实物的直接细致入微的观察与研究。

1928 年，加拿大明义士先生在其为《殷墟卜辞后编》所作序（案：此序未发表）中，亦已注意到不同时代甲骨文字形大小、粗细的差异，如所谓“在此时代中之兽骨，未有称祖己为兄己者，其字形为大”、“与甲屉五同时，并不在祖庚时代以前，且无祖甲时王宾字体之特点。其字形大而粗率”、“祖甲称武丁为父丁，孝己为兄己，祖庚为兄庚。此时代之字体，变为小而细态，尤以王宾等字，特用一种横笔”等等。①

可惜的是，王襄先生与明义士先生的观点大都为片言只语，在彼时极少有人关注。

2. 董作宾：《甲骨文断代研究例》

1933 年 1 月，甲骨学家董作宾先生在《甲骨文断代研究例》中将商代甲骨文的风格演变划分为五期：第一期书风雄伟；第二期书风谨饬；第三期书风颓靡；第四期书风劲峭；第五期书风严整。董先生对殷商甲骨文的分期断代研究，对于甲骨文书法而言具有划时代的意义。因为董氏对殷商甲骨文“分期断代”，凿破了混沌的“一体”，改变了人们对甲骨文的最初印象。至此，人们可以看到，从武丁到帝辛年间的商代甲骨文被犁然划分为先后不同的五个时期，经历 200 余年的历史更替，书法风格变化纷呈，极具审美意蕴和艺术魅力。

继董作宾先生之后，1937 年 4 月郭沫若先生又于《殷契粹编》序言中对甲骨文的不同时代风格作过精彩的品评：

> 卜辞契于龟骨，其契之精而字之美，每令吾辈数千载后人神往，文字作风且因人因世而异，大抵武丁之世，字多雄浑，帝乙之世，文咸秀丽。细者于方寸之片，刻文数十，壮者其一字之大，径可运寸。而行之疏密，字之结构，回环照应，井井有条。固亦间有草率急就者，多见于廪辛康丁之世，然虽潦倒而多姿，且亦自成其一格。凡此均非精于其技者绝不能为。技欲其精，则练之须熟，今世用笔墨者犹然，何况用刀骨耶？……足知存世契文，实一代法书，而书之契之者乃殷世之钟王颜柳也。②

① 转引自李学勤：《小屯南地甲骨与甲骨分期》所附明义士《殷墟卜辞后编》序，《文物》1981 年第 5 期。

② 郭沫若：《殷契粹编》序，科学出版社 1965 年版。

董作宾先生和郭沫若先生对于殷商甲骨文不同时代书风的划分和审美阐述，客观上把人们的视线引入一个更为丰富、更为细腻的感性世界，极大地开阔了人们的审美视野，对彼时甲骨文书法的审美阐释产生了深刻影响。

1937年6月，美学家邓以蛰先生(1892—1937)在其《书法之欣赏》一文中揭示了书法因实用的需要，随书契工具材料而变化的规律："书之始，始于用。用者所以使物之存在不免于凭藉之谓也。书既始于用，则其始也必有所凭藉。其凭藉为何？是则甲骨文字之凭藉甲骨，钟鼎款识之凭藉钟鼎，秦汉篆隶之凭藉碑石之类；刻之文字用刀，书之文字用笔，刀与笔皆为书法之所凭藉也。是等凭藉，实于书体之区分大有关系。凭藉愈深则书体之形愈严，愈微则愈泯化也。兹略举例而言之：如谈篆书之形，有所谓悬针、玉箸。甲骨文或籀文收笔却尖如悬针；金文之大篆，秦刻石之小篆，笔致圆转如玉箸。甲骨文、籀文刻以书之，故其形不得和如悬针；金文铸书，不得不圆如玉箸，小篆师其意，故虽刻于石而犹然。悬针玉箸竹助，初固其所凭借之物质，工具有以致耳。"邓先生在论述甲骨文美的性质时又云："甲骨文字，其为书法抑纯为符号，今固难言，然就书之全体而论，一方面固纯为横竖转折之笔画所组成，若后之绝于真书之'永字八法'，当然无此繁杂之笔调。他方面竖横转折却有其结构之意，行次有其左行右行之众，又以上下字连贯之关系，俨然有其笔画之可增可减，如后之行草书然者。至其悬针垂韭之笔致，横直转折，安排紧凑，四方三角等之配合，空白疏密之调和，诸如此类，竟能给一段文字以全篇之美观，此莫非来自意境而为当时书家之精心结撰可知也。"①

虽然甲骨文究竟是书法，还是符号，邓先生还难以定论。但作为美学家的邓以蛰先生已经以审美的眼光观照甲骨文，可以说是确定无疑。他对甲骨文"结构之意"、"连贯之关系"、"全篇之美观"的由衷赞美，则来源于他对甲骨文独特的审美感受。至于邓先生的意境说和书家精心结撰说，其实也即包含了生命力的介入和空间(结撰)的丰富意蕴。而邓先生的探讨，则表明甲骨文本身也具有一种书法之美；于是书法史(而不仅仅是文字史)也将推前上千年，这种出于书法美学的研究立场、其效应却落到书法史领域，在当时的书法理论界看来，诚可谓是始所未料的意外收获②。

1942年，祝嘉先生于《书学史》中开始关注并引用董作宾先生关于"甲骨分期断代"研究成果，可见甲骨文书法审美视野的拓宽对书法史研究的积极影响。如其《书学史》中载：

---

① 邓以蛰：《书法之欣赏》，载《国闻周报》1937年6月第十四卷23及24期。

② 陈振濂：《现代中国书法史》，河南美术出版社1996年版，第224页。

董氏且将殷代书法分为五期：第一期，自盘庚至武丁，约有百年，书法雄伟，其书家有韦、亘、南殳、永，宾；第二期，自祖庚至祖甲，约四十年，书法谨饬，其书家有旅、大、行、即；第三期、自廪辛至康丁，约十四年，书法颓靡，此期书者，皆未署名；第四期、自武乙至文丁，约十七年，书法劲峭，其书家有狄；第五期、自帝乙至帝辛，约八十九年，书法严整，其书家有泳、黄。董氏见甲骨文多，故能言之如此。①

1948 年陆维钊先生于其所著《中国书法》中云：

就美术观点言，不论何种，俱有其特别可以欣赏之点，初不似其刀椠、型铸而异也。惟古文字之形状，圆浑质朴，无挑捺回赴等姿态，故习之者首在留意其结构上左右相让、相争之道，然后究其笔直者要圆而有力。转角劲不伤廉；再进而谋全幅之布局，须要一气呵成。盖钟鼎、甲骨、石鼓，面积不大，故古人于此，实费甚大之经营，求其布置之妥帖……

董作宾氏曾谓殷代书法可分五期：1. 自盘庚至武丁：书法雄伟，书家有韦、亘、献、永、宾。2. 自祖庚至祖甲：书法谨饬，书家有旅、大、行、即。3. 自廪辛至康丁：书法颓靡，书者皆未署名。4. 自武乙至文丁：书法劲峭，书家有狄。5. 自帝乙至帝辛：书法严整，书家有泳、黄。②

陆先生以美术的眼光对待甲骨文书法，显然在前此甲骨学家和美学家对甲骨文的审美阐释基础上而又有作了进一步发挥。至四十年代以后，董作宾先生对殷商甲骨文书风划分的研究成果，逐渐为有关商代书法史研究所利用，论者亦多采其说。

二、书法史观的跟进

至 1921 年，甲骨文被发现已有 22 个年头。而此年出版的张宗祥先生③《书学源流论》开篇的《原始篇》仍然如是说：

---

① 祝嘉：《书学史》，成都古籍书店 1984 年复制版，第 5 页。

② 陆维钊：《书法述要》（三十年代的讲稿），原名《中国书法》，上海华夏图书出版公司 1948 年版，1985 年浙江古籍出版社出版本书时改名为《书法述要》。

③ 张宗祥：《书学源流论》，1921 年铅印本。

> 字之起也，肇于八卦。然八卦皆横行，未穷其变，仓颉沮诵睹虫鸟之迹，依类象形，始制文字。①

此段话论文字起源而只字不提甲骨文，颇让人感觉张先生对于甲骨文的忽视。然而，笔者又发现《书学源流论》之《物异篇》中有这样的文字："古不用笔，而用刀刻于竹木金石之上，今所见彝器款识皆此类也。惟其用刀，故字画起讫处皆尖锐，近世所传卜龟甲上字，及一二钟鼎白文款识，皆可为证。"②由是看来，张先生在论文字源流的《原始篇》中不提甲骨文，大概是由于甲骨文在其心目中还处于"近世所传"的状态，故而在论文字起源时出于谨慎而不加采用。至于说"古不用笔"，则是彼时甲骨出土尚少，张先生的视野受到局限所致。

1924年，陈彬和先生③在其所著《中国文字与书法》中写道：

> 古代文字为吾人所发现者，以甲骨文为最古。清光绪二十六年在河南汤阴县附近之小屯村地中掘出兽骨、龟甲，刻有文字，大者尺余，小者数分；计有数万片之多。小者刻一二字，大者数百字。此吾人考古之最好资料也。
>
> 甲骨文为远古遗物，曾经多数学者考证，毫无疑义。但文字之辨识，及此种奇怪刻物之用途，则一时不能判断。甲骨文掘出后，即为学者所注目；无论原物或拓本，俱视如拱璧。……
>
> 甲骨文掘出后，考古学家刘鹗、罗振玉二家收藏最多，约四千片，曾出有拓本，公布于世。其归于吾国及日本、欧、美之学者、学校、博物馆、好古家及豪贵之手者为数亦不少。总其数量，不下数万片之多，现在古玩店中尚时有发见。④

陈氏主要指出以下几点：1. 甲骨文为所发现最古文字。2. 甲骨大者尺余，小者数分；小者刻一二字，大者数百字。3. 甲骨文掘出后，即为学者所注目；无论原物或拓本，俱视如拱璧。4. 总其数量，不下数万片之多，为国内外

---

① 崔尔平：《历代书法论文选续编》，上海书画出版社1993年版，第869－870页。

② 崔尔平：《历代书法论文选续编》，上海书画出版社1993年版，第874－875页。

③ 陈彬和（1897—1945），曾用名昌蔚、松轩，江苏吴县人。著有《申报评论选》《中国书史》《日本历史大纲》《中国文字与书法》等。

④ 陈彬和：《中国文字与书法》，武汉市古籍书馆1982年版，第24页。

收藏与研究。这几点大致可以看出当时书法界人士对于甲骨文的认知与接受程度。

1928年以后随着中央研究史语所对殷墟的大规模科学发掘的展开，1932年董作宾先生《甲骨文断代研究例》的推出，甲骨学研究取得了长足的发展。那么，此时的书法理论界对于甲骨文的反响又如何呢？

1934年马宗霍先生在其所著《书林藻鉴》中如是云：

> 迩年则发掘更富，临池者且从事摹习，视同法书之一体也。①

此处所谓“视同法书之一体”与上文李瑞清之谓“今殷虚之龟版牛骨，其文字虽不全，可以灼然知其一代文字之派矣”之“一代文字之派”相类，亦与王襄先生称契文为“古人之真迹，殷人之墨宝”相似。② 可见到了三十年代，甲骨文作为书体之一的观念已经深入人心。

蒋彝先生1933年赴英国，1938年出版了以英文写作的《中国书法》(Chinese Calligraphy)。书中谈到甲骨文时说：

> 最近在河南省的出土文物中，已经展示了许多令人感兴趣的中国最古老的书体的珍品，挖出了许多很有考古价值的兽骨和龟甲，并发现上面有文字。这些字体形态稳重，线条优美，从而启发了书法家去开辟新的书法途径。但是迄今，于这方面的发掘研究而出名的人很少，仅有两位著名人物：罗振玉和叶玉森。③

书中得出“这方面的发掘研究而出名的人很少”的判断，显然有悖于历史事实。由于蒋彝先生当时侨居英国，对国内甲骨出土、甲骨学研究以及甲骨文书法的进展情况不甚了解，故亦不必求全责备。值得肯定的是，蒋先生以独到的眼光指出甲骨文“启发了书法家去开辟新的书法途径”，与彼时国内的俞剑华先生坚信甲骨文书法“将来定能发展”，一中一外，遥相呼应，反映了二十世纪三十年代海内外华人艺术史论家对于甲骨文书法发展前景的乐观心态。

---

① 马宗霍：《书林藻鉴》，文物出版社1984年版。

② 王襄：《簠室殷契征文》序，见甲骨文研究资料汇编编委会：《甲骨文研究资料汇编》第5册，第243页。

③ 蒋彝：《中国书法》，上海书画出版社1986年版。

1937年,叶恭绰先生则明确指出大小篆皆从甲骨出:

> 木简与甲骨为吾国近年二大发现。……自汉晋木简出,而吾人得知隶分章草之真相,因以窥其结构笔法,而知行楷之所从出;自甲骨出,而吾人得悉籀书以前字体书法,而知大小篆之所从出。①

1942年,祝嘉先生《书学史》问世。于右任先生为该书所作序的第一句话为:

> 中国文字,虽不能确知其创造之时代与作者,然以今日所发见甲骨文字之美备言之,可知其来源必甚古远。②

祝嘉先生在该书第二章"商朝之书学"的第一句话为:

> 商代书学,已甚发达,书法之可得而考者,首推甲骨文。③

于右任先生从"甲骨文字之美备"的角度,推测"其来源必甚古远"。祝嘉先生则以"书法之可得而考者"为依据,"首推甲骨文"为书法之祖。如前所述,祝嘉先生在《书学史》中已经引用董作宾先生关于"甲骨分期断代"成果,对殷商甲骨文不同时代风格亦已有所阐述,这可以说是二十世纪前期书法史研究的进步。这些表明甲骨文的发现、出土与研究,已经动摇了旧的书法史观,新的书法史观得以确立。而以历史发展的眼光来考察,人们对殷商甲骨文从混沌"一体"之最初印象到发现甲骨文书风的多样化,显然与甲骨考古和甲骨文学术研究日益推进密切相关。

(作者系南京晓庄学院教授、江苏省甲骨文学会副会长)

---

① 叶恭绰:《甲骨集古诗联上编》序,见简经纶:《甲骨集古诗联上编》,商务印书馆1937年石印。

② 于右任:《书学史》序,见祝嘉:《书学史》,成都古籍书店1984年复制版。

③ 祝嘉:《书学史》,成都古籍书店1984年复制版,第4页。

后 记

今年是甲骨文发现120周年。120年前的这一发现，其文化意义极为深远。简言之：一、将中华民族的文明史前推了千余年，一些原处于模糊、疑似之间的传闻，被证实为信史，极大增强了本民族的文化自信；二、为古文字学的研究注入了新的血液与动力，120年间，创获巨大，历久不衰；三、从书法角度，甲骨文的问世，开辟了书法审美的一扇新的视窗，其后续影响正日益显现，并不断壮大。这些方面，应当是习近平总书记强烈关注并多次指示传承冷门绝学，加强甲骨文化、学术研究的深层次原因。为此今年全国不少高校院所、学术机构、博物院馆、学会研究会均紧锣密鼓地准备对甲骨文发现120周年作隆重纪念。江苏省甲骨文学会从2018年就已着手筹划、安排，打算举办四项系列活动，即：一个学术研讨会，一个大型书法篆刻展览，出版一部论文集，出一本书法篆刻作品集。经学会与多方努力，这些工作均按计划有序地推进。本书即是系列活动的主要内容，系南京甲骨文高层论坛论文撷萃。论文均为国内(也有少量国外)知名学者近期的研究成果，可以说代表了当前甲骨学术研究的最新与最高水平。论文集编辑期间，除了主编义不容辞外，学会同仁也承担了诸多事务，南京大学、南京晓庄学院有关方面也有积极参与；老领导方祖歧先生、孙安华先生一直悉心关注进展并及时作出重要指示；学部委员王宇信先生、王振中先生则在学术上作了严格把关；特别值得一提的是中共江苏省委宣传部王燕文部长于百忙中垂询学会事务，对涉及本书相关方面作了细致、周全的考虑，表现了对弘扬高雅文化的重视与高度责任感！另外本书能得以高质量地、尽善、尽美、尽快地印行面世，凤凰出版社陈晓清女士、王淳航先生的大力协助，功不可没。在此一并致谢！

江苏省甲骨文学会

2019年8月20日